普通高等教育"十二五"规划教材

21世纪教师教育系列教材
语文课程与教学论系列

语文课程与教学发展简史

武玉鹏 王从华 黄修志 主编

北京大学出版社
PEKING UNIVERSITY PRESS

图书在版编目(CIP)数据

语文课程与教学发展简史/武玉鹏，王从华，黄修志主编. —北京：北京大学出版社，2017.1
（21世纪教师教育系列教材·语文课程与教学论系列）
ISBN 978-7-301-27809-3

Ⅰ.①语… Ⅱ.①武… ②王… ③黄… Ⅲ.①语文课–教育史–中小学–中国–师范大学–教材 Ⅳ.①G639.29

中国版本图书馆CIP数据核字（2016）第290274号

书　　　名	语文课程与教学发展简史 YUWEN KECHENG YU JIAOXUE FAZHAN JIANSHI
著作责任者	武玉鹏　王从华　黄修志　主编
组稿编辑	陈　静
责任编辑	吴卫华　陈　静　张君榕
标准书号	ISBN 978-7-301-27809-3
出版发行	北京大学出版社
地　　　址	北京市海淀区成府路205号　100871
网　　　址	http://www.pup.cn　新浪微博：@北京大学出版社
电子信箱	zyl@pup.pku.edu.cn
电　　　话	邮购部 62752015　发行部 62750672　编辑部 62767857
印　刷　者	三河市北燕印装有限公司
经　销　者	新华书店
	787毫米×1092毫米　16开本　14.25印张　300千字 2017年1月第1版　2017年1月第1次印刷
定　　　价	38.00元

未经许可，不得以任何方式复制或抄袭本书之部分或全部内容。
版权所有，侵权必究
举报电话：010-62752024　电子信箱：fd@pup.pku.edu.cn
图书如有印装质量问题，请与出版部联系，电话：010-62756370

主编简介

  武玉鹏,男,1955年生,甘肃会宁人。鲁东大学文学院教授,硕士研究生导师。中国教育学会语文教学论专业委员会理事,全国语文学习科学委员会学术委员会副主任。主要从事语文学科教学论及现当代语文教育史的教学和研究工作。在《教育研究》《课程教材教法》《中国教育科学》《教育史研究》等刊物发表学术研究论文五十余篇;出版《名师研究》《现代语文教育思想研究》《语文课程教学问题史论》等学术著作多部;主编并由高等教育出版社出版"语文课程教学论"系列教材1部;主持完成了全国教育科学规划教育部重点项目和教育部人文社会科学规划项目各1项。

*　　*　　*　　*

  王从华,男,1973年生,安徽固镇人。教育学博士。现为赣南师范学院文学院语文教学技能教研室主任,教育硕士(语文学科)学位点负责人。主要研究方向为基础教育阶段语文、历史等人文学科课程理论和语文教育史研究,已在《西北师范大学学报》《青海民族大学学报》《当代教育与文化》《人民教育》《历史教学》《历史教学问题》《语文学习》等刊物发表文章三十余篇,其中在CSSCI期刊上发表论文4篇,人大复印资料全文复印论文1篇,主编教材1部,参编教材6部。主持校级课题1项,省级课题3项,参与国家教育规划课题和教育部重点课题2项。

*　　*　　*　　*

  黄修志,男,1987年生,山东东平人。先后获得聊城大学教育学学士、武汉大学文学硕士、复旦大学历史学博士,博士毕业后于2013年进入鲁东大学工作。现为文学院现代语文学教研室主任,研究方向为历史文献学、语文教育史、东亚文化交流。目前在《国际汉学》《史学月刊》《史林》《古代文明》《韩国研究论丛》等CSSCI刊物和重要学术刊物上发表论文十余篇,主持国家社科基金项目1项。

内容简介

　　本书主要内容是学校语文课程教学史研究,贯通古今,兼顾中小学,分为两期六段。两期,即传统语文教育时期和现代语文教育时期。六段,即传统语文教育时期为一个阶段(一章),现代语文教育时期再分五个阶段(五章):清末民初——现代学校语文课程教学的发端,"五四"至民国末期的语文课程与教学,新中国成立至"文革"时期语文课程教学的曲折发展,改革开放至20世纪末语文课程教学的改革与发展,21世纪初的语文课程和教学改革。每个阶段基本上都涉及语文课程设置、语文教材、语文教学、语文考试等内容。有些阶段还涉及语文教育家的教育思想、语文名师的教学经验和语文教学问题论争等内容。本书的特点是:史料翔实,内容简要,重点突出,视角新颖。

目　　录

导言 …………………………………………………………………………… (1)

第一章　"癸卯学制"前的传统语文教育 ………………………………… (6)
　　第一节　传统语文教育发展概述 ……………………………………… (7)
　　第二节　传统的识字写字教材与教学 ………………………………… (13)
　　第三节　传统的阅读教材与教学 ……………………………………… (24)
　　第四节　传统的写作教材与教学 ……………………………………… (32)
　　第五节　传统的口语教学 ……………………………………………… (40)
　　第六节　传统的语文考试 ……………………………………………… (45)
　　第七节　传统语文教育论著与教育思想 ……………………………… (49)

第二章　清末民初：现代语文课程教学的发端 ………………………… (59)
　　第一节　清末民初的社会变革与语文革新 …………………………… (59)
　　第二节　"癸卯学制"时期的语文课程教学 ………………………… (63)
　　第三节　"壬子癸丑学制"时期的语文课程教学 …………………… (69)
　　第四节　现代语文教育发端后的基本走向 …………………………… (72)

第三章　"五四"至民国末期的语文课程与教学 ………………………… (76)
　　第一节　"五四"至民国末期的语文教育概述 ……………………… (76)
　　第二节　现代语文课程标准的研制与修订 …………………………… (81)
　　第三节　语文教科书的改革和体例创新 ……………………………… (86)
　　第四节　语文教学方法的探索 ………………………………………… (91)
　　第五节　语文考试的改革探索 ………………………………………… (98)
　　第六节　20世纪20至40年代的语文教育争论 ……………………… (101)
　　第七节　语文教育家的教育论著和思想 ……………………………… (105)

第四章　新中国成立至"文革"时期语文课程教学的曲折发展 ………… (117)
　　第一节　新中国成立至"文革"时期的语文教育概述 ……………… (117)
　　第二节　推广"红领巾教学法" ……………………………………… (122)
　　第三节　汉语、文学分科实验 ………………………………………… (127)
　　第四节　"文道关系"大讨论 ………………………………………… (133)
　　第五节　20世纪60年代前期的语文教学调整 ……………………… (136)
　　第六节　新中国成立至"文革"时期的语文考试 …………………… (141)

第五章　改革开放至20世纪末语文课程教学的改革与发展 …………… (147)
　　第一节　语文课程的改革发展 ………………………………………… (148)

第二节　语文教材改革……………………………………………………（153）
　　第三节　语文教学的改革与探索……………………………………………（159）
　　第四节　语文考试改革的探索………………………………………………（169）
　　第五节　世纪末的语文教育大讨论…………………………………………（173）
　　第六节　语文教育家的教育思想……………………………………………（179）
　　第七节　语文名师的教学经验………………………………………………（185）

第六章　21世纪初的语文课程和教学改革……………………………………（197）
　　第一节　新世纪语文课程改革的背景………………………………………（197）
　　第二节　新世纪语文课程与教学的新理念…………………………………（201）
　　第三节　新世纪的语文教材改革……………………………………………（205）
　　第四节　方兴未艾的语文教师专业培训……………………………………（209）

后记………………………………………………………………………………（216）

导　言

一、学习语文教育史的意义

从事语文教育工作的人,一定要学一点语文教育史。有些人之所以忽视甚至轻视于此,就是由于不清楚学习语文教育史的重要意义。

1. 有助于全面深入地认识语文教育

其一,穿越时空,了解过去的语文教育。只有学习了语文教育史,才能了解我国几千年的语文教育是怎样发展过来的,各个时代的语文教育有哪些特点;了解我国语文教育曾经取得过哪些成绩,存在哪些问题;了解语文教育史上有哪些有代表性的语文教育家,有哪些优秀的语文教育思想,有哪些好的教学经验和方法。总之,只有学了语文教育史,才能对我国过去的语文教育有一个比较全面系统的了解。现在,在对待我国传统语文教育的问题上,常常存在两种片面的看法:一种是历史虚无主义的看法,认为我国传统的语文教育从教育思想到教学方法都是封闭落后的,甚至充满了封建主义的糟粕。传统语文教育虽然积累了一些教学经验,但是这些经验都是零散的,又缺乏科学理论的指导,所以远不如现代教育理论系统,也不如现代教育理论可靠。言外之意是,在现代教育理论越来越发达的今天,对于我国传统的语文教育经验基本上可以忽略不计。另一种看法则恰恰相反,认为今天的语文教育之所以问题重重,就是因为它背弃了传统语文教育经验。传统语文教育远比今天的语文教育高明。要想真正提高语文教学质量,就必须恢复传统语文教育的内容和方法。以上两种看法都具有片面性,这是毋庸置疑的。之所以会产生这些看法,是因为这些人对于传统语文教育的了解只是一知半解,不够全面和深入。要想全面了解和深入认识传统语文教育,只有认真系统地学习语文教育史。

其二,以史为鉴,认识今天的语文教育。历史是一面镜子,通过这面镜子,我们可以鉴古知今,更清楚地认识我们今天所从事的语文教育是怎么回事。认识我们今天所做的事情,哪些做对了,哪些做得不十分对,哪些做错了。事情往往就是这样,我们现在正在做的事,由于身处其中,反而不容易分清楚哪些对了,哪些错了。而对照历史,就容易分辨正确与错误了。就语文教育来说,很需要通过回顾历史来重新认识今天。比如新中国的语文教育,有过多次反复,人们争论过好多问题,而查阅历史,原来这些反复和争论历史上早就有过。如果我们熟悉历史的话,就可以借助历史上处理此类问题的做法和看法,从更高的历史起点上,审视和认识今天的语文教育。

其三,纵观古今,认识语文教育的规律。纵观昨天和今天的语文教育历史,有助于我们深入认识语文教育的本质,发现语文教育的规律。事物的本质和发展规律,只有到该事物的发展过程中去认识,除此之外没有第二条路可走。发展过程有长有短,如果只考虑发展过程的某一段历史,也还不容易看清楚事物的全貌,获得的认识往往带有片面性。只有考查事物发展的全过程或一段较长的过程,才容易把握事物发展的规律。可见,要认识语文教育的本质和发展规律,只有到语文教育的历史长河中去考察,才容易发现规律。

其四,鉴往知来,预测明天的语文教育。历史永远是一个发展的连续体,很难将其分割为毫不相关的若干片段。今天是昨天的发展,明天是发展着的今天。既然是一个发展的连续体,昨天、今天和明天之间总贯穿着某些相同的东西,它们的发展总有许多相似之处。站在今天不但可以认识昨天,重温昨天也可以认识今天,预测明天。正因如此,当人们需要预测未来的时候,常常会抓住昨天、今天与明天之间相通的地方(或曰可比性),采用纵向比较的方法,在比较中寻找特定事物的发展规律,并运用此发展规律预测该事物未来的发展。这也是我们学习历史的又一个重要目的。

2. 有助于汲取语文教育历史上正反两方面的经验和教训

我国历史上的语文教育,有成功的地方,也有失败的地方。成功的地方,对我们今天的语文教育仍有启发意义;失败的地方,可供我们汲取其教训,避免重蹈历史覆辙。前事不忘,后事之师。只有以史为鉴,今天的语文教育才能进步,才能发展。

传统语文教育值得我们借鉴的地方是很多的:比如在语文教育思想方面,有教书育人的思想,文道统一的思想,注重综合的思想,教学相长的思想,因材施教的思想,等等。在语文教学方法论方面,有启发的方法,学、思、问结合的方法,读写结合的方法,温故知新的方法,等等。再比如读书、识字、作文的具体方法,传统语文教育留给我们的成功经验更是不胜枚举。

历史上的语文教育也留给我们许多沉痛的教训。如果我们今天的语文教育不了解这些教训,不分析造成这些沉痛教训的历史原因,不有意识地避免历史教训的重演,那么,我们就极有可能重蹈历史的覆辙。举一个明显的例子,历史上的科举考试发展到后期,就给我们留下了不少沉痛的历史教训,它造就了一大批只会掉书袋、实际水平很低的庸才。我们今天的高考,如果不汲取这方面的经验教训,不也容易产生种种新形势下扼杀新时代语文教育勃勃生机的新八股吗?

3. 有助于继承和发扬祖国语文教育的优秀传统

语文教育有许多优秀的历史传统,其中有一些已经被人们遗忘了,丢弃了。这是很令人心痛的事。传统中的糟粕可以丢弃,但是传统中的精华则是宝贝,丢弃了岂不可惜?怎样才能继承和发扬祖国语文教育的优秀传统呢?首先必须学习历史,研究历史,这是基础。

教学是文化传播的一种最有效的方式。人类历史上的优秀文化传统,几乎无一不是通过教学的形式继承和发扬光大的。我们的祖先在语文教育方面为我们留下了许多宝贵的遗产,我们只有通过教学和研究语文发展史,才能把这部分宝贵的文化遗产继承下来,并加以革新和创造,再发扬下去。

二、语文教育史与语文课程教学史

　　一般来说,语文教育史也就是学校语文课程教学的历史,但是,二者也不能画等号。语文教育的外延实际上比语文课程教学更广泛,它包括方方面面的、各种形式的语文教育:既包括学校的语文教育,也包括家庭的与社会的语文教育;既包括以课程和课堂教学形式为主进行的语文教育,也包括以活动、游戏、传媒等形式进行的语文教育;既包括目的明确、计划性很强的语文教育,也包括目的不够明确、计划性不太强的语文教育。而语文课程教学,则专指学校里的、以语文课堂教学为主的、有组织有计划的语文教育。作为语文教师,我们首先应该了解我国的语文课程与教学史。因为我们更为关心历史上的语文课程是怎么设置的,教材内容是怎么选择和组织的,课堂教学用什么方法、如何检测和评价语文教学的效果,等等。

　　在我国,学校的产生可谓源远流长。五帝时期有"成均"之学,虞舜时期有"虞庠"之学,但这仅限于历史传说。比较可信的对学校的历史记载是从夏商与西周开始的。夏商时期有"夏序""商瞽宗",西周有"国学"与"乡学"。到了春秋战国时期,孔子首创私学,编订课程,对我国学校教育的发展贡献良多。秦汉以后,既有中央的官学,也有地方学校和私学。古代学校里的课程与现代学校的课程也不同。就我国古代教育的课程来看,它具有综合性、松散性和灵活性等特点:综合性,是指内容上不分学科(个别历史时期和一些特殊的情况除外),各种门类的知识都综合在一起;松散性和灵活性,指时间安排上没有严格的要求,既没有总体上的修业期限安排,也没有分阶段、分课时的内容安排。常常是教学内容可多可少,学习时间可长可短,随意性和灵活度都很大。所以,严格地说,中国古代并不存在现代意义上的语文课程。不过,中国古代学校的大多数课程,几乎都类似于今天的语文课程。先秦时期,经孔子整理删定的课程有《诗》《书》《礼》《乐》《易》和《春秋》六门,其中,至少《诗》与《书》就类似于今天的语文课程。秦汉以后,尤其是宋代至清末,儒家经典是学校的主要课程。这些课程都类似于今天的语文课程,因为这些课程有一个贯穿始终的任务,就是通过对语言、文字和文章的学习进而培养阅读和作文的能力。现在我们所说的古代语文课程教学,只能是指这样一种包括了语言、文字和文章教学进而培养阅读和作文能力的,类似于今天的语文课的课程与教学。

　　至于语文课程的名称,别说古代不叫语文,即使有了现代学制以后,最初也不叫语文。光绪二十八年(1902),清政府颁布了由张百熙等人拟订的《钦定学堂章程》(壬寅学制),这个学制规定开设的课程中,类似于今天的语文课的,小学有"习字""读古文词"和"作文"等,中学有"词章"。次年,清政府又颁布了由张之洞等人拟订的《奏定学堂章程》(癸卯学制)。在"癸卯学制"规定开设的课程中,类似于今天的语文课的,初等小学叫"中国文字",高等小学和中学叫"中国文学"。1912年1月,教育部颁布《普通教育暂行课程标准》,将各类学校"中国文字"和"中国文学"合并,定名为"国文"。1920年1月,北洋政府教育部通令全国,从小学一、二年级国文课开始,教材改用语体文。1923年北洋政府实行新学制,制定《新学制课程标准纲要》,《纲要》将"国文"课程更名为"国语"课程。1929年8月,国民政府教育部颁布了《中小学课程暂行标准》,又将汉语文课程名称确定为:小学"国语",中学"国文"。这两个名称及其形成的中小学语文教学格局,一直延续到新中国建立前夕。新中国建立后,1950年6

月由中央人民政府出版总署编审局出版了全国统一的"语文课本":《初中语文》《高中语文》。至此,"国语""国文"的名称终止使用,课程名称正式更名为"语文"。①

我们要学习中国语文课程教学的历史,显然不能只从有了现代学制以后的语文课程教学开始,更不能仅从正式冠以"语文"之名的语文课程教学开始,而应该从古代的类似于今天的语文课的语文课程教学开始。

三、语文课程教学历史的分期

语文课程教学历史的分期,有两个问题需要讨论:一是传统语文课程教学期和现代语文课程教学期从什么时间划分?二是两个不同时期内如何划分更小的阶段?

传统语文课程教学和现代语文课程教学的划分,是对语文教育史的第一层划分。现代语文课程教学与传统语文课程教学是两种性质不同的教育形式:前者是文史哲不分的综合性教育,后者是语文独立设科的专门化教育;前者是书面语和文言文的教育,后者则既有书面语和文言文的教育,也有口语和白话文的教育。这是传统语文课程教学和现代语文课程教学的本质区别,在以上两种性质的语文课程教学之内的其余的划分,都不具备这样的条件。就是说,其余的划分都是第二层及其更下位的划分。传统语文课程教学与现代语文课程教学的界限在什么时间,有不同的看法:一种看法认为以1904年"癸卯学制"的颁布为界,另外一种意见认为应以"五四运动"为界,还有人认为应以"鸦片战争"为界。本书采用的是第一种界限。我们认为,中国语文课程教学由传统向现代的转型从清末语文单独设科就正式开始了。此时国家颁布了新式的学制,有了新式的学校,有了正式的分科教学。现代语文课在新学制下应运而生。鸦片战争虽然打开了中国的国门,外国的现代教育思想和方式开始被陆续引入中国,中国大地上也出现了外国人创办的教会学堂,但是,中国还没有正式产生现代学制,没有现代意义上的语文课程教学。到了五四运动,白话文进入语文教育,现代语文课程教学在清末学制的基础上,已经基本定型。

至于传统语文课程教学与现代语文课程教学各自在内部怎么进一步划分,标准依然是要看语文课程教学内部有没有大的具有实质意义的改变。以现代语文课程教学为例,我们认为迄今为止的现代语文课程教学,一共出现了四次大的转型,这就是:

(1) 五四前后,受新文化运动和西方资产阶级教育思想的双重影响,语文课程教学由清末民初的改良型语文教育向资产阶级民主化的语文教育转型。

(2) 新中国的建立,促使现代语文课程教学由资产阶级民主化的语文教育向无产阶级意识形态挂帅的语文教育转型。

(3) 20世纪70年代末80年代初的改革开放,促成了现代语文课程教学由意识形态挂帅到价值多元化的转型。

(4) 21世纪初我国第八次课程改革的浪潮,促成了新一轮语文课程教学的全面改革。②

鉴于本书只是一部语文课程教学简史,目的是向在职语文教师介绍我国语文课程教学发展演变的基本脉络和基本规律,所以,我们本着突出重点、远粗近细的原则,对古代语文课

---

① 武玉鹏,韩雪屏,等.语文课程教学问题史论[M].北京:中国社会科学出版社,2013:24-31.
② 武玉鹏,韩雪屏,等.语文课程教学问题史论[M].北京:中国社会科学出版社,2013:6-14.

程教学不再作详细的分段。

四、怎样学习语文课程教学史

怎样学习语文课程教学史？我们的体会有以下几点。

1. 通过语文教育之象，捕捉语文教育之魂

这里的象，即语文教育的表象、现象；魂，即语文教育的本质。通过语文教育之象，捕捉语文教育之魂，就是透过现象看本质，也就是通过语文教育的表面现象，探寻语文教育的内在规律。学习语文课程教学史，我们首先接触到的就是语文课程教学的一个又一个现象，比如课程是怎么设置的，教材是怎么编的，教师是怎么教的，学生是怎么学的，考试是怎么考的，社会上出现了哪些语文课程教学的思潮，出现过哪些有名的语文教育工作者和教育主张，等等。这都是语文教育的现象。学习语文课程教学史不能止于这些语文课程教学现象的了解，而一定要透过这一个又一个的语文课程教学现象，探寻语文课程教学的内在规律。这是一种带有研究性的学习，只有用这种研究的方法学习语文课程教学史，学到的才是语文课程教学史的内核和精华。

2. 古今对照，以变化的时空反观语文课程教学不变的本质

学习历史常用的方法之一就是古今对照。同一件事情，过去和现在都在做，而做法却常常不一样，这是为什么？有时候做法虽然不一样，但是主导思想上又有相同之处，这又是为什么？这就是人们学习历史常常要思考的问题。之所以有很多不一样，就是因为历史的时空和社会的要求不一样了，所以做法自然有了不同；而时空变了，还有相同或相似的地方，就是因为语文课程教学的某些本质是不变的。这一切，都是我们学习语文课程教学史的时候应该思考的问题。运用这种方法学习语文课程教学史，往往会比就一个阶段学习研究一个阶段收获更大一些。

3. 中外比较，在不同的文化体系中寻找母语教育的共同追求

语文教育是母语教育。每个国家都有自己的母语教育。作为母语教育，从教育目的到教学方法，必然有一些是相同或相近的。光学我们自己的语文课程教学史，有些问题还不太容易看得很清楚，如果跟其他的母语教学比较，看看别的国家是如何学习他们的母语的，或许能对我们认识本国的语文课程教学起到意想不到的启示作用。近年来，我们国家介绍和研究外国语文教育的资料越来越多，为我们进行中外比较学习和研究提供了比较便利的条件。我们应该充分利用好这些学习资源。

第一章

"癸卯学制"前的传统语文教育

◆ 导　读

　　几千年漫长的传统语文教育是当今语文教育的源头，它从历史的远处和暗处一步步摸索走来，经过一代代努力创造出一整套关于识字写字、阅读、写作、考试、育人等方面的教学体系，出现了一大批语文教育名家和语文教育论著。正因为此，传统语文教育才造就了古代人才的繁盛、文学的璀璨、文化的灿烂、文明的绵延，但也因后来的僵化不前而弊端丛生。今天的我们须对古代抱有一种知人论世的"了解之同情"，方可触碰到古人之面容，与之展开平等对话，滋润今世之心灵。那么，如何客观认识传统语文教育的基本内涵、发展特点和成就弊端？传统语文教育对当今语文教育有着怎样的启示？让我们进入本章内容的学习，尝试回答这些问题。

◆ 学习目标

　　1. 了解传统语文教育的基本内涵、发展特点，辩证认识其成就与弊端。
　　2. 熟悉传统语文教育在识字写字、阅读、写作、口语等方面的基本教材和教学方法，了解古代语文考试制度和语文教育论著。
　　3. 思考传统语文教育的内部要素发展与外部环境变化间的关系，探讨传统语文教育教材在精英阶层和大众阶层中各自的发展路线。

　　传统语文教育，主要指清末"癸卯学制"之前的传统的汉语文教育，即以汉语和汉字为基础的语文教育。传统语文教育是当代语文教育的源泉和根本，从本原上奠定了中国语文教育的底色和内核，不了解传统语文教育，便无法理解近现代语文教育所遭遇的挫折和所面临的改革，也无法理解当今语文教育的诸多问题。著名历史学家钱穆告诫我们：在现实中发现问题，到历史中寻找答案。同样，我们对当今语文教育诸多问题的考察也应具有长时段的思考和历史视野。

　　虽然传统语文教育没有形成严格的现代意义上的课程体系，也没有什么必须要遵循的类似今天的课程计划、课程标准之类的文献，但这绝不是说传统语文教育没有相对固定的课程内容、教材内容和教学法体系。在清末"癸卯学制"之前，我国关于汉语文的识字和写字教学、阅读教学、作文教学、甚至口语教学和语文考试等，大都有了一套相对成熟的做法。

第一节 传统语文教育发展概述

虽然传统语文教育是语文教育历史链条上最久远最具决定性的一环,但当前不少从事语文教育的学者和教师对传统语文教育仍有不少认识的误区,常把几千年的传统语文教育看作混沌一片或停滞不前,或者以南宋以后的语文教育概括整个传统的语文教育。而这些误区多是因为不了解一些历史常识和时代特点所造成的,语文教育也是历史发展中的一种现象,是历史这棵大树上的一朵花,花朵的明暗妍嬂要归因于干枝从土壤中吸收的养分,既然不同时代的大环境白衣苍狗,那么语文教育也会随之变化。

一、对传统语文教育的认识误区和研究视野

1. 对传统语文教育的认识误区

第一个误区是认为传统语文教育是以"四书""五经"为主的教育。这种说法非常普遍,甚至在不少学者的论著中也随处可见,但这完全是以偏概全、乖离史实的。首先,"四书"出现的时间比较晚,是在宋代朱熹撰写《四书章句集注》之时才有此称呼,在朱熹之前,从未有人把《大学》《中庸》《论语》《孟子》合在一起,所谓的"孔孟之道",也是在宋儒抬升孟子之后才出现的口号。其次,"五经"是汉代之后的称呼,先秦时期的语文教育是以"六经"为主,因秦火和兵燹之故,《乐经》失传,故而汉代之后只有"五经",即便"五经"也有今文经和古文经的论争,汉代的"五经"到唐代发展为"九经",到宋代又发展为"十三经"。再次,以"四书""五经"为代表的儒家经典作为语文教材有几个时空限度:一是主要作为高级的阅读教材,对识字写字并不适用;二是主要针对城镇阶层和应举子弟,对广大乡村民众并不实用;三是主要在儒学昌盛的年代适用,在儒学低潮的时代不见得受待见。

第二个误区是认为传统语文教育是灌输封建纲常和儒家思想的教育。关于传统语文教育是灌输封建纲常的教育,这种说法从"五四"以来一直到今天仍然流行于社会。其实传统语文教育的内涵是极其丰富的,包括识字写字教育、阅读教育、写作教育、文化知识教育、审美教育、思想道德教育甚至自然科学教育,人们学习语文的目的是成为才德兼备的人,更注意语文教育的实用性,而封建纲常的教育也只是其中思想道德教育的一个侧面,这是明清时期强化封建纲常教育给人留下的刻板影响。① 关于语文教育是儒家思想的教育,这种说法同样也欠周密。首先,我们要认识到儒学在不同时代的内容和地位是不同的,孔子、孟子、荀子、董仲舒、何晏、韩愈、朱熹、王阳明视野中的儒学都有很大差异。先秦的儒家只是百家之一,秦代完全"以法为教",汉初推崇黄老之学,即便是武帝实行"罢黜百家,独尊儒术",但法家在两汉政治文化中仍与儒家平分秋色,或曰儒法国家。② 从魏晋南北朝到隋唐,儒学深受佛道两家的压制,直到宋朝出现理学才把儒学真正抬升到实质上的独尊地位。其次,我们也

---

① 正如美国历史学家韩森所讲,古代中国在 1600 年之前一直是个文化开放的帝国,但为什么西方人和现代人会刻板地认为古代中国是一个封闭性的国家? 这是因为 1600 之后,欧洲传教士来华之时正赶上明清走向封闭的时刻。详见芮乐伟·韩森.开放的帝国:1600 年前的中国历史[M].梁侃,邹劲风,译.南京:江苏人民出版社,2007.

② 赵鼎新.东周战争与儒法国家的诞生[M].夏江旗,译.上海:华东师范大学出版社,2006.

要了解古代中国自三国开始就是一个儒释道三教并存的社会,佛教和道教对古代政治、社会、文化、经济等各方面都产生了深远影响,佛道两教在传播和发展过程中也对语文教育教学起到了拓展作用,"一是语文的语言文字的创新拓展,二是语文的文学内容的创新拓展,三是语文教育理念和方法的创新拓展"①。

第三个误区是认为传统语文教育是针对科举考试的教育。首先,隋代之前是没有科举制的,科举制在隋代出现后,经过唐代才渐被完善,变成普遍认可的考试制度,但在此后并非一帆风顺,如五代十国、辽夏金元的科举考试就很衰落。其次,即便在科举考试盛行的年代,语文教育最重要的还是一种工具性的教育,即教人运用语言和文字进行交流,我们今天在史料中看到许多士人十年寒窗为的是金榜题名,但被史料遮蔽的大多数人尤其是乡村民众在接受语文教育时,不见得都有求取功名之心。再次,在科举考试之外,从唐至清,尚有大量的山林书院推崇自由的语文教育,拒绝只读科举规定的"四书""五经",拒绝科举的考试方式,拒绝读书只为考取功名的官本位思想,从朱熹、陆九渊到王阳明、顾炎武、黄宗羲都曾严批过科举考试的种种弊端。

以上三种代表性的认识误区严重制约着人们对传统语文教育的理解,不利于辩证看待传统语文教育的成绩和弊端。

2. 研究传统语文教育,应拓宽视野,注重三个方面的结合

第一是传统语文教育中"大传统"与"小传统"②的结合。所谓传统语文教育中的"大传统"与"小传统",即在横向上,传统语文教育中有两个并行的教育系统;一种是由国家权力和城镇阶层主导的精英语文教育,谓之"大传统";一种是由民间大众和乡村阶层主导的通俗语文教育,谓之"小传统"。由于文献记载和收藏的原因,精英语文教育留下了许多历史记录,通俗语文教育史料阙如,而后人却会认为留下历史记录的精英语文教育是当时的全貌,但实际上通俗语文教育是沉默和失语的大多数。另一方面,"大传统"的精英语文教育和"小传统"的通俗语文教育在教学方法、教材、教学目标上都有不同,一个侧重走上层的雅文化路线,追求的是高雅,一个侧重走中下层的俗文化路线,追求的是实用。如就识字教材来说,张志公先生曾说:"从《急就篇》下来,到了南北朝、隋唐,识字教材分成两路,一路以《千字文》领头,后来加上《三字经》《百家姓》,基本上为官府所承认,编法也比较雅驯;一路则主要流行在民间,宋代以下统称'杂字'。"③但由于有国家权力的因素存在,所以"大传统"精英语文教育可以对"小传统"通俗语文教育产生影响,甚至可在某时空中将其同化,但"小传统"通俗语文教育很难对"大传统"精英语文教育产生影响。

第二是传统语文教育中"前传统"与"后传统"的结合。所谓传统语文教育的"前传统"与"后传统",是指在纵向上,传统语文教育根据时代文化发生重大转折的节点分为两个阶段,一个是从先秦到唐代的"前传统",语文教育充满了自由多变的因子,儒学面临多种因素的制

---

① 谢保国.中国古代语文教育史稿:下册[M].银川:宁夏人民出版社.2009:560.
② "大传统"与"小传统"是美国人类学家罗伯特·雷德菲尔德(Robert Redfield)在《农民社会与文化》中分析文化结构时提出的一种二元分析的解释框架:"大传统"指代表着国家与权力、由城镇的知识阶级所掌控的书写的文化传统;小传统则指代表乡村的、由乡民通过口传等方式传承的大众文化传统。欧洲学者又对此概念进行修正,称之为"精英文化"与"通俗文化"。
③ 张志公.传统语文教育教材论[M].北京:中华书局,2013:29.

衡，并未在语文教材中取得绝对优势；一个是从宋代到清末的"后传统"，语文教育已基本被科举制、程朱理学所控制，"四书"和"十三经"形成，儒学在国家和社会中已被世俗化和制度化，在语文教材中也定于一尊。近代"新文化运动"抨击传统文化时提出"打倒孔家店"，实际上是打错了对象，因为孔子的儒学传统和朱熹的儒学传统大不相同。同样，人们在抨击传统语文教育时也会常常打错了对象，把宋代之后的"后传统"强加到整个传统中，以近度远，并未看到"前传统"与"后传统"的不同，这也是造成对传统语文教育的认识误区的原因，如把传统语文教育定位于四书五经的教育、封建纲常的教育等。再如，许多人一提到传统的语文教材就会提到《三字经》《百家姓》《千字文》《千家诗》《幼学琼林》《龙文鞭影》《声律启蒙》《古文观止》《弟子规》《增广贤文》等，但这些教材除了《千字文》都是"后传统"产生的。但这并非意味着"前传统"的教材质量差，而是"前传统"催生和影响了"后传统"，如"前传统"中的《千字文》和《开蒙要训》直接影响了《三字经》和《百家姓》，《太公家教》直接影响了《弟子规》《增广贤文》，《蒙求》直接影响了《幼学琼林》《龙文鞭影》，《文选》影响了《古文观止》。

第三是传统语文教育中"内部史"与"外部史"①的结合。所谓传统语文教育中的"内部史"与"外部史"，是指传统语文教育的发展受到两个方面变化的影响，一是内部如学校、教师、学生、教材、教学方法、教学思想等要素的变化，二是外部如政治格局、经济状况、社会结构、思想观念、宗教传播、风俗文化等环境氛围的变化。事实上对传统语文教育来说，外部环境的变化直接影响内部要素的变化。但目前语文教育史学界往往注重对某一时期语文教育内部要素的分析和研究，如研究某一时期的语文蒙学教材、语文教育家、语文教学方法等，较少结合外部环境和时代文化的变化探讨传统语文教育发展的脉络和源流。如研究唐宋"古文运动"的语文教育，不少学者只会停留在某些文学家的读写思想方面，不善于从"外部史"的角度分析唐宋的"古文运动"表面上是一场文学运动，更深刻的实质是唐宋政治改革、儒学转型、科举普及、官僚制形成等外部环境和时代氛围在写作上的反映和需求。没有把传统语文教育的"内部史"与"外部史"结合，研究视野、研究思路、文献资料、问题意识便很难被拓宽，这也是当前传统语文教育研究难以走出困境的原因所在。

二、传统语文教育的基本内涵和发展特点

语文作为一个学科而言，固然是清末独立设科之后才有，一些学者称传统语文教育为"潜语文教育""前语文教育""准语文教育"，但这些称呼在某种程度上，是在轻视传统语文教育，认为古代没有真正的语文教育。虽然学科化的语文是近代产生的，但具备实质内涵的语文自先秦到清代，在学校、家庭、社会、宗教中都是广泛存在的，在语文教材、语文教育名家、语文教育思想、语文教育方法等方面都大放异彩，对今天的语文教育仍有巨大的启示意义，当今的语文教育反而是因为学科的细化失去了传统语文教育中许多宝贵的精华。归根到底，传统语文教育的内涵和功能是完备而自成一体的，在不断发展中走向成熟，是名副其实的语文教育。

---

① "内部史"与"外部史"是英国科学哲学家托马斯·库恩(Thomas Samuel Kuhn)在为《国际科学史百科全书》撰写"科学史"词条时把科学史划分为科学内部史与科学外部史的解释模式，内部史关注科学知识的成长过程，外部史则把科学放在社会文化背景中考察。

第一,传统语文教育具有工具性。古人进行识字写字、阅读、写作、口语表达等方面的训练,从殷商先民对甲骨文的模仿到明清士人对八股文的学习,都把语言文字作为基本的媒介,最直接和最本质的目的是为了认识世界、传递信息和沟通思想,是人们日常生活中必不可少的教育。传统语文教育作为一种工具,能达成怎样的目标取决于人们运用语言文字的程度,初级的目标是正常的听说读写,中级目标是创造文学,高级目标是创造文化。

第二,传统语文教育具有人文性。传统语文教育的人文性表现在:内容十分丰富,是一种综合性的教育,学者认为"中国的语文教育发展史,实质上就是文、史、哲不分家的国学教育发展史"[1];注重培养通才,博涉经史,博通古今,而非局限于今天的语文能力;注重道德教化和思想教育,培养人文关怀,重视在语文学习中修身养性,"观乎人文,以化成天下"。

第三,传统语文教育具有取士性。古代中国是一个文书行政的国家,历代统治阶级在人才选拔即取士方面首要注重的是语文能力。取士制度在一定程度上充当了传统语文教育的指挥棒,不同时代的语文教育体现出取士制度的强烈影响,先秦时期诸侯征召士人和士人游说诸侯的制度,两汉察举孝廉的制度,魏晋南北朝九品中正制,隋唐以后科举考试的制度,都对当时的语文教育或语文教材产生了重大影响。

第四,传统语文教育具有审美性。首先,传统语文教育创造出一大批优美璀璨的文学作品,激发着人们不断提升时代的文学水平,"江山代有才人出,各领风骚数百年";其次,传统语文教育总结出各种文学审美和书法审美的经验和理论,指导着后人向更高的审美高度迈进;再次,传统语文教育归纳出一整套对宇宙、自然和人生的审美哲学,引领着人们创造理想的生活。

传统语文教育的这四个基本内涵是相互统一为一体的,体现了传统语文教育在内容上的包容性和功能上的多样性,但它在历史发展的过程中,四个基本内涵的表现并非同步一致的。

传统语文教育也涉及一个分期问题,有的学者把传统语文教育分为"言文教育"和"古文教育"[2],有的学者把传统语文教育分为"诗教"和"文教"[3]。但这些分期多失之笼统,经不起严格的史实推敲。我们认为,与其争论传统语文教育的分期问题,不如探讨传统语文教育的发展脉络问题,这样才能更清楚地了解传统语文教育的传承和嬗变。传统语文教育是一个整体概念,它包括学校、教材、考试、教学方法等各内部要素,一般而言,外部环境和时代氛围的改变,各种内部要素也会随之改变,历代学校教育制度、教育内容等也会步步演进,整体上推动着传统语文教育的变革。总体来说,传统语文教育在历史发展中明显受到以下几个方面的重大影响,体现出传统语文教育的发展特点。

首先,传统语文教育受文字演变和文学发展的影响,重视蒙学教育和读写训练。汉字的发展是一个漫长而艰辛的过程,汉字的诞生催生了学校的萌芽,所以汉字的成熟度决定着语文教育的成熟度,每一次汉字的发展和演变直接决定了语文教育的革命。汉字从甲骨文、金

---

[1] 靳健.中国语文教育发展史论[M].北京:高等教育出版社,2014:1.
[2] 张隆华.中国语文教育史纲[M].长沙:湖南师范大学出版社,1991;王松泉.语文教育史简编[M].北京:社会科学文献出版社,2002.
[3] 靳健.中国语文教育发展史论[M].北京:高等教育出版社,2014:2-7.

文到小篆,从小篆到隶书,从隶书到楷书,形体越来越抽象美观,内涵越来越丰富复杂,语文教材和教学方法也随之改变。如从周代的《史籀篇》、秦代李斯等人的字书、西汉初的《仓颉篇》、西汉中的《急就篇》到南朝的《千字文》,识字教材不断被更新,归根到底是汉字的演变与人们对蒙学识字的重视。文学的发展同样影响着语文教育的基本内容,自文学在魏晋"自觉"独立后,语文教育内容、读写方法、读写理论等随着各代的文学运动相应发生着变化。如南北朝以《文选》《文心雕龙》《诗品》《文赋》为代表的骈偶文风气到唐宋古文运动提出的一系列文章学理论,再到明清出现各种文章流派和文章选本,都给当时的语文教育留下了深深的时代痕迹。

其次,传统语文教育受取士制度变化的影响,后期与科举制紧密结合。《论语》中说"学而优则仕",《千字文》曰"学优登仕,摄职从政"。对民众来说,读书识字为做官是传统社会的普遍观念,"学成文武艺,货与帝王家"。对统治者来说,建立学校,重视语文教育,现实目的也是为朝廷选拔人才,因此不同时代的选士制度也影响着语文教育的教材内容和教学重点。东周诸侯国征士养士和士人游说诸侯的选士制度决定了士人的语文教育重视"六艺"、思想主张和辩论口才;汉代察举孝廉的选士制度决定了士人的语文教育重视儒学修养和孝行节义,"四科取士"法决定了士人的语文教育除了重视儒学和道德外,还需重视法律知识和治国能力;魏晋"五经课试之法"强调语文教育中的经学理解能力,而此时开创的九品中正制使魏晋南北朝的语文教育增加了玄学清谈的倾向,但也造成了普遍对读书学习的消极情绪;自隋唐创立科举制后,语文教育发生了更深刻的变革,自宋以下,语文教育基本受科举考试控制,有些学者甚至将科举制作为传统语文教育的分水岭。① 但从隋至清,每代的科举制都有损益变化,也影响了不同朝代的语文教育,如唐宋的诗赋、文章、经学、策问并重,至明清基本以八股文为主。

再次,传统语文教育受学派思想变化的影响,总体来说以儒家思想为主导。理解这一点,其前提是需认识到儒家思想在传统社会和语文教育中并非始终一尊独大,但总体上儒家思想是贯穿于其中的线索。先秦百家争鸣,虽然"六经"和"六艺"是众多学派在语文教育中都须学习的,但许多学派如儒、墨、道、法等皆有自己的语文教育理论和实践,即便对先秦儒家来说,孔子、孟子、荀子的语文教育也有不同。秦代的儒家几近消亡状态,此时的语文教育"以法为教,以吏为师"。两汉在学派思想上也有起伏,汉初信奉黄老之学,文帝、武帝、宣帝虽表面上重视儒学,但在治国上仍以法家为里子,加之汉因秦制成为一个律令制社会和儒法国家,今天出土的许多汉简大多数都是律法,所以儒法并重是语文教育的特色。即便对儒学来说,在语文教育中也有今文经学和古文经学的不同教学实践。从魏晋南北朝到隋唐,儒学受到玄学、佛教、道教漫长的压制,语文教育内容呈现出多样性,直到宋明理学的出现才真正将儒学变为国家和社会独尊的学派思想,语文教育也从宋代之后被程朱理学所控制。程朱理学由于其思想特质,尤为重视人的启蒙教育、语文教育和道德教育,所以宋代之后的语文教育呈现出一种集大成、理论化、系统化、修身性的气象,编撰了一大批著名的语文教材,总结了各种各样的语文教育理论。

---

① 如谢保国在《中国古代语文教育史稿》中把古代语文教育分为科举制度前的学校语文教育、科举制度中的学校语文教育、科举制度外的语文教育,见谢保国.中国古代语文教育史稿[M].银川:宁夏人民出版社,2009.

三、传统语文教育的成就和弊端

古代社会涌现出无数的文学家和书法家,创造出无数的文艺作品,使中华文明在人类史上独放异彩,这很大程度上是传统语文教育的功劳,也是传统语文教育取得的突出成就。但近代中国所遭遇的种种挫折,也证明传统语文教育在末期出现了不少弊端。我们应从长时段和整体上认识传统语文教育的成就和弊端,古人在语文教育上不乏改革,多有创新的勇气,成就方面是随着历史的推进和代代的探索积累出来的,而弊端方面也是由于时代和制度的束缚而显露出来。

张志公先生曾总结出传统语文教学的三大经验:"一是建立了成套的、行之有效的汉字教学体系。一是建立了成套的文章之学的教学体系。一是建立了以大量的读、写实践为主的语文教学法体系。"他也总结出传统语文教学的四大弊端,分别是脱离语言实际;脱离应用实际;忽视文学教育;不重视知识教育。① 本书主编武玉鹏总结传统语文教育的基本经验:在识字和写字教学方面,创造了一整套系统的符合汉字认知规律的做法,如集中识字、借助韵语读物识字、识字和写字按不同的要求和方式分别进行等;在阅读教学方面,提倡熟读、吟诵,重视整体把握,重视体验和感悟;在作文教学方面,主张词、意并重,由读学写,多作多改;在语文教育的终极价值上,主张教文与育人统一等。②

经验即成就,归纳言之,传统语文教育的成就主要有:第一,建立了一整套符合汉字认知规律的识字写字教学体系,把识字教育与文化知识教育、思想道德教育结合起来;第二,形成了一整套重视博学精思、诵读体悟的阅读教学体系,并用阅读反哺写作;第三,创造了一整套包含各种文体的诗文写作教学体系,总体以散文为主,注重读写结合、多作多改;第四,创立了一整套重视文道统一、人文教化的道德教学体系,把育人作为语文教育的终极目标;第五,创建了一整套学校制度与取士制度相结合的语文考试体系,使语文教育的目标和内容更加清晰;第六,涌现了一大批著名语文教育家、语文教育专著和语文教育理论,对当今语文教育仍是宝贵的财富。

当然,缺点是优点的延长线,成就和经验一旦出现思维定式或固化不前,在后期就会出现种种弊端,尤其是在明清表现得更为明显。总体来说,传统语文教育的弊端主要有:一,口语和书面语分离,脱离语言实际,忽视口语教学;二,学习内容与社会生活分离,脱离应用实际,难以经世致用;三,教育目标偏向读书做官,后期完全变成科举制的附庸,严重束缚了受教者思想和能力的发展;四,过多重视经学教育,过多灌输道德伦理和政治思想,忽视语文知识如语法方面的教育;五,在教学理论和方法上缺乏对语文教学规律的系统研究,多凭经验和感觉。

本书在展现传统语文教育的发展时,会重点突出教材的变化。因为教材可以集中反映一个时代的教学内容、教学理念、教学方法等,我们也可以从教材中揭示当时对语文教育产生影响的政治文化、社会观念等因素,教材的变化和更替也直接体现出传统语文教育的变革和演进。

---

① 张志公.传统语文教育教材论[M].北京:中华书局,2013:136-139.
② 武玉鹏."回归传统"不是语文课的出路——兼论传统语文教育的当代转换[J].课程·教材·教法,2010(5).

第二节 传统的识字写字教材与教学

清代文人郭臣尧,曾写诗调侃乡村私塾上课的画面:"一阵乌鸦噪晚风,诸生齐逗好喉咙。赵钱孙李周吴郑,天地玄黄宇宙洪。《千字文》完翻《鉴略》,《百家姓》毕理《神童》。就中有个超群者,一日三行读《大》《中》。"语虽诙谐,却较为真实地再现了当时识字教育的情态:在识字方法上,注重大声朗读、吟诵和背诵;在识字教材上,先读《百家姓》《千字文》等,再读《神童诗》把握诗歌语感,读《鉴略》(如《鉴略妥注》《四字鉴略》等历史蒙书)了解历朝顺序,若有个别突出的学生,在此基础上再一天读两三行《大学》《中庸》扩大识字范围,进行初步的阅读教育,即集中识字之后,再随文识字。

清代著名文字学家王筠在《教童子法》中说"蒙养之时,识字为先,不必遽读书",基本反映了古人对识字教育的重视程度。汉字本身是形、音、义三位一体的结构,识字不是简单地认识其形体,还须辨认其发音,理解其含义,目标是发展日后的听说读写能力。这决定了我国古代的识字教材有两个基本特征。一是识字教材的编排上以韵文为主,"容易造成整齐的句子,可以通篇是三字句,或四字句,或五字句;容易构成对偶;容易押韵"①。二是在集中识字的基础上随文识字,进行知识教育和思想教育,扩大识字的范围和识字的功能,为下一步的阅读和作文做好过渡,因为古代的书籍主要是经史,充满大量知识典故和道德说教,所以古人的识字写字教材与一些文化知识教材也是融合在一起,这反映出我国语文教育的思想道德性和人文包容性。

一、周秦两汉

在周秦之前的远古社会,汉字从"结绳"到"书契"之间,大致又经过刻符、八卦、图画、文字画、表意字等漫长的演变岁月,但当时的教育仍然没有从劳动和生产中独立出来,被称为"言文教育"②,所以人们主要在生产和生活的过程中学习一些刻画符号和简单的汉字,新石器时代陶器上的各种符号即可体现出识字写字教育的萌芽状态。夏商甲骨文和金文的出现宣告了汉字的成熟,汉字的成熟一方面推动了文献的产生,《尚书·多士》云"惟殷先人,有册有典",为识字写字教育提供了相关教材,另一方面又推动一些诸如"庠""序""学""校""瞽宗"之类的学校萌芽的产生,为识字写字教育提供了教学场所。郭沫若在考释殷墟甲骨时,发现有一甲骨片上的一行字刻写得整齐规范,乃教者刻写的范本字样,而其余几行字歪歪斜斜不成体统,则是学生模仿的习刻。他认为这是当时"为之师范者,从旁捉刀相助之"③留下的遗存。由此我们可知,商代已经出现了较为规范的识字写字教育。但是,直到西周,当时的识字写字教育仍然无法突破两个局限,一是汉字主要用于记录生产和生活经验,二是汉字的学习只是专职人员和贵族阶层的权利。

"周监于二代,郁郁乎文哉!"周朝建立后,制礼作乐,为识字写字教育提供比之前更丰

---

① 张志公.传统语文教育教材论[M].北京:中华书局,2013:4.
② 张隆华.中国语文教育史纲[M].长沙:湖南师范大学出版社,1991:8-9.
③ 郭沫若.殷契粹编[M].北京:科学出版社,1965.

厚的资源。第一是发展学校,当时出现了"家有塾,党有庠,术有序,国有学"的教育盛况,且发展出"小学"与"大学""乡学"与"国学"的完整学校体系。其中,"小学"主要承担了识字写字教育任务,"《周礼》八岁入小学,保氏教国子,先以六书"①,即指事、象形、形声、会意、转注、假借。第二是生产书籍,"书于竹帛,镂于金石,琢于盘盂,传遗后世子孙者知之"(《墨子·兼爱下》),在各种物质载体上进行书写,进一步扩大了识字写字教育的教材范围。东周随着"天子失官,学在四夷"的形势,私学兴起,百家争鸣,文化教育事业逐渐下移到社会和民间,识字写字教育得到了普及,但当时的识字写字教育也因各国文字不同而形态不一。秦并天下后,实行"书同文"的政策,以秦字为统一标准,由此决定了后世汉字的发展方向。秦朝实行"刀笔吏治天下",而两汉则实行"文法吏治天下",②所以识字写字教育成为语文教育的重中之重。汉初,萧何制定法律规定:"太史试学童,能讽书九千字以上,乃得为史。又以六体试之,课最者以为尚书、御史、史书、令史。吏民上书,字或不正,辄举劾。"(《汉书·艺文志》)《史记》曾记载,大臣石建因奏章中的"马"字少写了一点,几乎被汉武帝"谴死"(《史记·万石张叔列传》),这从法律层面推动着国家和社会对识字写字教育的重视。总体来说,从周秦到两汉,主要的识字写字教材有以下几种。

《史籀篇》是我国见于著录最早的一部字书,也是史书记载的最早的一本儿童识字课本,《汉书·艺文志》云:"《史籀篇》者,周时史官教学童书也。"此书约成书于春秋战国之交,又省称为《史篇》,"籀"即"读",书名即太史读书之意。此书所收字体上承石鼓文,下启秦刻石,形体与大篆颇近,在编排方式上采用四字一句、两句一韵的方式,便于儿童习用。古代对此书的作者、时代和内容多有误解,直到近代王国维作《史籀篇》疏证,此书的真实面目才被人们所了解。作为"字书之祖",此书对后来的不少识字课本影响很大,比如秦代的《仓颉篇》《爰历篇》《博学篇》等多是模仿《史籀篇》而作。

《仓颉篇》《爰历篇》《博学篇》是秦代出现的三种字书,皆由政府制定:《仓颉篇》共七章,乃秦丞相李斯所作;《爰历篇》共六章,乃车府令赵高所作;《博学篇》共七章,乃太史令胡毋敬所作。三书的编纂体例基本与《史籀篇》一脉相承,所用字体自然为秦代小篆。但随着隶书的兴起,三书已渐不合时宜,所以到了汉初,"闾里书师合《仓颉》《爰历》《博学》三篇,断六十字以为一章,凡五十五章,并为《仓颉篇》。"(《汉书·艺文志》)由此可知,《仓颉篇》有两种,一是秦代李斯的《仓颉篇》,二是汉代合三书为一编的《仓颉篇》,后世所用多是后者。合编的《仓颉篇》60字为一章,每章15句,每句4字,两句一韵,全书共55章,计3300字。此书通行于两汉,是主要的识字写字教材,直到唐代才亡佚,但在1930年出土的居延汉简中出现了此书首章一些字,可观其编排字句的方式:

仓颉作书,以教后嗣。幼子承诏,谨慎敬戒。
勉力讽诵,昼夜勿置。苟辑成史,计会辩治。
超等轶群,出元别异。初虽劳苦,卒必有意。

虽然《史籀篇》和《仓颉篇》影响了后来的许多字书,但在后世流传最广、影响最大的字书并非这两者,而是《急就篇》。《急就篇》,亦称《急就章》,是现存唯一完整保留下来的秦汉识

---

① 许慎.说文解字.北京:中华书局,1963:314.
② 阎步克.波峰与波谷:秦汉魏晋南北朝的政治文明[M].北京:北京大学出版社,2009.

字写字教材,作者为西汉元帝时的史游。全书共34章,每章63字,凡2144字,"大致是把当时常用的单字编集起来,使之成为三言、四言、七言的韵语,以便记诵,尽可能避免重复字,同时尽可能使每句都成话"①。但实际上也有一些重复字,全书句子以七言为主,每句有韵,三言、四言次之,隔句成韵。《急就章》的主体部分包括三个部分:第一部分是"姓氏名字",用三言,如"宋延年,郑子方。卫益寿,史步昌"等。第二部分是"服器百物",用七言,如"稻黍秫稷粟麻秔,饼饵麦饭甘豆羹""肠胃腹肝肺心主,脾肾五藏膍齐乳"等。第三部分是"文学法理",亦以七言为主,如"官学讽诗孝经论,春秋尚书律令文。治礼掌故砥砺身,智能通达多见闻"等。在第三部分末尾,用四言歌颂汉朝功德,浅显易读:

汉地广大,无不容盛。万方来朝,臣妾使令。
边境无事,中国安宁。百姓承德,阴阳和平。
风雨时节,莫不滋荣。灾蝗不起,五谷孰成。
贤圣并进,博士先生。

《急就篇》的作者自认此书与众不同,开篇自道体例:"急就奇觚与众异,罗列诸物名姓字。分别部居不杂厕,用日约少诚快意。勉力务之必有喜。"此书确实名副其实,比以往字书更进一步,在各方面取得突破创新,不仅在知识体系上注重分门别类,在识字写字的训练上具有集中识字、整齐押韵、注重实用、知识宽泛、思想教育、读写结合的特点。② 此书成篇后,影响之巨大,可从以下几个方面体现:第一是阅读群体大,传诵时间长,此书流传到民间后,广受欢迎。第二是后世出现许多对此书的注解和刻本,从东汉学者到近代王国维,几乎历代有作。③ 第三是后世出现许多书法名家对此书竞相临摹,从东汉杜度到钟繇、卫夫人、王羲之、崔浩、宋太宗、叶梦得、赵孟頫、陈元瑞等都有临写。第四是此书因为其独特的编写体例影响了后世识字写字课本如《千字文》《三字经》《百家姓》等各种字书。

除了以上三种主要识字写字教材外,两汉还出现了其他多种字书,如司马相如的《凡将篇》、李长的《元尚篇》、扬雄的《训纂篇》、贾鲂的《滂喜篇》、班固的《十三章》、蔡邕的《劝学篇》等,大多是在《仓颉篇》和《急就篇》的基础上的模仿或续补之作。因为《仓颉篇》《训纂篇》《滂喜篇》上承下续,被后人合为《三仓》。

通过梳理以上教材的发展脉络,我们可以发现周秦两汉识字写字教材具有以下特点:第一,是我国第一批识字写字的教材,决定了后世启蒙读物的基本体例和格局;第二,所有教材既是识字写字教材,又是启蒙读物,识字写字教育与生活教育结合在一起;第三,基本都是由官方所编,反映出识字写字"以吏为师"的时代特点;第四,不同教材之间存在着前后因承的关系,源流关系清晰;第五,处在汉字急剧变化的时期,不同教材的字体存在很大差异,促进了汉字字体由繁到简的演化;④第六,汉代"五经博士"的设立促使士人读书求利禄,所以汉代识字教材,或曰小学教育"实际上乃是以追求利禄为最终目的";⑤第七,教材的篇名多是取

---

① 张志公.传统语文教育教材论[M].北京:中华书局,2013:12.
② 耿红卫.中国语文教育史教程[M].济南:山东教育出版社,2013:26-27.
③ 徐梓.中华蒙学读物通论[M].北京:中华书局,2014:22-23.
④ 徐梓.中华蒙学读物通论[M].北京:中华书局,2014:28.
⑤ 池小芳.中国古代小学教育史[M].上海:上海教育出版社,1998:132.

该书首二字,王国维说:"诗书及周秦诸子,大抵以首二字名篇,此古代书名之通例,字书亦然。"

在识字写字的教学上,周秦两汉一般要求童子七岁或八岁入小学识字写字,《汉书·食货志》云"八岁入小学,学六甲、五方、书计之事,始知室家长幼之节",利用前述识字教材集中识字,根据汉字的"六书"造字规律提高识字效率,并对书写的字体和字数有一定的要求。两汉时期,字体有很多,如当时的《八体六技》就根据不同的书写需要列举出十几种字体,汉初有八体,王莽新朝有六技,但通用的字体无非是篆、隶、草、真、行几种,这对当时的识字写字教学提出了更高的要求。在物质文化层面,周秦两汉的书写工具由原来的刀笔开始转向毛笔,墨和砚已在汉代使用,书写材料主要以竹简和缣帛为主,汉代学童写字大都使用竹简,东汉后期虽开始出现了改进的纸,但在社会上并未通行。

二、魏晋南北朝

魏晋南北朝虽为漫长的乱世,但秦汉文化的耀眼光芒在此时期被发展得更加自由奔放和多姿多彩:儒释道第一次三教鼎立,清谈玄学风气盛行,胡汉文化竞相绽放,纸张成就了信息革命,汉字书法成为审美艺术,文学进入自觉的时代,朝鲜、日本等域外诸国加入汉字文化圈。这些新时代的文化现象对当时的语文教育产生了重大影响,识字写字教育也进入一个自由发展的阶段。反映在教材上,除了继续沿用秦汉的《仓颉篇》《急就篇》等书外,此时期产生的识字写字教材并未出现秦汉那种因承性的发展脉络,而是呈现出一种各自独立、自由发展的趋势,互相之间并无统属关系。此时期的教材还有一个特点,就是受当时文学审美的影响很大,在语句上更加注重典雅鲜明的色彩,条理上也比秦汉时期更加清晰连贯。此时期的识字写字教材主要有三种。

一种是不少学者、官员专门自编的识字写字教材,如蔡邕作为著名书法家和文学家,编写了影响稍大的《劝学篇》《圣皇篇》《女史篇》,王义编写、王羲之书写的《小学篇》,杨方编写的《少学》,项峻编写的《始学》,朱育编写的《幼学》,顾恺之编写的《启蒙记》等。这些教材的编写体例基本上模仿秦汉时期的字书而来,其中不少作者是当时著名的书法家,但这些教材大多没有流传下来,可见其在识字写字方面的成绩并未超越《仓颉篇》和《急就篇》。

一种是以"杂字""要字""要用字"等命名的日常实用识字写字教材,其性质更趋近于识字写字教学的工具书,如《开蒙要训》《杂字指》《广雅》《玉篇》《古今字诂》《难字》《错误字》《字指》《字林》《要字苑》《常用字训》《要用字对误》《俗语难字》《杂字要》《异字》《古今字苑》《训俗文字略》等等。这些纠正字误的字书或工具书的出现,是因为当时随着楷书的出现和纸张传抄的大范围使用,社会中出现了许多异体字和错别字。在诸多字书中,影响较大的当属顾野王的《玉篇》,是我国现存的第一部楷书字典;其次是张揖的《广雅》,顾名思义,乃续补《尔雅》之作。

还有一种是对后世影响最大的《千字文》。《千字文》约成书于公元 6 世纪初,乃梁朝大臣周兴嗣所作。据史料记载,梁武帝令周兴嗣于王羲之真迹中选 1000 个不重复的字,按韵作文,周兴嗣花费一夜完成,鬓发皆白,受到梁武帝的极大赞赏。其实在周兴嗣作《千字文》前,已经有一些人尝试用 1000 个字作文作诗的先例,但都不及周兴嗣的才思妙手,所以《千字文》一直流传迄今达 1500 年,成为世界上使用时间最长、影响范围最大的识字教材,堪称人类教育史上的奇迹。由此观之,《千字文》必有一些开创和突破才引起后人的重视和激赏。

首先,《千字文》在秦汉《仓颉篇》《急就篇》的基础上在押韵和内容上进行了创新。全书共250句,四字一句,两句一韵,句法整齐,押韵自然。其次,《千字文》1000个字基本没有重复(只有"洁"字两用),知识丰富,逻辑连贯,用典恰当,疏通知远,优美清新,语言洗练。再次,相对于《急就篇》来说,《千字文》在用字上几乎没有冷僻字,句子结构简单,文意浅易。这些优点不仅便于儿童识字背诵,还深受成年读者的喜爱。

《千字文》第一部分从"天地玄黄,宇宙洪荒"讲起,讲天上的自然景观和地上的物产生物后,再讲人类社会早期历史的变迁发展,形式如下:

　　日月盈昃　辰宿列张　寒来暑往　秋收冬藏
　　闰馀成岁　律吕调阳　云腾致雨　露结为霜
　　金生丽水　玉出昆冈　剑号巨阙　珠称夜光

第二部分主要讲述人的道德修养和处世之道,对忠孝观念、言谈举止、交友为人等有阐述,虽有些封建伦常的训导,但也不乏可取的劝诫之语,如"知过必改,得能莫忘,罔谈彼短,靡恃己长"。第三部分主要讲述了政治统治的一些现象,如京城宫殿、典籍人才、王公贵族、文治武功、辽阔山川等。第四部分主要描述了恬淡的田园生活、安贫乐道的智者、优美的自然风光、温馨的人间真情、中庸的处世之道等。

正因《千字文》知识丰富,脉络清晰,文采斐然,所以它被后人千古传诵,被称为"绝妙文章"和"天下第一字书",影响很大,后世涌现出许多注释本、续作本、改编本、别本、多种语言对照本等,不仅在汉族中流传,还流传到边疆民族和周边国家中,成为历代书法家书写的好材料,其字序也被用于社会生活的编号或分类。更重要的是,其编排体例影响了《三字经》,塑造了"三百千"的蒙书格局。

在识字教学方面,此时期仍然延续以往根据"六书"造字法围绕一些教材集中识字,更多地注重字形和字音的辨认。值得重视的是,由于此时期佛教的传播引起的梵汉对译,促成了中国人发现了汉语的声调,出现了《四声谱》等音韵书,也进一步促进了识字的效率。在具体的写字教学上,实际上此时已开始在训练过程中把写字和识字分开,教儿童从最简单的字开始写,由简入繁,循序渐进。此时随着纸张的普及,书法艺术也得到巨大发展,出现了灿若群星的书法名家,所以这一时期的写字教学也比以往更加注重书法的审美性,也出现了一些关于书法教学的作品,如王羲之的《乐毅论》《笔势论》等。

三、隋唐五代

隋唐的文化包罗万象,既有创新的灿烂,又有复古的典雅,这一时期,儒释道三教各显所长,诗歌和古文各领风骚,科举成为教育的主要动力,中外文化杂糅交错。在这种热烈浓郁的文化氛围中,隋唐五代的识字写字教育除了继承之外,也取得了突破。在识字写字教材上,隋唐五代除了大规模继续沿用《千字文》外,还编制或使用了一些新的教材,这些教材融合了识字教育和文化知识、思想道德教育,在一些方面取得了突破和创新,影响了宋元明清识字教材的结构和形式,呈现出语文教育的时代过渡性。

在这些继往开来的新教材中,《开蒙要训》是一个典型。《开蒙要训》作为民间杂字书的

"先祖",代表了与《千字文》相辅行的另一路识字教材。据传是南朝马仁寿所撰,虽然成书时间与《千字文》相近,有的学者认为此书应成书于《千字文》之前,①但此书并未在南朝流传开来,现存敦煌文献中保存了大量写本《开蒙要训》,证明其在唐朝五代使用较广。《开蒙要训》全书共350句,凡1400字,与《千字文》编写体例相同,也是四字一句,两句一韵,力求不重复字,如开篇说天地日月和自然现象:

乾坤覆载　日月光明　四时来往　八节相迎
春花开艳　夏叶舒荣　藂林秋落　松竹冬青
雾露霜雪　云雨阴晴　晦暮昏暗　晓暝霞生

接下来把一些名物知识按类依次编排,如山川河海、君臣宴乐、歌舞乐器、伦理道德、衣饰寝处、身体疾病、器物工具、行动操作、饮食烹调、耕作稼穑、树木鸟兽等,最后以"笔砚纸墨,记录文章。童蒙习学,易解难忘"终篇。如果我们对比《开蒙要训》与《千字文》,不难发现两书之间存在着一定的影响或因承关系,但《开蒙要训》毕竟与《千字文》不同:第一,《开蒙要训》的字数更多,涉及的知识面更广;第二,《开蒙要训》作为识字教材的性质更为显著鲜明,从书名便可知;第三,《开蒙要训》虽然文字方面不如《千字文》优美,但封建伦常的训诫少,注重收录一些俗语俗字,名物知识的分类更专门化,更切于日常实用;第四,《开蒙要训》开启了杂字书这种通俗实用的识字教材,流行于民间,而《千字文》则开启了"三百千"这种雅驯条理的识字教材,被官府承认。所以,张志公先生指出:"这本《开蒙要训》虽然没有像《千字文》那样风行,但是直到五代还在传抄,又能完整地保存下来,并且不只一本,说明它还是流行过相当长的一个时期的。再从此后产生的各种杂字书来看,好些地方都能看出它的影响。比如,收入日用的俗语俗字,注重实用,分类编排等等。"②

除《开蒙要训》外,隋唐五代还出现了类似的实用杂字书,也都大量保存在敦煌文献中,如《俗务要名林》《诸杂字》《碎金》《杂抄》等。这些杂字书开始明确地将字分成不同的部类,以《俗务要名林》为例,全书分为菜蔬、饮食、杂畜、兽、鸟、鱼鳖、木、竹、草、舟、车等,每部排列单音词或双音词,每词用反切或直音来注音,少量有简单注释。实际上与其说这些杂字书是识字教材,倒不如说是一种微型百科知识书,供查考翻阅之用,实用性更强,不仅对儿童认识事物,对成年人认字写字也是一种工具书。

其实,隋唐五代产生的专门用于启蒙识字的教材并不多,基本上还是使用《千字文》《开蒙要训》,这一时期产生了影响较大的《太公家教》《兔园册府》《蒙求》,但此三种蒙书在性质和编排上更属于一种韵语知识书和训诫故事书,更适合儿童阅读用。然而,儿童的识字教育一般分为两个阶段,一是集中识字,二是识字教育与思想教育、知识教育相结合。③"在早期集中识字后,就需要采用某种方法,来巩固集中识字的结果,进一步扩大识字范围,同时还进行一定的知识教育和思想教育,为进一步读写训练打下基础。"④所以,《太公家教》《兔园册府》《蒙求》在识字方面仍有一定的作用,把识字教育和知识教育、阅读教育和思想教育结合

---

① 张隆华、曾仲珊.中国古代语文教育史[M].成都:四川教育出版社,2000:152.
② 张志公.传统语文教育教材论[M].北京:中华书局,2013:28.
③ 张志公.传统语文教育教材论[M].北京:中华书局,2013:44-46.
④ 耿红卫.中国语文教育史教程[M].济南:山东教育出版社,2013:71.

起来,使儿童在识字的基础上提前具备经、史方面的知识和素养,为以后博涉经史做好前期准备,充当了早期集中识字与后期阅读作文的桥梁。同时,这些蒙书与以往识字教材不同,开始重视吸收一些格言谚语,在语言上更加通俗易懂,代表了隋唐五代识字教材的承上启下的特征,上承南北朝的《千字文》,下启宋元明清的《百家姓》《龙文鞭影》《幼学琼林》等。

《太公家教》见于敦煌文献,一些唐宋文人常常提及此书,这说明这本书从唐、五代到宋在社会上非常流行,不光在汉族中广受阅读,还传播到边疆地区和周边国家,元杂剧常提到此书中的一些谚语,清初还专门组织学者用满语翻译此书。从近代《鸣沙石室佚书》影印出版的敦煌唐人写本《太公家教》来看,全书多用四字韵语,共580句,计2610字,主要是一些为人处世的训诫语。其内容有少数是从《论语》《千字文》中抄过来的,但大部分句子是当时流行的一些格言、俗语和谚语,主要向儿童和开始识字的成年人传授道德观念和处世之道。正是因为语言通俗和抄引他书,此书被精英阶层认为"浅陋鄙俚",但符合民间大众的需要,易念易背,切于实际,一些不识字的成年人都能从一些句子中获取立身的依据。如"得人一牛,还人一马,往而不来,非成礼也。知恩报恩,风流儒雅,有恩不报,非成人也","一日为师,终日为父;一日位君,终日为主","凡人不可貌相,海水不可斗量","瓜田不整履,李下不整冠。"

《兔园册府》,又名《兔园策府》《兔园策》《兔园册子》,与《太公家教》相同,《兔园册府》也曾在唐宋社会上盛行一时,又一度亡佚,后来在敦煌文献中找到。但《兔园册府》的编排体例与《太公家教》大不相同,它是用骈体文写成的,文辞比较典雅古奥;分门别类为48类,用偶句写成,强调知识掌故而非道德伦理;模仿科举策问体,每类有问有对,引经史作注释。这表明《兔园册府》在实际的识字教育方面远不如《太公家教》易操作,但五代宰相冯道随身携带此书查检,宋代文人屡屡提及此书流行于民间村野,以授学童(王应麟《困学纪闻》),有些地区认为其内容"非鄙朴之谈",以至家藏一本(孙光宪《北梦琐言》)。这应是科举入仕的观念已在当时深入人心的结果,可见当时的识字教育已经开始有意识地引导学生向科举靠近。

唐代李翰的《蒙求》一书是唐代产生、唐宋元明间流行的另一本融合识字教育和知识教育的教材,其意取自《易经》"童蒙求我",但它与《太公家教》《兔园册府》有不同:《太公家教》注重的是立身处世的道德教育,《兔园册府》注重的是经史问答的知识教育,而《蒙求》则注重的是人物故事的历史教育。现存本《蒙求》共596句,计2484字,也是四言一句,注重押韵,每句是一个主谓结构的短语,上下两句对偶,各讲一个历史故事,除终篇"浩浩万古,不可备甄。芟繁撷华,尔曹勉旃"外,全书共讲了592个故事或典故,信息量巨大,被称为"不出卷而知天下"(杨守敬《日本访书志》),形式如下:

> 王戎简要,裴楷清通。孔明卧龙,吕望飞熊。
> 杨震关西,丁宽易东。谢安高洁,王导公忠。
> 匡衡凿壁,孙敬闭户。郅都苍鹰,宁成乳虎。

这相当于把592个典故故事浓缩为592句四言诗,非常便于儿童诵读。此书历史故事所涉及的知识面较广,主要以历史人物故事和传说人物故事为主,许多是脍炙人口的掌故轶闻名篇,如"女娲补天""杜康造酒""仓颉制字""蒙恬制笔""蔡伦造纸""西门投巫""匡衡凿壁""孙康映雪""绿珠坠楼""季布一诺""屈原泽畔""阮籍青眼""陈蕃下榻""田单火牛""管宁割席",等等。《蒙求》对后世影响深远,元代理学家程端礼把它与《千字文》并列,历代皆有学者对它进行注释和增补,它自唐代产生后,一直流传到清初才被新的读物代替,而这些新的读物如《三字经》《日记故事》《龙文鞭影》《幼学琼林》在形成过程中受到了《蒙求》的影响。同时,它创造的这种新颖的编排体例,"类而偶之,联而韵之",还催生了其他"蒙求体"的读物,涉及经传、文字、名物、小说、医学等,①如后世的断代蒙求书《广蒙求》《叙古蒙求》《春秋蒙求》《左氏蒙求》《十七史蒙求》《三国蒙求》《唐蒙求》等,再如道德蒙求书《纯正蒙求》《孝悌蒙求》《训女蒙求》等,还有一些百科蒙求书如《名物蒙求》等。《蒙求》在唐代产生后就远涉重洋,流传日本,清末使日官员杨守敬在日本访书时就发现了好几种古本《蒙求》。

在写字教学方面,隋唐五代的儿童除了练习《千字文》等教材上的字外,还专门按照一种"上大人"的写字材料进行练习。"上大人"的原文是:"上大人,丘乙己,化三千,七十士,女小生,八九子,牛羊万,日舍屯……"这段文字到了宋代就演化为"上大人,丘乙己,化三千,七十士,尔小生,八九子,佳作仁,可知礼"。这些汉字笔画和结构都很简单,有利于训练儿童练习基本笔画、基本字形和基本结构,便于儿童开笔写字之用。元明以后,我国在写字教学上还利用这种简单易操作的材料。实际上,《千字文》在引导儿童认字写字方面确实存在一定的缺点,那就是字不重复,不符合儿童学习的特点。当然,隋唐是科举制的滥觞,尤其是唐代科举和学校制度齐全,国子监专门设立书法教育机构,称为书学:"书学,博士二人,从九品下;助教一人。掌教八品以下及庶人子为生者。石经、《说文》《字林》为颛业,兼习余书"(《新唐书·百官志》)。从宫廷到民间,人们也日益重视汉字的书法艺术,"唐翰林院有侍书学士,国子监有书学博士,科举有'书科',吏部有书、判定选,书法作为进身途径之一,故唐人工书者多"②,出现了颜真卿、柳公权、欧阳询等书法名家和孙过庭《书谱》、张怀瓘《书断》、张敬玄《书则》等书论文章,所以此时期的写字教学比魏晋南北朝更加重视书法性。

四、宋元明清

宋元明清的识字写字教育乃至整个语文教育深受时代文化影响:首先,这个时期不但多民族文化融合形成多民族共同体的中华文化,而且中外交流日益加深拓展,各民族、各区域在学习汉字上都有自己的经验;其次,儒学以理学和心学的形式完成转型再次兴盛,"四书"出现,与"五经"并列,科举制和官僚制紧密结合,启蒙的识字教育得到空前重视,许多学者和官员也参与到识字教材或童蒙教材的编写中,使此时期的教材越来越有理学思想性和科举功利性,大批著名的识字教材被编制出来;再次,此时期的大众文化进一步繁荣,识字写字教育全面走向民间和大众,出现了一批适应大众需要的识字写字和日用知识教材。

南宋诗人陆游在郊外乡村时曾写诗描绘童蒙学堂的场景:"儿童冬学闹比邻,据案愚儒却自珍。授罢村书闭门睡,终年不著面看人。"作者在此诗下面注释道:"农家十月,乃遣子弟入学,谓之冬学。所读'杂字'、《百家姓》之类,谓之村书。"这说明在宋代乡村,《百家姓》和一些杂字书在儿童的识字写字教学中非常流行,两种教材能并列成为村书,说明它们都是注

---

① 徐梓.中华蒙学读物通论[M].北京:中华书局,2014:64.
② 范文澜.中国通史简编第三编[M].北京:人民出版社,1965:750.

重实用的识字教材。

《百家姓》约成书于宋初,根据"赵、钱、孙、李"的顺序,有人推测是当时奉宋为正朔的吴越国所编(王明清《玉照新志》)。《百家姓》在历史流传中出现不同版本,有些版本在姓氏下面还注明了郡望,现存《百家姓》所收姓氏有 507 个,由 446 个单姓和 61 个复姓组成。《百家姓》出现后,一直流传到宋元明清和近代,成为名气最大的"三百千"中的一种。在编排方式上,《百家姓》沿用以往识字教材如《千字文》的模式,四言一句,隔句成韵,但姓氏之间没有任何逻辑文理,只是为了凑成押韵的形式,以求读之顺口。例如:

赵钱孙李,周吴郑王。冯陈褚卫,蒋沈韩杨。
朱秦尤许,何吕施张。孔曹严华,金魏陶姜。

61 个复姓也是依照这种结构编排:

万俟司马,上官欧阳。夏侯诸葛,闻人东方。
赫连皇甫,尉迟公羊。澹台公冶,宗政濮阳。

有学者考证,《百家姓》在宋初时配有曲谱,可供儿童唱诵。通篇共有 15 个韵,71 个韵脚,读来朗朗上口。

陆游诗中说的"村书",除《百家姓》外,是大量的杂字书。杂字书除了识字写字功能外,更多的是介绍日用知识和立身之道,所以它指向的读者群体除儿童外,还包括从事各种行业的成年人,主要流行于城乡大众阶层中,宋代《五言杂字》末尾说:"几句俗言语,休当戏言观。专心记此字,落笔不犯难。"自宋到清,随着工商业的发展,城市文化和大众文化繁荣起来,杂字书教材大量涌现,如《四言杂字》《五言杂字》《六言杂字》《七言杂字诗》《杂字元龟》《益幼杂字》《山西杂字必读》《山东庄农日用杂字》等。明清时期还涌现不少图文对照的杂字书,如《新编对相四言》《魁本四言对相》《幼学杂字》等。值得注意的是,从宋代的《事林广记》到明清大量冠以"万用正宗""不求人"等的日用类书或通俗类书中皆可看到杂字书的影响。①不过在精英阶层的教学中,宋代针对儿童识字写字的杂字书,影响较大的有三位理学家编的教材,分别是程端蒙的《性理字训》、方逢辰的《名物蒙求》和作者不详的《名贤集》。明代朱升曾把程端蒙的《性理字训》、方逢辰的《名物蒙求》、陈栎的《历代蒙求》、黄继善的《史学提要》四书合刊,称"小四书",较有影响。

《三字经》据传是南宋末年著名学者王应麟所编,自成书后在识字写字教育乃至整个蒙学教育中造成的影响是空前绝后的,被人称为"一部袖里《通鉴纲目》",近代章太炎重订此篇时认为其在启人知识方面胜过《千字文》。它虽然只有 1000 多个字,但却包含十分丰富的内容,"熟读《三字经》,可知千古事",三言成韵,句法灵活,用简单易诵、浅显易懂的形式很好地把识字写字教育与知识教育、思想教育结合起来。全篇充满浓郁的劝学意识,第一部分讲教与学的重要性,开篇从"人之初,性本善。性相近,习相远。苟不教,性乃迁"讲起。第二部分讲基本的伦理道德和名物知识,如三才、三光、四时、四方、五行、五常、六谷、七情、八音、九族、十义等。第三部分讲为学的次序和学习的内容,主要以儒家经典为主,如小学、四书、六

---

① 参见吴蕙芳. 万宝全书:明清时期的民间生活实录[M]. 台北:台湾政治大学历史学系,2001;吴蕙芳. 明清以来民间生活知识的建构与传递[M]. 台北:学生书局,2007.

经、五子等。第四部分勾勒出从上古到宋代的历史脉络,使儿童很容易了解历代王朝的大体顺序。第五部分呼应开头,通过讲述一些历史人物发奋读书的故事进行劝学。

《三字经》诞生后,很快与《百家姓》《千字文》并列为著名的"三百千",三书成为一个经典的识字写字教材系列,各有所长,相互配合,明人吕坤说:"读《三字经》以习见闻,读《百家姓》以便日用,读《千字文》亦有义理。"(吕坤《社学要略》)它在精英阶层和大众阶层都广为传诵,被精英阶层看作"蒙求之津逮,大学之滥觞",被大众阶层在各种专门领域中进行改编,甚至被翻译成多种外文流传到欧美。

明清是中国传统文化的集成和总结阶段,学者逐渐在《三字经》的基础上把识字教育与知识、伦理道德教育进一步深化和融合,出现了四种有名且对后世影响大的教材,分别是《龙文鞭影》《幼学琼林》《弟子规》《增广贤文》。这四部书都是通过明清文人的共同努力才逐渐成为经典教材的。

《龙文鞭影》原为明代萧良友编著的《蒙养故事》,后由清代杨臣诤补订为《龙文鞭影》,全书以历史典故为主,从体例上来说,受李翰《蒙求》影响很大,但比《蒙求》内容要多,主要吸收以往历史蒙求书的材料,另外还吸收一些神话、小说中的材料,四字一句,两句押韵,流畅顺口。

《幼学琼林》,原名《幼学须知》(又称《成语考》《故事寻源》),原是明代程登吉编著,后由清人邹圣脉增补改名为《幼学琼林》,是清代和近代风靡全国的名物常识类教材。它突破了其他教材追求整齐字数的限制,用不同字数的骈体文写成,可长可短,对偶工整,便于记诵。全书包罗万象,涉及大量成语典故、百科知识和格言警句,至今仍然传诵不绝。

《弟子规》原是康熙年间李毓秀编著的《训蒙文》,后由贾存仁修订改名为《弟子规》。此书以三言的形式介绍各种学规、学则、道德、伦理等,共1080字,问世不久就被清廷定为各类学校的童蒙必读教材。它融合了识字教育和思想道德教育,在清代中叶后广为流传,其影响程度一度与《三字经》并列甚至超越之。

《增广贤文》原为明代编写的道家童蒙教材,又名《昔时贤文》《古今贤文》,后经过不断增补,到清代定名为《增广贤文》。全书以"性本恶"为前提,表达对社会人生的看法和劝导:一谈人性及人际关系,二谈命运,三谈处世,四谈读书,内容广泛。在具体编排形式上,与《幼学琼林》一样受《太公家教》影响,颇多今人耳熟能详的名言警句。

类似以上四种教材的书还有很多,如《鉴略妥注》《治家格言》《小儿语》《教儿经》《老学究语》等,但若追根溯源的话,从编纂体例上无非都受到唐代《太公家教》或《蒙求》的影响。同时,宋元明清由于理学的昌盛,许多理学家和学者也重视自编一些此类教材,如王应麟《小学绀珠》、朱熹《小学》《童蒙须知》、吕本中《童蒙训》、吕祖谦《少仪外传》、真德秀《家塾常仪》、方孝孺《幼仪杂箴》、王守仁《训儿篇》、张履祥《初学备忘》等。但这些教材并不接地气,要么是不够通俗易诵,要么是思想灌输色彩太浓,都没有在具体的教学中真正流传开来。

与以上过于灌输理学思想的教材不同,清代著名文字学家、语文教育家王筠的《文字蒙求》是一部贴近儿童心理、喜好和汉字认知规律的识字教材。此书依据汉字的构形规律,提倡运用"六书"中的象形、指事、会意、形声四种进行分类识字,按照由易到难、由独体到合体的顺序编排内容,并对每个字进行通俗有趣、贴近生活的解释和描述,甚至把清代文字学的研究成果转化为便于儿童接受的形式,使之对某字的形声义有初步的认识。如:

禾,谷也,谷穗必垂,上扬者叶,下注者根。

自,古鼻子也,今人言我,自指其鼻,盖古意也。

舟,字当横看,左船右底,上为舟尾,曲则梳处也。

月,月圆时少,阙时多,且让日,故作上下弦时形也。本是地影,辞藻家所谓顾兔桂树也。

可以说,王筠的《文字蒙求》跳出了以往识字教材过于追求思想教育而不注重识字规律和儿童心理的窠臼,其编排理念和编排方式已体现出人本主义的科学理念,既促进儿童的想象力,又丰富儿童的文化知识。

在识字教学方面,元明清不少学者提出了各自的看法。王日休在《训蒙法》中主张,如果儿童开始识字时不能通读的话,就暂时少读几句,如先把前两句读熟,再把后两句读熟,之后再通读四句,这样儿童在随文识字时才不会感到倦怠,"须是熟,即便放归",即读熟后就放学。程端礼在《读书分年日程》中主张将识字与写字结合在一起,称之为"考字"。王筠主张根据"六书"的汉字规律进行分类识字,先易后难,先具体后抽象。这样的分类识字不仅使儿童掌握了两千左右的字,还学会了以简驭繁、自主识字的能力。王筠还提出一种类似卡片法的识字法,使学生更有效率地识字。

在写字教学方面,宋元明清在前代贤达摸索的基础上,终于系统形成了一整套写字教学步骤,也总结出一整套的写字教学理论,如王日休《训蒙法》、吕坤《社学要略》、王筠《文字蒙求》《教童子法》、崔学古《幼学》《少训》《学海津梁》中都有写字教学的相应方法,且较为重视书法的训练。王日休主张写字时不要太怜惜纸张,应先写大字,大字写好后才能写好小字,且为避免儿童的厌烦情绪,字写好后就可以放学。在儿童初次写字的年龄上,王筠警告写字不可早,"学字亦不可早,小儿手小骨弱,难教以拨镫法,八九岁不晚"。这是因为幼儿的手腕构造还未发展出足够握笔的能力,现在有研究表明,写字太早可能会对儿童的生理和心理都造成一定损害。① 程端礼规定小学每四天中要用一天来写字,他尤其重视学生在写字时应临摹智永影写所书《千字文》,且不准在纸张空白处写字,以免影写走样。

在书法教学上,宋元明清在理论和实践上都日益成熟,科举考试不仅重视文章在文笔和思想上的内在美,也注重书法上的形式美。宋徽宗和元文宗都是喜欢书法的皇帝,明清士人参加科考也会在书法上下足工夫,所以宋元明清总结出一套写字教学和书法教学相互融合的方法,才出现了如苏东坡、黄庭坚、蔡襄、米芾、赵孟頫、董其昌、张瑞图、米万钟、邢侗、王铎、傅山、许友、朱耷、朱彝尊、刘墉、翁方纲、吴昌硕等书法名家。明代不少学者在写字教学上多主张应临摹颜真卿的字体,不可学习当时软俗之体。明清写字教学已经很有步骤:教师先教学生如何把腕执笔,学生按照"上大人,丘乙已"的次序练习笔画和结构,先写中楷,再写小楷和大楷。学生首先描红,在描红字帖上用墨笔一笔一笔描成黑色;次影写,把一张薄纸放在中楷字上,按照下面的中楷字写出来;再临帖,摹写著名书法范本。明清时期的写字教学已经与书法教学融合得十分紧密,如"永字八法",对写字有着严格的要求,也有一整套行之有效的教学体系。

---

① 耿红卫,张岩岩.王筠《教童子法》中的幼儿写字观[J].教育评论,2014(5).

第三节 传统的阅读教材与教学

《红楼梦》中,林黛玉刚进贾府,贾母问黛玉念何书,黛玉道:"只刚念了《四书》。"黛玉又问姊妹们读何书。贾母道:"读的是什么书,不过是认得两个字,不是睁眼的瞎子罢了!"贾母所言,其实反映了古代识字教育和阅读教育的一些差异。如上节所述,宋元明清出现许多面向社会各阶层的识字教材,似乎当时的识字率很高。但正如一些西方观察家所言,许多人认得成百上千个人的名字,甚至可以撰写一些书信,却难以阅读一本简单的书籍,"穷人家的孩子在粗通识字技巧后,就会离开蒙馆","人们常常碰到这样一些人,他们能读一两页书,却根本不明白这些话的意思"①。

在语文教育的听说读写四个方面中,阅读应是最关键的,只有学会了阅读,才能学会自主性地获取知识,才能进一步提升其他三个方面的能力,朱熹讲:"为学之道,莫先于穷理,穷理之要,必在于读书。"儿童通过集中识字掌握了阅读所需的常用字,又通过识字教育与知识教育、思想教育的融合掌握了阅读所需的知识典故和价值判断,正式具备了阅读的需求和能力。但在具体的阅读教材与教学中,仍有一个循序渐进的过程:首先是通过一些初级的阅读教材进行阅读的初级训练,培养基本的语感,如抓住儿童爱听故事和爱诵诗歌的特点,使之阅读一些浅易的散文故事、诗歌等;其次是阅读一些文章选本,使之了解文章的结构和思路,为后来阅读经史子集和各种日常文本做好准备。当然,这已是唐宋以来比较完善的阅读教学,唐宋以前的阅读教材的编写和阅读教学比较粗略,但历史上游的每一代都有自己的摸索努力和教学特点,这样才成就了历史下游的创造。

一、周秦两汉

孔子谈礼时曾说到夏商两代的礼"文献不足征",只有周朝的礼有迹可循。同样,在探讨阅读教育时,夏商两代面临此种情况,但《尚书·多士》云"惟殷先人,有册有典",这说明商朝仍有一定的文献可资阅读。阅读教育的前提是社会上已经开始有相当数量的文献或书籍,周朝制礼作乐,学校成形,以"六经"为代表的一批经典的书籍被编写出来,尤其是平王东迁后,政教分离,学官们携"六经"流散天下,私学兴起,"百家竞作,九流并起",纷纷立言著书,书籍开始真正流传到社会上,阅读教育成为必须。春秋战国属于人类文明发展的"轴心时代",产生大批经典文献,奠定了中国传统文化的基本框架和话语体系,这些文献既是当时阅读教育的成果,也成为后来阅读教育的教材。所以这个时期主要的阅读教材是"六经"、诸子散文。

"六经"被称为先王政典,但在东周并非儒家独尊的经典,而是各派共尊的经典,诸子皆从"六经"中获取知识和灵感,《庄子·天下篇》说:"《诗》以道志,《书》以道事,《礼》以道行,《乐》以道和,《易》以道阴阳,《春秋》以道名分。其数散于天下而设于中国者,百家之学时或称而道之。""六经"原本博杂,世传经孔子整理删定后才成为系统的阅读教材,孔子认为以

---

① 包筠雅.文化贸易:清代至民国时期四堡的书籍交易.刘永华、饶佳荣,等译.北京:北京大学出版社,2015:395-398.

"六经"作为阅读教材可以实现不同的教化效果:"入其国,其教可知也。其为人也温柔敦厚,《诗》教也;疏通知远,《书》教也;广博易良,《乐》教也;絜静精微,《易》教也;恭俭庄敬,《礼》教也;属辞比事,《春秋》教也。"(《礼记·经解》)

《诗经》收录了西周到春秋中叶的诗歌,以其"思无邪"和兴观群怨的功能,成为最基本的诗歌阅读教材;《尚书》记录了三代的历史事件,成为最基本的历史阅读教材;《乐经》主要讲述音乐陶冶性情、教化人民的内容;《易经》即《周易》,继承了商朝以来的卜筮文化,表达趋利避害的处世哲学;《礼经》即《仪礼》,介绍了周代的各种礼仪,是常见的礼仪阅读教材,《礼记》即是师生共同阅读《仪礼》之后的注解,两书与《周礼》并称"三礼";《春秋》是孔子整理的鲁国史书,因其微言大义和春秋笔法成为常见的历史散文阅读教材,"三传"即《左传》《公羊传》《穀梁传》,是便于阅读《春秋》的代表性注解。人们在阅读"六经"时常感古奥,因此也常通过温习阅读一些注解书籍如"传""记"来加深对"六经"的理解。在阅读"六经"的具体过程中,先秦一般采用"讽""诵"的方式,"讽"即读书背书,"诵"即配乐歌颂。

诸子散文很多本身就是某个学派的师生问答或思想表达,相当一部分就是在教学过程中产生的,自然成为重要的阅读教材。许多优秀的诸子散文不仅在本派充当经典的阅读教材,还突破门派流传到社会上,成为广大学生群体和士人阶层的阅读教材。现存先秦诸子散文应是当时众多散文中的一部分,因为古书在流传过程中常有亡佚。诸子散文在文笔和思想上的不同魅力正是先秦阅读教育的成就体现,如前期的《论语》《孟子》《荀子》《老子》《庄子》《墨子》等,后期的《韩非子》《吕氏春秋》等,同时它们也很快成为新时代阅读教育的教材。诸子在阅读教学中提出了一系列指导阅读的方法,如在老师讲解和师生问答的基础上提出的启发善诱、温故知新、学思结合、博文约礼、切问近思、知人论世、以意逆志、切磋琢磨等。

秦汉作为大一统的中央集权王朝,汉随秦制,在基本的教育制度上仍是"以法为教",虽然汉武帝时期提出"罢黜百家,独尊儒术",但实际情况不然,光鲜的儒家衣服包裹的仍是法家的肉身,且诸子仍然流行,汉宣帝曾教训好儒的太子:"汉家自有制度,本以霸王道杂之,奈何纯任德教,用周政乎?"东汉班固的《汉书·艺文志》就把全国的书籍分为六大类,分别是六艺、诸子、诗赋、兵书、数术、方技,由此可见,在两汉时期除"六经"外,诸子仍是重要的阅读教材,而数术、方技类的存在也反映出秦汉社会浓厚的阴阳五行和谶纬观念,可见秦皇汉武追求长生的观念有广泛的社会基础。秦汉时期的阅读教材可以分为以下几种。

一是"五经"和《论语》《孝经》。因《乐经》的亡佚,西汉初期只剩下了"五经",汉初朝廷专设"五经博士","五经"成为最重要的阅读教材。西汉标榜"以至孝理天下",皇帝谥号前皆加"孝"字,所以《孝经》成为必读书,汉平帝时曾下令在全国庠序中设《孝经》师一人,《论语》亦受重视。王充回忆幼年所受教育,"手书既成,辞师受《论语》《尚书》,日讽千字"。东汉崔寔《四民月令》记载:"正月……农事未起,命成童已上入大学,学《五经》……十一月,砚冰冻,命幼童入小学,读《孝经》《论语》篇章。"可知学生先在小学读《论语》《孝经》,后在大学读"五经"。

二是律令文书。秦汉是一个律令制社会,阅读和学习律令是立身的前提,近代以来出土的秦简汉简多是律令。

三是诗赋、诸子及其他。推翻秦朝的项羽和刘邦皆为楚人,两人皆有楚辞色彩的诗歌传世,加之武帝时设乐府采诗,所以两汉的诗歌教材应较为流行,汉赋也成为汉代最突出的文学作品,成为重要的阅读教材。汉代的统治注重实际,"霸王道杂之",所以在阅读教材上也呈现出多样性,如早期有关黄老之学的文献、申韩法家的文献、诸子作品甚至讲述天人感应的纬书,不过此时的诸子除了先秦诸子外,还包括西汉诸子。

两汉时期的阅读教学有三个特点。第一,由于国家法律层面的推动,阅读教学有强烈的出仕目的,如国家设立"五经博士",不少士人皆以通一经成为卿相。萧何制律规定"讽书九千字以上,乃得为史",即背书九千字。武帝时在选拔官吏时"先用诵多者"(《汉书·儒林传》),可知对学生和士人的阅读要求还是很高的。第二,由于学术争论层面的促进,如今文经学和古文经学的争论,阅读教学非常注重"汉学"特色的讲解,如通过注音、断句、训诂等来帮助学生理解经典,出现了一大批著名的经学家和解经作品,"五经"皆有不少汉注。但因为门户之见,阅读教学注重师法传承,有"受业门徒"与"入室弟子"之分,如郑玄在马融门下三年不能见其一面,"虽受业门徒,非入室弟子,莫得亲言"(《晋书·隐逸传》)。第三,受经学研究风气的影响,阅读教学出现了相关的工具书,如最为著名的《尔雅》《说文解字》《方言》,其中《尔雅》是第一部词典,《说文解字》是第一部系统研究汉字的字典,《方言》则是第一部比较方言的辞书。三书在当时的阅读教学中起到很大的作用,也成为后代阅读教学的重要参考。

二、魏晋南北朝

秦汉大一统的中央集权社会的坍塌和魏晋南北朝的乱世,造成了魏晋南北朝各种思想文化的奔流与融合,经学、史学、文学、玄学、佛教、道教等都得以广泛传播,新的文化影响了新的阅读教材,这一时期的阅读教材数量众多、思想博杂、层次多样,流露出时代文化和魏晋风骨的新气息。所以此时期的阅读教育"皆以博涉为贵"(《颜氏家训》),《世说新语》中屡次提到士人在阅读中追求"博览""广博",因为只有博览群书,遍阅百家,方可在谈玄辩论中引经据典,展示才思和境界。

首先,此时的阅读教材增加了玄学和佛学的新内容。汉末以来战争频仍,百姓朝不保夕,现实的幻灭使儒学黯然失色,加之受佛教和道教的影响,魏晋以来清谈玄学的风气盛行,"三玄"即《老子》《庄子》《周易》三书成为显学,流行于学校和社会之中,东晋名臣殷仲堪曾说:"三日不读《道德经》,便觉舌本间强。"(《世说新语》)同儒学经典一样,玄学经典也有大量的注解书,除著名学者王弼、郭象外,甚至梁武帝都有玄学经典的注疏,可见当时阅读玄学的社会风气。魏晋南北朝是佛教进入并流行于中国的时期,从南朝到北朝,无论政治还是文化都受佛教影响极深,出现了许多著名的佛经讲师和以"小品"为名的佛学篇章,从南朝四百八十寺到北朝洛阳众多伽蓝,从帝王到平民,无不处在寺庙环绕和佛经诵声中,佛经自然成为阅读教材。

其次,尽管玄学和佛教流行,但此时期最重要的阅读教材仍然沿用两汉阅读的《论语》《孝经》和"五经"。颜之推记载当时"虽百世小人,知读《论语》《孝经》者,尚为人师"(《颜氏家训·勉学》),许多士人甚至僧人,在辩谈过程中对《论语》《孝经》和"五经"的句子信手拈来,可见在平时的阅读教育中,人们对玄学、佛学和儒学等教材的态度也达到了"将无同"①的程度。此时期,学生识字成熟后,先在小学读《论语》《孝经》,后入大学按照由浅入深的顺序阅

---

① 《世说新语·文学》:"阮宣子有令闻,太尉王夷甫见而问曰:'老庄与圣教同异?'对曰:'将无同?'"

读"五经"及其相关注解书籍,如先读文字浅显、押韵上口的《诗经》或字数较少、句法简单的《尚书》,后读字数较多、句法复杂的"三礼""三传"或言辞精微的《周易》。颜之推描述南朝士大夫子弟接受阅读教育的情形:"士大夫子弟,数岁已上,莫不被教,多者或至《礼》《传》,少者不失《诗》《论》。"(《颜氏家训·勉学》)

再次,系统的文史作品成为重要的阅读教材。魏晋是文学自觉的时代,其实也是史学自觉的时代,文学和史学从经学中独立出来,各自涌现出大量优秀作品。文学方面,诗、赋、文各种体裁基本成型,著名作家和作品层出不穷,例如左思写赋后出现了竞相传写、"洛阳纸贵"的局面,可见人们阅读诗赋之热情。此时期出现了《文选》这一著名的文章学阅读教材和《文心雕龙》这一著名的文艺学阅读教材,对当时和后世的阅读教育乃至整个语文教育影响重大,出现了以两书为研究对象的"选学"和"龙学"。史学方面,此时期的史家在继承《史记》和《汉书》的基础上编纂出《三国志》《后汉书》《宋书》《魏书》《十六国春秋》《北齐书》《南齐书》等,它们在文采上比史、汉更加优美,且当时是战乱频仍、兴亡更迭的年代,许多士人从史书中寻找治乱的关键。① 综合各种因素,文史书籍也成为重要的阅读教材。

在具体的阅读教学中,魏晋南北朝除了沿用两汉的师法训诂和启发讲解之外,还特别重视自学、忘言、义疏、辩论的阅读方法,追求一种玄远自得或"神超形越"的阅读境界。自学的阅读方法,主要分为两种:一是自主读书,当时有口治(朗读与吟咏)与目治(默读)之分,②不少高士、帝王如皇甫谧、殷浩、裴松之、梁元帝等在早期皆是自主读书;二是抄书,由于印刷术的不发达,许多学者在受教育早期多是借书抄书,而抄书在阅读效果上比读书更佳,如颜之推曾记载:"东莞臧逢世,年二十余,欲读班固《汉书》,苦假借不久,乃就姊夫刘缓乞丐客刺书翰纸末,手写一本,军府服其志尚,卒以《汉书》闻。"忘言的阅读方法,主要是受清谈和玄学影响,此时的阅读教育提倡"得意忘言"和"得鱼忘筌"的"不言之教",主张从整体上理解文章旨趣。义疏的阅读方法,主要受佛典"义疏"的影响,人们借鉴这种"义疏"体来解读儒学经典,既解释原文,又考核汉注,如南朝梁皇侃的《论语义疏》。辩论的阅读方法,亦是受清谈和玄学影响,在阅读的过程中,师生之间、朋友之间、君臣之间、僧俗之间常通过辩论来交流彼此的阅读心得,以此扩大视野,深化理解,还能锻炼各自的口语表达和逻辑思维能力。

三、隋唐五代

隋唐因处在贵族政治迈向官僚政治的转型时期,科举制的形成对阅读教育提出了新的要求,又因处在多元文化和各种宗教共存的阶段,儒释道三教的竞争发展使阅读教材又得以丰富和深化。所以,此时的阅读教材在前代基础上进一步扩大,同时增加了新内容。

首先,经历魏晋南北朝的低潮后,儒学在隋唐佛道两教的压制下逐渐开始抬头,突出表现在经学的阅读教材得到扩充和深化。第一是唐代由"五经"发展到"九经",分别是《诗》《书》《易》加上"三礼"(《仪礼》《礼记》《周礼》)和春秋"三传"(《左传》《公羊传》《穀梁传》),并纳入科举考试中。第二是唐代针对两汉和魏晋南北朝各种经典注疏进行了统一整理,唐太

---

① 《世说新语》记载,袁悦曾说:"少年时读《论语》《老子》,又看《庄》《易》,此皆是病痛事,当何所益邪?天下要物,正有《战国策》。"

② 耿红卫.中国语文教育史教程[M].济南:山东教育出版社,2013:56.

宗命孔颖达等学者编撰了《五经正义》，并钦定为全国统一教材。"正义"和"义疏"体式相同，即用唐代语言对经文和古注进行解释，有助于世人对经学书籍的阅读和理解。另外，陆德明根据自身的教学需要编写了《经典释文》，从音义体的角度对包括"九经"、《尔雅》《孝经》《论语》《老子》《庄子》在内的十四部书进行了注解，对阅读教学产生了重要影响。我们也从《经典释文》中可知隋唐视野中的经典都是哪些作品，两汉以来的《尔雅》《孝经》《论语》及魏晋以来的《老子》《庄子》在隋唐仍然是重要的阅读教材。

其次，佛学典籍也成为当时不可忽视的阅读教材。唐代是佛学昌盛的时期，佛教在此时真正实现了中国化，并对当时政治和社会产生很大影响，律宗、法相宗、禅宗、天台宗、华严宗、净土宗、三论宗、密宗等八大宗派皆在唐代形成，仅禅宗就发展到了"五家七宗"。以玄奘组织的译场为代表，唐代进入翻译佛经的全盛期，佛经广泛流传于庙堂和江湖之中，而且，唐代还产生了中国本土的唯一一部佛经——禅宗的《坛经》。

再次，诗歌和散文大量进入阅读教材。唐代的诗歌经过六朝的发展和科举考诗赋的推动，出现了空前绝后的繁荣局面，各种题材和体式的诗歌都发展到最高峰，正所谓"李杜文章万口传"，诗歌成为社会各阶层广泛传诵阅读的材料，诗赋的教学从宫廷子弟到乡村儿童都非常普遍，此时出现了一些摘抄或汇总的诗集如《文场秀句》《百家诗》。隋唐五代，《文选》仍是学童和士人阅读的经典教材，但中唐随着政治转型，六朝贵族空洞的骈体文已不符合时代需求，因此韩愈、柳宗元倡导了"古文运动"，古文即散文，于是散文日益受到阅读群体的重视。

但实际上，隋唐五代的阅读教材不仅这些，由于当时兼容并蓄的文化特点，加之科举类型的完备及要求的严格，士人在阅读中需要广泛涉猎各种书籍。二十四史中有八部史书都是唐代编撰的，韩愈"口不绝吟于六艺之文，手不停披于百家之编"，"穷究于经传史记百家之说"，宫廷和民间也推崇道教经典，唐代又出现摘抄群书的四大类书《北堂书钞》《艺文类聚》《初学记》《白氏六帖》，这些都充分反映出唐代的阅读教材是非常广泛的。同时，因为涉猎广博的阅读特点，此时不少人注重在阅读过程中应减少以往寻章摘句的经验，尽量以理解文章要旨为根本，韩愈说"记事者必提其要，纂言者必钩其玄"，柳宗元亦教导学生"凡为学，略章句之烦乱，采撮奥旨，以知道为宗"。

四、宋元明清

儒学在宋代正式摆脱了佛教的压制，以程朱理学的形式完成了突破和转型，同时结合科举制和官僚制成为政权的主导思想，反映在阅读教育层面，主要有以下几个内容。一是"四书"和"十三经"形成，"四书""五经"和"十三经"成为宋元明清阅读教育的核心教材。明代又编纂《四书大全》《五经大全》等，清代刻出《十三经注疏》。二是由于理学家对教育的重视，阅读教学在宋元明清开始形成一个有步骤、有层次、有理论、有方法的系统，集古代之大成，阅读教材的编写更加注重教学规律，有的放矢，突出了道德伦理色彩。三是由于科举制对教育的主导作用，阅读教材与教学带有明显的科举功利性。四是因为明清时期君权专制和思想控制的加强，国家要求学校和社会阅读一些朝廷专门编制的法律读物和伦理读物：如明初专门下诏规定天下各级基层组织建立私塾，师生共读《御制大诰》，读完三年后，教师率领学生到礼部背诵,朝廷根据背诵的字数多寡进行赏赐;①清代则命令全国各级学校和社会组织诵读《圣谕广训》,雍正时期甚至因为"曾静案"命令全国阅读《大义觉迷录》。大体来说,宋元明清的阅读教材和阅读教学分为两个阶段。

（一）阅读散文故事、诗歌选本进行初步阅读训练

学童在第一阶段集中识字后,又利用一些韵语教材了解一些文化知识,具备了阅读的基础,但骤读经史仍然很难,所以需要一些过渡教材培养阅读的语感,而根据少年儿童喜欢故事和声律的特点,这些过渡教材便是一些浅显易懂的散文故事和诗歌选本。

散文故事类的教材主要有《书言故事》《日记故事》《养蒙图说》《二十四孝图说》《君臣故事》《金壁故事》《童蒙观鉴》《黄眉故事》《白眉故事》等。这些散文故事书在流传过程中多数不断被历代修订补充,尤其随着印刷术的发展,此类故事书逐渐图文并茂,有图有故事,有些甚至异常精美,刺激了儿童的阅读兴趣,也深受大众的喜爱。

《书言故事》是宋代胡继宗编写的一部为儿童介绍成语、典故的散文故事书,此书共十二卷,篇幅很大,按故事性质分类,多达225类。先举出成语或典故,相当于辞书中的词条;再征引或改编原文,使之成为适合儿童、简约易懂的微型散文,并对相关难字进行音义注释,或简述其大概意思,或标出文献出处,形式如下:

【守株待兔】(韩子)宋人有耕者。田中有株,兔走触之,折颈而死。因释耕守株,冀复得兔。冀,音计,希望也。

【吠日】罕见而惊曰"吠日"。(韩文)蜀中少日盖为山高,日难出而易没也。每日出,则群犬吠之。

《日记故事》是元代学者虞韶为童蒙读书编纂的一部人物故事书,此书是散文故事类书籍中流传最广、影响最大的一种,"《日记故事》,俱载前人嘉言懿行,以其雅俗共赏,易于通晓,讲解透彻,不独渐知文义,且足以启其效法之心"(唐彪《父师善诱法》),足见其书编纂的科学性和思想性赢得了大众的喜爱。虞韶编纂此书直接受到北宋学者杨亿的启发,杨氏说:"童稚之学,不止记诵。养其良知良能,当以先入之言为主。日记故事,不拘今古,必先以孝悌忠信、礼义廉耻等事,如黄香扇枕、陆续怀桔、叔敖阴德、子路负米之类,只如俗说,便晓此道理,久久成熟,德性若自然矣。"②此书在流传过程中有许多版本,后人陆续增补注释,所以不同的版本内容也不尽相同。此书中的每个故事都很短,多数在百字以内,然与《书言故事》颇有异同:故事皆浅显易懂,亦有相关难字的音义注释,然与《书言故事》征引或改编原文不同,此书中的故事基本都是编者自己写的,如司马光破瓮救儿、李白磨杵作针等。其形式如下:

【磨杵作针】唐 李白,字太白,陇西人。少读书,未成,弃去。道逢一老妪(音于,去声,老妇曰妪)磨铁杵。白问:"将欲何用?"曰:"欲作针。"白感其言,遂还卒业。

《二十四孝图说》是对二十四个孝行故事的插图散文故事书,其特色是以图为主,用浅显文字对图中故事进行解说,故名"图说"。它在元代成书后,因其通俗美观的设计和忠孝故事的戏剧性,迅速在社会上流传,影响很大,一直到近代仍然被世人口口相传。这二十四个孝

---

① 池小芳.中国古代小学教育研究[M].上海:上海教育出版社,1998:69.
② 张伯行.小学集解·小学辑说[M].北京:中华书局,1985:94.

行故事囊括历代著名孝子的故事，取材广泛，上至帝王，中至官宦，下至平民，如孝感动天（上古虞舜）、戏彩娱亲（老莱子）、百里负米（子路）、亲尝汤药（汉文帝）、为母埋儿（郭巨）、扇枕温衾（黄香）、涌泉跃鲤（姜诗）、卧冰求鲤（王祥）、恣蚊饱血（吴猛）、乳姑不怠（崔山南）、涤亲溺器（黄庭坚）等。每个故事在图画下面用简短的故事解说，后配一首五言绝句歌咏之。当然，这 24 个故事在今天看来过于强调封建纲常，有些甚至不近人情或迷信因果，如郭巨埋儿、哭竹生笋等。与《二十四孝图说》类似，明清时期又产生了更多的图文并茂的散文故事书，如《养正图解》《蒙养图说》《养蒙图说》《小学图》《发蒙图说》《启蒙图说》《孝友图说》等，思想道德和纲常伦理的说教借助发达的印刷术和繁荣的商业文化流传到儿童的阅读教材中。

诗歌选本类的教材主要有《咏史诗》《神童诗》《千家诗》《唐诗三百首》。古人很早就注重诗歌对阅读的启蒙作用，"不学诗，无以言"，"诗三百，一言以蔽之，曰思无邪"，"诗可以兴，可以观，可以群，可以怨，迩之事父，远之事君，多识于鸟兽草木之名"。一方面，诗歌阅读可以激发儿童的学习兴趣，培养对音律的语感，掌握一般的名物知识。另一方面，诗歌可以陶冶儿童的道德情操，调节学习情绪，王阳明说"发其志意"，吕坤说"责之体认"。

《咏史诗》是唐末胡曾所写，共收录一百余首咏史诗，涉及范围从春秋战国到魏晋南北朝，语言通俗，皆是简单易懂的七言绝句，在宋元明颇为流行，不少通俗历史小说如《三国演义》就曾引用《咏史诗》中的诗篇。《神童诗》据传是北宋神童汪洙所作，实际上在后代被不断增补，此书皆是五言绝句，格律工整，语言畅晓，趣味盎然，所以流传较广，后来清人又编了《续神童诗》。《千家诗》有不同版本，现存最经典的版本是宋末谢枋得与明代王相所编的版本，全书收录唐宋诗作 227 首，包括五言、七言的绝句和律诗，因其题材广泛多样，语言通俗易懂，诗风清新自然，流传极广，与《三字经》《百家姓》《千字文》并列为"三百千千"，它"既是集中识字教学向分散识字教学的过渡形式，又是识字教学向阅读教学的过渡形式"①。《唐诗三百首》乃清代学者孙洙（蘅塘退士）所编，收录了 77 位唐代诗人的 311 首脍炙人口的诗歌。此书一出，风行海内外，不但成为最著名的唐诗选本，也成为最著名的诗歌选本，影响了此后一代又一代中国人，道光年间才女陈婉俊对此书作注又令此书增色不少。除了以上三种外，清代还出现了一些诗歌选本，较有名的是李元度编的《小学弦歌》。

（二）阅读文章选本和经史子集进行高级阅读训练

南朝昭明太子所编的《文选》历经隋唐五代和宋元明清，仍然流传不衰，且宋代科举有考察诗文的辞科，进一步促进了士人阅读《文选》的热情，陆游曾说："国初尚《文选》，当时文人专意此书……士子至为之语曰：'《文选》烂，秀才半'。"（陆游《老学庵笔记》）除了文选外，宋元明清时期还出现了其他文章选本，以便学生士子阅读作文之用。与《文选》不同，这些文章选本大都是评点本，包括解释字义和名物典故的注、鉴赏文章笔法和思想的批（评）以及标示重要词句的圈点，目的是引导读者更好地理解文章的要旨和写作的方法。

宋代的文章选本多是一些理学家和学者所编。真德秀编《文章正宗》，主要收录自《左传》《国语》至北宋的文章，他在此书自序中说选文的标准"以明义理、切实用为主"；吕祖谦编《古文关键》和《东莱博议》，前者选录包括唐宋八大家在内的文章 60 多篇，逐篇评注文章写法的关键，后者又称《左氏博议》，"为诸生课试之作"，选取《左传》文章进行评议，对作文的指

---

① 耿红卫.中国语文教育史教程[M].济南：山东教育出版社，2013：95-96.

导性很强,在宋代影响较大;谢枋得编《文章轨范》,收录汉、晋、唐、宋文章,韩愈文章占近一半,此书亦为指导科举之书,分为"放胆文"和"小心文",每篇文章均批注圈点,对后世影响亦广。

明清的文章选本数量众多,评选文章成为时代风气,上至康熙帝选编《古文渊鉴》,下至普通秀才吴楚材、吴调侯选编《古文观止》,其中影响较大的主要有:明代茅坤选辑的《唐宋八大家文钞》,随着此书的广布,"唐宋八大家"之名亦流传开来;清代姚鼐编纂的《古文辞类纂》,选录战国至清代的古文,以"唐宋八大家"之作为主,是代表"桐城派"散文观点的一部选本,标志着文章选本类的阅读教材的成熟,对后世影响颇大;清代吴楚材、吴调侯选编的《古文观止》,选注了222篇著名文章,以散文为主,兼收韵文、骈文,上至先秦,下迄明末,此书原本供学塾使用,但流传甚广,成为清代中叶以来最流行、最知名的古文阅读教材。鲁迅先生认为此书在文学上的影响可与《昭明文选》并列。

学生通过阅读这些文章选本,培养基本的阅读理解和写作文章的能力,"至少要教他们读熟二百来篇古文,再少不够,过多也不必,因为只要具备了基本的能力,学生就可以自己去广泛涉猎,不需要由老师一句一篇地来讲了"①。学生读完这些文章选本,下一步就是认真阅读宋代以来产生的"四书五经"或"十三经",然后再广泛涉猎其他书籍。但为了便于士子阅读这些经书,政府和学者还是编注了便于阅读理解的版本,比较著名的有王安石的《三经新义》,朱熹的《四书章句集注》,明初编纂的《四书大全》《五经大全》《性理大全》,清代阮元编刻的《十三经注疏》等。总体来说,宋元明清的阅读教材,受三个方面的影响较大,其一是理学思想,其二是科举和八股文,其三是学术研究如宋儒的宋学、清代乾嘉学派的汉学。尤其是科举对当时的阅读教育影响极深,元儒许衡七岁入学时问师曰:"读书何为?"师曰:"取科第耳。"清代杭州义塾有费丙章的题联曰:"莫谓孤寒,多是读书真种子;欲求富贵,须从伏案下工夫。"

在具体的阅读教学上,宋元明清探索了许多指导阅读的方法。一是重视朗读和背诵的方法,老师引导学生点明句读,了解字音,强调学生大声朗读和熟读,读时须字字分明,句句清楚,须响亮准确,以求学生聚精会神,且要熟读成诵,老师检查学生背诵,"读书百遍,其义自见"。二是重视讲读字句含义和文章笔法的方法,老师引导学生"字求其训,句求其意,章求其旨"(程端礼《程氏家塾读书分年日程》),一方面在学生熟读成诵的基础上讲解文章的义理、笔法、脉络等,同时又要根据不同文章的难易程度和不同学生的接受能力进行灵活讲解,另一方面在讲读句意文法的基础上又要求学生通过背书、温书加深理解。三是重视辩论和会讲的方法,宋明两代的书院兴盛,不少学者在教授学生阅读的过程中注重师生之间、同窗之间的讨论和辩论,很多学者和学者之间也常组织一些会讲活动,朱熹就同许多同代学者如张栻及吕祖谦、陆九渊分别进行了著名的"朱张会讲"和"鹅湖之会"。明中叶后,许多学者也借助书院和学社进行会讲。四是重视广读博览的方法,大凡此时期的文学家或思想家提到阅读时无不提倡博览群书,所谓博览,不仅指书的种类,还涉及文章的体裁,唐彪说:"从古未有只读四书一经之贤士,亦未有只读四书一经之名臣……学者读文,不可专趋一体,必清浓虚实、长短奇平并取。"

---

① 张志公.传统语文教育教材论[M].北京:中华书局,2013:102-103.

另外值得重视的是,此时期不少学者在具体的读书实践和教育过程中提出一些"读书法",深刻促进了当时的阅读教育,对今天仍然具有积极意义。

一是朱熹的读书法。这是古代最著名、最系统的读书法,影响也最大,朱熹之后许多著名的阅读理论几乎没有不受此影响的。朱熹治学教学四十余年,提倡读书要"眼到""口到""心到",他的学生将其读书法归纳总结为六条:"循序渐进",强调读书要有一定的次序,要扎扎实实打好基础,要根据自己的实际情况和能力安排计划;"熟读精思",强调多读成诵,而且要从"无疑"到"有疑",再到"解疑",①方能融会贯通;"虚心涵泳",强调读书时要虚怀若谷,反对先入为主,还要反复咀嚼,细心玩索;"切己体察",强调"读书不可只专就纸上求义理,须反来就自家身上推究";"着紧用力",强调必须抓紧时间,刚毅果决,反对拖延松垮;"居敬持志",强调读书时态度端正,收敛身心,聚精会神,并树立远大志向,以顽强的毅力长期坚持。

二是苏轼的读书法,被称为"八面受敌"法。他在《又答王庠书》中以自己熟读的《汉书》为例,强调"每次作一意求之",即每读一遍集中注意书中的一个问题,"如欲求古今兴亡治乱、圣贤作用、但作此意求之,勿生余念。又别作一次,求事迹故实典章文物之类,亦如之。他皆仿此。此虽迂钝,而他日学成,八面受敌,与涉猎者不可同日而语也"。概括来说,此读书法注重每次读书都要带着明确的问题意识,而且注意力必须高度集中于一个方面。

三是元代程端礼的读书法,此读书法受朱子读书法启发较大。他在《程氏家塾读书分年日程》中严格为读书设定程序,强调读书须全神贯注,每日只读一书;读书须烂熟通透;读书应多读多背,反复温习玩索;读书须严守程序,先字训、次四书,次诸经,次读史,次读文,次作文;读书不得每日作诗作对,虚费日力;读书应创制进程表,记载考核每日读书功课进程。

四是清代唐彪的读书法,被称为"五类四别"读书法。唐彪所言"五类"是"有当读之书,有当看之书,有当熟读之书,有当再三细读之书,有当备以资考之书","四别"分为"目治之书"(读一遍即可)、"口治之书"(既读且背)、"必治之书"(既背且研究)、"手治之书"(不仅要读、背,还要摘抄)。此种读书法强调读书要分类,要详略得当,以便提高读书效率,节省读书精力。

除此之外,还有蒲松龄的"五要"读书法(要天天读、要夜夜读、要老年读、要抄书读、要分类读)、戴震的"贵精"读书法、焦循的"于无疑处求有疑"读书法(读书—寻疑—深思—再读—再思—求解)等。

第四节　传统的写作教材与教学

汉末建安年间,曹丕在《典论》中对文章的价值意义大为歌颂:"盖文章,经国之大业,不朽之盛事。年寿有时而尽,荣乐止乎其身,二者必至之常期,未若文章之无穷。是以古之作者,寄身于翰墨,见意于篇籍,不假良史之辞,不托飞驰之势,而声名自传于后。"在曹丕的描绘中,生命短促,富贵难久,只有文章才可使人永垂不朽。所以,写一手好文章,不仅关乎国运和人生,关乎生前荣辱,还关乎生命凋谢后的青史留名。

---

① 朱熹说:"读书始读,未知有疑。其次则渐渐有疑。中则节节是疑。过了一番后,疑渐渐解,以至融会贯通,都无所疑,方始是学。"

古代中国自秦汉以来便是一个文书行政的国家[1],魏晋以来文学自觉后,文章被赋予重大意义,隋唐创立科举后,文章成为最主要的取士标准,激励着世人对写作的重视。所以在传统语文教育体系中,听说读写四个部分,读是关键,写是主要的落脚点,写作的要求也更高,它不仅需要认得一些字,了解一定的词汇,还需知道言之成文,有一定的语法知识、经史典故和文章理路。儿童接受识字写字的训练后,掌握了一定的典故、名物知识,还阅读了一些基本的散文、诗歌和书籍,已经具备了写作的基础和能力,需要接受有系统有步骤的写作训练,不断夯实自己写诗和作文的能力。古人的写作教学分为两个方面,一是诗歌的写作,二是文章的写作。由于写作是一个综合能力的培养,相对于听说读来说,属于较高层次的训练,古人在写作教学的探索上比其他方面都要艰难些,历史上游的时代还没有形成系统的写作教学,多是凭经验进行摸索,历史下游譬如唐宋以来的时代,受科举取士和诗文风气的影响,基本形成了一整套行之有效的写作教学理论,也出现了不少写作教材。

一、周秦两汉

先秦时期的教育内容常被概括为"六艺"(礼、乐、射、御、书、数),其中"书"包括识字、写字、写作,写作是"书"的较高层次。但由于文体发展的程度不同,东周之前的写作内容还是局限在一些与祭祀、政令有关的文体上,如甲骨文、青铜铭文及《尚书》中的誓、命、训、诰等。东周随着百家争鸣,文体逐渐有所发展,形态各异风格不一的诸子散文集中反映出当时的写作训练达到了一个高度,如《孟子》的雄辩酣畅,《庄子》的汪洋恣肆,《荀子》的严谨周详,《韩非子》的犀利峻拔。这时期并未出现专门的写作教材,人们在写作时更多地是在阅读"六经"和诸子散文、历史散文如《左传》《国语》等基础上进行模仿。但人们也开始意识到写文章是有一定的理论和方法的,"夫子文章,可得而闻",也出现了一些在写作方面有专长的人才,如孔门四科中的文学一科是子游、子夏。

先秦诸子中最大的两个派别"非儒即墨",两者在写作方面就有不同的思考。孔子认为自己的写作只是在整理前人著作,"述而不作,信而好古"。他在写作上一方面提倡"辞达而已",需要提高自己的修辞能力方能让别人理解自己的思想,"言之无文,行而不远";另一方面也反对过度的文饰,主张"质胜文则野,文胜质则史,文质彬彬,然后君子",这是他一贯提倡的"中和"思想在写作教学上的反映。与孔子"述而不作"不同,墨子主张"述而且作","古之善者不诛,今也善者不作","古之善者则诛之,今之善者则作之,欲善之益多也",只有摆脱前代的影响,才能更好地实现今天的创造,他更加注重写作的实用性和创造性,不必拘泥于一定的范式。但无论何派,先秦诸子在写作训练上基本遵循"学""思"并重,也讲究切磋琢磨。东周除了文章的写作训练外,还有诗歌的写作训练,北方地区多是模仿《诗经》的风格;南方除了受《诗经》影响外,还模仿地域特色的《楚辞》风格。

秦汉一统后,百家争鸣局面消失,代之以儒表法里的中央集权体制,所以此时期的写作内容主要围绕三个方面展开。一是实用性的行政文书,包括各种公文、应用文等,这是举孝廉后从政当官的必备技能,汉代文书种类繁多,从中央到地方,格式和体例都不尽相同,所以士子多对此勤加训练。二是叙述议论的散文,学童在阅读《论语》《孝经》和"五经"之后,已经

---

[1] 富谷至.文书行政的汉帝国[M].刘恒武,孔李波,译.南京:江苏人民出版社,2013.

试着写一些简单的散文。当时西汉初期为了选士创制了策论制度,分为射策和对策,尤其是"对策选士在贤良、秀才、孝廉等诸科的开展,对策文创作也因之繁盛"[①],晁错、董仲舒、公孙弘等人的对策文皆是影响重大的名篇,所以士子在读经的同时也要学习写作这些策文。三是陈情言志的诗赋,诗歌在汉代有了新的发展,融合了《诗经》和《楚辞》的特色,突破原来的四言,向五言、七言迈进,而赋又是汉代最具代表性的文学体裁,许多人都从小就练习写赋,不少优秀的赋作家以作品名动天下,甚至得到皇帝召用。

在具体的写作教学方面,汉代注重老师指导和自学模仿相结合。受经学研究风气的影响,汉代读书和写作注重师法训诂,在文章上不断推敲修改,《尔雅》云"灭字为点",即不断删除修改一些应删的字句;与此相反的是写文章不用修改,如汉末的祢衡写文章"文不加点"。另外,人们还可在模仿以往优秀作品的基础上训练自己的写作技能,如司马迁自言写《史记》的笔法也是受《春秋》影响;而扬雄更是一个靠模仿法写作的典范,他模仿司马相如写赋,模仿屈原写楚辞。总体来说,因为当时文学尚未从经史中独立出来,汉代在写作上更加注重文章本身的经世致用,文章并非单纯是书斋里的作品,强调知行合一。如西汉司马迁为写《史记》,不仅读万卷书,还行万里路;东汉王充在阅读、思考和写作方面具有强烈的怀疑精神,也认为"事莫明于有效,论莫定于有证。空言虚语,虽得道心,人犹不信"。

二、魏晋南北朝

秦汉大一统的政治局面崩塌后,大一统的文化局面也消失,代之以魏晋南北朝人生几何的乱世和自由多元的文化,这激发文学开始思考人本身的问题,进入自觉的时代,所以此时期,无论诗歌还是文章都进入快速发展的阶段,出现了许多优秀的诗人和作品。在乱世的刺激下,人们开始思考文章对人生的不朽意义。与前代相比,此时期的写作教学已不再满足于模糊的经验,而是开始总结优秀文章的特点和写法,按一定的标准编选文集如《文选》供世人学习,创作文学批评著作如《文心雕龙》指导写作与鉴赏。也就是说,此时期在写作教学上已出现相关的教材或指导书目。

曹丕的《典论》,原书有22篇,现存3篇,是最早的一部文艺批评专著。此书将文学抬到与经学并列的高度,评述了一些文学家如"建安七子"的作品的优劣得失和写作风格,提出了写作中"文"和"气"之间的关系问题,分析了历代文人相轻的现象和原因,区别了文章的不同文体和特色,"夫文本同而末异,盖奏议宜雅,书论宜理,铭诔尚实,诗赋欲丽"。此书是一部开创性的著作,对后来的几部文学批评作品有所影响。

陆机的《文赋》,是第一篇完整而系统的文学批评文章,对当时和后来的写作训练产生了较大影响。此文首次把文章的创作过程、写作方法、修辞技巧等问题纳入理论探讨的范畴,强调文章写作中"意"的重要性,并在曹丕"四体八类"基础上把文体扩充到十类。此文在写作训练上的基本主张有:一,写作应注重修辞技巧、音韵结构等形式要求;二,写作应博览群书,深入观察,专心构思,充分运用想象和联想,表达自己高尚的情志;三,写作应力求创新,反对抄袭,无论在文辞上还是在立意上都应新颖;四,应根据不同文体进行相应的创作,还要重视艺术灵感对写作的作用。

---

① 韦春喜.汉代对策文刍议[J].文学遗产,2012(6).

钟嵘的《诗品》,是第一部关于五言诗的诗论著作,齐梁时代人人写诗谈诗成为风尚,但也出现诗风混乱的局面,钟嵘此书便是针对这些现象而写。此书品评了从汉至梁122位诗人及其诗作,他指出了诗歌写作的一些毛病,如过于追求用典、过于讲究声律等形式主义。此书在诗歌写作上纠正了一些偏失,提出了优秀诗歌的标准和特征,对诗歌的写作训练产生了积极意义,还对后世的许多诗话著作产生了重要影响。

刘勰的《文心雕龙》与钟嵘《诗品》一样成书于齐梁时代,是一部理论系统、结构严密、论述细致的文学理论巨著,体大思精,皆"言为文之用心",全面系统论述了写作中的各种问题。全书共10卷50篇,上、下两部各25篇,按主题共分为五个部分。其中,"总论"探讨"文之枢纽";"文体论"分析了59种文体,可贵地评论了44种应用文文体;"创作论"细致探讨了创作过程、作品风格、文质关系、创作技巧、修辞声律等问题;"批评论"主要品评了之前时代的文学风气和文学成就;"总序"陈述了此书的创作意图和体例要旨。此书以儒家中庸的审美思想为主导,批评了齐梁时代的形式主义文风,尤其重视写作中的主客关系、情境关系、风骨关系、艺术想象等,他提出了"积学以储宝,酌理以富才,研阅以穷照"的写作理念。

《诗品》《文心雕龙》皆批评当时写作的形式主义,恰反映出当时写作教学的重点和倾向。一是崇尚用典,无论写诗还是作文,都在比拼用典使事,竞求新奇,以炫耀自己才学的广博。二是讲究声律,以沈约提出四声八病和永明体诗歌为代表,学童和士子在写诗上都重视音韵和声律的训练。三是注重修辞,不仅要求文辞绚丽新奇,还要求文辞对仗工整,如当时人们利用"连珠体"的文章训练逻辑的贯连和语句的对偶。

三、隋唐五代

在六朝文学的基础上,隋唐时代勇于开拓创新,把文学提升到一个前所未有的水平,从隋炀帝、唐太宗等帝王到一般的读书人都崇尚文学创作,科举考诗赋的规定也激发了诗歌的创作。所以,此时期,群星灿烂的诗歌成为空前绝后的高峰,凋敝的散文也因韩愈、柳宗元的古文运动而"文起八代之衰"。诗文创作的巨大成就背后是时代对写作训练的重视,突出表现在三个方面:一是诗歌写作训练,二是散文写作训练,三是应用文写作训练。

诗歌写作训练方面,学童已在识字过程中阅读了一些韵语蒙书如《千字文》《太公家教》《兔园册府》等,大致掌握了初步的音韵对偶的语感,接下来就要集中对写诗的声律、对仗等进行训练,训练的方式主要有两种:一是属对,即对对子,这实际上不仅可以训练作诗,还可以训练写骈体文,因为属对"是一种实际的语音、语汇的训练和语法训练,同时包含修辞训练和逻辑训练的因素。可以说,是一种综合的语文基础训练"[①],经过多次训练后,学生可以熟练地掌握造词和造句的规律和方法。二是联句,这是一种特殊的诗歌训练方式,多是在写诗基础比较好的人群中进行,它由两人或多人以一主题共作一诗,连接成篇。联句多是集会时的酬酢游戏之作,以五言为多,也有三言、四言、七言等,一般是一人一两句起韵后,后人依次而下轮流相续,联成一篇,以训练或表现自己作诗的才思和语感。在诗歌写作教材方面,隋唐五代多以前代或当代所编的一些诗集作为教材,如《玉台新咏》《文场秀句》《百家诗》等。在诗歌写作的过程方面,唐人多强调新奇、炼字和推敲,如杜甫"为人性僻耽佳句,语不惊人

---

① 张志公.传统语文教育教材论[M].北京:中华书局,2013:88.

死不休","新诗改罢自长吟";贾岛"二句三年得,一吟泪双流";卢延让在《苦吟》中更能表现出作诗比作文更艰难的体验:"莫话诗中事,诗中难更无。吟安一个字,捻断数茎须。险觅天应闷,狂搜海亦枯。不同文赋易,为著者之乎。"

散文写作方面,在隋朝和唐代早期,人们在文章训练方面仍多沿袭六朝的骈体文,直到韩愈正式树立"古文运动"的大旗,散文的写作训练才重新振兴。韩愈的文章写作理论主要是"文以载道",主要是为了破除六朝以来的形式主义风气,"惟陈言之务去",强调在写作方面,应做到文道之间的统一,以"三代两汉之书"为模仿对象,提要钩玄,即以先秦诸子散文和两汉散文作为文章写作教材。与韩愈形成共鸣的是柳宗元,他的文章写作理论主要是"文以明道",他在总结自己从小到大的写作经历说:"始吾幼且少,为文章,以辞为工。及长,乃知文者以明道,是固不苟为炳炳烺烺,务采色,夸声音而以为能也。"一方面,他认为写文章应结合自己的切实需要,重视内在,"凡为文,去藻饰之华靡,汪洋自肆,以适己为用","君子病无乎内而饰乎外,有乎内而不饰乎外者";另一方面,他主张写文章应博通百家,"旁推交通,而以为之文也"。韩柳二人在写作理念上有共同之处,一是写作思想不能脱离儒家经典;二是应博览群书,以理解文章要旨为重点;三是做到文道统一,以表达思想为主。

应用文写作训练方面,主要包括为官行政所用的各种公文以及民间社会通行的各种应用文,前者形式多样,按行政渠道,有下行文书如制、敕、册、令、教、符,有上行文书如表、状、笺、启、辞、牒,有平行文书如关、移、刺,后者分类繁多,如书信、契约、凭据、祭文、碑志、判词等。这些应用文的写作训练往往不是在学校里进行的,而是在具体的政治实践和社会实践中学习的,官员的公文写作多有专人指导协助训练,大多数人的社会应用文写作一般从师长朋友那里学习,但当时也出现了不少指导应用文写作的教材,被称为"书仪",不少著名的士大夫,如裴矩、裴度、虞世南、郑余庆等撰写过书仪。敦煌文献中保存了不少书仪,按照周一良、赵和平的研究,这些书仪基本分为三类。一是《朋友书仪》,主要用于朋友之间往来的书札范本,具有较高的文学性,文字优美,对仗工整,用典贴切;二是综合类书仪,如《吉凶书仪》《书仪镜》,涉及日常生活礼仪的各方面,内容十分丰富,堪称士庶阶层的生活指南或行动准则;三是表状笺启类的书仪,如《记室备要》《新集杂别纸》,专门用于公私往来的书札范本。除此之外,还有一些专门用于特定场合的书仪,如"放良文""放妻文""结社文"等。①

四、宋元明清

同阅读教学一样,宋元明清的写作教学已摆脱了经验主义的窠臼,开始进行系统性理论性的探索,受科举制、官学、书院、私塾等刺激,小学、大学的写作教学中总结出一套循序渐进、行之有效的步骤和方法,进一步将写作训练的过程细化,编制出比前代更为明确的写作教材。此时期的写作教学与阅读教学不可分割,不少优秀的阅读材料也是值得模仿的写作材料,且阅读的积累基本决定着写作的质量,读书法与写作法也互相融通。归纳言之,宋元明清的写作教学主要围绕以下三个方面展开。

(一)属对教学

对学童来说,属对(对对子)在隋唐就是一种重要的训练,据此可训练语音、语法、语汇、

---

① 周一良,赵和平.唐五代书仪研究[M].北京:中国社会科学出版社,1995.

修辞、逻辑等语文综合能力,为写诗、作文培养基本的语感和遣词造句的能力,宋代及以下,属对成为一种必修的课程,称为"对课",作诗、作词、作赋、写骈体文、写八股文,都离不开属对的基础训练。苏洵曾说:"吾后渐长,亦稍知读书,学句读、属对、声律。"程端礼说:"更令记《对类》单字,使知虚实死活字,更记类首'天、长、永、日'字,但临放学时,面属一对即行,使略知轻重虚实足矣。"宋元时期的这两位学者把属对的功能说得很明确,即属对的训练与点句读、知声律同等重要,可使学童了解字词的语法性质如虚实死活,掌握声音的轻重如阴阳四声。属对讲究的不光是形式上如声律、词性的对偶,还讲究修辞、逻辑、文理甚至意境上的匹配,所以是一种很严格的训练。蔡元培先生曾回忆自己在清末上对课的经历:"对课与现在的造句法相近。大约由一字到四字,先生出上联,学生想出下联来。不但名词要对名词,静词要对静词,动词要对动词;而且每一种词里面,又要取其品性相近的……这一种工具,不但是作文的开始,也是作诗的基础。"①

　　清代的崔学古在《幼训·作对》中把属对的训练步骤说得更清楚明白:第一是训字;第二是立程;第三是增字,如虎对龙,猛虎对神龙,降猛虎对豢神龙,威降猛虎对术豢神龙,奇威降猛虎对异术豢神龙,以此类推,自一字可增至数字,"为通文理捷径";第四是句眼,如令人在"轻风柳絮""明月梨花"二句中间各补一字,只有补成"轻风扶柳絮"对"明月失梨花"方可不失意境。

　　针对属对训练,宋元明清出现了许多专门教材,流行较广的主要有《对类》《时古对类》《笠翁对韵》《声律启蒙》《诗腋》《千金裘》《词林典腋》《训蒙骈句》《声律发蒙》《对语四种》《三字锦》等,其中影响最大的当属《对类》《声律启蒙》和《笠翁对韵》。

　　《对类》成书于宋元之际,是教蒙童学习作对的集大成作,在明清时期流行极广。全书共20卷,前19卷分天文、地理、时令、花木、鸟兽、宫室等类,每类下面编列许多属对材料,还详细讲解了属对的方法,第20卷是《巧对门》,最为引人入胜,许多对句堪称名对,在社会上流传。

　　《声律启蒙》是元代祝明所作的韵对读物,后来又经清代车万育的删定。全书分两卷,编排上主要按照平水韵上下平声的顺序,每个韵部有三段歌诀,每段歌诀的形式相同,从一字对到七字对、十字对,在词性、平仄、意思、逻辑上都对仗整齐,如"一东"韵中的第一段歌诀是:"云对雨,雪对风,晚照对晴空。来鸿对去燕,宿鸟对鸣虫。三尺剑,六钧弓,岭北对江东。人间清暑殿,天上广寒宫。两岸晓烟杨柳绿,一园春雨杏花红。两鬓风霜途次早行之客;一蓑烟雨溪边晚钓之翁。"

　　《笠翁对韵》据传是李渔所作,在编排体例上直接受到《声律启蒙》的影响。全书也分两卷,前一卷是上平声15韵,后一卷是下平声15韵,每一韵部皆由三段歌诀构成,如"一东"韵中的第一段歌诀是:"天对地,雨对风。大陆对长空。山花对海树,赤日对苍穹。雷隐隐,雾蒙蒙。日下对天中。风高秋月白,雨霁晚霞红。牛女二星河左右,参商两曜斗西东。十月塞边飒飒寒霜惊戍旅;三冬江上漫漫朔雪冷鱼翁。"

　　学童经过成熟的属对训练后,再熟读一些诗歌教材如《神童诗》《千家诗》《唐诗三百首》等,教师引导学生进行"填诗"训练,夯实音韵基础后,基本上已经具备了初步作诗的能力。

---

① 高平叔.蔡元培教育论著选[M].北京:人民教育出版社,1991:711.

在作诗过程中,人们多是通过模仿前人优秀诗作,不断修改,逐渐成熟起来,如朱熹所讲:"古人作文作诗,多是模仿前人而作之,盖学之既久,自然纯熟。"(《朱子语类》)

(二)作文教学

宋元明清的作文教学与阅读教学结合得非常紧密,许多阅读教材如《昭明文选》《文章正宗》《古文关键》和《东莱博议》《文章轨范》《唐宋八大家文钞》《古文辞类纂》《古文观止》等,皆是用一种优秀文章的标准来编成的,且许多都对每篇文章有详尽的评点。这些评点的功能既是帮助读者理解文意,又是为读者提高写作技巧而树立典型,所以这些阅读教材也承担着写作教材的角色。但同时,宋元明清也出现了一些专门用于写作的教材,又涌现出一些为写作服务的语文知识书和工具书。

《文则》,乃南宋陈骙所写的中国第一部修辞学论著,以其全面、深刻的论述奠定了古代修辞学的理论基础。陈骙在潜心研究了《六经》及诸子文章后,归纳总结了"为文之法"的各种修辞规律。全书分为十个部分,概括为五个方面:文体与修辞;消极修辞;语法与修辞;积极修辞(辞格);文章风格。此书在编排体例上,先归纳出某种修辞类型,次以简要文字讲解说明,再以具体实例证明阐释,所以很是便于写作参考。

《文章精义》,是宋代李涂所作的文章理论著作,也是指导写作的一本重要参考书。此书在文章风格方面,重视"理趣",崇尚"古淡",还论及唐宋八大家的特色,指出"韩愈之文如海,博大精深;柳宗元之文如泉,清幽可喜;欧阳修之文如澜,曲折有致;苏轼之文如潮,气势逼人;三苏之文不离乎纵横,二程之文不离乎训诂",此论颇有见地,为世人所称道。李涂还提出先秦文章的"三世"说,在写作方法上,他反对"作文动辄先立主意",提倡"春蚕作茧,即物成性"的创作方法,并以文章朴拙直质为上。

《文章百段锦》,全名为《太学黼藻文章百段锦》,是宋代方颐孙所编的一部指导科举写作的书。此书搜集唐宋名家文章100段,分17格,每格又分若干小类,摘录范文,然后加以评论,揭示写作方法。此书专为科举之学,辛弃疾说:"三百青铜买一部,即可举进士。"(王恽《玉堂嘉话》)

《古文笔法百篇》,乃清代李扶九选编的古文写作指导书。此书以"笔法"名书,专讲古文写作的技法,并将笔法分为20类。此书选取的100篇范文皆是短小精悍的历代名家名篇佳作,每类笔法后以几篇范文作例,每篇皆有"题解""评解""书后"作为解读和赏析,参互众说,逐层评论。由于其议论精到,满足了当时广大读者学习古文的兴趣,刊布甚广。

除以上四种外,宋元明清还有《止斋论祖》《论学绳尺》《文荃》《文章指南》等写作指导书在文章写作方面发挥了一定的影响。另外,除了这些文章写作指导教材外,一些语文知识书和工具书也在写作训练中起到重要作用,尤其是清代随着训诂学的兴盛,产生了一大批影响较大的语文知识书和工具书,如《小学绀珠》《文字蒙求》《字学举隅》《文字辨讹》《切字捷说》《虚字说》《经传释词》《助字辨略》《养蒙针度》《字汇》等。

宋元明清时期,古人时时强调文章的写法,基本上遵循文道统一、词意并重的写作原则,总结归纳出各种写作的方法和步骤,兹举几种较重要的说明之。

一是先放后收。此法即是"博学约礼"在写作上的体现,首先鼓励学生放开写,大胆写,等写作有了规模和格局后再要求精炼严谨。欧阳修说:"作文之体,初欲奔驰。"苏轼说:"凡文字,少小时须令气象峥嵘,彩色绚烂。渐老渐熟,乃造平淡。其实不是平淡,绚烂之极也。"

谢枋得在《文章轨范》中把文章分为两部分,前者是"放胆文",后者是"小心文",他在序言中说:"凡学文,初要胆大,终要小心。由粗入细,由俗入雅,由繁入简,由豪荡入纯粹。"王筠也说儿童在习作时应先放后收:"作诗文必须放,放之如野马,踶跳咆嗥,不受羁绊。"先放后收的目的是先培养学生对写作的兴趣,而后再进行约束修改,否则,开始就进行约束,会打击学生写作的自信和兴趣。

二是劳于读书,逸于作文。这是元代程端礼提倡的写作方法,他在《程氏家塾读书分年日程》中用熔炉与青铜来比喻阅读与写作之间的关系:"读书如同销铜,聚铜入炉,大鞴扇之,不销不止,极用费力。作文如铸器,铜既销矣,随模铸器,一冶即成,只要识模,全不费力。所谓劳于读书,逸于作文也。"实际上这也是古代名家在写作上共同的经验之谈,正所谓"读书破万卷,下笔如有神",只有多读,胸中才有写作的材料。

三是多作多改。欧阳修说学文有三个要点,多读、多作、多商量,姚鼐进一步说:"大抵文字须熟乃妙,熟则利病自明。"(《惜抱尺牍》)多商量即是多改,在文章的修改和推敲方面,各代皆有不少案例,每一次修改都是一次成熟甚至脱胎换骨,唐彪说:"文章初脱稿时,弊病多不自觉,过数月后始能改窜,其故何也?凡人作文,心思一时多不能遍到,过数月后遗漏之义始能见及,故易改也。又当其时执着此意,即不能转改他意,异时心意虚平,无所执着,前日所作有未是处,俱能辨之,所以易改。故欲文之佳者,脱稿时故宜推敲,后此犹不可不修饰润色也。"(《读书作文谱》)

(三)八股文教学

隋唐创立科举后,文章的写作一直是科举取士的重点,唐宋以来许多写作教材也都直接或间接地为科举服务。但文章的写法和套路讲得多了,自然就逐渐地"从模式到程式化"①,在宋代经义策论考试中已经有了一些文章的程式和名目,如"义头、原题、入腹、引证、结题"等五段,单到了明中叶以后,五段终于演变成了八股,八股文一直流传到清末。

八股文把文章分为八个部分,包括破题、承题、起讲、入题、起股、中股、后股、束股八部分组成。具体写作步骤如下:先揭示题旨,即"破题";接着承上文加以阐发,叫"承题";然后开始议论,称"起讲";再后为"入题",为起讲后的入手之处;以下再分"起股""中股""后股"和"束股"四个段落,而每个段落中,都有两股排比对偶的文字,合共八股,故称八股文。八股文的题目一律出自朱熹《四书集注》等四书五经中的原文。八股文在写作上要求必须用古人语气,代圣人立言,严禁自由发挥,文体有固定的格式,陈寅恪有诗云:"八股文章试帖诗,宗朱颂圣有陈规。"句子的长短、字的繁简、声调高低等都要相对成文,字数也有一定限制。

前人对八股文的危害多有论述,如顾炎武曾痛斥:"今之经义策论,其名虽正,而最便于空疏不学之人……此法不变,则人才日至于消耗,学术日至于荒陋,而五帝三王以来之天下,将不知其所终矣。"②八股文固然充满各种弊端,流毒甚广,但八股文既流行天下几百年,必然在写作训练上也有一定的借鉴之处,蔡元培先生说八股文"由简而繁,确是一种学文的方法"③。张志公先生总结归纳八股文在指导学生写作上的意义:第一是八股文的程式符合议

---

① 张志公.传统语文教育教材论[M].北京:中华书局,2013:118.
② 顾炎武.《日知录校释》[M].张京华,校释.长沙:岳麓书社,2011:680.
③ 高平叔.蔡元培教育论著选[M].北京:人民教育出版社,1991:711.

论文的结构特点,对初学者熟悉并掌握议论的基本步骤和方法及培养学生的思维条理都是有益的;第二是八股文先学局部,后学整体,先学勾出轮廓,后学发挥充实的写作方法,对训练基本技能也有一定作用。①

清代出现一些指导八股文写作的教材,影响较广的有:方苞奉旨编写的《钦定四书文》,共41卷,选取明清两代的八股文名篇,其中明代480篇,清代297篇,每篇皆择其精要,评论于后,此书成为清代官方钦定的供士子学习八股文的标准范本;王步菁编写的《八法集》,是塾课学习八股文的主要读本,在当时影响颇大,此书提出了写作的具体步骤,包括属对、省略、句读、辞赋;李元度编写的《小题正鹄》是一套为了科举考试而特别选编的策论集锦,分为初集、二集和三集("正鹄"即正中鹄的,意谓考中功名),多用于家塾课堂,很受欢迎。除了以上八股文教材外,在清末科举改制之前,《启悟集》《能与集》《目耕斋》《八铭塾钞》《仁在堂稿》等影响也较大。②

第五节 传统的口语教学

元代著名学者吴澄,为皇帝讲书,在讲到唐太宗撰写的《帝范》时,他教导元帝说:"唐太宗是唐家很好的皇帝,为教太子的上头,自己撰造这一件文书,说着做皇帝的体面。为头儿说做皇帝法度,这是爱惜百姓最紧要勾当。国土是皇帝的根本,皇帝主着天下,要似山岳高大,要似日月光明,遮莫哪里都照见有。"同样,明帝朱元璋在给大臣、将军写信时也常用当时的口语,如拉家常般。若细读这些正襟危坐的人物的口语史料,多少让今天的我们忍俊不禁,但口语教学实际上一直都存在于语文教育之中,只不过它被另一些东西遮掩了。

在传统的语文教学中,听说读写四个部分,听和说是最被忽视甚至是被轻视的。实际上,古代很早就重视口语表达能力,从先秦的邦交使臣辩论、百家诸子辩论到魏晋南北朝的玄学清谈、儒释道辩难都是口语训练成就的突出反映。但随着隋唐科举制创立之后,人们对作诗写文章等书面语的表达投入极大精力,而对日常口语的表达缺乏热情,自此,"语文教学全部以书面训练(读、写)为内容,完全忽视口头语言的训练。读诗,要求吟咏;读文,要求朗诵;属对,有时口头行之。然而,这并不是口语训练,而是书面训练的辅助方式。"③尤其明清八股文定型后,学生十年寒窗苦读,接受的语文教育模式无非就是识字写字、读书、作文章(作八股文),然后考试、做官,口语教学基本没有一点地位。

造成口语教学在传统语文教育中"失语"状态的原因主要有:一是言文分离,口语表达和书面语表达分开进行;二是文章取士,这直接使口语教学缺少了发展动力,口语教学的空间被读写教学严重压制;三是史料阙如,读写教学可以很清楚地在以书面语为记录语言的历代文献史料中被记载下来,但口语教学很难在史料中被传承下来。总体上来说,传统的口语教学无论在教学方法、教学理论、教学材料方面都很难与读写教学匹敌,前人留给我们的历史经验相当之少,这也成为长达千年的教育积弊,时至今日,口语表达的教学仍是我国语文

---

① 张志公.传统语文教育教材论[M].北京:中华书局,2013:121.
② 曹南屏.坊肆、名家与士子:晚清出版市场上的科举畅销书[J].史林,2013(5).
③ 张志公.张志公自选集:上册.北京:北京大学出版社,1998.

教育的短板和软肋。

但是,这并不意味着传统社会就没有口语教学,传统的口语教学仍是有迹可循的。通过考察古代的口语材料,我们认为,传统语文教育中的口语教学,应包含两个方面的教学:一是口语语音辨正的"雅言"教学,即官话教学;二是口语表达技巧的教学,包括日常交流、演讲、辩论、应对等形式。这两个方面的教学也是口语教学的两个发展脉络,在不同的历史时期发展的程度和水平都各有高低,有时出现此起彼伏的态势,有时也会出现此消彼长的局面。

一、周秦两汉

远古社会的语文教育主要是学习言语和认识简单汉字的教育,所以被称为"言文教育",由于文字的不成熟,所以,口语教学是语文教育的重点。当时口语教学的主要方法是通过在生产和生活过程中口耳相传,相互模仿。口语教学的内容主要有两个方面,一是现实的生产、生活经验和技能,二是传说、神话、故事、史诗、歌谣、谚语等口头文学。可以这么说,口语是书面语的早期形式,也是语文教育和中国文学的启蒙和渊薮:首先,正是通过口语教学的口耳相传,各种以神话传说、史诗歌谣等为代表的口头文学才被一代代先民传承,为语文教育和中国文学的发展提供了不竭资源,如四大名著皆用神话作引子或线索;其次,口语交际产生了最早的诗歌,①发展了口头文学并成为书面文学的典范,如周代的"国风"、汉魏乐府、南北朝民歌等原本皆是口头创作,直到政府或文人用文字记录下来;再次,周秦两汉的诸子散文或文学作品常以口语交际作为主要形式,如诸子散文的语录辩论、汉赋的主客问答。

春秋战国的口语表达艺术在文化下移、邦国外交、百家争鸣中得到充分发展,以纵横家为代表的使臣纵横捭阖,诸子不同学派相互论战,"一人之辩,重于九鼎之宝,三寸之舌,强于百万之师"(《文心雕龙》)。口语教学主要在诸子的口语实践和口语教学中体现出来。诸子即各个学派,各学派内部的学术传承主要依靠口耳相传,各学派之间的论战也是依靠口语表达,很难想象当时人们日常说话是使用现存先秦诸子典籍中的语言,这些只不过是当时人或后人在记录书写时将当时的谈话自动转化成的书面语。

孔子重视口语教学,《论语》即是孔子和他的学生们口语表达的语录,孔子常常提一个问题,让学生们各抒己见,畅所欲言,如《子路、曾皙、冉有、公西华侍坐》就是鲜明的例子。他一方面重视"雅言",即诸夏使用的通用语言,"子所雅言,诗、书、执礼,皆雅言也",另一方面重视《诗经》对口语表达的重要性,"不学诗,无以言"。孔子培养出一些擅长口语表达的人才,如孔门四科中专门有"言语:宰我、子贡"。但孔子认为,口语表达应该坚持君子之德和中庸之道,如"巧言令色,鲜矣仁"。与孔子说话谨慎的态度相反,孟子的言语表达相当自信,"当今之世,舍我其谁也"。孟子擅长雄辩的论证艺术,但他认为自己的雄辩是为了对抗墨家的言论,"正人心,息邪说"。荀子同样重视辩论,但他强调君子在言语上以合乎礼义为基本原

---

① 鲁迅说:"人类在未有文字之前,就有了创作的,可惜没有人记下,也没有法子记下。我们的祖先的原始人,原是连话也不会说的,为了共同劳作,必须发表意见,才渐渐练出复杂的声音来。假如那时大家抬木头,都觉得吃力了,却想不到发表。其中有一个叫道'杭育杭育',那么这就是创作……倘若用什么记号留下来。这就是文学;他当然就是作家,也就是文学家。是'杭育杭育'派。"见鲁迅.且介亭杂文、门外文谈[M]//鲁迅全集:第六卷.北京:人民文学出版社,2005:96.

则,他认为辩论"有小人之辩者,有士君子之辩者,有圣人之辩者",他还提出口语表达的具体方法:"谈说之术:矜庄以莅之,端诚以处之,坚强以持之,分别以喻之,譬称以明之……"(《荀子·非相》)在百家中,墨子的辩论艺术最高超,且把"辩乎言谈"作为培养"兼士"的重要标准。墨子的辩论艺术用词准确、语言缜密、技巧高超、朴实无华、有理有据,创造了一套独特的辩论逻辑和辩论方法。墨家正是借此高超有逻辑的辩论艺术,才宣传了本派思想,批判了其他学派,"他们在建立知识论和逻辑方面的努力,可以说超过了古代中国的任何其他学派"[①]。庄子认为辩论没有意义,辩论总有疏漏之处,"大辩不言","辩也者,有不见也",各人皆执一端,但庄子也常和好友惠施一起辩论,比如最著名的"鱼乐之辩"。惠施和公孙龙子同属名家,发展出不同的辩论技巧,《庄子·天下篇》收录了名家的21种论辩。

  秦汉一统后,土地广大,由于各地口语和方言差别很大,造成社会交流和行政管理上的困难,人们意识到口语训练的必要性,所以这时的口语教学重视围绕经典书面语、方言俗语和通用"雅音"之间的转换。首先,《尔雅》《方言》《说文解字》等规范发音的著作在汉代受到重视,反映了人们对口语规范的注意。汉文帝时设立《尔雅》博士,"尔雅"本义即是接近(迩)雅言,即以雅正之言解释古语词、方言词,使之近于规范,这不仅是对书面语的规范,也是对当时人言人殊的口语的规范。扬雄编写的《方言》,全名《輶轩使者绝代语释别国方言》。先秦,政府为了管理的方便,每年八月派遣"輶轩使者"(乘坐轻车的使者)到各地搜集、记录、整理方言。扬雄此书实际上是一次针对全国范围内包括外族蛮夷之地的口语状况的方言调查,并通过当时长安的通用语对这些方言一一进行了解释。许慎的《说文解字》虽然重点在于解说汉字的形和义,但通过两种方式对字音和口语常见字进行了标注和规范:一种方式是对形声字都注明"某声""某亦声""某省声"等;一种方式是通过譬况法比拟汉代的读音,如"读若某""读与某同"等,拟音注音方法多样,用一字、俗语、方言、成词、成语注音,有时还以义明音。其次,汉代的口语教学融合在识字教学和学术教学过程中。自先秦开始,学童进入小学或者太学,识字时要以标准的读书音来认,不能教土话,教师在讲课时也注重严格的师法训诂,对经典的理解也须经过面对面口耳相传的口语交流方能传承。另外,当时也有一些著名的作品突出采用了民间大量的俗语口语常用字,典型的如《史记》,此书一方面善于用汉代流行的通用语来翻译古代经典的语句,另一方面在行文上也注重利用汉代的通俗语言。以上这三个方面反映出口语教学中一个基本的现象:最初的书面语和口语本身没有一道鸿沟,许多较早的口语被后代定为典雅的书面语,而书面语的规范也进一步引领口语走向规范。

二、魏晋南北朝

  魏晋南北朝的文化教育事业在秦汉基础上有了很大的突破,不仅作为书面语成就的文学开始进入自觉的时代,口语训练也进入理论探讨的阶段。这一时期的口语教学主要有以下几个特点。

  第一,受玄学的影响,清谈成为士人口语表达甚至是思想表达的主要方式。在东晋南朝,玄学成为显学,即便是经学也带有玄学化的倾向,不同于两汉学者通过训诂来疏通经义,

---

① 冯友兰.中国哲学简史[M].插图修订版.赵复三,译.北京:世界图书出版社公司,2013:84.

此时期的学者在治经方面出现强烈的清谈论辩性,"虽从事于经义,亦皆口耳之学,开堂升座,以才辩相争胜,与晋人清谈无异"[①]。清谈又称"谈玄",源自东汉清流名士品鉴人物的"清议",曹魏之后,清议转化为清谈。玄学清谈使中国古代哲学达到了纯粹思辨的层次,对本和末、有和无、动和静、一和多、体和用、言和意、自然和名教等重要命题进行了深入讨论,使人与自然从政治和名教中独立出来,且在清谈过程中也形成了一套口语辩论的程序。所以玄学清谈是古代士人口语训练的突出成就。清谈有一套约定俗成的程式,一般情况下,辩论双方分为主客,人数不限,确立一个主题,谈论的席位称作"谈坐",谈论的术语称作"谈端",谈论中引经据典的例证称作"谈证",谈论的语言称作"谈锋"。谈论开始时,一方先提出自己的论点,对方则进行"问难",推翻对方结论,树立自己的观点。谈论进行中,其他人也可根据谈论主题发表赞成或反对的意见,称作"谈助"。谈论结束时,主客双方要么握手言和,达成一致,要么互不相让,各执一辞,这时就需要有人出来调解,暂时结束谈论,称作"一番",之后可能还会有"两番""三番",一直到双方分出胜负,得出最后结论。

第二,此时期出现了一批阐释发音和规范读音的书籍,用于指导口语和读书音。魏晋南北朝出现此类书籍,说明人们开始自觉主动地探求基于口语表达或读书发音,主要受三个方面的影响。一是佛教的影响,此时期涌现出如竺法护、法显、鸠摩罗什等著名的译经大家,"由于佛经的翻译,中国语文学者认识了印度的语音学"[②],他者的经验使古人反思观察汉语发音的规律。代表性的书籍是大量的梵汉对译和佛典音义作品,内容大致分为音译部分的音义、义译部分的音义、咒语证音,较早的作品如《道行品诸经梵音解》《翻梵言》《翻梵语》、北齐道慧所撰《一切经音》等,对当时人们认识汉语发音的特点有积极贡献,还直接影响了隋唐两部著名的佛典音义——玄应《一切经音义》和慧琳《一切经音义》。二是诗律的影响,在魏晋南北朝,诗歌和骈体文逐渐发展成熟,写诗成为时代风尚,要求人们对汉语的韵律、声调、节奏有明确的分析和研究。南朝沈约撰写的《四声谱》代表了当时声韵学的成就,反映出人们对汉语"平上去入"的特点有了比较成熟的认识。三是乱世的影响,在长年战乱和王朝短命的社会状况下,不同地域的人民不断迁徙,不同方言的人群聚居在一起,有必要对混乱的发音进行规范。隋初陆法言执笔的《切韵》便是整理规范南北朝语音的韵书,也是现今可考最早的一部韵书,学界一般认为《切韵》代表了南北朝晚期金陵、洛下两地士族所使用的语音。《切韵》在唐初被定为官韵,原书已失传,但之后,唐写本王仁煦《刊谬补缺切韵》和北宋陈彭年等编的《大宋重修广韵》两部韵书对《切韵》进行了增订,继承了《切韵》音系。

第三,对口语论辩的艺术进行理论探讨。从先秦到南北朝,诸子和士人论辩的口语实践被整理成书面性的论说体文章。刘勰在《文心雕龙》第十八篇《论说》中专门对论辩艺术进行系统研究。在他看来,"论"和"说"虽然共通,但亦有区别:"论"是论理,重在用严密的理论来判别是非,多是论证抽象的道理,它源于先秦诸子的论文;"说"则是用恰当的言辞使人悦服,"说者,悦也。兑为口舌,故言咨悦怿,过悦必伪,故舜惊谗说"。而且在具体的言辞表达上需"动言中务""喻巧而理至",即多切中现实要务,善于利用比喻和寓言方式使人心悦诚服。刘勰把"说"体文的源头追溯到夏商周大臣向君王进谏论说之辞,也将先秦士人或纵横家的

---

① 赵翼.廿二史劄记校证[M].王树民,校证.北京:中华书局,2013:179.
② 王力.汉语史稿[M].北京:中华书局,1980:9.

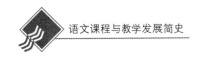

雄辩之辞纳入其中。虽然刘勰对论说体文的研究主要集中在书面语层面,但这些文章不少是对口语论辩的书面化,所以也有助于当时人们理解口语论辩艺术的许多特点。

三、隋唐至明清

自隋唐创立科举制,此后一千余年朝廷基本确立了以文章取士的国策,士人遂陷于科考文章不能自拔,社会追求的是写一手好字和好文章,口语教学受到严重压制,几乎没有口语训练的空间。学校培养的目标是下笔千言者,而非能言善辩者。儿童在学习过程中,顶多学习一些关于应对师长亲友的口语交际。士人之间的辩论除了在宋明一些书院中还有所保存外,大多已没有了先秦和魏晋争鸣舌战的气象。但是,隋唐至明清仍然在语音规范和口语传承上做出了一些努力。

在语音规范上,即所谓学习官话和"正音"方面,隋唐至明清出现了一系列官方指定的书籍,政府也努力推行官话便于统治。唐代把《切韵》当成科举考试的标准韵书。宋代延续隋初陆法言《切韵》等书而成的《广韵》,顾名思义,是对宋前之韵的集大成者,也是完整保存至今、广为流传的最重要的一部韵书,它有36个声母,206个韵母(含声调)。《广韵》同时,宋廷又修了《韵略》,以指导士子参加科举之用;《广韵》之后,宋廷又修了《集韵》,但整体质量不是很高,所以流传不广。元代散曲作家周德清在创作实践中深感北曲作者和歌者在声韵、格律方面有不少问题,因此他撰写了《中原音韵》,是我国最早的北曲曲韵和北曲音乐论著。明初,中原官话的语音历经数代已经有所变动,从《切韵》到《韵略》已不符合明初的实际语音,所以明太祖令大臣编撰《洪武正韵》,继承唐宋音韵体系,以显示明朝在蒙元胡语之后复兴唐宋之音的决心,所以在明朝和周边的朝鲜王朝影响广泛。清代前期的官话已经很接近于今天的普通话,雍正在位时期,鉴于福建、广东地区官员的方言难懂,不利于民情上达和地方治理,专门下达了一项关于推广普通话的告示《谕闽广正乡音》,责令:"广东、福建两省督抚转饬所属各州、县有司及教官遍为传示,多方教导,务期语言明白,使人通晓,不得仍前习为乡音,则伊等将来引见殿陛,奏对可得详明,而出仕地方,民情亦易于通晓矣。"在他的命令下,两省各地设立了"正音书院",规定读书应考之人须学习官话,否则禁止参加考试。

应该看到,虽然隋唐至明清在口语教学上缺少许多空间,但在民间大众阶层中,口语教学在大量的生产和生活实践中得到传承,许多文学作品通过吟诵、吟唱、演唱、讲学、论辩、谈话、说书等口语形式传播到社会上。① 金元时期的戏曲就通过批评"之乎者也"来显示自身贴近民众的口语化形态。另外,圣贤规训或朝廷推广的训诫如《大诰》《圣谕广训》等,也通过通俗易懂的口语形式传播到民众之中。明清时期被用作识字教育、思想教育、知识教育的不少蒙书,很多都是对圣贤经典进行口语化和通俗化的产物,这本身就是一种社会性的口语教学。在城市文学和大众通俗文学作品中,就突出传播了民间的大量口语、俗语、谚语、方言、笑话、行话等,如隋唐五代的变文、宋代话本、元代戏曲、明清小说等,这些文学作品在今天也成为经典。这种现象再次印证了之前所讲的,口语和书面语在不同的时代中是互相转换的,口语在此时代中被忽视,很可能在下一个时代就成为被人模仿的经典书面语。

---

① 郑艳玲.中国古代文学的口语传播形式[J].当代传播,2010(5).

第六节 传统的语文考试

西汉司马迁在《史记·儒林传》中描述了一个叫辕固生的儒生,他为人廉直,汉武帝通过贤良方正文学取士制度,想征召已经九十多岁的辕固生,他对也在征召之列、后来成为丞相的公孙弘说:"公孙子,务正学以言,无曲学以阿世!"1800年后,吴敬梓在《儒林外史》中描述了一个叫范进的儒生,54岁的年纪已考了20多次,听说自己中举后,欢喜得发了疯。无论汉武帝的贤良方正文学取士之制,还是明清时期的八股文取士,实质上都是以语文能力为主的考试,那么,传统的语文考试是如何变迁的,对语文教育产生了哪些影响呢?又造就了哪些人才呢?

既有教育,便有考试,以测评教育的效果,以判断人才的质量,然不同的时代有不同的考试,不一定与今天所谓的考试形式相同。由于传统的语文教育的目标是培养人才,所以深受取士制度的影响,换言之,深受取士考试的影响。然而,语文教育在教学内部不同阶段也有不同的考试方式,以检测教学水平和学习效果。所以,传统的语文考试一种是评价学习的考试,一种是选拔人才的考试。

一、周秦两汉

西周之前的语文教育还只是"言文教育"阶段,没有成熟的文字,也没有正式的学校,更谈不上有正规的考试。直到周代学校繁荣、文字成熟后,才出现一些考试的雏形,这一时期的语文考试机构主要是学校。西周因为周天子乃政教合一的君王,学在官府,所以周代的各级学校如国学、乡学的考试仍由政府主导,平王迁洛后,王官四散,政教分离,私学兴起,各诸侯国和各地区由私人学校的考试才开始发展起来。先秦时期的语文考试内容是由教学内容所决定的,主要有几个方面:一是生产生活的知识和技能,主要是一些听说内容和社会礼仪知识;二是包括礼、乐、射、御、书、数在内的"六艺",这是学生和士人最重要的考试内容,考察人的综合能力,涉及礼仪伦理、音乐艺术、射箭驾车、识字写字、算术统计等;三是读写和德行,如考察诵读诗歌和"六经"、写作各种文章的能力,还有就是德行修养方面,《仪礼》记载,西周存在一种贡士荐举人才的制度,主要"考其德行,察其道艺",包括"六德"(知、仁、圣、义、忠、和)和"六行"(孝、友、睦、姻、任、恤)。① 这时期语文考试的具体形式从小学到大学有不同的规定,《朝鲜王朝实录》引《大戴礼·保傅篇》:"古者年八岁,出就外舍,学小艺焉,履小节焉;束发而就大学,学大艺焉,履大节焉。"《学记》对大学的考试方式、考试内容和考试标准作出了很清晰的规定:"比年入学,中年考校。一年视离经辨志,三年视敬业乐群,五年视博习亲师,七年视论学取友,谓之小成;九年知类通达,强立而不反,谓之大成。"

秦汉建立了统一的中央集权制度,汉代大力发展各级学校,完善选士制度,所以这时的语文考试逐渐与选士制度结合起来,在具体内容和具体形式上逐渐严格化。汉代除了朝廷主导一些选拔贤良方正的对策考试外,主要的考试机构仍然是学校,官学有中央的太学和地

---

① 转引自耿红卫.中国语文教育史教程[M].济南:山东教育出版社,2013:22.

方的郡国学校,私学有名儒经师私立的"书馆""学馆"或"书舍"等。在语文考试内容上,学校对儿童仍然是考察识字写字和讽诵阅读经典如《孝经》《论语》的能力,萧何制定法律规定:"太史试学童,能讽书九千字以上,乃得为史。又以六体试之,课最者以为尚书御史、史书令史。吏民上书,字或不正,辄举劾。"(《汉书·艺文志》)考试对成年人或士人而言,则主要考察阅读理解经典和写作文章的能力,但在阅读理解经典上又因为今文经学和古文经学的不同有各自的考试方式,比如今文经更注重经文语句与政治道义的贯通,古文经则更强调训诂考证,但无论今古文经,在考试标准上都讲究至少通一经。汉代太学规定了等次清晰的考试方法,目的是通过不同的考试授予不同的官职,每年考一次的称为"岁试",区分学生能力高低和授官等级不同的称为"设科",将考试分为甲乙两科,东汉后期又分为上、中、下三等,每一等有不同的录取名额和授官的品次。

汉廷除了利用太学的考试选拔官吏外,在地方上仍主要督促各郡太守通过察举制来推荐一些孝敬和廉洁的士人,这侧重对语文教育中德行修养的考察。两汉在政治文化上推崇儒学和孝道,长时期设立五经博士,实际上两汉不少宰相也都是博通经典的名儒。但除了注重孝廉外,汉代也重视对人才实际治国能力的考察,出现了"四科取士"的方法,明确规定:"方今选举,贤佞朱紫错用。丞相故事,四科取士:一曰德行高妙,志节清白;二曰学通行修,经中博士;三曰明达法令,足以决疑,能案章覆问,文中御史;四曰刚毅多略,遭事不惑,明足以决,才任三辅令。皆有孝悌廉公之行。自今以后,审四科辟召,及刺史二千石察茂才尤异孝廉之吏,务尽实核,造反英俊贤行廉洁平端于县邑,务授试以职。有非其人,临计过署,不便习官事,书疏不端正,不如诏书,有司奏罪名。并正举者。"(《后汉书·百官志》)

二、魏晋南北朝

两汉的察举制注重对人物品格的考察,导致东汉后期盛行对人物进行品评的清议之风,也促使了魏晋九品中正制的形成,但是,九品中正制只是一种铨选官吏制度,并非考试制度,学者认为隋唐科举制度"并不是废除九品中正制而创建的,而是继承汉隋间的察举制而发展来的"①。所以,魏晋南北朝的语文考试跟九品中正制并无太大关系,主要的考试机构仍以太学和各级学校为主。

东汉末年受"党锢之祸"影响,太学衰落,魏文帝曹丕即位后,恢复了洛阳太学,制定了完善的语文考试制度"五经课试之法",规定"初入学者为'门人',满两岁试通一经者称弟子,不通者罢遣。弟子满两岁试通二经者,补'文学掌故';不通者听随后辈再试,及格者亦得补掌故。掌故满两年试通三经者,擢高第为'太子舍人'。舍人满两年试通四经者,擢高第为'郎中'。郎中满两年能通五经者,擢高第随才叙用,不通的随后辈复试,及格者亦叙用"。可以看出,曹魏对太学的语文考试制度有着严格的人才选拔要求。西晋初立,洛阳太学的学生已有3000人,这时国家又为贵族子弟或五品以上官僚子弟设立了"国子学",与太学并立。北朝的学校和语文考试受历代政权更迭影响,到了北魏才逐渐发展起来,出现了国子学、太学、四门学鼎立的局面,语文考试根据不同的学校有所不同。

在语文考试内容上,南北朝各政权有所不同,总体而言,此时期一方面继承了两汉的孝

---

① 刘海峰.科举考试的教育视角[M].武汉:湖北教育出版社,1996:14.

廉、秀才、贤良、明经、策试,另一方面也出现了律学、书学、算学等。孝廉、明经主要考察对儒家经典的理解能力,秀才、贤良主要考察治国对策或文才。在具体的考试方式上,首先是上文提到的魏文帝制定的"五经课试之法",把招生考试、学校考试、毕业考试、选官考试结合为一体;其次是包括"对策"和"射策"在内的策问,对策即把军国政事或经义方面的问题写在简策之上,发给考生作答,根据所答内容选拔官吏,而射策近乎抽签考试,考生从诸多写入考题的简策中抽其一作答;再次是讽诵考试法,即诵读经文的方法,但讽诵不是简单的诵读,更重要的是通过诵读来理解经文章句,分为甲乙两等,优者授官。

三、隋唐五代

自隋代创立科举制之后,古代语文教育发生了重大变化,即语文教育被科举考试所捆绑,培养的目标即在科考中取得功名和官职。同样,语文考试也逐渐以科举考试为指挥棒,即便是各级学校或书院在语文考试方面也多以当时的科举考试内容为鹄的,甚至到了后来,成人的语文考试就等同于科举考试。虽然这在后来出现了许多弊端,但整体上给了广大士人一个改变命运的机会,比原来的各种选士制度都更公正,也促使语文教育内容和语文教材逐渐与语文考试统一在一起。但科举考试毕竟有一个发展、演化、成熟、衰落的过程,总体上来说,科举考试创立于隋,发展于唐,演进于宋,成形于明,完备于清,衰废于清末,不同时代的科举内容对当时的语文考试产生了重要影响。

隋朝虽创立科举考试,但并未形成完善的制度,唐朝继承和发展了这一制度,扩大了考试科目,增加了不少考试内容,优化完善了考试程序,武则天时期又创立殿试和武举,并采取糊名考试的办法,使科举考试成为一个全国认同的语文考试和人才选拔制度。隋唐五代的语文考试机构主要是负责科举考试的机构,包括中央的尚书省(主要是礼部、吏部)和各级州县的官学机构。一般而言,隋唐考生每年参加科举时要过五关斩六将,经过三个阶段:首先参加州县主持的"乡试",获取"乡贡"资格;其次参加尚书省或礼部主持的"省试",获得进士的身份;再次参加吏部的"选试",考试合格后授予一定的官职,约在八九品之间。除了这些常规的科举考试外,唐代还有一种学习汉代策试的考试,称为制举,主要是由皇帝亲自主持,通过询问一些军国之事来授予不同的官职。

唐代科举考试的内容很多样,包括秀才、明经、进士、明法、明书、明算等科。其中秀才科主要考察选拔一些博通经史、出类拔萃的人才,此为隋唐科举中最高的一科,但因及第者少,渐被废除;明经科主要考察儒家经典的经义,考试的题型有帖经、口试、时务策等,尤以帖经为主,考察人对经典的记忆力;进士科偏重于诗赋文才,包括帖经、试杂文、时务策,其中试杂文即各作诗赋一篇,反映唐诗的兴盛,也促进了唐诗的繁荣。虽然科举分为以上诸科,但进士科是最光荣最被世人青睐的,又因每年录取名额很少,所以竞争激烈,当时有"三十老明经,五十少进士"的说法,世人皆认为由进士之途而为官是最正当的,有些位极人臣的人若非进士出身也被认为是一件憾事。唐太宗在端门看到新科进士缀行而出,高兴地说:"天下英雄,尽入吾彀中矣。"所以后人评论:"太宗皇帝真长策,赚得英雄尽白头。"

隋朝的科举尚为草创阶段,唐代科举经过发展,在具体的语文考试方式上逐步完善,形成了帖经、口试、墨义、策问和诗赋等多种方式。所谓帖经,有点类似于今天的填空题,把所考经书任翻一页,把左右两边挡住,中间只开一行,再用纸帖遮住三字,命考生填出,主要考察考生对经书的记忆背诵能力。所谓墨义，有点类似今天的问答题，只需熟记经文语句和注释，便可写出相应答案。所谓策问，有点类似今天的时政论述题，写成的文章颇类政论文，主要考察一个人的治国为政之才。所谓诗赋，有点类似今天的作文题，体裁要求是各写诗和赋一篇，主要考察一个人的文学修养和文学创作能力。

四、宋元明清

宋代的语文考试有三个引人注目的特色：一是科举考试比隋唐更加规范化和严格化；二是官学考试制度逐渐完善；三是书院考试制度别具一格。但无论官学还是书院，语文考试都是有的放矢，以科举考试的内容为目标。

在科举考试方面，宋代科举考试三年一次，分为州试、省试和殿试三级，相应的考试机构分别是各地方提学司、尚书省礼部和朝廷（主要是皇帝主持）。因为元代统治者是重视武备的马上民族，所以元代科举比宋代衰落很多，且根据民族和人种不同规定了不同的考试方式，有强烈的种族色彩。在学校考试方面，宋代经历了三次兴学运动，建立起完善的官学考试制度。王安石在熙宁兴学中创建了太学考试的"三舍法"，严格了学校的考试制度，影响很大，后蔡京在崇宁兴学中一度提出以学校取士替代科举取士，徽宗亦尝试用"三舍法"替代科举制，但未成功，又恢复了科举制。宋代的书院异常繁荣，不少名儒也常到书院讲学，书院在语文考试方面与官学不同，具备一种自由的思想空气，但整体上书院的考试仍以科举考试内容为标向。而元代的学校因为内部权力斗争的原因，中央的国子监和国子学各出现了三所，并形成监学合一的学校体制。值得注意的是，元代的地方学校出现了社学这一基层学校机构。

宋代的语文考试内容大致沿袭唐代，常科仍以进士科和明经科为主。唐代的儒家经典是"九经"，宋代的儒家经典受理学影响，首次出现了"四书""五经"并称的局面，且扩充至"十三经"，所以在具体的明经科中，考察的儒家经典与唐代相比更为广泛，对经典的理解层次也更精细。元代科举考试的一个重大变化是首次以中央的名义明确规定考试内容一律以程朱注解为准，这被后来的明清王朝所遵循。在语文考试方法上，宋元大致没有超出唐代的范围，但宋代在防止考场舞弊方面做出了许多创新，如严格控制考试命题，严禁挟书、传义、代笔，实行别头试以避嫌，标榜引座以强化考场管理，规定继烛之禁以减少作弊机会，实行锁院、封弥、誊录等制度，严格管理批卷评卷、规定严格的行文、声律规则等。

明清的科举考试在前朝基础上形成了很完善的程序和制度，且加强了法律监督，如考试从低到高依次分为院试、乡试、会试和殿试，考官选拔和考场管理都有严格的规定。院试不能算正式的科举考试，它由负责一省的学政主持，学政又称提督学院，故有院试之称，院试的考试内容一般是儒家经典、程朱理学和当朝法令，院试通过后便是生员，即秀才，获得参加科考的身份资格。乡试由皇帝钦派大臣到各省省城担任主考，每三年一次，多在八月举行，故又称"秋闱"，乡试通过便是举人，第一名称"解元"。会试由礼部主持，以进士出身的大学士、尚书以下副都御史以上的官员为主考官，各省举人及国子监监生会聚在京城贡院应考，共三场考试，会试通过便是贡士，第一名称为"会元"。乡试与会试的考试内容大致相同，第一场"四书"意义三道、儒学经义四道，明确要求以八股文的形式作答，第二场论一道、判五道、诏诰表内科一道，第三场经史时务策五道。殿试由皇帝亲自出题并主持考试，在殿廷举行，又称"御试""廷试""廷对",参考者为会试通过者,明清殿试通过后分为三甲:一甲共三名,赐进士及第,分别为状元、榜眼、探花;二甲赐进士出身,第一名称传胪;三甲赐同进士出身。明清科举考试的阅卷评卷标准基本包括四个方面:一是审题准确,没有跑题;二是论点和内容纯正,符合圣贤要旨;三是形式美观,如格式正确、书写优美、卷面整洁、语句得体、篇幅适中;四是文风清雅,如对仗工整、行文自然、语气庄敬、用典贴切等。这些阅卷标准从语文考试的角度对各个方面作出了细致规定,对今天的语文考试仍有借鉴意义。当然,明清八股文考试也因其封闭性而埋没摧残了许多人才,被称为钳制士人思想的工具,使语文教育陷入一种畸形,才会酿成诸如范进等人的可笑可悲的闹剧。

第七节 传统语文教育论著与教育思想

"一切历史都是思想史。"①英国著名历史学家科林伍德的这句话,对始终特别重视道德伦理的中国传统语文教育来说,尤其贴切。传统语文教育在历史发展中时刻流露出语文教育思想的演进和波折,传统语文教育思想集中体现于两个方面,一是内化于语文教育实践中,一是总结于语文教育论著中。必须承认,每个时代的语文教育论著的数量多寡不一,教育思想的形态也是变化多样,但整体上都受时代文化氛围、政治经济格局、语文教育内部发展动力和教育思想家个人的共同影响。

一、周秦两汉

先秦的语文教育思想主要蕴藏于东周诸子的作品中,各家各派的语文教育思想,一方面因为自身的学派思想而有所差异,另一方面也因共同阅读"六经"、同处大争之世而有相通之处。

先秦儒家的语文教育思想主要以孔子、孟子和荀子为代表,分别体现在《论语》《孟子》和《荀子》中。《论语》虽为语录体散文,但提出的许多语文教育思想对后世影响最大,几乎奠定了传统语文教育的思想基调。《论语》和孔子的语文教育思想主要有以下几个方面。一是重视听说读写和文德兼备的语文综合教育。他在听说方面提倡雅言,反对巧言,"巧言乱德","巧言令色,鲜仁矣",讲究言行一致,"不知言,无以知人也"(《尧曰》),"有德者,必有言,有言者,不必有德"(《宪问》),"始吾于人也,听其言而信其行;今吾于人也,听其言而观其行"(《公冶长》);他在读写方面很重视文德兼备和文质彬彬,尤其重视《诗经》的教化和修辞作用,虽说"言之无文,行而不远",但也主张写作的辞采须恰到好处,"不学诗,无以言"(《季氏》),"文犹质也,质犹文也"(《颜渊》),"质胜文则野,文胜质则史,文质彬彬,然后君子"(《雍也》)。二是重视因材施教的语文分科教育,孔子本身就是一代百科全书式的通儒,"博于诗书,察于礼乐,详于万物"(《墨子·公孟》),对不同类型的语文人才进行分科培养,当时的孔门四科是"德行:颜渊、闵子骞、冉伯牛、仲弓。言语:宰我、子贡。政事:冉有、季路。文学:子游、子夏。"(《先进》)每科皆有优秀弟子,但无论哪一科,弟子都要接受共同的孔门四教:文、行、

---

① 科林伍德.历史的观念[M].张文杰,何兆武,译.北京:商务印书馆,1998.

忠、信。三是重视语文教育的多种学习方法，如学思并重、温故知新、循序渐进、切磋琢磨、多闻阙疑、循循善诱、启发教学、举一反三、博文约礼等。

《孟子》以"人性善"为思想起点，尊崇先王，提倡仁政，所以在语文教育方面也充满了修心养性的气息，其语文教育思想主要有两大块。第一是关于读书的素养问题，既重视阅读的技巧，又重视阅读与个人修养的结合。如"以意逆志"，"故说《诗》者，不以文害辞，不以辞害志；以意逆志，是为得之"（《万章上》）。又如"知人论世"，"颂其诗，读其书，不知其人，可乎？是以论其世也。是尚友也"（《万章下》）。再如"知言养气"，"我知言，我善养吾浩然之气"（《公孙丑上》）。另如"深造自得"，"君子深造之以道，欲其自得之也。自得之，则居之安；居之安，则资之深；资之深，则取之左右逢其原，故君子欲其自得之也"（《离娄下》）。第二是雄辩的论证艺术，气势磅礴的雄辩艺术是《孟子》的一大特色，但孟子认为其辩论不是为了耍嘴皮子，而是有着深刻的思想关怀，"予岂好辩哉？予不得已也"，"圣王不作，诸侯放恣，处士横议，杨朱、墨翟之言盈天下。天下之言不归杨，则归墨。……我亦欲正人心，息邪说，距诐行，放淫辞，以承三圣者。岂好辩哉？予不得已也！能言距杨墨者，圣人之徒也"（《滕文公下》）。

与《孟子》相反，《荀子》提倡"人性恶"，在政治理念上强调"法后王，一制度"，所以他在教育理念上很重视后天的教育功能，"化性起伪"。他的语文教育思想主要有三个方面：一是主张"君子必辩"，重视论辩、说理和文道统一，他认为无论辩论还是文章都要合乎"道"，合乎先王，顺乎礼义，效法圣人，"六经"皆是天下之道的载体；二是提出语言与逻辑、名与实之间的关系，他在《正名》一文中对概念、判断、推理有着系统的见解，把名和实之间的关系理解为"名定而实辨，道行而志通"，"正名而期，质请而喻"，且名和实之间有着"约定俗成"的社会性；三是提出语文学习的一些思想和方法，如《劝学》以"学不可以已"贯穿全文，主张在学习过程中要有持之以恒、坚持不懈的态度，阅读要以儒家经典为准，既要善于求教于贤者，又要善于教人，且学习应学以致用，善始善终，积累渐进，忌半途而废，以期进入纯粹的精神境界。

受儒家影响，《礼记》中出现了世界上第一篇教育理论专著《学记》，它对先秦的教育思想和教育经验进行了凝练和概括，充分肯定了教育和教师对国家和社会的重要意义，第一次对教育中的诸多问题进行了系统研究。虽然《学记》只有1229个字，但它对此后两千多年的语文教育甚至整个教育都产生了重大影响，它在语文教育思想方面的主张也是可圈可点。第一，《学记》提出了语文教育的阶段性和层次性，明确提出了大学在每个阶段的考核规定，注重读书和修养的结合，"比年入学，中年考校。一年视离经辨志，三年视敬业乐群，五年视博习亲师，七年视论学取友，谓之小成；九年知类通达，强立而不反，谓之大成"。第二，《学记》围绕师生关系提出了一系列语文教育、学习的原则和方法：如"教学相长"，注重教师和学生在互动过程中的共同成长；如"藏息相辅"，注重学习的劳逸结合，也提倡语文中的正业、兴趣的结合；又如"长善救失"，注重教师对学生的引导；再如启发博喻，要求教师要"善喻"，引导学生思考。第三，《学记》探索了语文教学过程中的一些规律和其他因素。如强调及时学习，"当其可之谓时"，"时过然后学，则勤苦而难成"，建议掌握学习的最佳时机和年龄特征；强调循序渐进，"不陵节而施之为孙"，"学不躐等"，即注意遵循学生的心理特点和课程的逻辑顺序；强调预防教育，"禁于未发之谓预"，预先防止学生可能会出现的一些不良倾向，否则等不良思想和行为产生后，就会引起学生反感而难以纠正；强调相互观摩，"相观而善之谓摩"，"独学而无友，则孤陋而寡闻"，即注重同学之间的相互辅助作用。《学记》云"善歌者使人继其声,善教者使人继其志",这体现出《学记》在语文教育上寄托的关怀和理想,说明"测量教育效果的尺度,不只是受教育者知识能力的增进,最根本的乃是理想给予他们的影响的深度"①。

与儒家不同,墨家不仅是个学术团体,还是个政治团体,由于它出身社会底层,对人民疾苦有着深切认识,所以墨家思想和行动提倡功利主义,把"兴天下之利,除天下之害"作为自己的教育宗旨,以更为积极主动的姿态,甚至以接近传教者的虔诚进行讲学,宣传自己的思想主张。《墨子》认为教育的最终目标是培养贤人,贤人要达到三条标准:"厚乎德行,辩乎言谈,博乎道术。"这也是他视野中语文教育的核心要旨。《墨子》对论辩的口语艺术和文章艺术有着独特而卓越的认识,发展了认识论和逻辑学,他认为议论须先有个标准和主旨,"凡出言谈,则不可不先立仪而言"(《非命》下),在议论文的论证方法上,他提出了三法,"考先圣大王之事","察众之耳目之请","发而为政乎国,察万民而观之"(《非命》上),并且他把论证方法分为四类:辟、侔、援、推。另外,比其他学派更可贵的是,《墨子》在语文教育的具体知识上不仅停留在一般的文章写作和论辩,它还注重传授自然科学知识,涉及几何学、光学、声学、力学等,这体现出墨家的语文教育在内容上更注重实用性,比儒家更为宽广。

除了儒、墨两大显学外,道家、法家在语文教育上也各有建树。道家的语文教育思想集中在《老子》和《庄子》中。归纳言之,道家以回归自然本性为学习目的,注重"无为"即自然而然的方法,强调"虚静"即破除主观成见地学习,遵循自然主义的教学论和学习论,建议在"为道"方面应先直接观察客观对象、再了解事物背后的本质,最后把握道之全体,秉要执本,通览整体,以求摆脱经验知识的束缚,获得"自知""独见"。与道家相对保守的气质相比,法家的语文教育思想则是激进的,主要代表论著有《管子》《商君书》《韩非子》,其中《韩非子》为集大成。法家认为人性"趋利避害",在思想和行动上主张"因人情",即顺从人的本性而用之,"反民性",即针对民性反其道而用之,所以法家在语文教育内容和观念上很讲究事功主义,强调"明于公私之分","以法为教","以吏为师",教育目标是为了培养有利于富国强兵的人,如明法利国的能人、守法听令的顺民,注重"能""长"而非"贤",但懂"法"应是必须。

秦汉结束了百家争鸣的局面,这一时期除了一些研究经典的训诂学家能提出一些阅读经典的方法外,很少再有像先秦诸子那般系统提出一些语文教育思想,只有东汉王充在《论衡》中有较多论及。《论衡》具有鲜明的时代批判精神和强烈的战斗意识,此书所涉及的语文教育思想主要有以下几个方面。第一,针对当时汉儒皓首穷经的风气,《论衡》提出读书应博览群书,博通古今,"夫知古不知今,谓之陆沉,然则儒生,所谓陆沉者也。五经之前,至于天地始开,帝王初立者,主名为谁,儒生又不知也。夫知今不知古,谓之盲瞽。五经比于上古,犹为今也,徒能说经,不晓上古,然则儒生,所谓盲瞽者也"(《谢短》)。他把读书人按等级分为四种:儒生、通人、文人、鸿儒。第二,针对汉儒死守章句的流俗,《论衡》提倡经世致用和身体力行的学习态度,即学有所用,耳闻目睹,勤学积累,"入山见木,长短无所不知;入野见草,大小无所不识,然而不能伐木以作居室,采草以和方药,此知草木所不能用也"(《超奇》)。第三,针对汉赋铺陈绮丽的文章风气,《论衡》主张文笔和内容的统一、内容与论证的统一,"笔能著文,则心能谋论,文由胸中而出,心以文为表……文墨辞说,士之荣叶、皮壳也。实诚

---

① 张瑞璠.中国教育史研究:先秦分卷[M].上海:华东师范大学出版社,1991:131.

在胸臆,文墨著竹帛,外内表里,自相副称"(《超奇》)。"事莫明于有效,论莫定于有证。"(《薄葬》)

二、魏晋南北朝

魏晋南北朝的语文教育比秦汉更加细化,由于文学、艺术在此时期皆获得独立,出现了繁荣局面,所以此时的教育思想和学习理论也更加充实,突出的一点是人们日益重视文章和书法在语文教育中的重要角色。就语文教育论著来说,最具代表性的是颜之推的《颜氏家训》。

《颜氏家训》作者颜之推是南北朝时期著名的文学家和教育家,他一生历仕四朝,饱尝离乱之苦,对后世子孙的处境心怀忧虑,他写《颜氏家训》的目的便是通过良好的家族教育使子孙懂得长久地立身处世。此书成为被古人推崇备至的垂训子孙以及家庭教育的典范,对颜氏子孙在道德和才学方面影响很大,仅唐朝就出现了经学家颜师古、书法家颜真卿、道德楷模颜杲卿等人,即使到了宋元,颜氏子孙仍入仕朝廷,足见此书对后世子孙的显著效用,正所谓朱子所言"忠孝传家远,诗书处世长"。《颜氏家训》涉及的语文教育内容是多方面的,如劝学方面、文字训诂、典故考证、文艺品评、立身治家之法等,在语文教育思想上主要有以下几个方面。

第一,语文教育和学习是德业相辅、学以致用的活动。颜之推强烈批判魏晋南北朝清谈玄学的风气,认为"夫所以读书学问,本欲开心明目,利于行耳","所以学者,欲其多知明达耳"。"开心明目"、"多知明达",即是对人道德心智的开启,读书本质上是为了修身利行,"夫学者犹种树也,春玩其华,秋登其实;讲论文章,春华也,修身利行,秋实也"。与此相关,颜之推也极力批判清谈玄学所导致的孤陋寡闻和不切实际,"世之读书者,但能言之,不能行之",提倡语文学习是学以致用的活动,"士君子之处世,贵能有益于物耳……吾见世中文学之士,品藻古今,若指诸掌,及有试用,多无所堪。居承平之世,不知有丧乱之祸;处庙堂之下,不知有战阵之急;保俸禄之资,不知有耕稼之苦;肆吏民之上,不知有劳役之勤:故难可以应世经务也"。

第二,读书和写作应重视儒家经典和最基本的文字、音韵、训诂。颜之推在玄学风气浓厚的南北朝,坚守儒家重视道德修养的语文教育观,坚持在读书和写作上应以"五经"和其他儒家经典为主。阅读"五经",可以培养君子之德,这也解释了他批评浮华文风的原因。除儒家经典外,他还提倡涉猎佛道等百家之书甚至农业知识,认为此乃君子之艺,"有学艺者,触地而安","积财千万,不如薄技在身"。另外,颜之推非常重视文字、音韵、训诂对阅读、写作的重要作用,辨析了典籍中文字记载的讹误,纠正了一些典故的由来。另外,作为对《切韵》定音的关键人物之一,他还对一些音韵的变化和方言的差别进行考索。他告诫世人在语文学习、读书写作时要有一个严肃态度:"观天下书未遍,不得妄下雌黄。"

第三,语文学习要谦虚谨慎、勤学积累、博约结合、切磋琢磨。颜之推批评了许多夸耀人前的傲慢学风及把读书当作做官敲门砖的流俗,他主张读书要谦虚谨慎,读书为了立名而不是为了求名:"夫学者,所以求益耳。见人读数十卷书,便自高大,凌忽长者,轻慢同列。人疾之如仇敌,恶之如鸱枭。如此以学自损,不如无学也。"颜之推认为读书应当勤学,从小就要勤奋,不能失去良机,老了也更要晚学,不能自弃,"人生小幼,精神专利,长成已后,思虑散逸,固须早教,勿失机也……然人有坎壈,失于盛年,犹当晚学,不可自弃",举出许多晚年勤学的名人以作激励。在阅读方面,颜之推认为既要追求广博,这样才能经过对比对事物有正确的判断,又要追求专精。比如他批评博士为买驴而书券三纸的迂腐行为,又批评一些读书人为了追求广博而囫囵吞枣、样样不精的风气,所以他认为读书虽须多,但也要有的放矢,"多为少善,不如执一"。另外,颜之推也很重视语文学习过程中的切磋琢磨,比如他引用《学记》"独学而无友,则孤陋而寡闻"说:"盖须切磋相起明也。见有闭门读书,师心自是,稠人广坐,谬误差失者多矣。"

三、唐宋

唐宋时期的语文教育思想,相当一部分散见于古文名家的一些文章之中,如韩、柳、欧、苏关于阅读和写作的一些思想,这一部分在本章第三、四节已经有不少论述,此处不再赘述,下面主要简述下宋代理学家的语文教育思想。

理学在经历"理学三先生"(石介、胡瑗、孙复)和"北宋五子"(周敦颐、程颢、程颐、邵雍、张载)的发展后,在南宋由朱熹继承发扬,成为理学的集大成者,与陆九渊建立的心学互相激荡。宋代理学因其探究性理、注重启蒙的气质,在语文教育的研究上尤其用心,关怀"赤子之心"的教育,从胡瑗到朱熹,几乎都有各自的语文教育思想。从宋代开始,理学家开始系统探讨语文教育的一些规律性的思想和方法,开始将语文教育的内在规律和儿童的内在心理结合起来。

宋代理学家提出语文教育目标上的"格物致知"和"穷理"原则,援用并改造《中庸》的"博学之,审问之,慎思之,明辨之,笃行之"一语,作为大学的语文教学次序,这被白鹿洞书院继承下来,成为《白鹿洞书院学规》的一部分。据此教学次序,诸多理学家对如何读书明理,如何进行德性修养问题作了讨论。二程兄弟(程颢、程颐)从众多的儒家经典中,选出《大学》《中庸》《论语》《孟子》,此即后来的"四书",作为教学的基本用书。朱熹又对以上四种书做了重订和集注,此即为《四书章句集注》,从某种意义上说,此书主宰了后世几百年语文教育的思想格局。

朱熹理学的精神内核,后人概括为三句话:"主敬以立其本,穷理以致其知,反躬以践其实。"他在语文教学思想上的论说被弟子编入《朱子语类》,归纳说来,他的语文教育思想可体现在三个方面。一是系统论证了语文教育中"小学"和"大学"之间的差异和相互关系。他认为,"小学"在于"理会",即让儿童知晓一些行为规范和伦理准则,而"大学"在于"穷究",不仅让人们熟知这些行为规范和伦理准则,还须明白为何这些规范准则是正确的,为何遵循这些规范准则就可以带人向善。也就是说,"大学"不仅要行小学之事,还要理解其"道德依据"。[①]二是非常重视小学语文教育的作用,编写了《童蒙须知》《小学》《近思录》(与吕伯恭合编)《论语训蒙口义》《易学启蒙》等小学教材或教育论著,又把先秦《弟子职》推崇为小学学习的首篇。朱熹自言《小学》是为儿童提供了"做人的样子",乃小学阶段的基本用书;《近思录》摘编宋代理学家的言论,乃理学的通俗读物,便于青少年"得其门而入",其特点在于"要切";《四书章句集注》则照顾到了普遍的读书人,力求注释简练、遣辞精确。从朱熹的著述过程中可

---

① 池小芳.中国古代小学教育研究[M].上海:上海教育出版社,1998:43.

以看出,宋代理学家经过代代努力,精心编著了从小学语文教育到大学语文教育的一整套教学用书。三是提出一些影响深远的语文教育方法,最著名的是前述"朱子读书法"。需要分外注意的是,朱熹特别重视大声朗读和熟读成诵的方法。在一些学者看来,大声朗读可以表达一种敬意,默读则趋向一种粗心大意,且朱熹及其学生相信,朗诵可以在三个方面大有裨益:有助记忆,有利理解,有益作文。① 从这个意义上说,上古的"讽书"及后来的"读书""念书""背书"在具体教学过程中,实际上都注重朗诵的方法,在经过朱熹的系统论证和极力提倡后,朗诵成为后世语文教育中非常突出的一个教学传统,一个地区的"书声琅琅""弦诵之声"也成为礼乐教化的听觉象征。

南宋学者王日休编写的《训蒙法》(又名《速成法》)是专为儿童语文教育而编写的,虽然它篇幅短小,但浅显切用,内容全面,在宋代教育论著中比较突出。② 王日休继承了以往理学家关于语文教育的基本思想,如在读书上注重"熟读""温书"等,但他尤其强调了解儿童内在心理的重要性,调动儿童学习语文的积极性。如他认为教导儿童写字时,不得惜纸,须令大写,因为若写小字,就会拘束儿童的手腕,且每次写字不超过两个字,"若贪字多,必笔画潦草,写得不好。写得好时便放归,午后亦可上学"。如他在读书方面主张循序渐进,逐句熟读,改日递增,照顾儿童的心思:"既读得四句尽熟,则放归。似此,数日则可又添一句。须是熟了,即便放归。小儿贪其归,则用心读,而渐可添也。"又如,在批阅儿童作文上,应当以鼓励为主:"若改小儿文字,纵做得未是,亦须留少许,不得尽改。若尽改则沮挫其才思,不敢道也。直待做得七八分是了,方可尽改。作十分,若只随他立意而改,亦是一法。"

南宋末年建州人陈元靓编纂的百科知识类书《事林广记》对后世颇有影响,书中"幼学类"记载了一些幼儿学习语文的一些理论,援引了不少宋代学者的教育理论,如司马光《居家杂仪》、真德秀的家塾规训、王日休的《训蒙法》等。这也反映出宋代理学家的语文教育思想,无论对庙堂中的贵族精英阶层还是对江湖之中的大众阶层、民间社会,都影响甚大,并延至元明清。

四、元明清

元明清结束了辽宋夏金元的分裂局面,确立了统一的多民族国家,在王朝统治时期,社会整体上安定,文化教育事业也繁荣起来,尤其是把程朱理学作为官方思想,深刻影响了语文教育。这一时期出现了专门性的语文教育论著,如程端礼的《程氏家塾读书分年日程》、吕坤的《社学要略》、唐彪的《父师善诱法》和《读书作文谱》、崔学古的《幼训》《少学》《学海津梁》、陆陇其《示子弟帖》、王筠的《教童子法》等。这些专门性的语文教育论著,既反映了当时语文教育的发达和成熟,也反映了当时教育家已经系统总结了历代语文教育的经验和理论,并把程朱理学的一些语文教育思想融会于其中。

元代著名教育家程端礼的《程氏家塾读书分年日程》是严格按照"朱子读书法"论述阅读和写作的语文教育专著,并将"朱子读书法"落实到具体的阅读实践中,使之形成条理清晰的

---

① Yu, Li. Learning to Read in Late Imperial China[J]. Studies on Asia: Series II, 2004(1): 7-29.
② 《训蒙法》包括"初入学法""小儿写字法""小儿读书法""小儿温书法""记训释法""说书之法""观书要法""看史书法""读书作文法""改小儿文字法""作赋法""作大经义法""作小经义法""作诗法""答策法"等。

规章、步骤、次序和程式,对后世的读书风气影响较大。它按照朱熹"明理达用"思想,纠正"失序无本,欲速不达"之弊,详载读经、学习史文等程序;注意教学程序,重视功底训练,强调经常复习、考查,就不同学龄阶段的教育任务、内容和方法作了系统的论述和规划。它的主要语文教育思想是通过约束性的阅读来提高士人的学问和修养:第一是通过《日程》时时自我评判反省,读书当求日有所得;第二是通过《日程》督促学生将人生中最好的时间用于立根柢,为日后的立功立德立言作准备;第三是通过《日程》强调读书和修养的工夫——坚持与磨砺,修身养性,培养恒心。元朝国子监曾颁此书于郡邑学校,明代诸儒也奉之为读书准绳,清代名儒陆陇其刊刻流播,对当时及后来家塾、书院、儒学均有影响。因为《读书分年日程》是"循序渐进的读书指南,更重要的是它成为读书人自我评判的准则,使读书人能自律自持,力求日有所得,而不至于荒废懈怠,从而有利于良好心性的养成"①,所以它对清代以来的读书风气影响很大,受到清代书院的重视,被当作课程表来用以促使读书人自律,也出现了许多仿效之作,近代的梁启超和章太炎亦有仿效之作。

朱子以下,最为知名的思想家当属明代的王阳明,他在文治武功方面建树颇丰,亦重视兴办书院,对当时的语文教育提出了许多主张,多见于《传习录》等文献中。他的语文教育思想以他的心学为根本,突出体现了他强调的"知行合一""致良知"的观念,主要有以下几个方面。

第一,语文学习当融会贯通,独立思考,学贵自得,自家解化。他强调老师在教学时应注意生动活泼、启发开导的方式,目的是让学生达到自己深刻领会的境界,如同饮食消化一样融会贯通,"凡饮食只是要养我身,食了要消化;若徒蓄横在肚里,便成痞了,如何长得肌肤?后世譬者博闻多识,留滞胸中,皆伤食之病也"。在消化贯通的过程中,他又强调读书须要有疑,方可深化精进,"盖学之不能以无疑,则有问,问即学也,即行也。又不能无疑,则有思,思即学也"。有疑方可有得,但需要自家解化方可真正自得,"学问也,要点化但不如自家解化者"。另外,王阳明根据自己的治学经验,指出学习应当勇敢冲破权威迷信,独立思考,学问并非孔子、朱子等所垄断,乃天下之公学。

第二,语文学习须循序渐进,亲历践行。他指出在语文学习中应充分尊重儿童的心理特点,使儿童先易后难循序渐进,"为学须有本原,须从本原上用力,渐渐盈科而进"。他结合儿童学习站立奔走的天性和过程指出:"然学起立移步,便是学步趋庭除之始,学步趋喔除,便是学奔走往来于数千里之基,固非有二事,但其工夫之难易则相去悬绝矣。心也,性也,天也,一也。"最重要的是,王阳明认为语文学习应当结合自己的实践,做到知行合一,他提出"知乃行之始,行乃知之终","静处体悟,事上磨练","夫学问思辨行,皆所以为学,未有学而不行者也……尽天下之学,无有不行而可以言学者"。

清代唐彪的《家塾教学法》是我国教育史上首部以"教学法"命名的语文教育论著,乃《父师善诱法》和《读书作文谱》的合刻本。《父师善诱法》分上下两卷:上卷主要介绍"尊师择师之法""父兄教子弟之法"以及各种教法常规;下卷着重介绍童子入学后学习语文应采取的各种教法,如认字法、书法、温书法、讹别改正法、读注法、背书法、学字法、讲书法、读古文法、读课文法、改文法等。《读书作文谱》"于制举之文尤注意焉"(仇兆鳌序),主要总结了他写八股

---

① 徐雁平.《读书分年日程》与清代的书院[J].南京晓庄学院学报,2006(3).

文的经验,分别谈了教学目标、读书方法、求学之道、写字教学法、读写结合、文体写作、作文技法、八股文写作技法、古文评论法、实用文读写、诗歌教学等,进行了初步的语文教学法理论建设,对现代教育也有很大的参考和借鉴作用。《家塾教学法》这部语文教法专著,关注到读写教学的规律性问题。它关于阅读教学的看法主要有:就阅读的广度言之,须正确处理"博"与"约"的关系;就阅读的计划言之,应正确处理"急"与"缓"的关系;就阅读的深度言之,须正确处理"粗"与"细"的关系;就教与学言之,须正确处理"学"与"问"的关系;就个别教学言之,须正确解决因材施教的问题。

清代文字学家王筠的《教童子法》既是一本专论启蒙教育的书,亦是中国最早的小学语文教学法著作。全书系统论述了关于识字、写字、读书、属对、作诗、作文等方面的基本训练,对小学语文教学的一般原理提出不少独到见解。第一,在识字教学上,王筠主张利用六书理论先易后难教之:"先取象形、指事之纯体教之。识'日''月'字,即以天上日、月告之;识'上''下'字,即以在上在下之物告之,乃为切实。纯体既识,乃教以合体字。又须先易讲者,而后及难讲者。"第二,在阅读教学上,他主张读思结合,提出精读强记法(如勤作札录、连号循环记忆)、讲解诘问法、圈抹批划法,[①]"读经书,一有所见,即写之书眉,以便他日涂改。若所读书,都是干干净净,绝无一字,可知是不用心也。"第三,在作文教学上,王筠提出"先放后收"或"放极必收"原则:"作诗文必须放,放之如野马,踶跳咆嗥,不受羁绊,久之必自厌而收束矣。此时加以衔辔,其俯首乐从。"

在具体培养目标上,王筠认为要功名、学问、德行三者并重。在具体语文教学上,王筠强调教师要善于启发诱导,使儿童循序渐进;学生在学习时须事事专心,步步踏实,识字和读经都要专心致志。此书还特别重视学生在语文学习过程中的学习兴趣,反对当时强迫儿童死记硬背的教学方法,他针对传统语文教育中只读而不讲的弊端疾呼:"学生是人,不是猪狗。读书而不讲,是念藏经也,嚼木札也,钝者或俯首受驱使,敏者必不甘心。"因为作者是清代著名学者,精通文学和文字学,也专门针对儿童的识字教育编写《文字蒙求》,所以此书中的语文教育思想不乏精到之处。

清代学者崔学古特别重视对儿童教育的研究,著有《幼训》《少学》《学海津梁》等,他的儿童语文教学法,尤其尊重儿童的心理特点、性格资质和学习兴趣,"资禀"是他在三书中频繁出现的关键词。

首先,他在识字教学上认为应考虑儿童的理解能力和汉字特点,"蒙童无知,与讲笔法,懵然未解,口教不如手教,轻重转折,粗略具体,方脱手自书",还阐明了"纸上识字法",即在纸片的一面写上正字,在背面写上该字的同形、同音及常用词组,令儿童一一辨认。

其次,他在阅读教学上提出应"量资循序",即根据儿童的资质禀性教学:"为父师者,不量子弟之资禀,不顾学问之生熟,而惟欲速以求成,不知工夫有序,何可一旦助长?故昔谓教子弟,不必躐等,当知循序,不必性急一时,而在操功于悠久。"为使儿童能循序渐进地理解文意,他主张儿童应"探读"与"自讲"结合,教师须"讲""贯"结合:讲,须逐字逐句点读明白;贯,以作者"神理"宗旨贯通反思其文义。他提出教师讲解时要同"说话一般",通俗易懂,否则"童子理会不来",反"滋其惑"。他还把阅读教材分为两类,根据不同教材特点阅读:"有

---

① 刘沙沙.论王筠《教童子法》的阅读教学思想[J].课程·教材·教法,2009(11).

本领之文,有材料之文。本领之文,贵寻脉理。材料之文,贵寻剪裁。"另外,他主张教师在指导学生阅读时应做到以课外带动课堂,随机启发引导,扩充视野:"又如看一厢,读一对,训以字出何书,所去何义……或因一物而旁通他物,或因一事儿援引数字,随机利导,可令闻见拓充。"

再次,他在作文教学上提出读写结合,重视阅读对写作的反哺作用,以阅读促进写作,以阅读感悟写作;写作时应明确作文的要求和构思的手法,"造意要超卓,立格要正大,题旨要明透,笔气要清顺";在具体写作过程中,要注重炼字,"一字粗,即一句不雅;一字腐,则一句不新。作文知炼字,便观之如明霞散锦矣",还要注重修辞,词意并重,"文字虽以意为主,然词亦不可不修。盖词以达意,词不修,则意不能达矣"。另外,他在修改文章上再次重申尊重儿童"资禀"和心理特点的主张:"及其稍自能文,当看其资禀所就,意见所及,各顺其性而委曲以成之。少有一得,则当取其一得以鼓其进,必不可一于涂抹以阻其机。"

在清朝谢幕前夕,作为一代名将和宿儒的曾国藩,结合自己的读书治学经验,在《曾国藩家书》中也提到不少有创建性的语文教育思想,影响较大的主要是阅读教育方面。首先,他虽然鼓励人们把阅读经史作为读书根柢,但也提倡根据自己的性情兴趣广泛读书,甚至推荐读一些西方自然科学的书,他主张把阅读和写作充分结合起来:"读书之法,看、读、写、作四者,每日不可缺一。"① 其次,他发展了朱熹的阅读理念,要有耐心专读一经,熟读深思,且不要强记,应全无名心地涵泳体察。在具体的诵读上,他提出了"以声求气"的观念,培养阅读和写作的语感,"古文之法,全在气字上用工夫。温韩文数篇,若有所得。古人之不可及,全在行气,如列子之御风,不在义理字句间也"②。再次,他提倡阅读时应注意分类抄录,勤作读书笔记,读毕每书应有札记,以求有所思有所得。他对儿子曾纪泽提出阅读方面的殷切期望:"泽儿若能成吾之志,将四书、五经及余所好之八种,一一熟读而深思之,略作札记,以志所得,以著所疑,则余欢欣快慰,夜寝得甘。此外,别无所求矣。"③为此,他自己身体力行编写了《经史百家杂钞》和《十八家诗钞》,对后人产生了不小的影响。

由此观之,曾国藩的语文教育思想继承了许多名贤的思想精华,但可贵的是,他突破了以往名家为作八股文而读书的局限,鼓励经世致用之学,甚至在某些方面还具备了一些近代意识。中国第一艘轮船、第一所兵工学堂、第一批西方书籍、第一批赴美留学生都是在他的倡议下产生的,可见他在语文教育方面既坚守传统的修身养性和经世致用之道,但其眼界也不囿于传统的经史子集,开始引导人们睁眼看世界,影响了魏源、林则徐、李鸿章、冯桂芬、张之洞等,促成了"中体西用"思想的诞生。

思考与探究

1. 儒学的发展历程对传统语文教育产生了哪些影响?
2. 佛、道两家对传统语文教育起到了什么样的贡献?古代书院在语文教育上有着怎样的特色?

---

① 曾国藩.曾国藩全集[M].长沙:岳麓书社,1986:406.
② 曾国藩.曾国藩全集[M].长沙:岳麓书社,1986:540.
③ 曾国藩.曾国藩全集[M].长沙:岳麓书社,1986:477.

3. 传统语文教育对古代朝鲜、日本的汉字教学和阅读文化有无影响？明清时期的传教士和朝鲜人是如何看待传统语文教育的？

4. 明清通俗日用类书与官方语文教材中的语文教育有着怎样的不同？

推荐阅读文献

1. 张志公.传统语文教育教材论——暨蒙学书目和书影[M].北京：中华书局,2013.

2. 张隆华.中国语文教育史：上编[M].长沙：湖南师范大学出版社,1991.

3. 张隆华,曾仲珊.中国古代语文教育史[M].成都：四川教育出版社,2000.

4. 谢保国.中国古代语文教育史稿[M].银川：宁夏人民出版社,2009.

5. 徐梓.中华蒙学读物通论[M].北京：中华书局,2014.

6. 耿红卫.中国语文教育史教程：第一章至第六章[M].济南：山东教育出版社,2013.

7. 池小芳.中国古代小学教育史[M].上海：上海教育出版社,1998.

8. 靳健.中国语文教育发展史论——中西文化对话视野的国学学习哲学[M].北京：高等教育出版社,2014.

9. 孟宪承.中国古代教育史资料[G].上海：华东师范大学出版社,2010.

10. 叶圣陶.叶圣陶语文教育论集[C].北京：教育科学出版社,2015.

11. 冯友兰.中国哲学简史[M].插图修订版.赵复三,译.上海：世界图书出版公司,2013.

12. 阴法鲁,许树安,刘玉才.中国古代文化史[M].北京：北京大学出版社,2008.

13. 邓嗣禹.中国考试制度史[M].长春：吉林出版集团有限责任公司,2011.

清末民初：现代语文课程教学的发端

导 读

到了封建社会后期，随着腐朽的八股选士制度对我国传统教育的腐蚀，原有的教育制度和教育内容显现出越来越明显的弊端，再加上鸦片战争以后西学东渐的影响，传统教育就迅速走向它的末路，一种新型的教育制度（包括新的教育内容和教育方式）就在这个时候诞生了。那么，究竟是哪些具体的力量推动了清末民初的语文教育大变革呢？新型的现代语文课程教学又是怎样一步步艰难地战胜旧教育而赢得自己的一席之地的呢？这种变革是否有规律可循？让我们进入本章内容的学习，尝试回答这些问题。

学习目标

1. 了解清末民初现代语文教育发端的社会历史背景和自身动力。
2. 分别了解"癸卯学制"时期和"壬子癸丑学制"时期的语文课程、语文教材和语文教学的大体情况。
3. 思考从传统向现代转型的过程中，我国的语文教育发生了哪些根本性的变化？

清朝末年，停科举，废八股，办新学，定学制，标志着我国现代教育的肇始，也是现代语文教育的发端。1911年辛亥革命爆发，民国建立，南京临时政府教育部厘定新的教育方针，制定新学制，颁布一系列学校令，实行课程改革。但是，辛亥革命的胜利果实很快被袁世凯篡夺。至五四运动之前，文化教育战线上一直存在着激烈的复古与反复古的斗争，民初的教育改革成果并未得到真正的贯彻执行。虽然从社会的发展看，清末和民初是两个截然不同的历史时期，从普通教育的角度看，这两个时期也各自执行不同的学制和课程文件，但是，从语文课程与教学的角度看，清末和民初的语文教育没有大的实质性的区别，实质性的改变发生于五四新文化运动。所以，可以将自清末颁行"癸卯学制"至"五四"之前这段时期称之为"现代语文教育发端期"，并将两个时期合在一起来研究。

第一节 清末民初的社会变革与语文革新

推动我国清末民初语文教育转型的主要动力，从外在因素看，主要是社会政治和文化等方面的变革；从内在因素看，则是语言文字自身的变革。外在因素和内在因素逐渐积蓄能

量,最后形成强有力的合力,才推动我国语文教育实现了由传统向现代的胜利转型。

一、清末民初的社会变革

鸦片战争以来,西方列强加紧了对我国的军事侵略、政治控制、经济掠夺和文化渗透,中国社会一步步走向半殖民地半封建的社会。面对帝国主义一次又一次的侵略,中国人民的民族意识开始觉醒;而面对清政府的腐败无能和国家军事、经济水平的落后,先进的中国人开始睁眼看世界,寻求救亡图存的道路。鸦片战争失败不久,参与过抗英斗争的中国近代著名思想家魏源就提出了"师夷之长技以制夷"的主张,发出了向西方学习科学技术的呼吁。

发生在19世纪60年代到90年代的洋务运动,把"师夷之长技以制夷"的主张变成了实际行动。洋务派们兴办近代工业,建立新式海陆军,创办新式学堂,并向外国派遣留学生。然而,代表封建地主阶级的洋务运动因其自身的局限以及对于外国的依赖性,最终难以摆脱失败的命运。

发生于1898年的维新运动,则代表了中国新型民族资产阶级的某些要求。他们不但要求学习西方的科学技术,而且要求学习西方资本主义的政治制度和思想文化,提出了实行君主立宪,废八股,改科举,兴西学等改革主张。维新变法获得了光绪皇帝的支持,于1898年6月11日颁布了"明定国是"诏书,宣布开始变法,并接连发布了一系列推行新政的政令。但是,就连这种温和的不彻底的改革,以慈禧太后为代表的封建顽固派也是不允许的。变法很快就失败了。

百日维新虽以失败告终,但是,清政府稍后在面对接踵而来的外患与内忧的困局时,为了缓和人民的不满情绪,维持其摇摇欲坠的封建统治,被迫实行"新政",在某些方面做出一些改革,例如,在教育方面先后出台了一系列改革举措,包括废除八股文、筹办各级各类新式学堂、停止科举考试、颁布新学制等。1902年,清政府颁布了我国近代教育史上第一个学堂章程——"钦定学堂章程"(壬寅学制),这一章程因各种原因未能实施。1904年元月,又颁布了"奏定学堂章程"(癸卯学制)。"奏定学堂章程"提出的教育宗旨是:"至于立学宗旨,无论何等学堂,均以忠孝为本,以中国经史之学为基。俾学生心术一归于纯正,而后以西学瀹其知识,练其艺能,务期他日成才,各适实用,以仰副国家造就通才,慎防流弊之意。"①

1911年10月,武昌起义胜利。1912年1月1日,孙中山在南京宣誓就职中华民国大总统,并成立中华民国临时政府。1912年2月12日,清宣统皇帝被迫退位,在中国延续两千多年的封建帝制终于覆灭。1912年3月,临时参议院颁布了《中华民国临时约法》。《临时约法》规定,"中华民国之主权属于国民全体",中华民国国民一律平等,享受人身、财产、集会、结社、出版、言论等自由,享有请愿、陈述、考试、选举与被选举等民主权力。这样,《临时约法》就以根本大法的形式废除了两千年来的封建君主制度,确认了资产阶级共和国的政治制度。

民国元年之后,蔡元培出任南京临时政府第一任教育总长,旋即在教育领域实行了一系列改革。1912年1月19日,教育部发布《普通教育暂行办法通令》和《普通教育暂行课程之标准》。暂行办法共12条,其中有:"从前各项学堂,均改称为学校","初等小学可以男女同

---

① 舒新城.中国近代教育史资料(上册)[G].北京:人民教育出版社,1981:195.

校","凡各种教科书,务合乎共和国宗旨,清学部颁行之教科书,一律禁用","小学读经科,一律废止"等内容。这个暂行办法的基本精神就是要使教育合乎共和国宗旨,废止以忠君、尊孔、读经为中心的封建教育制度,按照资产阶级民主精神和资本主义生产发展的需要改革旧教育。

1912年4月,蔡元培发表了《对教育方针之意见》,对清朝政府制定的教育宗旨进行批判,主张对青少年进行道德教育、实利主义教育、军国民教育和美育。在这一思想指导下,1912年7月召开的临时教育会讨论通过新的教育方针,9月2日,新的教育方针正式公布,这就是:"注重道德教育;以实利教育、军国民教育辅之,更以美感教育完成其道德"。这个教育方针,体现了资产阶级关于人的德、智、体、美和谐发展的思想,否定了清朝政府忠君、尊孔、尚公、尚武、尚实的教育宗旨,否定了君权的绝对权威和儒家思想的独尊地位。新教育方针的颁定,是中国教育的一个进步,是资产阶级反对封建主义旧教育的一个重大胜利。

南京政府成立后,还讨论了学制改革,制定了一个新的学校系统,于1912年9月公布,史称"壬子学制";自新学制公布至1913年8月,又陆续颁布了各种学校规程,对新学制有所补充和修改,于是总合成一个更加完整的系统,即"壬子癸丑学制",也称"1912—1913年学制"。在推行新学制的同时,教育部于1912年8、9月先后颁布了《小学校令》《中学校令》《大学校令》和《师范教育令》等,对各级各类学校的目的任务、课程设置、学校设备、入学条件等作了具体规定。中小学语文课程与教学,就是在中学校令和小学校令的有关要求下设置并实施的。

然而,领导辛亥革命的民族资产阶级,是一个在政治上和经济上都十分软弱的阶级,在国内外反动势力的联合进攻下,步步退让,很快被大买办军阀袁世凯篡夺了革命果实。袁世凯于1912年3月在北京就任临时大总统。

1915年1月,袁世凯以大总统的名义颁布《颁定教育要旨》,重新提出"法孔孟",恢复封建道德,否定了资产阶级民主、自由、平等的道德,使教育走向倒退。1915年2月,由袁世凯颁布的《特定教育纲要》更直接指出:"各学校均应崇奉古圣贤以为师,宜尊孔以端其基,尚孟以致其用。""中小学校均加读经一科,按照经书及学校课程分别讲读,由教育部编入课程。"是年7月,北洋政府教育部公布了《国民学校令》和《高等小学令》,1916年1月又公布了与两个学校令相配套的《国民学校令施行细则》和《高等小学令施行细则》。与袁世凯企图复辟帝制的政治目的、教育宗旨相应,在这个系列学校令中,恢复了清末章程中所设有的"读经"课。所幸的是,短命的"洪宪王朝"82天就寿终正寝。1916年10月颁布的学校令修正案中又删去了"读经"。此后的一段时期内,中国的政局陷入军阀割据的局面,中国的教育也一直处在动荡和新旧势力的斗争之中。

另外,说到清末民初教育的变革,还有一个因素也很重要,这就是对西方教育制度、教育思想的引进和学习。在维新运动之前,教会学校和洋务学堂实际上已经采用了西方的教育制度。但是,大规模学习西方的教育制度和教育思想,是在维新运动时期才开始的。维新派非常重视教育,把教育作为政治维新、振兴中国的重要手段。康有为认为:"欲任天下之事,开中国之新世界,莫亟于教育。"梁启超则指出:"变法之本,在育人才;人才之兴,在开学校;学校之立,在变科举。"受康梁等资产阶级改良派引发的教育改革大潮的影响,一些具有维新求变思想的知识分子积极介绍和翻译引进外国的资产阶级教育制度和理论。其中影响最大的,要数罗振玉和王国维于1901年主编的《教育世界》。维新运动虽然失败了,但是教育改良的潮流却一发而不可收。罗、王主编的《教育世界》,成了我国最早系统介绍西方教育制度和教育思想、教育理论的重要阵地。《教育世界》偏重译介外国教育著述,译文多采自日本,含各学科规则、学校法令、学校管理法、教授法和教科书等。稍后清政府学部颁布的《奏定学堂章程》,就是模仿日本学堂章程的产物。20世纪初对我国学校教育影响颇大的赫尔巴特教育学说,也是在这个时候通过《教育世界》从日本转译引进的。民国初年,蔡元培领导制定的"壬子癸丑学制",仍是学习日本的产物。

二、清末民初的语文革新

这里所说的语文革新,是指语言、文字、文学方面出现的革新思潮。清末以来在语言文字方面出现的革新有白话文运动、切音字运动和国语统一运动等,在文学方面出现的革新有诗界革命、小说界革命和文体革命等。

早在太平天国时期,就出现了白话文运动。太平天国的领袖们提倡"其语句不加藻饰,只取明白晓畅,以便人人易解"的白话文学,出现了用白话语体编纂的通俗读物和识字读本。到了19世纪80年代以后,在我国知识分子中形成了一场声势浩大的白话文运动。一些有识之士,如裘廷梁、陈子褒等纷纷撰文抨击文言文对民众思想的束缚。白话文运动的主将裘廷梁认为:"有文字为智国,无文字为愚国;识字为智民,不识字为愚民;地球万国之所同也。独吾中国有文字而不得为智国,民识字而不得为智民。"其原因在于"文言之为害矣"。① 陈子褒也认为,要变法就要"开民智",而开民智莫如改革文言。为实现广开民智的理想,陈子褒在澳门创办了蒙学书塾,投入大量精力编写小学堂白话教科书,他用白话编写了《妇孺三字书》《四字书》《五字书》代替《三字经》《千字文》《神童诗》,在东南沿海产生了较大影响。

早期的国语运动是由于受到日本明治维新的影响。在清末的后十年,就已经提出统一国语的问题。最早提到"国语"这个名称的,是当时被委任为京师大学堂总教习的桐城派古文名家吴汝纶。1902年他去日本考察学政,看到日本推行国语(东京话)的成绩,深受感动,回国后写信给管学大臣张百熙,主张在学校教学王照的官话合声字母,推行以"京话"(北京话)为标准的国语。1909年,清政府资政院开会,议员江谦提出把"官话"正名为"国语",设立"国语编查委员会",负责编订研究事宜。1911年学部召开"中央教育会议",通过《统一国语办法案》,决议在京城成立国语调查总会,各省设分会,进行语词、语法、音韵的调查,审定国语标准,编辑国语课本、国语辞典和方言对照表等。1912年民国成立后,继续推行"国语统一"的步伐,一直到五四新文化运动爆发,国语进入学校的语文课程。

维新运动时期倡导的诗界革命、小说界革命和文体革命等,也都是清末民初语文革新的重要内容。诗界革命由梁启超、谭嗣同、夏曾佑等人提出。梁启超在《饮冰室诗话》中对"诗界革命"做过这样的解释,他说,"堆积满纸新名词"不能算革命,"能以旧风格含新意境,斯可以举革命之实矣。"梁启超还特意为"诗界革命"提出纲领性口号,即"欲为诗界之哥伦布、玛赛郎,不可不备三长:第一要新意境,第二要新诗句,而又须以古人之风格入之,然后成其为

---

① 转引自:李杏保,顾黄初.中国现代语文教育史[M].成都:四川教育出版社,1997:56.

诗"①。与"诗界革命"相比,"小说界革命"则来得更为猛烈。从19世纪末到20世纪初年,维新派人士发表了大量小说理论文章,其中以梁启超的《论小说与群治之关系》最具代表性。他们关于革新小说的理论,受到欧洲文学观念的深刻影响,其主要观点有:

(1) 提高小说的社会地位,使尊为"文学之上乘"。

(2) 重视小说的社会作用,认为"小说有不可思议之力支配人道",要救国就要从改良小说开始。

(3) 强调小说为"改良社会,开通民智"服务。

(4) 指出小说不同于科学著作,具有形象、虚构和细节描写等特点。

梁启超等人之所以要提出"文体革命",是因为宣传变法维新的政论文章需要冲破桐城派等传统古文的束缚,要创造出一种新体散文。梁启超创作的《变法通议》《少年中国说》等,在当时就被认为是一种新体散文,这种新体散文激情澎湃,感染力和说服力很强,在当时风靡一时,影响很大。

总之,国语运动和白话文运动重在语文形式的变革,诗界革命、小说界革命和文体革命等不但有形式上的变革,更主要的是内容上的变革,这些变革在当时还主要服务于社会上的语文生活,对于学校的语文教育虽有影响,但不是很大。不过,语言、文字和文学的变革,必将导致语文教学的变革,这是语文教学改革的必然。正如"五四"时期,国语运动和白话文运动达到高潮,于是,就有了白话文进入语文课程以及语文教育内容的一系列改革。

第二节 "癸卯学制"时期的语文课程教学

一、"癸卯学制"下的语文课程

我国传统的教育是不分学科的。但这只是传统教育的主流,不代表全部的中国古代教育都是不分学科的。起源于夏代,发展和充实于西周的"六艺"教育,便可以看作是我国最早的分科教学。再如唐代,在中央官学一级,除了专修儒家经书的学校外,还有律学、算学和书学这样的专科性质的学校和医学(太医署)这样的职业性质的学校。在医学的课程内容中,更有包括医科、针科、按摩科、咒禁科这样的分科课程。宋代的学校教育中,分科教学更为流行。例如,律学分"律令大义""断案""习大义兼断案"三科;医学分"方脉科""针科""疡科"等;算学要求精读《海岛》《九章》《周髀》《孙子》《五曹》等历代数学名著,还要学习历算、天文等课程。② 近代以来,因受西方教育制度的影响,我国的分科教学得到了进一步发展并最终确立了在学校教育中的主体地位。首先是教会学校里的分科教学:早在鸦片战争之前,外国传教士就开始在我国开办教会学校。鸦片战争以后,这种教会学校就更多了。教会学校承袭西方的教育模式,实行的是分科教学。他们除了开设宗教课程和外国语课程之外,也还开设许多自然科学类的课程和儒学课程,譬如算学、格致、书经、诗经等等。其次是洋务学堂里的分科教学:洋务教育本着"西学为用"的原则,所开办的大多是一些专业或职业性的学

---

① 梁启超.夏威夷游记[C].//饮冰室合集专集之二十二.中华书局,1989:189.
② 参阅李泽林.分科教学的历史演进和现实反思[D].兰州:西北师范大学教育学院,2005.

校,比如外国语学堂、军事学堂、科学技术学堂等,这些学校实行的都是分科教学。

1904年,清政府制定"癸卯学制",颁布了《奏定学堂章程》,这是我国近代在学习西方教育的背景下产生并实行了的第一个学堂章程。它包含了《奏定蒙学堂章程》《奏定初等小学堂章程》《奏定高等小学堂章程》《奏定中学堂章程》《奏定高等学堂章程》《奏定大学堂章程》《奏定初级师范学堂章程》《奏定优级师范学堂章程》《奏定实业学堂章程》等16个学堂章程,属于基础教育的除了蒙学堂章程外,就是初等小学堂章程、高等小学堂章程和中学堂章程。

《奏定初等小学堂章程》规定:"初等小学堂之教授科目凡八:一、修身;二、读经讲经;三、中国文字;四、算术;五、历史;六、地理;七、格致;八、体操。此为完全学科。"①

《奏定高等小学堂章程》规定:"高等小学堂之教授科目凡九:一、修身;二、读经讲经;三、中国文学;四、算术;五、中国历史;六、地理;七、格致;八、图画;九、体操。"②

《奏定中学堂章程》规定:"中学堂学科目凡为十二:一、修身;二、读经讲经;三、中国文学;四、外国语(东语、英语或德语、法语、俄语);五、历史;六、地理;七、算学;八、博物;九、物理及化学;十、法制及理财;十一、图画;十二、体操。但法制理财缺之亦可。"③

上述各学堂章程中的"中国文字"和"中国文学"相当于今天的语文课,而"读经讲经"课则介于政治课和语文课之间,或者说同时兼具政治课和语文课的功能。

《奏定学堂章程》不但规定了各类学堂开设的课程门类,而且规定了每门课程大体的课程目标(课程要义)和内容。

初等小学堂"中国文字"课的课程目标是:"其要义在使识日用常见之字,解日用浅近之文理,以为听讲能领悟、读书能自解之助,并当使之以俗语叙事,及日用简短书信,以开他日自己作文之先路,供谋生应世之要需。"④

高等小学堂"中国文学"课的课程目标是:"其要义在使通四民常用之文理,解四民常用之词句,以备应世达意之用。""读古文每日字数不宜多,止可百余字,篇幅长者分数日读之,即教以作文之法……,兼使学作日用浅近文字。篇幅宜短,总令学生胸中见解言语郁勃欲发,但以短篇不能尽意为憾,不以搜索枯窘为苦。蕴蓄日久,其颖敏者若遇不限以字数时,每一下笔必至数百言矣。并使习通行之官话,期于全国语言统一,民志因之团结。"⑤

中学堂里"中国文学"课的课程目标大致是:"入中学堂者年已渐长,文理略已明通,作文自不可缓。凡学为文之次第:一曰文义,文者积字而成,用字必有来历……下字必求的解,虽本乎古亦不骇乎今……二曰文法,文法备于古人之文,故求文法者必自讲读始,先使读经史子集中平易雅驯之文……次则近代有关系之文亦可浏览,不必熟读。三曰作文,以清真雅正为主:一忌用僻怪字,二忌用涩口字,三忌发狂妄议论,四忌袭用报馆陈言,五忌以空言敷衍成篇。""次讲中国古今文章流别、文风盛衰之要略,及文章于政事身世关系处。其作文之题目,当就各学科所授各项事理及日用必需各项事理出题,务取与各科学贯通发明;既可

---

① 舒新城.中国近代教育史资料(中册)[G].北京:人民教育出版社,1981:414.
② 舒新城.中国近代教育史资料(中册)[G].北京:人民教育出版社,1981:429.
③ 舒新城.中国近代教育史资料(中册)[G].北京:人民教育出版社,1981:501.
④ 舒新城.中国近代教育史资料(中册)[G].北京:人民教育出版社,1981:415.
⑤ 舒新城.中国近代教育史资料(中册)[G].北京:人民教育出版社,1981:430-431.

易于成篇,且能适于实用。"①

关于"中国文字"与"中国文学"的具体内容,《奏定学堂章程》是按学年规定的。

初等小学的"中国文字"课,第一年的内容为:"讲动字、静字、虚字、实字之区别,兼授以虚字与实字联缀之法。习字即以所学之字告以写法。"第二年的内容是:"讲集字成句之法,并随举寻常实事一件,令以俗语二三句连贯一气写于纸上。习字同前。"第三年的内容为:"讲积句成章之法,或随指日用一事,或假设一事,令以俗话七八句联成一气,写于纸上。习字同前。"第四年的内容同前。第五年的内容为:"教以俗话作日用书信。习字同前。"②

高等小学的"中国文学"课,第一年的课程内容为:"读浅显古文,即授以命意遣词之法,兼使以俗话翻文话,写于纸上约十句内外,习楷书,习官话。"第二年的内容:"读古文,使以俗话翻文话写于纸上,约二十句内外,习楷书,习官话。"第三年的内容"读古文,作极短篇记事文约在百字以内,习行书,习官话。"第四年的内容:"读古文,作短篇记事文、说理文,约在二百字以内,习行书,习官话。"③

中学的"中国文学"课,第一年的内容为:"读文,作文,相间习楷书行书。"第二年同第一年。第三年同前两年,兼习小篆。第四年同第三年。第五年:"读文,作文,兼讲中国历代文章名家大略。"④

清末开办新学堂以后,清政府对全国教育的实际控制其实是有限的。因为当时既有新开办学堂,还有从旧式书院改为新式学堂的。所以所开设的课程也不尽一致。比如,奏定学堂章程规定初小开设中国文字,高小和中学开设中国文学,而实际上,有些学堂开设的这类课程并不叫"中国文字"或"中国文学",而叫"国文"。稍后,依据《奏定学堂章程》编写的教材,既有叫"中国文学"的,也有叫"国文"的。1906年以后,"国文"这个名称就正式出现在清政府的课程文献中。各地各学校开设的课程,也有更多的改叫"国文"。至1912、1913年的"壬子癸丑学制",则正式改为"国文"了。

二、新式语文教材的编写

"癸卯学制"颁布以前的语文教材,主要有这样几种类型:① 集中识字的教材,如"三""百""千";② 识字并获取各种知识的知识掌故类、故事类教材,如《文字蒙求》《幼学琼林》《龙文鞭影》等;③ 诗歌读本,如《千家诗》《唐诗三百首》等;④ 文选教材,如《古文观止》《古文辞类纂》等;⑤ 经学教材,如"四书""五经"。

现代意义上的教材(狭义的),在当时称"教科书"。据史料记载,"教科书"这一名称始用于1871年。据史料记载,早在光绪四年(1878年),张焕纶所办的正蒙书院有过一种国文教科书,文体是以"俗语译文言"的,只是这套教科书现在已无从考据。一般认为,我国第一套现代意义上的语文教材要算1897年南洋公学外院师范生陈懋治、杜嗣程、沈叔逵等自编的《蒙学课本》。这套课本1901年经由朱树人修订,质量有了较大提高。修订的《蒙学课本》仿

---

① 舒新城.中国近代教育史资料(中册)[G].北京:人民教育出版社,1981:503.
② 舒新城.中国近代教育史资料(中册)[G].北京:人民教育出版社,1981:412-420.
③ 舒新城.中国近代教育史资料(中册)[G].北京:人民教育出版社,1981:432-435.
④ 舒新城.中国近代教育史资料(中册)[G].北京:人民教育出版社,1981:506-508.

英美读本,很注意语言文字的一般教学规律,可以说,在一定程度上已经具备了语文教科书的基本条件,是我国语文教科书的一个雏形。自南洋公学自编《蒙学课本》后,1898 年由吴眺、俞复、丁宝书、杜嗣程等创办的无锡三等公学堂,也自编了供本学堂使用的《蒙学课本》共 7 编(册)。1902 年,该学堂将此 7 编《蒙学课本》付上海文澜书局石印发行,载明为小学堂读书用的教科书。同年夏季,俞复、廉泉等在上海创办文明书局,又将该书重付印刷发行。该书在相当长的一段时间内于小学语文教科书中执着牛耳。①

"癸卯学制"颁布以后,民间自由编写中小学教科书非常活跃。1905 年,清政府成立了学部。翌年,即开始审查教科书,干预教科书的编纂,并筹办编辑教科书事宜。

我国第一套由官方审定的小学语文教科书,是由上海商务印书馆编纂的。商务印书馆是我国第一个民营出版机构,它的业务重点,大部分是教科书的出版和发行工作。1903 年,由商务印书馆编的第一套小学用的最新教科书,既是新学制的产物,又推动了新学制的推广与发展。这一年,商务印书馆张元济聘高凤谦、蒋维乔等为编辑,日本人长尾、加藤等协助,对小学语文教科书先制定全部计划,然后着手编辑,历时两年完成全稿,并陆续出版。由于清政府于 1906 年 7 月第一次审定初等小学暂用书目,所以,商务所印的教科书,1905 年前的便是自由之版本,1906 年后再版的,都于封面印有"学部第一次审定"字样。其中,《最新初小国文教科书》在教育界占优势达十余年之久,可见影响之深远。

商务印书馆编辑的小学国文教科书,自初等小学至高等小学 9 年共 18 册。《最新初等小学国文教科书》由庄俞、蒋维乔、杨瑜统编纂,高凤谦、张元济和日本前文部省图书馆审查官小谷重、前高等师范学校教授长尾槙太郎校订。该教科书之编辑系"由浅入深,由近及远,由已知及未知,按儿童脑力体力之发达,循序渐进,务使人人皆有普通之道德知识,然后进求古圣贤之要道、世界万国之学术"。书中行文以平实活泼为主,间取游戏歌曲启发儿童之兴趣,而隐喻劝诫之意。

《最新高等小学国文教科书》则由高凤谦、张元济、蒋维乔合编。该教科书能反映当时国内外政治、经济、科学等方面的情况,内容颇见新意。如:第一册的课文有《预备立宪》《君主立宪》《深耕》《水患》《声光》《电热》《巴津西》《亚剌伯之马》等。这些教材都是编者自写,而一改过去按现成文章选辑的做法,诚如编者所说:"按照初学程度悉心斟酌,每一课成,必经数手易数稿,以期适用。"这套书的每册还另撰教授法,按课数编次。凡诵读讲解、习问默写、联字造句等法无不详备;其名物训诂皆细加诠释,所引古籍、西籍亦详其出处,以省教员检查之烦。

这一时期,除商务印书馆外,还有一些书局也编印了小学语文教科书。比较有影响的如:文明书局出版,顾倬编的《高小国文读本》;江楚编译官书局出版,程先甲所编的木版本《高等国文教科书》;中国图书公司出版,朱树人编的《初小国文课本》;华国铨编的《高小国文课本》等。

清政府学部于 1906 年开始筹办编纂教科书事宜,为学部第一次编纂各种小学教科书,所编之书是我国第一套国定小学教科书,也是清末朝廷唯一的一部"部编教科书"。这套教科书中的语文课本,除《初等小学国文教科书》《高等小学国文教科书》外,还有《女子初等小学国文教科书》。这套教科书借鉴民间教科书之处甚多,自身讹误之处又不少,却雄踞垄断地位,引起地方上诸多不满。

---

① 参见顾黄初.中国现代语文教育百年事典[G].南京:江苏教育出版社,2001:4.

由此可以看出,《最新国文教科书》是我国实行新学制后供全国统一使用的第一部脱离蒙学读物性质的语文教材,也是我国近代第一套形式和内容都比较完善的教科书。

清末时期的中学语文教科书出现比较迟,种类也远不如小学语文教科书那么多。

清朝末年出版发行的语文教材,目前所见的最早的版本是《中学文萃》,1904年开明书店出版,编者苏明。

早期较有影响的是刘师培编著,国学保存会印行的《中国文学教科书》,1906年出版首册。这套《中国文学教科书》计编10册,先明小学之大纲,次分析字类,再讨论句法章法篇次,再论古今文体,再选文。这样的编法别具一格,打破了历来纯粹是选文荟萃的文学读本的成规。

商务印书馆发行的《中学国文教科书》迟至1908年才出版问世,系由吴曾祺选编。全书分5编,即5册,一学年一册。按文学史时代逆序选文。第一册选用"国朝文",即清朝当朝的文章计143篇;第二册选用"金文"10篇,"元文"20篇,"明文"97篇;第三册选用"五代"至"宋"诗文140篇(首);第四册选用自"晋"至"唐"的诗文176篇(首);第五册选用自"周秦"至"三国"诗文130篇(首)。在每一册的卷首,编者均写有一篇例言,较为详备地阐述了各册所选作者与作品的理由。为了适用于教学,该教材不选藻美的辞赋,而存应用之韵文;不拘于文以载道之说,而扩充采集范围,尤为重于经世文字。在编写体例上,此书也颇见特色。比如,每篇之中,书眉加以细批,题下略述评语,概言其命意所在,间及其经营结构之法,而不过于刻画,旨在启发学生实际有所受益。每集之首,有例言一篇,综论其时文学之渊源,文章之优劣,颇多独到之处。总之,这确是清末编得相当好的一套国文教材。

1908年,几乎与吴曾祺的《中学国文教科书》一起在商务印书馆印行的,还有林纾编的《中学国文读本》。此教材总共10册,每学期1册。选文按文学史时代逆序,一、二册清文,三册明文,四册金元文,五册宋文,六册唐文,七册六朝文,八册汉文,九册秦文,十册周文。全书也采用了眉批、总批和圈点的编法。但总的看来,这套教材的影响不如吴曾祺所编《中学国文教科书》。

总之,上述语文教材基本上是"癸卯学制"时期我国中小学语文教学使用的主要教材,其中大多数也是语文独立设科以后教材建设的第一批成果,具有开创性意义。与传统的语文教材相比,这些教材具有以下两个特点:其一,分册编写,而且大多数按照时代逆序编选;其二,教材中多添加有眉批、圈点和总批,全册之首有总的编写说明,以便帮助师生使用和阅读。这是对传统语文教材的改进,增加了教材的科学性和可读性。从教材的编审制度看,基本上是由自由制到审定制和国定制并行,即1905年以前为自由制,1906年以后为审定制与国定制并行。

三、分科后的语文教学方法

总的来看,改行新学校制度之始,我国新式学堂所采用的教学方法,实际上是中西杂糅的。这在语文教学上尤为明显。一方面,传统的读、背、讲的方法继续沿用(不过这时更注重讲);另一方面,也引进了西方的某些教学方法。其中比较有代表性的是,引进了赫尔巴特的五段教学法。赫尔巴特作为19世纪德国传统教育的创始人,在西方和日本都有非常广泛的影响。20世纪初罗振玉和王国维创刊《教育世界》杂志后,就将赫尔巴特的五段教学法翻译引进到我国。清末颁布的"癸卯学制"将五段教学法作为规范的学堂教学主要方法,当时师范学校所讲授的教学方法便是五段教学法。所谓五段教学法,即预备、提示、联系、比较和总结及应用。有文献记载:"自前清创设学校,规定教科,小学教员始知研习教授方法。当时赫尔巴特之阶段式教授法传入中国,小学教员皆奉之为圭臬。虽实际上或用五段,或用三段,不免变通之点,然其教授之原理,均以赫尔巴特派之学说为依据。"①五段教学法对其后的语文教学影响非常明显。叶圣陶于1922年回忆说:"往昔所谓教授法,殆可谓全属阶段之研究。教授倘拘泥于阶段,将整个的事件判析为零星事物,很有弊害。并且不论何种教材,必须经过程度的阶段,岂是可通之理?但阶段的区分,并非全属不必要。倘能相机活用,务求保存所教授的为整个的事件,则旧时阶段之节目,正不妨应用,或且更生新义。"②这里,叶圣陶在回忆清末五段教学法盛行的同时,也指出了它的利弊。

这一时期,一些有识之士初步开始了对我国语文教学方法的研究。1909年创刊的《教育杂志》,在同年第3期发表了语文教育家蒋维乔的论文《论小学校以上教授国文》,蒋氏在这篇文章中指出:国文"教授法,自联字而造句而成文,一一皆有蹊径可循"。"夫教授者,传导学问之技术也。既为技术,则必心知其意,而又加以习练始可。"能文之士,必须同时谙熟教授法,始能成为良师。这大概是语文独立设科以来较早论述语文教学法的文章,因此,后世均确认蒋氏为倡导国文教授法的先驱。

下边就具体的识字写字、阅读和写作教学情况分别做一简要介绍。

(一) 识字和写字教学

"癸卯学制"时期的新学堂一改传统蒙学先集中识字再读书的方法,普遍采用边识字边读书的方法。清光绪二十八年(1902年)的《便蒙丛书》,其中的《识字贯通法》和《文话便读》蒙学读本,就采用随课文识字的编排方法,一般先列生字,次列生字意义解释的语句,最后列用生字组成的句群。教学时,大致按教材的编排顺序,先教生字的认读,次教解释意义的语句,最后教生字组成的句群。"癸卯学制"颁布后编纂出版的一些语文教科书也能证明这种情况。以《最新初等小学国文教科书》为例,第一册选用459字,凡生僻之字及儿童不常见闻者,概不采入。每课生字以10字为限,而于本课上方标明,便于提示先教;而每课的字数自1~4课的8字,递加至40字。可见,每课的生字只是每课教学内容的一部分。这就是后来所说的随课文分散识字的方法。从此,随课文分散识字就成了小学识字教学的主要方法。

写字教学也做了相应的调整。传统的写字教学和识字教学是分开的,新学制下的写字和识字在教学中是合在一起的。《奏定初等小学堂章程》规定:"习字,即以所授之字告以写法。"《奏定高等小学堂章程》规定,高小四年,第一、二年学习用毛笔写楷书,第三、四年学写行书。

(二) 阅读教学

传统的阅读教学,是为作文教学服务的。这一点,在独立设科初期的阅读教学中,并没有变化。例如,《奏定高等小学堂章程》对中国文学课的要求是:"读古文每日字数不宜多,止可百余字,篇幅长者分数日读之,即教以作文之法,兼使学作日用浅近文字。"至于阅读教

---

① 孙世庆,等.中国之初等教育[J].北京师大教育丛刊(四卷二集).民国十二年五月.
② 叶圣陶.叶圣陶教育文集[C].北京:人民教育出版社,1994:17.

学的方法,奏定学堂章程规定:"凡教授之法,以讲解为最要,讲解明则领悟易。所诵经书本应成诵;万一有记性过钝实不能背诵者,宜于试验时择紧要处令其讲解;常有记性甚劣而悟性尚可者,长大后或渐能领会,亦自有益;若强责背诵,必伤脑力,不可不慎。"这虽然是针对所有课程并重点对读经讲经课而言的,但对语文阅读课也同样是适用的。这一要求显然不同于传统的阅读教学方法,传统的阅读教学把学生的诵读和记忆放在第一位,讲解是居其次的。奏定学堂章程还要求:"凡教授学童,须尽其循循善诱之法,不宜操切以伤其身体,尤须晓以知耻之义。"这同样是适合阅读教学的。

中学的阅读教学还要兼教"中国古今文章留别、文风盛衰之要略,及文章于政事身世关系处"和文法。奏定中学堂章程指出:"文法备于古人之文,故求文法者必自讲读始。"

(三) 作文教学

《奏定学堂章程》对作文教学从初小、高小到中学都有很多具体的要求。对初小的要求是:"使之以俗语叙事,及日用简短书信,以开他日自己作文之先路。"对高小的要求是:"教以作文之法(详见《初级师范学堂章程》),兼使学作日用浅近文字。篇幅宜短,总令学生胸中见解言语郁勃欲发,但以短篇不能尽意为憾,不以搜索枯窘为苦。蕴蓄日久,其颖敏者若遇不限以字数时,每一下笔必至数百言矣。"这里的作文之法是什么呢?对此在《奏定初级师范学堂章程》里有详细解释:"作文之次序法则:凡教学童作文者,教字法句法入门之法有三:一、随举一二俗字,使以文字换此俗字(虚实皆可);二、使以俗话翻成文话;三、使以文话翻成俗话。教篇法入门之法有三:一、文气贯通;二、划分段落;三、反正分明。引导用心之法有四:一、空字令补(实字虚字皆可);二、谬字令改(实字虚字皆可);三、同字异用者令分析(实字虚字皆可);四、题目相类者令用古人文调。扩充篇幅之法有四:一、不止说正面,兼说反面、旁面,题前、题后;二、多分条理(谓篇中平列事理数项,句法相同,条目愈多,文气愈厚,经传诸子之文皆如此,但须有实在意义);三、多设譬喻;四、引证经史群书。自然进功之法有二:一、熟读;二、拟古(文章乃虚灵之物,其佳否半由自悟,不能尽教;惟诵读极熟,兼常令拟古,则自能领悟进益。拟古谓古有此题此文而拟作之,或古有题无文而代补之,如《代秦报吕相书》之类)。其作文之题目,当就各学科所授各项事理及日用必需之事理出题,务取与各科学贯通发明,既可易于成篇,且能适于实用。"

对中学生的要求是:"凡学为文之次第:一曰文义。文者积字而成,用字必有来历(经史子集及近人文集皆可),下字必求的解,虽本乎古亦不骇乎今……二曰文法。文法备于古人之文,故求文法者必自讲读始,先使读经史子集中平易雅驯之文;次则近代有关系之文亦可浏览,不必熟读。三曰作文。以清真雅正为主:一忌用僻怪字,二忌用涩口字,三忌发狂妄议论,四忌袭用报馆陈言,五忌以空言敷衍成篇。"

第三节 "壬子癸丑学制"时期的语文课程教学

一、民初学制下的语文课程

民国元年(1912年)9月颁布的《教育部公布小学校令》规定:"初等小学校之教科目,为修身、国文、算术、手工、图画、唱歌、体操;女子加课缝纫。""高等小学校之教科目为修身、国

文、算术、本国历史、地理、理科、手工、图画、唱歌、体操;男子加课农业,女子加课缝纫。"其中的国文就是今天的语文课。同年11月颁布的《教育部订定小学校教则及课程表》对小学校令中规定的各项课程从目标、内容和教法等方面做出了具体要求,其中对国文课的目标和内容规定如下:"国文要旨,在使儿童学习普通语言文字,养成发表思想之能力,兼以启发智德。""初等小学校首宜正其发音,使知简单文字之读法、书法、作法,渐授以日用文章,并使练习语言。"具体到各年级的国文课程内容如下:第一学年,发音、简单文字之读法、书法及日用文章之读法、书法、作法、语法;第二学年,同第一学年;第三学年,简单文字及日用文章之读法、书法、作法、语法;第四学年,同第三学年。"高等小学校,首宜依前项教授渐及普通文之读法、书法、作法,并使练习语言。"其中分配到高小三个年级,各年级的内容相同,都是"日用文字及普通文之读法、书法、作法。"

1912年12月公布的《教育部公布中学校令施行规则》规定:"中学校之学科目为修身、国文、物理、化学、法制经济、图画、手工、乐歌、体操。""国文要旨在通解普通语言文字,能自由发表思想,并使略解高深文字,涵养文学之兴趣,兼以启发智德。国文首宜授以近世文,渐及于近古文,并文字源流、文法要略,及文学史之大概,使作实用简易之文,兼课习字。"1913年3月19日,教育部又公布了中学校课程标准,其中规定中学4年每一年的国文课程内容分别为:第一学年,讲读,作文,习字(楷书、行书);第二学年,读文,作文,文字源流,习字同第一学年;第三学年,讲读,作文,文法要略,习字同一、二学年;第四学年,讲读,作文,文法要略,中国文学史,习字(行书、草书)。

二、民初的语文教材编写

民国初期的教科书出版仍然采用审定制。1912年1月,教育部《普通教育暂行办法》规定:"凡各科教科书,务合乎共和民国宗旨,清学部颁行之教科书,一律禁用。"此后公布的《审定教科用图书规程》规定:"初等小学校、高等小学校、中学校、师范学校教科用图书,任人自行编辑,惟须呈请教育部审定。"南京临时政府虽然对教科书的使用作了规定,但下达《普通教育暂行办法》之时,正是寒假即将开学之际,新教科书来不及准备,所以1912年使用的教材多数仍沿用清末版本,只是封面印上"共和国教科书"字样,或在封面上钤有"现奉部批仍准通用"之木记。

民国成立后,又有一些进步的教育家、出版家、编辑者参与到国家的教育事业和教科书编撰队伍中来。1912年,陆费逵、沈知方等在上海创办了中华书局,以"养我中华民国国民""注意实际教育"为出版宗旨,发型了一套《新中华教科书》。从此,中华书局和商务印书馆就成了我国民国时期编印各种教科书的重要阵地。

这一时期出版的小学国文教科书较多,从1912年到1917年,只商务印书馆和中华书局出版的小学语文教科书就不下30种,此外,还有上海中国图书公司、上海新教育社、上海民国南洋图书沪局、上海文明书局、上海国民教育编译馆以及武汉等地的一些出版机构,也都出版过一些国文教科书。其中,影响较大的要属商务印书馆编印的《共和国新国文教科书》。这套教材包括供初等小学和国民学校学生用的《共和国教科书 新国文》(1~8册),庄俞、沈颐编纂,高凤谦、张元济校订;高级小学校学生用书《共和国教科书 新国文》(1~6册),庄俞、沈颐编撰,高凤谦、张元济校订;《女子新国文》(1~6册),庄俞、沈颐、樊炳清编纂,高凤谦、张元济校订。这里以供初等小学和国民学校学生用的《共和国教科书 新国文》为例,作一简要介绍。该教科书供初等小学用和供国民学校用的内容相同,分别于1912年4月和6月出版。全书8册,每册50课。第一册的课文均"以图补文"方式出现。第一至六课的内容分别为:"人""手足""刀尺""山水田""狗牛羊""一身二手"。6课共15个生字,都是名词,其中"手"出现两次。每课字数由一到四,笔画由一到八,而且每课生字的字义有关联性。清末编印的《最新国文教科书》的第一册第一课为"天、地、日、月",本书改变为"人""手足""刀尺"等,这无论从生字笔画的多少,还是生字所代表的事物是否为儿童熟悉,以及这些事物所代表的思想看,都是一个不小的进步。后来有人把小学国文教科书的这一进步风趣地称之为"从天到人"的变化。教科书内容正如当时教育部审定批词所云:"文字浅显,所选教材不出儿童所见事物之外,颇合小学程度。其文字亦无甚瑕疵。"

这一时期的中学国文教科书,除了清末吴曾祺、林纾分别编纂的《中学国文教科书》和《中学国文读本》经增订仍在继续使用之外,还编印了一些新的。其中,影响较大的有:徐国英编《国文读本》(商务印书馆1913年印行,1~4册)和谢无量编《国文读本评注》(中华书局1915印行,1~4册)等。以后者为例,选文编排不以时代先后为序,而以文字深浅为序,同时又以体裁编列大单元(称"编")。如第一册共五编,第一编"论著之属"(18篇),第二编"序录之属"(14篇),第三编"书牍之属"(13篇),第四编"传志之属"(14篇),第五编"杂记之属"(30篇)。既以文字深浅为序,又分大单元集中选读各体范文,这就为读写结合提供了有利条件。这是对旧式文选读本的一种突破。此外,正如教材书名所示,重在"评注",每篇选文编者都编有如下内容:① 题解,② 作者简介,③ 夹评夹注,④ 顶批,⑤ 黑圈白圈⑥ 总评及注释。评注重在提示文章作法,重在不同体裁和同一体裁的不同作品的分析比较。其用意,按编者所说,在于使学生"读一篇可知结构之妙用,读全书可悟作法之不同"。这种通过编写助读材料提示和引导学生阅读理解的教科书,是此前的国文教科书不多见的,反映了教科书编写指导思想上的一个进步。

三、民初语文教学方法的引进和研究

这一时期的国文教学,政府方面的规定不多。除了《教育部订定小学校教则及课程表》和《教育部公布中学校令施行规则》在国文课程和教材层面提出了一些要求之外,《教育部订定小学校教则及课程表》中还有如下规定:"国文读法,宜就读本及他科目已授事项,或儿童日常闻见与处世所必需者,令记述之,其行文务求简易明了。""书法所用字体,为楷书及行书。""教授国文,务求意义明了,并使默写短句短文,或就成句改作,俾读法、书法、作法联络一致,以资熟悉。""凡语言文字,在教授他科目时亦宜注意练习。"

外国教育思潮对这一时期的国文教学有较大影响。1914年前后,西方的自学辅导主义教学法传入我国。此前已经引进我国的赫尔巴特"五段教学法",此时逐渐显现出它的机械呆板,于是,不少教师转而推崇以学生自动学习为主要特征的自学辅导主义教学法,并在一些城市的中小学纷纷试行。这种教学法把学生自学和教师辅导结合起来,要求小学三年级以上的学生先自习教材,遇到困难由教师个别辅导。其基本程序是布置、自学、检查,旨在发挥儿童的学习积极性和主动性,防止教师包办一切。当时认为,"自动教育尊重儿童自我发展之能力,最合教育上之原理也"。

1915年,我国现代教育家俞子夷又将美国的设计教学法引入我国。设计教学法是美国教育家克伯屈1908年创造的一种教学方法。1913年江苏教育界派俞子夷前往美国考察教育。在哥伦比亚大学师范学院附属学校,俞子夷对当时正在试行的设计教学法产生了浓厚的兴趣。1914年归来,带回来许多设计教学法的"原材料、零件、部件"。之后,他首先在江苏一师附小进行"联络教材"的实验,通过打通各学科教材界限进行局部性改革。当时,这种实验还只是设计教学法的雏形,但已在省内外产生了一定影响。1918年以后,设计教学法的实验和影响达到了一个高潮(见第三章第四节)。

民国以来,研究国文教学的人也逐渐增多。例如,1912年,庚冰在《教育杂志》第四卷第三号上发表文章《言文教授论》;潘树声在《教育杂志》第四卷第八号发表文章《论教授国文当以语言为标准》;钱基博1914年在《教育杂志》第六卷第四号发表文章《国文教授私议》;徐特立1914年在《公言》第一卷第三号发表论文《国文教授之研究》;侯鸿鉴1916年在教育杂志上发表文章《对于小学国文教授研究之针砭》;李廉方1916年在《中华教育界》第五卷一、二期上发表文章《国民学校国文教授之新研究》;1916年姚铭恩在《教育杂志》第七卷第六、七号发表长篇论文《小学作文教授法》;《教育杂志》主编张元善以"天民"的笔名,在该刊第九卷第十一号发表文章《自习主义读法预习法》;范祥善1918年在《教育杂志》上发表文章《国文教授革新之研究》和《缀法教授之根本研究》;吴研因同年在《教育杂志》上发表文章《识字教学之商榷》等。这些文章在某个特定方面都提出了重要的观点。例如,徐特立的《国文教授之研究》,全文分三章:第一章"教授要旨",将小学国文教授的任务概括为4项:知普通之言语,知日常之文字文章,养成表彰正确思想之能力,启发其智德;第二章"教材选择之标准";第三章"读法",分直观教授、字句解释、义理说明法、诵读法、文法教授、修辞教授6项。每一项又分若干种,如"字句解释",分换言法、举例法、比语法、直观法、溯源法、分解法、比较法、定义法8种,可谓非常详备。范祥善的《缀法教授之根本研究》在第十章"教法之研究"部分,从"形式方面之进程"和"实质方面之进程"两个方面全面详细地探讨了作文教学的方法。

"形式方面之进程"包括:① 摘写式;② 个文式;③ 全文式。

摘写式有:视写法;听写法;暗写法。

个文式有:填充法;连接法;正误法;修饰法;约缩法;敷畅法。

全文式有:译文法;范文法;目次法;助作法。

"实质方面之进程"包括:① 准备时代(含初期、中期、终期);② 组织时代;③ 发达时代;④ 完成时代。

另外,这一时期还出版了一些研究国文教授法的专著。例如,1914年,中华书局出版了李廉方所撰《新制各科教授法》,其中有专章研究"国文教授法",内容包括要旨、材料、方法、教授用具及教授上之注意。方法包括读法、作法和书法。

第四节　现代语文教育发端后的基本走向

不分学科的传统语文教育教学到了清末,特别是到了"奏定学堂章程"颁布以后,就变为分学科教学,由此才有了独立的国文课程、算学课程、历史课程等,而且这些课程不再像此前的综合教育那样既没有开课年限的限定,也没有课时的计划,而是有了学制,有了课程标准。

一句话,有了课程的自觉。这以后的语文教育变革,陆续显现出以下几个基本走向。

（一）由空疏无用到追求实用

传统语文教育是面向少数人的教育,是培养少数封建官吏和精神贵族的教育。学生读的是儒家经典和历史名篇,绝少有联系实际生活的文章,写的是除了应试之外,再毫无用处的八股文。清末民初以来语文教育的变革,一开始就把矛头指向了这种远离生活、学用脱节的教育。《奏定学堂章程》所提出的立学宗旨虽然仍坚持"忠孝为本""经史之学为基",但已经注意到"瀹其智识,练其艺能,务期他日成才,各适实用"。体现在语文教学上,《奏定初等小学堂章程》在对"中国文字"课的要求中提出"供谋生应世之要需";《奏定高等小学堂章程》在对"中国文学"课的要求中提出"以备应世达意之用",在中学,也强调要"能适于实用"。"五四"以后,杜威的生活教育理论对我国语文教育产生了巨大而深远的影响,著名语文教育家叶圣陶就深受这一理论的影响。新中国成立以后,有更多的学者和专家追求语文教育与生活相联系,与应用相联系,贴近生活、注重实用就一直是后来我国语文教学追求的主要目标之一。

（二）由禁锢思想到提倡自由发表思想

我国传统语文教育是以培养"忠臣""顺民"为目的的教育,无论是识字教学,还是阅读和写作教学,都贯穿着强烈的以儒家正统观念为核心的封建伦理道德教育。特别是明清以来,读书人只能接受儒家的思想观念,不允许接受别的思想,更不能容忍个性的自由发展。这是传统语文教育的主要弊端之一。清末民初以来语文教育的一个重要变革,就是逐步变这种禁锢思想的教育为解放思想的教育。例如,民国初年,在蔡元培的主持下,教育部即颁行新的学制,取消了读经讲经课程,以"造成健全国民"为教育宗旨,主张五育并举。体现在国文课的宗旨上,规定"国文要旨在通解普通语言文字,能自由发表思想,并使略解高深文字,涵养文学之兴趣,兼以启发智德"。在这里,"能自由发表思想"虽然主要指的是对书面语言的自由运用,但已经透露出了思想解放的气息,实在来之不易! 到了"五四"时期,新文化运动实际上就是一场深刻的思想解放运动,这种思想解放体现在语文教育的变革中,更多的则是追求并实践教学民主,提倡思想自由,提倡发展个性,推行言文一致,变"专用注入式"的教法为提倡"学生自动"的教法。以上变革,实乃现代语文教育的一大功劳,它对人的解放和民族的新生都产生了重要的影响。

（三）由"暗中摸索"到探索科学发展

传统语文教学的另外一个弊端是凭经验办事,缺乏理论指导。正如鲁迅所说,是"一条暗胡同"[1]。民国著名学者沈仲九也说:"从前学习国文,总是知其当然而不知其所以然:某字某句不通,在教员,只是说不通就是了,为什么不通,他是说不出的;在学生,也只认定这是不通罢了,究竟是从哪里注意才能够通,无从知道,他于是只好暗中摸索,摸索的次数多了,总有碰到通的机会,但是已经够苦了。其实,学文在初步的时期,对于通与不通,是很有法则

---

[1] 鲁迅在《做古文和做好人的秘诀》一文中说:"从前教我们作文的先生,并不传授什么《马氏文通》《文章作法》之流,一天到晚,只是读,做,读,做;做得不好,又读,又做。但却绝不说坏处在哪里,作文要怎样。一条暗胡同,一任你自己去摸索,走得通与否,大家听天由命。"

可以根据的。所以我主张,为促进学生的国文进步起见,国文教授有大大的注重法则的必要。"①总之,传统的语文教学是一种"暗中摸索"式的教育,是自然主义和经验主义的,不重视寻找规律,用规律指导语文教学。清末以来,一些有识之士就开始探寻用规律指导语文教学。马建忠的《马氏文通》就是在这种情况下写成的。"五四"以后,这方面的探索就更多了。另外,"五四"以后的语文教学还开始了研究教学方法的热潮,并从国外引进了各种新式教学法。所有这些探索,就是后来被人们称之为"语文教学科学性"的探索。

(四)由言文分离、重文轻言到言文一致和言文并重

传统语文教育的再一个弊端是严重的言文分离、重文轻言。这里所说的言文分离,即语言和文字的分离,也就是口头语言和书面语言的分离。我们知道,口头语言和书面语言原本是一致的。可是,在我国古代,书面语言只是极少数读书人的专利,他们很看重书面语言,读的和写的都是它(即我们今天所说的"文言文"),很少学习日常口语。自汉代以后,读书人使用的这种书面语就基本定型了,文人士大夫作文,只是在蹈袭前人的语言运用方式,很少有大的变化。而老百姓使用的口头语言却一直都在发展变化着。时间长了,口头语言和书面语言之间就形成了一条鸿沟。可见,传统的语文教育由于它的重文轻言,最终导致了严重的言文分离现象。近代以来,一些有识之士一直在寻求改变这种言文分离的教育。到了"五四"以来,语文教学终于打破了文言文一统天下的局面,白话文(现代书面语)进入语文教材。不仅如此,当时的国文教学也开始注重口语教学。新中国成立以后,语文教学进一步强调要听说读写并重,口头语言和书面语言要基本一致。

如上所述,正因为清末民初的语文教育处于由传统语文教育向现代语文教育转型的这一时间节点,我们特将这一时期称为我国现代语文教育的发端时期。我国语文教育现代化的步伐,从这时起步,经过五四新文化运动的洗礼之后,就逐渐加快了脚步。

◆ 思考与探究

1. 现代语文教育为什么会最终取代传统语文教育?试从社会历史和学科自身两个方面分析其原因。

2. 试就《奏定学堂章程》中规定的"中国文字""中国文学"课的"课程要义"与民国初年中小学校令《施行规则》中规定的"国文要旨"加以比较,分析民初的语文课程宗旨有哪些进步?

3. 我国现代语文教育发端之初,分别对传统语文教育经验和西方教育经验做了哪些借鉴取舍?试做比较具体的分析。

◆ 推荐阅读文献

1. 李杏保,顾黄初.中国现代语文教育史:第1章.[M].成都:四川教育出版社,1997.
2. 林治金.中国教学语文教学史:第7章.[M].济南:山东教育出版社,1996.
3. 饶杰腾.近现代中学语文教育的发展:第1—2章.[M].广州:广东教育出版

---

① 沈仲九.初中国文教科书问题[J].顾黄初,李杏保.20世纪前期中国语文教育论集[C].成都:四川教育出版社,1990:371.

社,2008.

4. 郑国民.清末民初语文教学发展的矛盾及其变革[J].教育研究与实验,1999(3).

5. 刘正伟,宋灏江.传统语文教育的解体与现代语文教育的奠基[C].//洪宗礼,等.母语教材研究:第1卷.南京:江苏教育出版社,2007:1-15.

6. 蔡可.1904年:"中国文学"的独立及教科书编写[C].//洪宗礼,等.母语教材研究:第2卷.江苏教育出版社,2007:1-13.

7. 周燕.民国元年语文教育法令对语文教材编写的影响[C].//洪宗礼,等.母语教材研究:第2卷.江苏教育出版社,2007:14-25.

8. 税锐华.清末民初语文教育研究[D].武汉:华中师范大学文学院,2010.

第三章 "五四"至民国末期的语文课程与教学

◆ 导 读

五四新文化运动是我国新旧文化发展的分水岭,也是现代语文教育发展的一个重要节点。发端于清末学堂章程的现代语文教育,经过五四新文化运动的锤炼和洗礼,输入不少新鲜血液,从教育理念到课程内容和教学方法都发生了深刻的变革。那么,"五四"以后的语文教育究竟在哪些方面发生了具体的变革,这些变革遇到过哪些阻力和挫折,经历过哪些思想交锋和斗争,取得了哪些成绩等?本章将围绕上述问题逐一展开介绍和评述。

◆ 学习目标

1. 了解"五四"至民末语文教育发展的历史背景,熟悉这一时期语文教育发展的总体特点。

2. 了解本时期语文课程标准从研制到不断修订的情况,熟悉这一时期语文课程目标和结构内容的变化。

3. 通过学习本时期语文教材、教法和考试求新、求变的历史,掌握这一时期语文教材教法和考试改革的情况。

4. 了解本时期语文教育论争的主要问题和各种主张,并运用自己的认识进行判断和评价。

5. 了解本时期语文教育家的主要论著和思想,并选择吸收其中的思想精华。

爆发于1919年5月的五四爱国运动与起始于1915年,并迅速发展的新文化运动汇为合流,不但成了中国现代史的开端,而且也成为中国旧、新文化发展的分水岭,成了中国现代新文化、新教育发展的一个重要节点。发端于清末学堂章程的现代语文教育,并未因中华民国的成立,发生革命性的变革;而经过五四新文化运动的锤炼和洗礼,则输入了不少新鲜血液,有了巨大的实质性的变革。此后,从"五四"至民国末期的语文教育,基本上就沿着五四新文化的方向,虽然期间也有挫折和低潮,但语文教育的基本性质,从此再没有大的改变。

第一节 "五四"至民国末期的语文教育概述

"五四"至民国末期的语文教育,大致可分为三个阶段:第一阶段是五四运动至1926

年。这一阶段,语文教育受五四新文化运动的影响,人们的思想得到了极大的解放,从教育理念到课程内容和教材教法,都提出了许多新主张,发生了新的变革。第二阶段是1927年至1936年。这一阶段,文化教育受国民政府的有效掌控,人们的思想观念也趋于理性务实。所以,这一时期的语文教育由"破坏"逐步走向建设,进入了一个不断规范化和相对繁荣稳定的时期,教材编撰和教法研究等方面,都取得了许多实绩。第三阶段是1937年至1949年。这一阶段受抗日战争和解放战争的影响,语文教育基本上处于艰难维系和停步不前的状态。

一、五四运动对我国现代语文教育的影响

一般认为,以1915年《新青年》(创刊初叫《青年杂志》,1916年改为《新青年》)的创刊为标志,新文化运动拉开序幕。《新青年》一开始就提倡民主与科学,要求用现代意识取代传统伦理;提倡文学革命,要求用白话文取代文言文,新文学取代旧文学。陈独秀把新文化运动的主题归纳为"德先生"(民主)和"赛先生"(科学)。在陈独秀和胡适等人的大力倡导下,新式知识分子以民主与科学为旗帜,一方面对中国传统思想展开猛烈批判,一方面积极传播现代价值观念。

1919年5月爆发的五四爱国运动,不但将已有的新文化运动推向高潮,而且促使中国资产阶级和工人阶级的力量迅猛成长起来,促进了马克思主义在中国的传播与中国工人运动的结合,体现了反帝反封建的彻底性。"五四"时期,大批进步的知识分子继续为"文学革命"鼓舞与呼喊,因袁世凯复辟而归于沉寂的"国语"运动也加入到文学革命的浪潮中来,从而推动了文学革命和"国语"运动的进一步发展,也推动了学校教育,特别是语文教育的变革。

五四新文化运动对我国现代语文教育最大的影响,首先是在语文课程内容方面改变了文言文一统天下的局面,逐步形成了白话文和文言文"平分天下"的格局。在"文学革命"的影响和推动下,1916年,北京各界人士发起成立了"国语研究会",鼓吹文字改革,主张言文一致和"国语"统一。1917年10月,全国教育联合会在1911年读音统一会议制定的注音字母的基础上,议决了《推行注音字母以期语言统一案》,要求教育部速定国语标准,并设法推行注音字母。至1918年11月,正式公布了注音字母。1919年,以蔡元培为首成立的"国语统一筹备会",倡议改编中小学课本,并指出"统一国语既然要从小学校入手,就应当把小学校所用的各种课本,看作传播国语的大本营,其中国文一项,尤为重要。如今打算把国文读本改为国语读本,国民学校全用国语,不杂文言;高等小学酌加文言,仍以国语为主体。"①这是语文学科体系建设上的第一声春雷。此时正值五四运动风起云涌之际,声势浩大,猛烈冲击一切旧观念、旧文化,大大推进了语文教育的改革。1921年1月,教育部指示各省区把小学一二年级国文改为"国语",一律用语体,不杂文言。从1922年起,小学各科教材,一律改为语体文,中学和大学的文言教材也渐次减少。从此,在语文学科中,文言文一统天下的局面被打破了。这是五四新文化运动的一个重要成果,也是语文教育发展史上的一个重要里程碑。

其次,五四新文化运动也加快了西方教育理论在我国的传播速度。如第二章所述,我国教育向西方学习的步伐,早在"五四"之前就开始了。比如清末颁布的学堂章程,就是模仿和

---

① 参见李杏保,顾黄初著.中国现代语文教育史[M].成都:四川教育出版社,1997:87.

学习日本学制的产物。接着,又从日本翻译过来赫尔巴特等西方教育家的教育理论著作。1915年以后,中国教育界的眼光逐渐转向欧美。在宣传介绍欧美教育理论的同时,还邀请美国哲学家、教育家杜威和孟禄,英国哲学家、教育家罗素等人来华讲学,宣传他们的教育思想。另外,以儿童为本位的各种教育教学方法也先后被引入我国,如自学辅导教学法、设计教学法、道尔顿制,等等。这些西方的教育理论和教学方法在我国的传播,和五四新文化运动一样,极大地推动了我国教育理念和教学方法的变革。

无论是新文化运动,还是西方的教育理论和思想,都具有以人为本这样一个共同的思想基础。"五四"时期,由于新文化运动本身对人的主体意识的启蒙,加上对西方儿童中心主义教育思想的引进,一时间,以儿童为本位成了大多数教育工作者的共同追求。他们认为教育应以"尊重个性为第一要义",而教育的对象是儿童,儿童也具有自己的个性,不同的儿童具有不同的个性。因此,教育既要尊重儿童的人格和个性,还要"立于儿童之地位而体验之,以定教育之法"。具体的做法,就是要在教育和教学过程中充分重视儿童的自(主)动性,让其自动学习,自动思考,自动发展。当时把这种以儿童为本位的教学方法叫做自动主义的教法。

另外,在"五四"时期科学思潮的推动下,这一时期的语文教育还出现了追求科学化的倾向。语文教学科学化的首倡者当属教育统计学家邰爽秋先生,他于1922年发表《科学化的国文教授法》,首提国文教学的科学化。邰先生从选字、改正错字、常用句式、成语教学等方面展开论述,倡导以科学的调查和统计,纠正已往国文教学在内容上的随意性和教法上的盲目性。语文课程教学的科学意识一经觉醒,立即就有人在语文教学方法、教材编写和考试评价等方面展开了全面的科学探索和实验。

受上述思潮和文化背景的影响,"五四"时期的语文教育研究和革新探索非常活跃,出现了一大批关注和研究语文教育的名流大家,例如:梁启超、蔡元培、刘半农、胡适、陶行知、黄炎培、黎锦熙、杨贤江、陈启天、李廉方、穆济波、夏丏尊、叶圣陶、周予同、邰爽秋、吴研因、沈仲九、孙俍工、孙本文、杜佐周、朱自清、吕思勉、张文昌、沈百英、王森然等,举不胜举。这里边既有著名的革命家、社会学家、哲学家、历史学家,也有著名的教育学家、心理学家、语言学家、文学家和语文教育家。其中,大多数人既是著名的专家学者,同时也在中小学或师范学校兼做语文教师。正是由于这些人的积极参与,才形成了"五四"前后朝气蓬勃的语文教育研究和革新局面,创造了现代语文教育史上第一批重要的教学和研究成果。

诞生于1922年底的《新学制小学国语科课程纲要》《新学制初级中学国语科课程纲要》和《新学制高级中学必修科国语科课程纲要》等,就是在这样的背景下,以全国教育会的名义组织编写的我国现代第一批语文学科教学的纲领性文件。这些国语课程纲要的制定,使得"五四"时期形成的部分新教育观念和教学方法上升到课程标准的层面而定型化,也使我国"五四"以后的语文教育一步步朝着规范化的方向迈进。

二、"国民政府"成立至"抗战"前的语文教育

1925年7月,国民政府在广州成立,1926年底迁都武汉。1927年4月,蒋介石又在南京成立国民政府。同年8月,武汉国民政府迁都南京,于是宁汉合流,国民政府复归统一。从此时起到抗战前这段时期,历史上称之为"国民政府时期"。这一时期的语文教育,继"五四"

时期的全面革新之后,进入了一个巩固提高和规范化的新时期,从课程标准的修订到语文教材的编写出版以及语文教材教法的研究等方面都取得了新的进展,达到了一个新的高度。

首先是以国家名义修订和颁布语文课程标准。继 1922 年全国教育会研制公布新学制各科课程纲要之后,1929 年,南京国民党政府教育部公布了《中小学课程暂行标准》,这是以政府教育部名义颁行的具有法规性质的第一个国家课程标准。从体例和内容看,它既是对 1922 年课程纲要的继承,但也有新的发展,其体例较为严整,内容较为周详。其中的语文课程标准有三个,即《课程暂行标准小学国语》《初级中学国文暂行课程标准》和《高级中学普通科国文暂行课程标准》。1929 年的这套暂行标准颁布以后,1932 年曾由教育部委请周予同、夏丏尊、顾均正等人重行审核,颁布了正式审定的《课程标准》,取消了暂行二字。1936 年再对中小学各科课程标准加以改订,改订颁布的课程标准,在前面冠以"修正"二字。1932 年和 1936 年国民政府教育部颁布的中学语文课程标准,都以 1929 年颁布的中学语文课程标准为蓝本,没有大的实质性的变动。可以说,我国现代语文课程标准从 1922 年出现到 30 年代,已经逐步完善并相对定型,这对以后语文课程标准的制定影响很大,对 30 年代以后语文教材教法的相对稳定也起到了重要作用。

其次,在语文教材的编辑出版方面出现了十分繁荣的局面。依据顾黄初主编的《中国现代语文教育百年事典》所附"中小学语文教科书举要"目录作不完全统计,从 1927 年到 1936 年,我国共出版中小学语文教材 104 种,各年出版情况列于表 3-1。

表 3-1　1927—1936 年中小学语文教材出版物种类统计表

	1927	1928	1929	1930	1931	1932	1933	1934	1935	1936
小学	4			3	4	8	10	11	4	2
中学	1	3	1	4	6	8	11	14	7	3

从上表可以看出,从 1927 年到 1936 年,无论小学语文教材的编辑出版,还是中学语文教材的编辑出版,都经历了一个由少到多再到少的过程。出版语文教材最多的是 1933 年和 1934 年,再往后,语文教材的出版则呈现下降的趋势。

这一时期中小学语文教材的繁荣,不仅体现在数量上,也体现在编写质量上。由于既有一些著名专家学者参与编写语文教材,又有几家著名出版社形成教材出版的竞争局面,所以当时各出版社出版的语文教材质量普遍较高。有些教材出版后,一版再版,反复使用。这一时期公认质量比较高的语文教材如:沈百英、沈秉廉编,商务印书馆出版的小学《复兴国语教科书》;叶圣陶编,开明书店出版的《开明国语课本》;朱文叔、吕伯攸等编,中华书局出版的《小学国语读本》;吴研因编,世界书局出版的《国语新读本》;傅东华编,商务印书馆出版的复兴初高中教科书《国文》;宋文瀚等主编,中华书局出版的新编初高中《国文》;夏丏尊、叶绍钧编,开明书店出版的《国文百八课》等。这些教材在当时都产生了较大的影响。像叶圣陶编《开明国语课本》,夏丏尊、叶绍钧编《国文百八课》等,时至 21 世纪,还有出版社在陆续重印,并深受广大师生的喜爱。

再次是语文教育的理论研究十分活跃,取得了许多成果。例如:夏丏尊、刘薰宇合著,开明出版社出版的《文章作法》(1926 年);周铭三、冯顺伯等编纂,商务印书馆出版的《中学国语教学法》(1926 年);赵欲仁编著,商务印书馆出版的《小学国语科教学法》(1927 年);光

华大学编,商务印书馆出版的《中学国文教学论丛》(1927年);陈鹤琴著,商务印书馆出版的《语体文应用字汇》(1928年);王森然编著,商务印书馆出版的《中学国文教学概要》(1929年);权伯华编著,中华书局出版的《初中国文实验教学法》(1932年);夏丏尊、叶圣陶合著,1933年在《中学生》杂志连载的《文心》;阮真编著,正中书局出版的《中学国文教学法》(1936年);袁哲著,商务印书馆出版的《国语读法教学原论》(1936年);叶圣陶著,开明书店年出版的《文章例话》(1937年)等。这些出版物都是这一时期具有代表性的语文教育研究成果。

三、"抗战"至"解放战争"时期的语文教育

自1937年抗日战争全面爆发,至1949年中华人民共和国成立,12年间,在我国经历两场巨大的战争,社会动荡,经济凋敝,文化教育事业也受到了严重影响。这一时期的语文教育,既有国统区和沦陷区的教育,也有根据地、解放区的教育,各区域的语文教育情况不尽相同。

(一)国统区和沦陷区的语文教育

国统区和沦陷区的语文教育,与抗战前国民党统治区的语文教育相比,由于受战争影响,基本上处于艰难维系的局面。特别是沦陷区的教育,虽然国民党教育部拟定了《沦陷区教育设施方案》,并于1935年成立了"教育部战区指导委员会",规定了战区教育工作的原则,但是这些机构和规定都形同虚设,加之经费无着落,师资缺乏,根本难以维持战区各级教育。

1936年的《修订课程标准》公布以后,实施仅一年,抗战就全面爆发。为了适应抗战的需要,各科课程标准均感到有重新修订的必要。1940年7月公布的《中学国文课程标准》,就是一个适应战时教育的课程标准,它同1936年的《国文课程标准》大体一致,基本上也是在学制不变的情况下,在1929年的《中学国文暂行课程标准》的基础上,对教学目标、教材大纲、实施办法等略加增删,没有根本性的变动。1941年又重新颁布了《小学国语课程标准》和《六年制中学国文课程标准草案》,但这些课程标准对当时语文教育的实际影响都很小。1948年再次颁布了《小学国语课程标准》和修订初中、高中的国文课程标准,只是这些课程标准还未发挥作用,中华人民共和国就建立了。

战时的语文教材编写,由于受艰苦条件的影响,加之这一时期的教材编审制度改为"部编制",因而教材编写的活跃性和多样性相对而言都不如前一时期。

这一时期的语文教学研究,在抗战初期沉寂了一段时间之后,进入40年代后又逐渐活跃起来。抗战爆发后,东南沿海各省、市相继沦陷,原来在那里从事语文教育工作的许多教授、学者和中学教师,包括一些出版单位,都先后迁到了西南或西北,这样,本来相对偏僻的西南和西北后方一下子学者云集,学术研究的空气逐渐浓郁起来。40年代初,由当时西南联大师范学院的一些教授倡议,创办《国文月刊》;1942年,叶圣陶等人主编,先后在成都和桂林创刊了《国文杂志》。这两种刊物的创办,给当时的语文教育研究提供了重要的发表园地。因此,40年代也出版和发表过一些颇有影响的语文教育研究成果,例如,叶圣陶和朱自清合著的《精读指导举隅》(四川省教育厅1941年版)、《略读指导举隅》(重庆商务1943年版)以及二人的论文合集《国文教学》(开明书店1945年版),魏应麟的《中学师范国文作文教

学法》(商务印书馆1940年版),阮真的《中学读文教学研究》(中华书局1940年版),蒋伯潜的《中学国文教学法》(中华书局1941年版),沈百英的《小学说话科教材和教法》(商务印书馆1948年版)等;另外,黎锦熙发表在《国文月刊》上的重要论文《中等学校国文讲读教学改革案述要》和《各级学校作文教学改革方案》也产生了很大影响。

(二) 根据地和解放区的语文教育

通常将1927年至1933年中央红军离开江西瑞金之前建立的根据地称中央苏区,而将红军到达陕北后在陕北建立的这块根据地称陕甘宁边区,将解放战争以后共产党占领的各革命根据地称为解放区。早在苏区,中国共产党就建立了为工农服务的新教育。但当时由于战争条件比较艰苦,苏区还不够稳定,所以当时新教育的重点放在全民识字教育、干部教育和儿童小学教育方面。抗日战争和解放战争期间,陕甘宁边区和解放区的教育则已经正规多了。这里的教育,不仅有干部教育、社会教育,而且有了比较正规的普通教育,既有中小学教育,也有大学教育。

陕甘宁边区的教育,是根据地和解放区教育的代表,也是中国新民主主义教育的代表。在中共中央教育方针、路线和政策的指引下,以陕甘宁边区为代表的根据地、解放区积极开展教育改革,教育制度、教学内容和教学方法都呈现出新的面貌。

陕甘宁边区和解放区的语文课程与教学首先重视的是语文教材的编写和教学方法的改革。由胡乔木主持编写的《中等国文》(供三年制初中使用,1946年由新华书店出版发行)是最具代表性的语文教材。在教学方法方面,陕甘宁边区和解放区的语文教学非常重视理论联系实际的教学原则,重视启发式教学,注重读写结合的教学方式。

新中国成立后参与语文课程、教材与教学研究与建设的专家中,有一批就是当年从苏区和陕甘宁边区的教育中走出来的,如徐特立、辛安亭、程今吾等。

第二节 现代语文课程标准的研制与修订

课程标准是指导和规范一门学科的建设以及教材编写与教学的纲领性文件,是教材编写和教学的基本依据。清末的语文课程与教学,可以依据的只有学堂章程,当时学堂初建,学制尚待完善,还没有分学科的课程标准。民国建立以后,民国教育部制定了新的学制系统——"壬戌癸丑学制",第一次发布了《普通教育暂行课程之标准》,但是,新学制是参照日本的,仍然存在很多问题,发布的课程标准只是拟定了初小、高小、中学和师范学校的学习科目、各学年每周各科授课的时数等,对于各个学科的指导作用很有限。到了"五四"前后,制定新的学制和各学科课程标准,已是教育界的普遍要求。新文化运动时期,中国教育界出现了一股学习西方教育的热潮,西方教育理论、教育方法、教育制度等被大量引进中国,各种教育思潮此起彼伏,极大地拓展了中国教育界的视野,促进了中国教育改革实践,为学制改革和制定各学科课程标准准备了理论和实践基础。

(一) 1922年9月,教育部在北京专门召开了学制会议

会议经过深入讨论,通过了《学校系统改革案》,又于同年10月送交在济南召开的全国教育会联合会第八届年会征询意见。11月1日,北洋政府以大总统令名义正式颁布《学系

统改革案》。这就是后来所称的"新学制",或称"壬戌学制",由于是采用美国式的六三三分段法,又称为"六三三学制"。

在讨论学制的同时,全国教育会联合会组织了"新学制课程标准起草委员会"。1923年,该委员会公布《中小学课程纲要》。小学设国语、算术、卫生、公民、历史、地理(后四科初小合设,称社会科)、自然园艺、工用艺术、形象艺术、体育、音乐等科。中学采用学分制和选科制。初中必修科目有公民、历史、地理、国语、外国语、算学、自然、图画、手工、音乐、生理卫生、体育等。高中采用综合中学制度,分设普通科和职业科。普通科分文理两组。公共必修科目有:国语、外国语、人生哲学、社会问题、文化史、科学概论、体育。分科专修科目:第一组(文科)科目包括特设国文、心理学初步、伦理学初步、自然科或数学一种;第二组(理科)科目包括三角、高中几何、高中代数、解析几何大意,以及物理、化学、生物选修两科。另外,还设有选修课。上述课程纲要未经政府正式公布,但各地均按此施行。

作为中小学主要学科的语文学科标准的制定,从1920年起就开始讨论了。当时大家讨论最多的是中学阶段的课程目标、课程内容以及教材的选文标准等问题。陆续发表意见或参与了讨论的专家、学者有很多。例如,胡适、周予同等人对语文课程的目标、内容及教材、教法等问题提出过详尽的主张①。再如,1919—1922年新学制课程纲要拟定之前,先后有沈仲九、何仲英、陈启天、孙俍工等人发表文章,发表了对中学国文教学目标的看法。②

(二)1922年12月8日,中小学主要学科课程纲要草案在南京拟定

有关中小学国语及国文课程纲要草案包括《新学制小学国语课程纲要》(吴研因拟)、《新学制初级中学国语课程纲要》(叶绍钧拟)、《新学制高级中学必修科国语科课程纲要》(冯顺伯拟,一说胡适拟)和《新学制高级中学必修科国文科课程纲要》(穆济波拟,一说胡适拟)。《新学制小学课程纲要草案》声明,"本草案只为课程标准之一种,非以强求一律"。无论是小学国语课程纲要,还是中学国语、国文课程纲要,都给予各地以充分的灵活安排的余地。下边简要介绍前三个纲要的基本内容:

《新学制小学国语课程纲要》包括目的、程序、方法和毕业最低限度的标准四项内容。其目的是:练习运用通常的语言文字,引起读书趣味,养成发表能力,并涵养感情,启发想象力及思想力。程序部分,从第一学年到第六学年分别规定了每学年的课程内容和要求,例如第一学年:① 演进语练习,简单会话,童话讲演。② 记载要项和字句多反复的童话故事,并儿歌、谜语等的诵习。③ 重要文字的认识。④ 简单语言的记录发表。⑤ 写字的设计练习。六年总的课程内容包括语言、阅读、作文和写字四个方面。方法部分,分别规定了语言教学、读文教学、文字教学、作文教学的方法和其他相关要求。例如,语言教学,"初年多用演讲法,以后多用会话、讲演、表演"。读文教学,"注重欣赏,表演,取材以儿童文学(包含文学化的实用教材)为主"。文字教学,"注重反复练习"。作文教学,"注重应用文的设计、研究和制作"。另外,"前三年读文与作文、写字合并教学;并与他科联络设计。后三年注重自学辅导"。"语言可独立教学,或与作文等联络教学。如无师资,可暂从缺。独立教学时,在方言与标准语

---

① 见胡适《中学国文教授》《再论中学国文的教学》,周予同《对于普通中学国文课程与教材的建议》等论文。
② 见沈仲九《对于中等学校国文教授的意见》,何仲英《白话文教授问题》,陈启天《中学的国文问题》,孙俍工《文艺在中等教育中的位置与道尔顿制》等论文。

相近的地方,其时期可以一年为限。"毕业最低限度的标准部分,分别从语言、读文、作文、写字四方面确定了初级标准和高级标准。

《新学制初级中学国语课程纲要》含目的、内容和方法、毕业最低限度的标准三部分。其目的是:其一,使学生有自由发表思想的能力;其二,使学生能看平易的古书;其三,引起学生研究中国文学的兴趣。内容和方法部分,包括作业支配、学分支配和教材支配三方面。作业支配从读书、作文、习字三方面规定了作文教学的内容和要求。例如,读书:① 精读选文(由教师指定书本),详细诵习、研究,大半在上课时直接讨论;② 略读整部的名著(由教师指定数种),参用笔记,求得其大意;大半由学生自修,一部在上课时讨论。作文:① 定期的作文;② 无定期的作文和笔记;③ 定期的文法讨论;④ 定期的演说辩论。习字:① 楷书或行书的练习;② 名人书法赏鉴。学分支配确定读书、作文和习字各项内容所占的学分。教材支配规定各年级读书(包括精读和略读)、作文和写字的教材编排要求。毕业最低限度的标准部分,包括三条标准和一个略读书目举例。三条标准是:① 阅读普通参考书报,能了解大意;② 作普通应用文,能清楚达意,于文法上无重大错误;③ 能欣赏浅近文学作品。略读书目举例分小说、戏剧、散文等方面分别列举了学生应该阅读的最低书目。

《新学制高级中学必修科国语科课程纲要》也含目的、内容与方法和毕业最低限度的标准三部分。其目的是:其一,培养欣赏中国文学名著的能力;其二,增加使用古书的能力;其三,继续发展语体文的技术;其四,继续练习用文言作文。内容与方法分读书、文法、作文三项。读书部分,分别提出了精读和略读的要求,并列举了高中学生应该阅读的名著书目28种,同时要求在此28种中,精读2种,略读3种。文法要求:注重语体文与古文文法的比较的研究。最好是用学生所习的外国文和本国文作文法的比较研究。修辞学不必独立教学,可于读书时随时提出讨论。作文要求:应注重内容的实质和文学的技术。精读名著的报告或研究,可代作文。毕业最低限度的标准有4条:① 曾精读指定的中国文学名著8种以上;② 曾略读指定的中国文学名著8种以上;③ 能标点与唐宋八大家古文程度相等的古书;④ 能自由运用语体文发表思想。

1922年新学制课程标准起草委员会拟定的中小学国语、国文课程纲要虽然只是学术团体研制的,未经国家层面的确认,但是,它是我国现代语文教育史上第一次较为全面而系统地阐述语文学科课程问题的大纲,它为规范20年代的语文教育作出了积极的贡献,同时,也成为以后国家制定和修正国语、国文课程标准的蓝本。

(三) 1927年,"宁汉合流"以后,成立了南京国民政府

自新文化运动以来积极提倡和努力探索创建现代中国教育的教育家和教育界人士,为推进和巩固"五四"新教育所取得的成果,在国民政府统治区做了大量的工作,使教育和各项规章制度臻于完备,奠定了我国现代教育的基本模式,教育改革也进一步深化。

在课程改革方面,1929年,南京国民政府教育部公布了《中小学课程暂行标准》,这是以政府教育部名义颁行的具有法规性质的第一个国家课程标准,它的体例较为严整,内容较为周详。这次由国家政府出面制定的课程标准,从体例和内容看,既是对1923年课程纲要的继承,又有新的发展。其中的语文课程标准有三个,即《课程暂行标准小学国语》《初级中学国文暂行课程标准》和《高级中学普通科国文暂行课程标准》。下边就这三个标准和与之对应的1922年的课程纲要作一简要对比,看看其中的发展变化。

《课程暂行标准小学国语》与1922年的《新学制小学国语课程纲要》相比,结构形式由原来的"目的""程序""方法"和"毕业最低限度的标准"四部分改为"目标""作业类别""各学年作业要项""教学方法要点"和"最低限度"五部分。其结构形式的变化,实际上是将1922年纲要中的"程序"分解为"作业类别"和"各学年作业要项"两部分。从内容看,最主要的变化是这个暂行标准比1922年的纲要更为具体详明。例如,以前的"目的"比较笼统,而1929年的"目标"则详细的列为5条,内容包括学习标准语、语体文、儿童文学、用口语和语体文表达、书写五个方面,更为全面、更为具体。"作业类别"和"各学年作业要项"先规定了"说话""读书""作文"和"写字"各自的具体内容,再将这些具体内容分配到六个学年,比1922年的"程序"更为具体。教学方法除了对说话、读书、作文和写字的教学方法进行详细地介绍外,还增加了"总则"一项,就"作业须有自然的动机""教法要灵活多变""教学要能使儿童知道自己的程度和进步量""重视课外活动"等提出要求。"最低限度"与1922年的纲要中的"毕业最低限度的标准"差别不大。

《初级中学国文暂行课程标准》和《高级中学普通科国文暂行课程标准》都由1922年的三部分改为"目标""作业要项""时间支配""教材大纲""教法要点"和"毕业最低限度"六部分。其中的变化,实际上是将纲要中的"内容与方法"分解为"作业要项""时间支配""教材大纲"和"教法要点"四部分。因此,更为具体详明也是暂行标准的一大特点。另外,暂行标准对课程目标和内容的修订需要引起我们的注意。在目标方面,首先,它确认中学语文学科无论初中还是高中,都以提高用语体文来叙事说理、表情达意的能力为主要目的;至于用文言文作文的能力,不作普遍要求,只依学生的资性及兴趣,酌情予以培养。这是对坚决反对中学生学写文言文的新派人物的某种让步,从时代发展的趋势看,无疑是认识上的进步。其次,它把"语言"能力(即口语表达能力)的训练、培养和提高,首次明确列入了中学语文学科的教学目的。在过去,说话的训练只有在小学语文学科中有人提出并实行过,现在政府教育部颁发的文件上这样明确规定,应当说是难能可贵的。再次,它在阅读方面提出了"了解平易的文言书报"和"养成阅读书报的兴趣"的要求,把范围从1923年纲要的拘囿于"古书"扩大到一般书报,重心移到了实用方面,而且把目标从过去局限于"能力"发展到"养成习惯",注意到了学生智能的培养。在内容方面,有以下几点是值得肯定的。

(1) 在"读书"一项,无论初中还是高中,都是文言、白话兼教,而且重视了中外新文学优秀作品的选读。

(2) 在"作文"一项,规定初中要兼学白话文写作,突破了中学全学文言文写作的旧例。

(3) 语言表达,既重视书面表达训练,又重视演说辩论等口头表达训练。

(4) 重视文法修辞的知识教学,并使之与作文训练密切配合。

(5) 加强了文学教育,既重视文学欣赏,也重视中外文学史概要的教学。

1929年的这套暂行标准颁布以后,1932年曾由教育部委请周予同、夏丏尊、顾均正等人重行审核,颁布了正式审定的《课程标准》,取消了暂行二字。又过了五年,1936年再对中小学各科课程标准加以改订,改订颁布的课程标准,在前面冠以"修正"二字。进入40年代以后,又于1941年和1948年根据国内形势和教育发展情况修订过两次。从课程标准的结构看,1922年的课程纲要和1919年的暂行标准稍有不同,从1932年起,课程标准的结构就基本稳定下来了,如表3-2及3-3所示。

表 3-2　小学语文课程标准结构

时间	名称	结构			
		目标	内容及学程分配	实施方法	评价标准
1923 年	新学制课程标准纲要小学国语课程纲要	目的	程序	方法	毕业最低限度的标准
1929 年	小学暂行课程标准小学国语	目标	作业类别	各学年作业要项	教学方法要点	最低限度
1932 年	小学课程标准国语	目标	作业类别	各学年作业要项	教学要点	
1936 年	小学国语课程标准	目标	作业类别	各学年作业要项	教学要点	
1941 年	小学国语科课程标准	目标	教材纲要		教学要点	
1948 年	国语课程标准	目标	纲要			

表 3-3　中学语文课程标准结构

时间	名称	结构			
		目标	内容及学程分配	实施方法	评价标准
1923 年	新学制课程标准纲要初级中学国语课程纲要;高级中学公共必修的国语课程纲要	目的	内容和方法		毕业最低限度的标准
1929 年		目标	作业要项	时间支配	教材大纲	教法要点	毕业最低限度
1932 年	初级中学国文课程标准;高级中学国文课程标准	目标	时间支配	教材大纲	实施方法概要	
1936 年	初级中学国文课程标准;高级中学国文课程标准	目标	时间支配	教材大纲	实施方法概要	
1941 年	六年制中学国文课程标准草案	目标	时间支配	教材大纲	实施方法概要	
1948 年	修订初级中学国文课程标准;修订高级中学国文课程标准	目标	时间支配	教材大纲	实施方法	

从课程标准的内容看,一般认为,1929年以后修订的中小学语文课程标准,虽然各次修订都有所变化,但大的、实质性的变化不多,正如语文教育史学家顾黄初先生所说:"在'官方'文件中,1929年《中小学课程暂行标准》的基本格局几乎成了新中国建立前各个时期同类文件的一个范式,纵有修订,也无关宏旨。"①

第三节　语文教科书的改革和体例创新

我国古代语文教育使用的教材,除了识字课本外,主要是四书五经和各类文选读本。现代语文设科之初,就开始了编写新式语文教科书的探索。最初的探索,主要集中在两个方面:一是按教学计划分册编写,例如,第二章介绍的《最新初小国文教科书》《最新高小国文教科书》和《中学国文教科书》《中学国文读本》等,都是分册编写;二是小学语文教科书依据儿童脑力和由浅入深的原则,探索符合儿童识字阅读的内容序列,中学改原来按时代顺序编排为按时代逆序编排,以照顾到学生学习的心理顺序。例如,商务版《最新初等小学国文教科书》和《最新高等小学国文教科书》就很注意按照儿童学习的心理顺序;《中学国文教科书》和《中学国文读本》则都是按时代逆序编排的。第一种探索,反映出新学堂语文教育的计划性;第二种探索,反映出新的语文教学更注重由浅入深的教学序列。

到了民国初期的语文教材编写,除了继续坚持清末的一些成功做法以外,又有了一些新的探索和追求。如第二章所述,小学的语文教材发生了"从天到人"的变化,进一步反映了语文教育对人的关注。在中学,这一时期的语文教材出现了下列新变化:一是增加了助读的内容。例如,谢无量编新制《国文教本评注》(中华书局1915年版),如其书名所示,重在"评注"。每篇选文,编者分别编有如下内容:①题解,②作者简介,③夹评夹住,以提示行文之妙,④顶批,⑤黑圈白圈,⑥总评及注释。这反映了着眼于学生的主动学习,为学生的自学提供方便。二是出现了"大单元"的编排,这是首次在语文教材编写上探索单元编排的方式。另外,这一时期还出现了一些专门的语文知识教材,例如《文字源流》《文法要略》之类。

"五四"以后的语文教材编写,在此基础上继续展开更为全面深入的探索。从"五四"到40年代,语文教材的改革探索大体呈现两个阶段:第一个阶段是20年代,主要表现为白话文进入语文教材和对选文内容的革新等;第二个阶段是30年代以后,主要表现为对单元组合方式的探索。

一、20世纪20年代语文教材内容的革新

从1912年到1937年,我国教科书编写出版实行的是审定制和国定制相结合的制度,教材的编辑出版依然十分活跃。"五四"以后,时代的狂飙激起了中小学语文教材编写史上一股强大的革新浪潮。这一时期,商务印书馆、中华书局、世界书局等在教材出版方面展开了相互竞争的局面,各家都出版了各级各类学校的新学制国语、国文教科书,促进了语文教科书的大发展。其中,商务印书馆先后印行了"新法版""新学制版""新撰版""新时代版"等,几

---

① 顾黄初,顾振彪.语文课程与语文教材[M].北京:社会科学文献出版社,2001:10.

乎每年推出一版新书。与商务印书馆齐头并进的是中华书局,他们继续保持其民国初年成立后显示出的教科书编印势头,先后印行了"新教材""新教育""新小学 新中学"和"新中华"等多版国文、国语教科书。成立于1917年的世界书局在中小学教科书出版方面也做出了贡献,在实行新学制后出版了新学制小学教科书《初级国语读本》和《高级国语读本》等。此外,也有一些中小学根据自己的需要编写语文教科书的,这里不再一一列举。总之,这一时期受五四新文化运动和新学制的影响,中小学语文教材的编辑出版不但数量较多,而且教材编写也有新的探索和革新。革新的重点体现在内容方面。

(一)现代白话文进入语文教科书阵地,文言文一统天下的局面被打破

这是五四新文化运动的一大硕果。从1922年起,小学各科教材,一律改为语体文。中学的语文教材中也出现了大量白话文,呈现文白并存的局面。在文言文和白话文的编写上,大致有三种情况:一是文言文和白话文混合编排,所谓"雨夹雪"似的编排。例如顾颉刚、叶圣陶等选编的《新学制初中国语教科书》(商务印书馆1923年)。二是文言文和白话文分编。例如沈星一主编的一套新中学教科书,分为《初级古文读本》(中华书局1923年)三册和《初级国语读本》(中华书局1924年)三册。穆济波为高中也编过文、白分编的语文教科书,即《高级古文读本》(中华书局1925年)三册和《高级国语读本》(中华书局1925年)三册。另外,这时有些编者还专门用白话文编写教材,例如洪北平《白话文范》(商务印书馆1920年),供四年制中学用,共四册,选文全用白话。这是"五四"以后最早的一套中学白话文教科书。民智书局1922年版,孙俍工和沈仲九合编的初中《国语文读本》,供新制初中三年使用,每学期1册,共6册。这套教科书也是专选白话文。

(二)突出选文的文学性和趣味性

民初以来,国外许多的教育学、心理学著作不断被介绍到国内,儿童的学习心理、学习兴趣等问题日益受到重视。新学制语文课程纲要强调"教材应以学生兴趣为主","使学生发生研究中国文学的兴趣"。在这样的思想指导下,语文教材无论在内容选择上,还是在形式编排上,均比较注重考虑学生的学习兴趣。以商务印书馆发行的新学制国语教科书第一册的一些课文为例:

第一课:狗 大狗 小狗
第二课:大狗叫 小狗跳 大狗小狗叫一叫 跳一跳
第三十课:两只脚 踏踏踏 嘴里喝 拉拉拉 路上看见好姐姐 头点点
　　　　　转过身来 走到花树下 眼睛看看花 耳朵听说话
第四十课:猫欢喜 一只老鼠到嘴里 狗欢喜 两根骨头丢下地 鸡欢喜
　　　　　三个小伙一把米 羊欢喜 四面都是青草地 人欢喜 五个朋友在一起

再如沈星一编《新中学教科·初级国语读本》第一册42篇课文,全部为"五四"以来的新文学作品。在选入的文学作品中,既有"五四"以来的新小说、新诗,也有从外国翻译过来的文学作品。前者如鲁迅的小说、郭沫若的诗、周作人的散文小品等,后者如《卖火柴的小女孩》《最后一课》等。

(三)有些教材开始讲求实用性,注意反映现实生活

民初以来,语文教材的编辑逐渐受到实用主义的影响。表现在教材内容的选择上,一些

教材改变以往多选取中国先圣先贤、学者诗人的文章，注重从学生的实际需要出发，从适合于现实的人生需要的角度去选材，如《新学制小学教科书·高级国文读本》在选材内容上注意书信等应用文体的编辑。编者认为，"书信最为文字有实用者。兹特就家常、酬应、答复、推荐、慰藉、报告等重要诸项，分别采录，散布各册中，每册名人书信文两课，便学者揣摩取择之用"。在中学，还出现了一些专选应用文、记事文的教本，例如，张来鸿编《初级中学应用文》（北平文化学社1926年版），张须编《中等学校适用应用文》（商务印书馆1927年版），张九如编《初中记事文教学本》（商务印书馆1927年版）等。另外，为了注意实用性，有的教材在编写中还注重选取一些联系现实生活、时代性较强的文章，例如，当时像李大钊、陈独秀、胡适、蔡元培等人的富有时代气息的论文、讲演等，也被选进语文教材。

二、20世纪30年代以后对中学语文教材体例的探索

30年代到40年代末，我国的语文教材编写大体上可以1937年抗战爆发为界，分为前后两个时期。20年代末至1937年抗日战争爆发这段时期，是我国语文教育史上教材编写最为繁荣的时期。此间，遵照1932年颁发的正式课程标准，编辑了若干整套、印行多版的教材，以及多种特色教材，商务印书馆、中华书局、正中书局、世界书局、儿童书局、中学生书局、开明书店等多家出版机构参与其中。据有关资料作不完全统计，从1927年到1936年10年间，各出版机构出版的中小学语文教材至少在58种以上。而且，这一时期的语文教材编写不但数量多，其编写的体例也有了很大变化。30年代语文教材体例上的革新，其突出的标志就是对于单元组合方式的探索。把教科书中的选文组成一个个相对独立的单元，这在"五四"以前就已经有人尝试过。只是，过去的单元，还仅仅是把选文或按题材内容，或按体裁样式，或按时代和作家进行集中编组而已。到了30年代，经过较长时间内人们在教科书编纂体例方面的多角度探索，积累了相当丰富的经验，人们开始设想把有关的语文基础知识，特别是读写方法的知识有系统地编进语文教科书，和选文互相配合使之形成一个个既有语文知识作为语文学习的指导理论，又有一篇篇选文以供阅读实践和练习的相对独立的单元。这样，单元组合的方式就日趋复杂起来。

起初是著名语文学家孙俍工，他编写的初高中《国文教科书》（神州国光社1932年版）尝试着以"文章作法"为线索，组成读写结合的综合单元，每个单元都有一个揭示训练中心的小标题。以初中《国文教科书》为例，共设计如下8个单元：

第一单元　白描风景的技能底授予
第二单元　描写天象季节的方法的授予
第三单元　授予以人物底形态个性底描写法
第四单元　授予以人物底内在生活底描写
第五单元　授予以记载社会风俗底方法
第六单元　授予以记事文中怎样应用感情怎样运用想象的方法
第七单元　授予以记事文中掺入议论的方法
第八单元　授予以抒写杂记日记的具体方法

各单元的选文服从于本单元"文章作法"要求，提供相应的范例。例如第一单元是讲"白描风景的技能"，选文有徐蔚南的《山阴道上》、刘鹗的《大明湖》、冰心的《慰冰湖畔》、朱自清

的《桨声灯影里的秦淮河》等十余篇写景佳作。除此以外,每个单元还按照本单元"文章作法"的要求,布置若干作文题目,供教师指导学生写作时选用。例如第一单元布置了这样8道作文题:①《虎丘山下》,②《溪流》,③《出了三峡》,④《波上的白鸥》,⑤《吴淞江口》,⑥《韬光的翠竹》,⑦《菊径》,⑧《松涛》。这样,就使以往单纯的选文阅读单元,发展成了具有读与写双重训练功能的综合单元了。

不过,孙俍工的探索还存在着不足,例如在安排读写训练内容时,没有安排系统阐述读写知识的内容。在新式文选型语文教科书中,有意识地编进系统的语文基础知识短文,开创者之一是著名文学家傅东华。他编的复兴初、高中《国文》教科书,由商务印书馆于1923年出版,在旧中国使用时间长达10年,一版再版,影响很大。这套教科书的最大贡献,就是在选文中间穿插编入了系统的习作教材,开创了读写教材混合编制的新体例。习作教材内容包括语法、文法、文章作法三个方面。初中各册,选文40篇,习作教材20篇,二者穿插编排,便于依次讲授。习作教材从阅读课文中选例,并附有练习。选文大体上按题材内容相对集中,配以相应的习作教材,构成单元。

自从傅东华把读写知识以短文的形式系统地编入文选型语文教科书以后,知识系统就成了后来许多同类教科书中一个重要的组成部分。例如,中华书局1938年版、宋文瀚和张文治合编的《新编国文》,上海中学生书局1934年版、江苏省教育厅编的《初中当代国文》和《高中当代国文》,也都仿照了傅东华的做法。

在语文教材编写史上具有划时代意义的《开明国文百八课》,就是在这样的革新、探索的背景下应运而生的。《国文百八课》,夏丏尊、叶绍钧(圣陶)合编,开明书店1935年起陆续出版。本书原计划出6册,每册18课,共108课。供初中国文教学自修用。可惜因抗日战争爆发,出了第四册后,后面的两册没有再继续出版。

本书每课为一单元,每个单元有一个教学主题或教学目标。每单元内容包括四部分:① 一篇"文话",② 两篇"文选",③ 一篇"文法或修辞",④ "习问"(即练习)。"文话"是一个单元的中心,它把各部分"打成一片"。"文话以一般文章理法为题材,按程配置。"前四册的文话内容如表3-4:

表3-4 国文百八课1—4册"文话"题目表

	第一册	第二册	第三册	第四册
1	文章面面观	日记	记叙文与小说	知的文和情的文
2	文言体和语体(1)	游记	小说的真实性	学术文
3	文言体和语体(2)	随笔	韵文和散文	对话
4	作者意见的有无	直接经验和间接经验	诗的本质	戏剧
5	文章的分类	间接经验的证明	暗示	文章中的会话
6	应用文	第一人称的立脚点	报告书	抒情诗
7	书信的体式	第二人称的立脚点	说明书	叙事诗
8	书信和礼仪	第三人称的立脚点	说明和记述	律诗
9	书信和诸文体	叙述的场面	说明和叙述	仪式文(1)
10	记述和叙述	事物与心情	说明和议论	仪式文(2)
11	记述的顺序	情感的流露	说明的方法	宣言

续表

	第一册	第二册	第三册	第四册
12	叙述的顺序	事情的方式	类型的事物	意的文
13	记叙的题材	情绪与情操	抽象的事理	议论文的主旨
14	材料的判别和取舍	记叙与描写	事物的异同	立论和驳论
15	叙述的快慢	影响	事物词的关系	议论文的变装
16	叙述的倒错	景物描写	事物的处理法	推理方式一——演绎
17	过去的现在化	人物描写	语义的诠释	推理方式二——归纳
18	观点的一致与移动	背景	独语式和问答式	推理方式三——辩证

"文选"实际上是根据"文话"选择的具有范例性质的文章2篇。

文法或修辞"就文选中取例,一方面仍求保持其固有的系统"。例如,第一册第一课的文法是讲字和词的关系,第二课、第三课讲词的种类,第四课讲修辞,等等。

习问就是练习题,是根据文选、对于本课的文话、文法或修辞提出思考复习事项。如第一册第一课习问有5题:"① 文选1和文选2的主要意思是什么? ② 这两篇文章中哪几句是最要紧的话? ③ 认辨下面各词的意味:(词省略)④ 下面各文句,如果换一种说法,就成怎样的话?(文句略)⑤ 把下列各单字,单用或和别的字拼合起来,造成种种的句子,使他们的意义确定。(单字略)"

可以看出,这套教材从单元的编排到全书的安排,都相当具有系统性,不但在当时,即使在今天看来,都是一套编得很不错的语文教材。

1937年以后至40年代末,虽然也出版过不少中小学语文教材,但是,由于受两次战争的影响,加之1938年开始,教材编审实行国定制,出版发行的限制增多,没有了竞争机制,所以,这一时期国统区出版的中小学语文教材,无论内容上还是编写体例上,基本上乏善可陈。

在陕甘宁边区,1945年出版了一套《中等国文》,在边区语文教育方面有一定影响,值得一提。《中等国文》是在陕甘宁边区教育厅领导下,由胡乔木主持编写的。全书共6册,供三年制初中使用。此教材在编辑说明中具体而详细地阐述了全书编制的指导思想,共7条,其中第一条指出:

本书确认国文教学的基本目的,是对于汉语汉文的基本规律与主要用途的掌握。在这个方针下,本书打破向来国文教材偏重文艺或偏重政治的缺点,一方面对于常见的各种体裁的语文兼容并包,使学者了解凡应用语文(包括一切说、写、读)的地方都是学习国文的地方;他方面应用语文的若干重要规律的说明也列为正式课文,使学者知道国文也是一门科学,除选读成文外,也可能和需要用学习一般科学的方法来学习。

这个指导思想,落实在教材内容选择和编排体系中。在教材内容上正确处理了语文运用规律教育、思想政治教育和文化知识教育三者的关系,以"语文规律"为主线,辅之以思想政治教育和文化知识教育。三方面的内容在各册中都有体现。

全套教材的编排有整体的构思。每册30课,每课约占2~3小时(2000字上下),课后附有"教学参考""注释"和"习题"三项,都是举例性质;每5课为一组(一个教学单元),每组前4课(第一册是前三课)是读文,末一课(第一册是末两课)是语文规律的说明。每册每组都大致有一个中心,各课各组各册之间也多少有一些联系。

这套教材不但具有鲜明的革命性和时代性,而且比较符合语文教学的客观规律。6册的编排不但落实了学习"语文基本规律和主要用途"的主要目标,而且明确了思想、知识、智力这三个重要潜在因素的培养任务,构思比较科学完整。

第四节 语文教学方法的探索

清末新学堂打破以往私塾的个别讲授制度,实行班级授课制,用的是团体讲授法,这完全是注入式的教学方法。稍后,德国赫尔巴特的教育学传入我国,开始在我国实行"五段教学法"。这对于注入式的团体讲授法来说,有了很大的进步。民国初年,从国外引进自学辅导法和分团教学法、设计教学法等,以学生为本位的教学方法陆续在我国得到实验。"五四"时期及其稍后一段时期,语文教育界对教学方法给予了前所未有的关注,形成了一股热潮。从20世纪20年代后期到40年代末,关于语文教学方法的探索则逐渐趋于冷清,有较大影响的教学方法虽时有出现,但不是很多。

一、"五四"前后语文教学法的引进与本土研究

(一)"五四"前后外国教学法的引进与实验

1919年1月,江苏省教育会、南京高师、北京大学、济南学校、中华职业教育社共同发起组织中华新教育共进社,刊行《新教育》杂志(1919年2月创刊,1925年10月停刊,共出53册),鼓吹教育革新运动。同年,杜威来华讲学(1919年5月到上海),民本主义的教育学说风行一时。1921年12月,中华新教育共进社与实际教育调查社等合并扩大为中华教育改进社。改进社推举蔡元培、范源廉、郭秉文等9名学者为理事,孟禄与杜威为名誉理事。1922年,美国科学教育专家乔治·兰森·推士自美来华,任中华教育改进社的科学主任,从事中学自然科学教学的调查与改进,对于当时中学教学方法的改进,贡献很多。在"五四"前学习西方教育制度、教育理论和教学方法的基础上,从1919年到1927年,我国进入了一个系统引进西方教学方法的时期。

首先需要提到的是设计教学法。如第二章所述,教育家俞子夷1915年就从美国引进了设计教学法。1918年,俞子夷调往南京高等师范学校,任该校教育科教授,并主持附小。在这里,他正式以设计教学法为名继续进行教学法实验。这项实验一直持续到1926年俞子夷离开南京为止。在此期间,各地前来取经学习者络绎不绝。

设计教学法是在深入研究儿童心理的基础上,提出以儿童活动为中心,以目的、计划、执行、评价过程来统一整个课堂教学的。在教学组织上,设计教学法主张取消分节上课制,而代之以活动——设计的形式。其一般程序为:① 自愿。学生根据其兴趣和需要,从实际生活环境中提出学习的目的。② 计划。制订实现目标的工作计划。③ 实行。在自然状态下,运用具体材料,通过学生的实际活动按计划完成预定目的。④ 评判。检查实行结果。

设计教学法在语文教学中曾有过一些成功的实例。例如,《小学教育月刊》第2卷第10期发表过江苏第三女子师范附小国文教师刘为川的一份报告:《旅行设计里的国语教学》,

描述了该校以《重阳登高》为题的大单元教学设计。这一单元教学虽说是国语科为主,却也旁及"登高的历史""模仿登高的体操""登高的想象画""登高歌"等其他学科内容的教学设计。这种设计教学法,当时或稍后在很多学校,很多语文教师都试验过或研究过,例如李廉方、朱光潜、叶圣陶等都对设计教学法有过研究。

和设计教学法实验一样具有较大影响的,还有从美国引进的道尔顿制。道尔顿制是美国教育家柏克赫斯特于1920年创立的,因为创试工作是在美国的马萨诸塞州道尔顿市的道尔顿中学进行的,故名道尔顿制。道尔顿制的主要做法是:① 把教室一律改为作业室,作业室按学科分设,室内陈设各科的参考书、图标及实验仪器等,供学生学习使用;② 废除班级授课制,把各科教学内容制成分学期、分月、分周的作业大纲,规定每学期、每月、每周应完成的各项作业及其进度,由学生根据各科作业大纲自行学习,自行记载成绩表,教师在作业室担任指导者;③ 实行学分制,年级递升具有一定的弹性和自由度。

在我国,最早热心于译介和推行道尔顿制的,是著名教育家舒新城先生。1921年,他在上海吴淞中国公学中学部主持校务,便开始悉心研究道尔顿制。校内支持这项改革试验的国文教员就有沈仲九、孙俍工等。1923年,舒氏出任东南大学附中研究股主任,进一步在该校进行道尔顿制与非道尔顿制的对比实验。

在国文科,主持此项实验的是著名语文教育家穆济波。他在东南大学附中担任初二年级第一学期国文科的教学任务。根据道尔顿制的要求,他拟制了"初级中学第二年第一学期道尔顿制试验班学生工作表"。表内对所谓的"工作种类"定位精读、笔记、作文、课堂研究、课外阅读等部分。在"能力标准"一项中,则规定全学期学习和训练的总量为:精读10万字,笔记至少16则,作文6篇,课堂研究40小时,课外读书3种。上述内容中,除课堂研究有定时外,其他各种工作,须入本科料理室料理。为了保证"工作表"规定的学习活动在全学期落实,穆氏还精心地为学生制定了每周的"工约"。其内容包括导语、提问、参考、注意等。

上海吴淞中国公学中学部的孙俍工在参与道尔顿实验方面也作出了重要贡献。孙俍工是现代语文教育早期有巨大影响的语文教师和教育家。他尤其注重提倡白话的文艺文教学。他认为实施道尔顿制,关键在于要编制好作业,并指示学生完成作业的方法。在文艺文教学方面,他拟制了如下作业类型:

(1) 分篇作业法。以篇数为主,每读一篇文章做一篇杂记(或读书录)或一个简短的论评。

(2) 家别作业法。以著作者家数为主,根据学生能力,按不同要求撰写作家简评。

(3) 国别作业法。以著作者所居的国别为主。

(4) 分组作业法。就各篇中心思想和艺术上的共同之点抽出来,分成若干组,各组写简评。

孙氏的实验在短期内得到了平时得不到的两种效果,"一是学生对于文艺这门功课引起了极大地注意,一是学生真正能够发展他们各人底自由研究的精神"。他自信,这些"绝非在专门讲解式的教授底下所能做得到的"。①

---

① 孙俍工.文艺在中等教育中的位置与道尔顿制[J].教育杂志,14卷(12).

"五四"以后引进我国的外国教学方法还有德可罗利教学法、莫礼生单元教学法和文纳特卡制教学法等,这些教学方法在语文教学方面的试验和运用影响不是很大,这里从略。

(二)"五四"时期语文教学方法的本土研究

这一时期教育界除了大量介绍和引进外国的教学方法外,当时也出现了好多国人自己的研究。在语文教学方法方面,研究的重点是对语文"教段"和"教式"的研究,尤其重视"教段"研究。关于"教段"与"教式",王国维在1901年编著的《教育学》第三篇第四章"教授"中,就分别用了第五节"教段"和第六节"教式"进行了专门的阐述。所谓"教段","当教授一事时,欲使生徒全解其事,而确为其心之所有,则当据心理学之规则,定授时之次序,名之曰教段"①。通俗地讲,就是教学过程的各个阶段,也就是教学的程序、顺序。比如"五段教学法""四步教段"之类。所谓"教式",王国维的解释是:"教授时表于外面之作用,而教师与生徒交际之体裁也。"②通俗地说,也就是教学的方式。比如讲授式、问答式、作业式等。"五四"以前,各科教学主要采用赫尔巴特的五段教学法,虽然这一教学方法逐渐显示出它的机械呆板,但是仍然在用。不过,五段教学法是以教师为中心的,所以"五四"以来开始探讨以学生为本位的教段。

曾在北京大学做过文学硕士的孙本文于1919年在《教育杂志》第十一卷第七号发表了《中学校之读文教授》一文,他在文中提出了语文教学的四点主张:① 教授须以学习为本位;② 教授须持试验态度;③ 教授须令普遍活动;④ 教授须使熟读课文。在谈到阅读教学的方法时,他详细地描绘了一个教学过程的顺序,即"教段":① 令预习;② 板书文题体例及作者小传;③ 分段指名直读;④ 令质问难字句;⑤ 发问难字句;⑥ 分段指名讲;⑦ 推究语句文法;⑧ 指名通讲;⑨ 令分段落;⑩ 演述各段意义;⑪ 撮举全文大要;⑫ 指示佳句;⑬ 指名分段朗读;⑭ 指名全文朗读;⑮ 应用。同时对每一个环节都规定了实施要点。这是目前能看到的较早详细设计阅读教学"教段"的实例。不过,这显然是一个针对文言文教学设计的"教段"。

浙江一师著名国语文教师沈仲九在《教育潮》1919年第5期发表了《对于中等学校国文教授的意见》一文,针对白话文教学,提出了他对读文教学"教段"的主张。

(1)说明。每一星期或两星期,由教员提出一个研究的问题,将关于本问题的材料,分给学生,并指示阅览的次序。如学生不能全阅,可指定专阅一二篇。

(2)答问。学生对于教材的文字和内容,如有不明澈的地方,应询问教员。教员亦得随时讲解文章的结构,或令学生轮讲、断句。

(3)分析。学生每看一篇文章,应该先用分析的工夫。分析的次序如下:① 就全篇意义上观察,把全篇分作几大段,每段定义小标题;② 把一大段的大意,再分析起来,用简括的文字写出来。就是作一篇大纲的次序。

(4)综合。学生看完各篇文章,作好各篇大纲以后,应该对于一问题,用综合的工夫。综合的次序如下:① 把各篇的小标题比较同异,同的合并起来,异的另立标题;② 就各小标

---

① 王国维.教育学[M].福州:福建教育出版社,2008:41.
② 王国维.教育学[M].福州:福建教育出版社,2008:44.

题的同异,把全问题分作几大段,各大段又定一个标题;③ 把各篇文章对于一问题中小标题的意思,用简括的文字写出来。这就是作一个问题的大纲。

(5) 书面的批评。学生作好问题大纲以后,应该把自己对于这个问题的意见,用文章表示出来,作成"批评"。

(6) 口头的批评。学生作好"大纲""批评"以后,教员随便取几个学生的"批评""大纲",发表出来,请各学生口头批评。教员又批评学生的"口头批评"。

(7) 学生讲演。教员应请学生轮流在讲台上讲演一问题的"大纲"和"批评"。讲演时间,得由教员限定。讲演后,由教员学生共同加以批评。

(8) 辩难。教员学生得提出对于一个问题得甲乙两说。请各学生认定赞成哪一说,两方互相辩难。教员随时加以判断,并得参加意见。

(9) 教员讲演。分两种:① 把各学生"书面批评"的内容,分别统计,下一总批评;② 教员自己对于一问题的意见。

(10) 批改"书面批评"。学生"书面批评"的字句,如有不妥的地方,教员应加改削。

(11) 临时作文。有临时事情发生时,教员得提出关于这事情的题目,请学生用文章表示意见。

以上步骤中,(1)~(4)是读的"工夫",(5)、(10)、(11)是作文的"工夫",(6)~(8)是讲话的"工夫"。这 11 个步骤,教员也可以酌量省略,不必全用。

对于沈仲九提出的"教段",语文教学改革家何仲英持不同意见:"他这种研究的层次,大可发达学生思想,我非常赞成。不过拘泥以问题为主,我却有点疑惑,这简直是开学术演讲会,教授批评会和什么问题讨论会,什么学校联合辩论会了,还说什么教授国文!文学本是一种美术,一种技能。中等学校虽不能说研究文学,然而既称中等学校模范文,当然于意思以外,还重修辞。白话文尤要注重文法、词类,以及古今语言的变迁。"①

李廉方 1919 年 10 月在《小学国文教授实际之研究》一文中论述的是"教顺"和"教式"问题。他在研究这一问题的开始就说:"论教顺必先了解一问题,所谓五段教授法是也。""其法分教顺为预备、提示、联络、总括、应用,谓之五段教授法。"可见,他论述的"教顺",实际上就是"教段"。文中首先分析了"五段教授法"在实际运用中存在的问题,接着列举了当时"江苏小学国文科商榷会讨论教顺"和"北京学务局规定教顺",分析了它们各自存在的问题,最后提出了确定"教顺"的原则如下:① 不用教段分配顺序。② 纲目并列—细目宜稍详细,运用许其伸缩。③ 适应年级及教材形式—不同年级、不同教材形式应确定不同的教顺。④ 不规定教授时数—关于"教式",李氏在文中主要讨论了发问式、提示式、解说式和订正式。这里不再一一介绍。

此后,还有许多语文学者探讨过语文"教段""教式"的问题,其中不乏一些影响较大的语文"教段"。例如,陈启天在《中学的国文问题》一文中就"模范文的教法""问题文的教法"和"自修文"的教法,分别讨论了各自不同的教段。黎锦熙 1924 年在他的《新著国语教学法》一书中提出了"自动主义的形式教段"。因这一"教段"包含三段六步(第一段理解,包括预习和整理两步;第二段练习,包括比较和应用两步;第三段发展,包括创作和活用两步),后来也有

―――――――――
① 顾黄初,李杏保.二十世纪前期中国语文教育论集[C].成都:四川教育出版社,1990:142.

人称之为"三段六步教式"。朱自清1925年在《中等学校国文教学的几个问题》一文中,提出了他的五步教学法,后来又修订为四步:① 令学生报告预习的结果;② 令学生分述各段大意及全篇大意;③ 一篇授毕,可与学生研究篇中的情思与文笔;④ 一篇教完后,可行口问或笔试。有人称此为"四步教段"。

二、20世纪20年代后期至40年代语文教学法的研究与探索

（一）从"看书"法到"精读""略读"指导的研究

现代语文设科之初采用的主要教学方法是"满堂灌"式的"讲"的方法,所谓"凡教授之法,以讲解为最要,讲解明则领悟易"。① 运用这种教学方法,学生的思想受到极大的禁锢,思维受到很大程度的限制,大多数学生既不能自由独立地发表自己的看法,又很难获得运用知识的能力,这对学生语文素养的养成造成了严重的阻碍。针对这些弊端,胡适1920年在题为《中学国文的教授》的讲演中,就坚决反对课堂上用讲的方法,主张变教师讲书为学生看书。不过,光靠学生看书,教师在教学中的作用就降低了。因此,周予同认为:"看书和讲读都不可偏废。看书是偏重于学生自修方面;讲读是偏重教师指导方面。只有看书,流弊或则至于'食古不化';只有讲读,流弊不免至于学识浅薄。为调剂二者的缺点,应该双方并进才是。"同时,周予同还认为:"看书完全让学生自己去窥探,结果恐怕是'事倍功半'。譬如在未看书以前,教师不说明某书的性质和价值,已看的时候,学生无解释释难的机会;看完以后,教师也无考查成绩的方法;这不是太不经济吗?"所以他主张专门设置一种这样的课程,指导学生看什么书,如何看书,并考查看书的效果。② 这一主张,在1923年发布的"国语"课程纲要中得到了落实,这就是在初中和高中"国语"课程纲要中都专门列出了精读与略读两项内容。

1929年颁布的初中和高中国文暂行课程标准,进一步对"精读课"和"略读课"的教学方法提出了比较具体的要求。"精读"指导法大致包括:指导学生使用工具书;教员讲解前,先让学生参考工具书籍,预习生字、难句及关于人、地、时的种种问题,特别提出初见或艰深的单字和术语加以讲解;讲述后,指导学生作分析、综合、比较的研究,指导学生用"国语"诵读,让学生记录教师指导的要点和自习研究所得;用复讲、问答、测验、默写或背诵、轮流报告、讨论、检阅笔记等方法随时考查成绩。"略读"指导法包括:让学生每学期按个人的兴趣和能力选读书籍至少两种。指导要引起学生读书的兴趣,指示方法,提出问题让学生研究。学生阅读应作报告,提出问题答案和自习摘录的要点;进行定期和不定期的成绩考查。从此,精读和略读指导法就成了中学语文教学的规范动作和最主要的方法。不仅如此,叶圣陶和朱自清还于40年代初专门写作出版了《精读指导举隅》和《略读指导举隅》二书,更为深入细致地为中学国文教师指导学生阅读指明了方向和途径。在阐述"精读"和"略读"教学法时,叶、朱二人把"精读"视为"导儿学",将"略读"视为"儿学步"。他们认为,"精读"是"举一","略读"是"反三"。按照他们的设计,精读当由预习、报告与讨论、练习三个环节组成,目的在于通过扎扎实实的训练,使学生逐步学会阅读,养成自能读书的能力。略读一般包括版本的指

---

① 顾黄初,李杏保.二十世纪前期中国语文教育论集[C].成都:四川教育出版社,1990:185.
② 顾黄初,李杏保.二十世纪前期中国语文教育论集[C].成都:四川教育出版社,1990:185.

导,组织阅读,课内讨论和读书成绩考评等内容。由精读而略读,由略读而博览,学生在教师的指导下逐步获得读书能力,这就是精读和略读教学方法的核心追求。

（二）李廉方"改造小学国语课程"的实验研究

李廉方(1878—1959),名步青,字廉方,湖北京山人,我国近现代杰出的教育家。早年与黄兴、张继煦、李书城等人被张之洞派往日本学习教育、心理、教授法等,回国后,长期从事教育和行政工作。他20年代就进行设计教学法的实验,后来又做过小问题实验,均以失败告终。进过反省,他综合在国内已经流行过的自学辅导法、设计教学法、道尔顿制等,联系中国农村的实际情况,于30年代初在河南开封进行了为期5年左右的"改造小学国语课程"的实验研究。因为这一实验用两年半授课时间修完部定四年的课程,也叫"二年半制";因为它在识字教学上颇有成效,且不采用课本,应用卡片之处甚多,又称"卡片教学法";又因为实验将国语和常识合科,还称"合科教学法";1936年10月,正式更名为"廉方教学法"。

实验的步骤分为三步：第一步,自学初步工具及习惯的准备(也称正式阅读前准备期)。这一步是认字学习阶段,大约一个学期。第二步,培养使用自学工具的能力(也称取得自学应有的技能期)。这是由认字向读书过渡的时期,大约也是一个学期。第三步,完成自学功用。这一步是正式读书期,一般为三个学期。全部实验加起来用两年半左右的实践,完成初等小学四年的教学任务。

在第一步和第二步,采用单元活动的方式,第三步则采用自由阅读的方式。

单元活动是这一教学法中非常重要的方式,根据李廉方在《改造小学国语初步课程方案续》[①]的介绍,单元活动大体包括如下内容。

(1) 将实验第一、二步骤的课程分为四类：环境的适应；时令的适应；偶发事项；日常现象的注意和观察。

(2) "环境的适应"分7个大单元,分别是：我的学校；我的家庭；我的身体及养护；我的乡村；旅行参观；开辟农场；整理教室。大单元下再分小单元。例如,"我的学校"单元下又分出4个小单元：看标示；贴名条；了解教师室内的事物及活动；认识校内各场所及活动的实际(分项活动)。

(3) "时令的适应"和"偶发事项"属对环境适应单元内容的补充,各自独立组织单元。

(4) "日常现象的注意和观察"则"附于以上各单元中进行。"另外,"如为以上单元所不能类及者,应在教学时间内,适应时机于课前为数分钟之练习"。

(5) "每小单元列举教学事项,皆分观察、联想、发表三段,为进行程序。"

自由阅读从读物的配置看,分两个阶段,第一阶段读反复故事,掺入绘图的连续故事。第二阶段读浅近文艺读物。从教学过程看,大致分三步：第一步指导如何读,第二步指导如何作笔记,第三步指导如何作表述。

1936年,教育部举办短期义务教育训练班,特邀李廉方介绍其改革经验。李廉方在演说中总结其方法的要义为："非取强注(强迫关注)手段,而在顺应儿童生活,减除习见学习时间的浪费,使其可能的进度与容量,达到必然的速率。"[②]这一介绍在当时引起轰动。大家

---

① 郭戈.李廉方语文教育论著选[M].北京：语文出版社,2006：150-170.
② 李廉方.以一般小学年龄儿童二年半授课时数修完部定四年课程之实验经过[J].开封教育季刊,1936,2(1).

认为,这一方法最大的贡献尚不在能缩短教育年限,而在革新过去我国教学上之弊病,创一适合国情的的新式教学法。这一教学法也因此以其名命名。同年,河南省地方教育行政会议通过决议,在各校推广这一教学法,并正式定名为"廉方教学法"。抗战爆发后,开封失陷,开封教育实验区迁至南阳镇平继续实验。1938年9月,教育部颁发《各地小学附设卡片识字教学试验班办法》,并任命李廉方为教育部实验教育教材编辑主任,且在汉、渝两地主持教育实验训练班,推广其教学法。

(三) 于在春的"集体习作"实验①

于在春(1909—1993),又名再村,江苏镇江人。20世纪30年代初,毕业于上海光华大学,1933年任江苏淮阴师范国文教员,1934年转入太仓师范任教。抗战前后,曾任常州中学、南通中学、扬州中学沪校、上海中学、格致学社等校的教职;抗战胜利后,先后任复旦大学、上海师专、上海新闻专科学校副教授、教授。自1933年至新中国建立以前的10余年时间内,他专注于国文教学的改革实践和理论研究,在教育界产生过一定的影响。

于在春的"集体习作"训练,是专门就中学作文教学方法进行的一次实验。实验于1938年开始设计,1939年第一次付诸实践,1940年后再继续实践。在多次实验的基础上,他将实验记录整理成报告,1946年7月由上海永祥印书馆出版《集体习作实践记》,并于当月在《国文月刊》第45期发表《集体习作实践再记》。

实验设计分为8个教学步骤:

(1) 命题。集体习作必须要有命题,有了统一的命题,才能组织和指导大家集体讨论。

(2) 材料搜集。根据命题,由全班学生各就他自己的经验,书面提出自己打算采用而又认为适用的材料。

(3) 材料的整理。由教师指定一个必需数目的学生(3~4人),根据全班提出的书面报告,对材料进行归纳整理,写出一份材料分类的总报告。有了这份报告,使这个命题下学生所提出的材料及其意义一下子集中了起来,便于大家讨论研究。

(4) 材料的评议。从这一步骤,开始采用集体商讨的形式在课堂进行。根据整理的分类总报告,把全部材料逐类逐项提付评议,看哪些材料在何种情况下对这命题是有用的,在何种条件下就未必有用或绝对不能用,如此等等。

(以上四步,于氏将其概括为"材料商讨过程"。)

(5) 选择主题。这一步也用课堂商讨的办法,通过集体研究从第四步的广泛评议中认定一种题材及其意义为最理想的主题。

(6) 材料的排列。用填表的方式,由每个学生各人列出一张选用材料的层次安排表。

(7) 确定大纲。参照各人排列材料的书面报告,在课堂里商讨出一个具体的大纲,留作后面进行文字商讨的根据。

例如,《凉秋》一文确定的大纲列于表3-5。

---

① 参阅顾黄初.顾黄初.语文教育论稿[M].北京:人民教育出版社,1995:398-405.

表 3-5 《凉秋》大纲

题目：凉秋		主题：借此时此地的秋而不凉来反映畸形的孤岛		
人：第一人称		地：上海南京路		时：（泛写）
层次	要 旨	材 料	处理原则	备 注
1	秋之应凉			如无必要,可以合为一个段落
2	秋之凉爽	古人诗文中赞赏秋凉的成句	直接称引	
3	秋而不凉	星、月、风、雨、潮、霜、落叶、枫叶、菊、秋虫、蝇、市招、车辆、霓虹灯、投机风潮、难胞	实际景象的描写	题之反面文章,本篇之主要部分
4		"多事之秋"果实成熟	利用此成语总束上文,以慨叹作结	

（8）文字形式的写定。工作时,严格依照大纲,从文章的第一句起,都用讨论的方式,先提出,再批评,讨论,修改,最后写定。

"集体习作"实验过程中,曾得到夏丏尊的支持,夏氏对实验中每个过程的实施都作了详尽的估计和指导。《集体习作实践记》正式出版的时候,叶圣陶特为之撰写了序言。叶氏在序言中说:"集体习作,这个办法非常好,就是许多人共同练习说话,练习思想。一个人难免有欠周妥处,大家讨论,讨论到大家满意,那一定是比较最好的说法和想头了。"

这种集体习作作文教学法的最大价值,在于变单个人的写作行为为集体行为,变个人学习为合作学习,从而在激发学习兴趣、发展思维能力、同学间互相交流和促进以及充分发挥教师的指导作用方面都有较好的作用。但是,这种作文教学形式需要耗费较多时间,而且不太利于个体独立而系统的思考,所以,其推广价值是有限的。

第五节 语文考试的改革探索

"五四"以后,在我国教育界乃至学术界发生了一场"废除考试"和"改良考试"的讨论,一些著名的学者,如钱穆、梁漱溟等都参与了这场重要的讨论。早在1919年,钱穆就在《教育杂志》第十一卷十二号上发表了《废止学校记分考试议》,批判的矛头直指当时学校里的记分考试。钱氏通过各种分析,证明记分考试"无学理之根据"。接着,又详细列举了记分考试的"流弊"共13种。举其要者,如：使学生重文字而略身心,有学问而无修养；教者以"虚伪"之分数督其下,则学者以"虚伪"之勤勉应其上,故大考则大勤,小考则小勤,不考则不勤；蔑视个性之发展；等等。这些观点,对考试弊端的揭示可谓一针见血。1920年1月,《北京大学日刊》23—31日刊发表了颜保良的文章《我们对于废止现在学校考试制度的意见》。文章分别详细分析了学校升级考试和升学考试的弊害,然后提出了废除考试的主张和理由。此文发表时,前边加了蔡元培校长的附志："倾接北京高等师范学校颜保良先生所送意见书,对于考试制度之弊害言之详矣。其所举考试废止以后之考查法,是否均可实行,抑尚有他种方法可以补充者,特为揭原文与日刊,请本校同人发布意见。"颜保良先生的意见在北大的教师中引起了广泛的讨论,连续数月在《北京大学日刊》上都有人发表文章参与讨论这个问题。有的赞成考试,有的反对考试,意见是针锋相对的。例如,在 4 月 9 日的日刊上发表了梁漱溟的意见《背诵及考试的必要》,4 月 12 日的日刊上发表了謦白的文章《背诵及考试没有存在的必要》。这样的讨论,不仅出现在北大日刊上,在其他地方其他报刊上也有,而且延续的时间更长。例如,天一于 1920 年 5 月发表在《教育杂志》上的《考试制度》,杨阴庆于 1925 年 3 月发表在《新教育评论》第一卷第十六期的《考试之新功用》,孙德中于 1926 年发表在《新教育评论》第一卷第十一期的《对于考试问题一点平庸的意见》,李华民于 1928 年发表在《教育杂志》第 20 卷第 1 号的《改革考试制度之我见》等,都可以看作是这种讨论的延续。综观当时两派的意见,无论是"废止派"还是"改良派",其立论的依据都是考试对教学有何作用和影响。废止派认为,考试对教学有百害而无一利。教学的目的在发展学生的身心,可是考试的作用在损害学生的身心;教学在教人向善,而考试则教人向恶。改良派则认为,考试制度虽有弊端,但是它对教学还是有好处的,可以鼓励学生的奋勉心,考查学生修学的成绩,使学生复习旧知识组成系统的练习应用,还可以帮助教师改进教学。有人进而认为,考试实际上就是教学的一部分。

当人们争论是要废止考试还是要改良考试的时候,有一批主张考试科学化的学者则在扎扎实实地研究和实验新式测验法。其代表人物是廖世承和陈鹤琴等人。在这些探索新式测验法的人看来,考试当然具有积极的作用,考试的目的也是多方面的。1925 年,廖世承、陈鹤琴所编《测验概要》问世,作者认为"测验的目的,在求得度量精神特质的单位"[①]。"简括说来,测验是改进教学的一种良好工具;分析说来,测验可以辨别智愚,甄别班次,分别才能,估量成绩,改进教法,鼓励学业,诊断优劣,预测将来。"[②]许祖云再对陈氏主张的测验目的的整理和归纳,概括为 8 条:"一、辨别智愚。二、甄别班次。三、入学考试。四、预测将来。五、估量成绩。六、改进教法。七、鼓励学业。八、诊断优劣。"[③]可见,在新式测验派看来,考试除了检测学生的学业水平之外,还可以检查教师的教学方法,激励学生学习的信心,促进学生平时的学习和复习,预测学生发展的潜力等。

这种新式的考试方法突出表现在试题的拟定和记分方法的改进上。测验试题通常采用填空、选择、判断对错等形式。题目数量大,覆盖范围广,并尝试用等级记分法代替记点法。自推行教育测验后,许多学校都尝试用新的考试方法检验学生成绩,其最成功的数 1923 年东南大学附属中学的招生考试。那次考试在命题和积分上采用新法考试,效果良好,一时被其他学校所效仿。那次考试命题上的特点是:

(1) 试题覆盖面广,题量大。语文分两段,前段考查学生的语文基础知识,后段考查学生的作文能力,共有三种试题:默读测验(甲),共六大题,每题是一段白话文,根据题意,提出 3~4 个问题,要求学生回答,旨在考查学生掌握白话文的程度,时间为 15 分钟。默读测验(乙)共六大题,每题是一段文言文,根据题意,提出 3~4 个问题,要求学生回答,旨在考查

---

① 北京市教育科学研究所.陈鹤琴全集(第五卷)[M].苏州:苏州教育出版社,1991:654.
② 北京市教育科学研究所.陈鹤琴全集(第五卷)[M].苏州:苏州教育出版社,1991:661.
③ 顾黄初.中国现代语文教育百年事典[G].上海:上海教育出版社,2001:165.

学生掌握文言文的程度,时间为 15 分钟。作文题目是暑假中致某同学函,述利用暑假之计划。题材可以是文言,也可以是白话,时间为 1 小时。

(2) 题型新颖。当时大多数学校考试题型是问答之类,而那次考试大多是"选择题"。默读测验、常识测验都是"单项选择题"。

(3) 考题着重考查学生的理解力、判断力和写作能力。题型多,覆盖面广,着重考查学生能力是标准化考试的几大特征,东南大学附属中学的考试命题,表明它已经很接近标准化考试。那次开始采用的"比较的记分法",又称"T 分数"打破了传统百分制记分法不能真实反映学生在一个团体中的位置的缺点。

这些新式测验,测验方式多样,测验内容广泛,测验材料多来自于故事、时事及各种叙事的文章,测验结果尽量避免人为的影响,有着重要的价值,因此深受教育界一些新派人物的欢迎,大家竞相模仿,形成了从"五四"前后到 1928 年我国国文教育测验运动的第一个高潮。

然而事物的发展往往是曲折前进的。由于"一是人们赶时髦,东也测,西也测,把测验弄得非驴非马;二是搞测验的人夸大测验的功能,对测验结果翻译不慎重,导致社会对之发生反感",以至于 30 年代,"测验运动竟一蹶不振,社会对之几乎有淡然抛弃之势"[①]。面对教育测验研究和实践的这种混乱、低迷的状况,艾伟、陆志伟、陈鹤琴、萧孝嵘等倡议成立"中国测验学会",专门从事测验理论研究。该学会于 1931 年正式成立,是我国教育测量和评价方面的第一个学术研究组织。尽管如此,30 年代的语文测验方法研究进展不大。1930 年,赵欲仁在《小学国语科教学法》中把测验分为两种:一种是标准测验,采用陈鹤琴与张耀翔的测验法;另一种是非标准测验。具体又分为:甲、识字测验——教师先把字写在黑板上,然后说出要选字的意思,让学生根据意思选择汉字。乙、识字考查——纸上共有 30 个句子,每句里面,有一个错字,叫学生在那个错字下面,画一画,再在( )内写出改正的字。丙、解释考查——让学生在写好的词语后面写上该词语的解释或者根据意思写出词语。戊、理解考查——考查的形式相当于现在的判断正误题,正确的再( )里写上"十",错误的写上"一"。庚、查字考查——先让学生读给定的短文,然后根据自己的理解查出字在短文中的最合适的字音和意思。[②] 标准测验和非标准测验的基本题型都是填空、选择、改错、判断。

进入 20 世纪 30 年代不久,中小学实行毕业会考,给学校教学带来了许多问题。1932 年 5 月,国民党教育部公布《中小学学生毕业会考暂行规程》,其中规定:"各省县市教育行政机关为整齐小学、初级中学、高级中学普通科学生毕业程度及增进教学效果起见,对于所属各中小学应届毕业经原校考查及格之学生举行会考。""会考非各科及格不能毕业。"这就是说,毕业学生必须在学校的毕业考试中成绩及格,才有资格参加会考,会考的结果,各科均能及格,才能取得毕业资格。取得毕业资格后,才能参加升学考试。由于会考成为能否毕业的关键,于是各中小学为迎接会考,统统增加平时考试。小考、月考、季考、期中考、期末考,名目繁多,一齐压向学生。于是课程加重了,习题增多了,学校考试因此就走向了促进教学的反面,成了妨碍教学、阻碍学生正常发展的帮凶。对此种情况,当时无论在教育界,还是社会上,都有很多有识之士群起反对。从 1933 年到 1936 年,报刊上连续发表许多讨论会考利弊

---

① 宋伏秋,梅克.我国普通教育评价模式研究[M],北京:中国和平出版社,1995:11.
② 赵欲仁.小学国语科教学法[M],上海:商务印书馆,1920:118-138.

的文章,廖世承、陶行知等著名教育家也参与了讨论。例如,1934 年 6 月 1 日,陶行知在《生活教育》发表《杀人的会考与创造的考成》一文,文章指出:"学生是学会考,教员是教会考。学校是变了会考筹备处。会考所要的必须教。会考所不要的,不必教,甚而至于必不教。于是唱歌不教了,图画不教了,体操不教了,家事不教了,农艺不教了,工艺不教了,科学的试验不教了,所谓课内课外的活动都不教了,所要教的只是书,只是考的书,只是会考指南!教育等于读书,读书等于赶考。""拼命地赶啊!熄灯是从十时延到十一时……赶了一考又一考。毕业考过了接着就是会考,会考过了接着就是升学考,一连三个考赶下来,是会考把肉儿赶跑了,把血色赶跑了,甚至有些是把性命赶跑了。""不但如此,在学生们赶考的时候,同时是把家里的老牛赶跑了,把所要收复的东北赶跑了,把有意义的人生赶跑了,把一千万民众的教育赶跑了。换句话说,是把中华民族的前途赶跑了。"这就是 30 年代中国应试教育的真实写照。1935 年 3 月,张振华在《正中月刊》第一卷第 7 期发表《废除学校考试制度刍议》一文,进一步将批判的矛头直指学校的所有考试,张氏认为考试"实为有害无益","一个人自入了学校以后,不是进了教育的园地,而是走进了考试的地狱"。"不知有多少儿童与青年在此等严重的考试之下牺牲了","考试制度为摧残个性的利器"。张氏对于考试作用的认识虽然有些偏激,但是,他也从一个侧面反映了考试与教学的严重冲突。如果不能很好地利用考试促进教学,反而让考试阻碍了教学的有效实施,这种考试确实就无存在的必要了。

从 1937 年抗日战争爆发到新中国建立这段时间,社会动荡使我国的考试理论研究被迫中断,语文考试方法的改进更无从谈起了。

第六节　20 世纪 20 至 40 年代的语文教育争论

我国现代语文教育自从独立设科以后,不同的看法、不同的意见争论就一直没有间断过。有时候,对于同一个问题的看法,会一而再、再而三地发生争论。可以说,现代语文教育就是在一次又一次的争论、甚至激烈的辩论中发展过来的。大大小小的争论有很多,例如,关于文白关系的讨论,关于语言和文学关系的讨论,关于语文教材选材问题的讨论,关于语文知识教学的讨论,关于语文课程性质和目的任务的讨论等,这都是一些大的讨论,小的讨论,例如,语文教材选材方面,关于各类文章选用的比例问题,关于鲁迅文章要不要选,关于选用的课文要不要修改等,都经常会产生一些争论。

一、文言文与白话文教学的争论

"五四"白话文运动的胜利,使得白话文一步步站稳脚跟,取得了与文言文分庭抗礼的地位。在学校里,由以前专学文言文到这时白话文也有了一席之地。小学的国文课改为"国语"课,"国民学校全用国语,不杂文言;高等小学酌加文言,仍以国语为主。"① 在中学,虽然课程名称仍叫国文,但也开始有了白话文教学。在白话文一步步战胜文言文的过程中,始终贯穿着激烈的"文白之争"。这种文白之争先是在语言文化的层面上展开,例如《新青年》与林

---

① 参阅李杏保,顾黄初. 中国现代语文教育史[M]. 成都:四川教育出版社,1997:87.

纾的争论，罗家伦与"学衡派"的争论等。后来，随着白话文进入语文课程，就逐渐下移到学校语文课程和教学的层面。

影响较大、参与人数较多的文白之争是杨贤江等人和曹慕管之间的争论。1924年，商务印书馆的杨贤江在《学生杂志》上发表短评《国故毒》，以批评当时社会上的复古倾向。文章后面附录了上海澄衷中学1923年的国文会考试题，这套考题鼓吹古文的好处，说"中国学术莫盛于周季""文不逮古""今之识字益寡"。杨在文末加以评论，阐明自己的观点，反对国文教育走"复辟"路径，要青年人务去"国故"之毒。此文引起的社会反响极大。曹慕管发表公开信，批评杨"无所知而轻于执笔"，"知之鼓吹破坏，掀起学潮，贻害青年"。他还写信给商务印书馆张元济、王云五两位老板，意欲撤杨贤江之职。当时上海的沈雁冰、陈望道、刘大白、邵力子等纷纷著文批评曹而力挺杨。

1925年章士钊任教育总长和司法总长，再一次以《甲寅》杂志为阵地批评白话文，章发表《评新文化运动》，抨击新文学："一味于《胡适文存》中求文章义法，于《尝试集》中求诗歌律令，目无旁骛，笔不暂停，以致酿成今日'的、底、他、它、吗、么、吧、咧'之文变。"这一时期与之驳辩的有高一涵、徐志摩、吴稚晖、成仿吾、唐钺等人。①

其他较小的争论更是接连不断。例如，20年代初，光华大学教授钱基博奉命编了一本《语体文范》，以解当时小学国语教学缺乏相应教材的窘境。钱基博在对待白话文上，态度是比较保守的，他在书中针对蔡元培的《国文之将来》，提出了"批评的意见"。钱氏《语体文范》编成出版后，寄给他的同乡前贤裘廷梁一本。裘接到书后，对钱氏选编的语体文表示赞赏，但他发现："对于教育部改用语体文的命令，及大学内一般学者和现在几个有名的白话文家，你更加不以为然，词气间时时露出愤愤不平的态度来。"对此，他在给钱氏的信中予以反驳。于是，就引发了钱、裘之间关于文白问题的争论。两人围绕着文言和白话的利弊等问题你来我往，进行了数番争论。②

蔡元培是最早主张实行白话文教学的代表人物之一。五四运动后，时任北京大学校长的蔡元培，在北京女子高等师范学校作了《国文之将来》的演说。他在演说中指出："国文的问题，最重要的，就是白话与文言的竞争。我想将来白话派一定占优胜的。"他还说："从前的人，除了国文，可算是没有别的功课。从6岁起，到20岁，读的写的，都是古人的话，所以学得很像。现在应学的科学很多了，要不是把学国文的时间腾出来，怎么来得及呢？而且从前学国文的人，是少数的，他的境遇，就多费一点时间，还不要紧。现在要全国的人，都能写能读，哪能叫人人都费这许多时间呢？欧洲16世纪以前，写的读的都是拉丁文。后来学问的内容复杂了，文化的范围扩张了，没有许多时间来摹仿古人的话，渐渐儿都用本国文了。他们的中学校，本来用希腊文、拉丁文作主要科目的。后来又创设了一种哲学，不用拉丁文了。日本维新的初年，出版的书，多用汉文。到近来，几乎没有不是言文一致的。可见由间接的，趋向直接的，是无可抵抗的，我们怎么能抵抗他呢？"③这就有力地说明，在中小学语文课程中用白话文取代文言文，是不可阻挡的历史潮流。

---

① 张若英.中国新文学运动史资料[G].影印本.上海：上海书店，1985：285.
② 参阅张志伟.现代语文教育发展[M].上海：华东师范大学出版社，2012：198-200.
③ 顾黄初，李杏保.二十世纪前期中国语文教育论集[C].成都：四川教育出版社，1991：106-107.

从 20 世纪 30 年代开始，浓厚的复古主义倾向再次笼罩在整个中国社会。教育部发出的强令学生诵读经书和学习文言文的训令于 1934 年 4 月 26 日向各省教育机关发出后，立即在教育界引起了巨大反响，成为 30 年代文言文和白话文展开争论的导火线。

这一时期提倡文言文复兴的代表人物主要以汪懋祖、柳诒征、余景陶等人为主。他们不断抨击白话文，站在捍卫传统文化的立场上大肆鼓吹中小学生学习文言文和读经。1934 年 5、6 月份，汪懋祖在《时代公论》和《中央日报》上分别发表了他的《禁习文言文与强令读经》《中小学文言运动》，反对小学禁习文言、中学限习文言，认为这两者阻碍学生国文能力的形成。在文中，他还对一切现代文艺及其所用语言提出批评。他认为"文言"是"轻便之利器"，而"白话"是"粗笨之工具"，认为"读经绝非恶事"，称"何（健）、陈（济棠）辈之主张尊孔读经，可谓豪杰之士矣"。

1934 年 5 月 16 日，针对汪懋祖的《禁习文言文与强令读经》，吴研因发表《驳小学参教文言中学读孟子》予以回应。汪氏发表《中小学文言运动》后，吴研因又以《读汪文〈中小学文言运动〉后的声明》予以回击。不久，胡适、龚启昌、李子魁、何鲁成等人也加入了这场争论。

汪懋祖与吴研因之间的争论引起了社会的广泛关注。陈望道、胡愈之、夏丏尊、傅东华、叶圣陶、黎锦熙、马宗融、曹聚仁、黎烈文等商定发动大众语运动，提倡必须进一步接近口语的白话文，反对文言文复兴。大众语文论战是 30 年代文白之争的继续。面对汪懋祖在《时代公论》上发表《文言复兴论》，曹聚仁、陈子展及其友人在《自由谈》上连续撰文，批驳汪懋祖"文言复兴"的思想。同时，曹、陈等人的文章也细数白话文在实际推行中的缺点，指出白话文仍是知识分子的专利品，号召所有人都行动起来运用语言工具，构建大众语文学，推进白话文建设。经过激烈争论之后，除湖南的何健、广东的陈济棠等少数地方实力派还在宣扬复古读经和文言文外，大家普遍接受了大众语和白话文。

二、20 世纪 30 年代初的"鸟言兽语"之争

从 20 世纪 20 年代后期到 30 年代，我国小学语文教科书的编写出现了一种追求儿童文学化的思潮，在社会上引起了不同看法，导致了一场关于小学语文教科书编选的大讨论，即"鸟言兽语"之争。这场讨论，其根源可以追溯到五四运动期间的儿童本位主义思潮。五四运动以后，受杜威儿童本位学说和儿童文学运动的影响，小学国语教科书中出现了大量的童话、寓言、民间故事等一类文学作品。由于注重了文学意味和儿童心理，有些编者在教科书（特别是低幼年级的教材）中较多地利用了物语和童话的形式。这种倾向，在当时受到了两个方面的抨击或批评：一方面，以何键为代表的国民党顽固派出于政治目的把国语课本的这种进步内容和新颖形式看作是洪水猛兽和制造"无形之共党"的土壤，进行抨击。他一边通电主张"读经"，一边向国民政府教育部提出咨文。1931 年 2 月，他在咨文中说："民八（1919 年）以前，各学校国文课本，犹有文理；今日课本，每每有'狗说''猪说''鸭子说'以及'猫小姐''狗大哥''牛公公'之词，禽兽能做人言，尊称加诸兽类，鄙俚怪诞，莫可言状。犹有一种荒诞之说，如'爸爸你天天帮人造室，自己没有居住'。又如'我的拳头大，臂把粗'，不啻鼓吹共产，引诱暴行。青年性根未定，往往被其蛊惑。此种课程，若听其散布……是一面铲除有形之共党，一面仍制造大多数无形之共党。为今之计，凡学校之课本……切宜焚毁……选中外先哲格言，勤加讲授，是亦疏河以抑洪水，掌叉而驱猛兽之一法也。"从这个咨文来看，

何健的目的显而易见,是借反对"鸟言兽语"来禁锢和愚弄小学生的思想。另一方面,一些学者也对"鸟言兽语"现象进行了批判。例如,儿童教育专家尚仲衣在一次讲话中说:"世界上本无神仙,如读物中含有神仙,即是违反自然的实际现象。鸟兽本不能作人言,如使鸟兽作人言,即是超乎自然。"如果是这样,便是"教育的倒行逆施"。他的言论在上海各大报发表后,引起小学教育界的强烈不满,许多学者纷纷发表意见,对其言论进行批评。吴研因发表"致儿童教育社社员讨论儿童读物的一封信——应否用'鸟言兽语'的故事"和"读尚仲衣君〈再论儿童读物〉乃知'鸟言兽语'确实不必打破"等文章,阐明了语文教科书不应排斥"鸟言兽语"的观点。此外,陈鹤琴、魏冰心以及儿童文学研究社也纷纷从儿童自身的发展出发,承认"鸟言兽语"的价值。何键等人的反动谬论当然站不住脚,而尚仲衣等学者的学术观点在讨论过程中也破绽百出,赞成"鸟言兽语"者最终获得胜利。① 可以看出,这场讨论除了有些是少数人的别有用心之外,表现在学术方面的问题,实际上是如何看待语文教科书的向生性(即关注学生的情趣需要和接受水平)问题。这是语文教科书的根本问题之一,任何优秀的教科书,都必须要依据学生学习的心理特点,能够引起学生学习的兴趣,并适合他们的接受水平。

三、关于"中学生国文程度低落"和"抢救国文"的争论

1931 年 12 月,《中学生》杂志上刊登了署名尤墨君的《中学生国文前途的悲观》一文,该文列举了学生的八封信并指出其中存在的错误。不久,该刊物在卷头语中指出:"最近遇见好几位先生,他们叹息着说中学生国文程度低落,非赶紧设法挽救不可。"②《中学生》第 30 期的卷头语以"国文试题与科举精神"为题进行了回应,抨击了当时国文教学中仍然弥漫着陈腐的科举精神。《中学生》第 49 期刊出卷头言"中学生国文程度低落了吗?"以及尤默君的"你们能写些什么?"一文。至此,中学生国文程度的讨论全面展开。

当时中学生国文程度到底如何? 阮真先生编著的《中学国文教学法》(正中书局 1936 年版)的"附录三"中提到,他曾对中学生的国文程度问题做了抽样调查和统计研究,得出的结论是:初中毕业,白话文通顺者约占 13.73%,尚有 86.27%的未通。高中毕业,大约文言能通过者(白话亦通)占 10%;能作文言而未通者(白话有通有不通)占 20%;作白话大致通顺者(不能作文言者)50%;作白话仍未通顺者(不能作文言者)20%。"此今日初高中学生国文之实在程度也。"

对于中学生国文程度低落的问题,曾做过多年中学教员的朱自清也发表了《中学生的国文程度》和《再论中学生的国文程度》,对当时的国文教学的情况做了较客观的分析。他认为,单就中学生的文言写作而论,"五四"以来确有低落的情形,至于白话写作,还是有了长足的进展,中学国文的文言文教学和白话文教学都得努力改进,而重点要抓"训练";文言文,只重读的训练;白话文,读写兼顾。朱自清的文章就一些"低落"论者的复古卫道用心给予了委婉的揭露,也为改进国文教学提出建议,之后的讨论也就逐渐客观起来。

从这次的讨论看,既指出了中学生国文程度低落的实际情况,但也夹杂了少数人复古卫

---

① 参阅顾黄初主编.中国现代语文教育百年事典[G].上海:上海教育出版社,2001:198-199.
② 尤墨君.中学生国文前途的悲观[J].中学生,1932(29).

道的用心。对于前者,大多数人是同意的,对于后者,多数人则予以反对。

到了40年代,又爆发了"抢救国文"的争论。1942年年底,文学批评史家罗根泽参加了高等文官考试的国文试卷评阅工作,他对答卷中所反映出的高校毕业生国文程度之低、写作能力之差颇感震惊,于是为当时的《国文杂志》写了一篇"抢救国文"的文章,发出了"抢救国文"的"惨痛呼声"。罗根泽在文中列举了试卷中的"妙文"七例,以证明"抢救国文"已成燃眉之急,他认为"抢救国文"必须由中学开始,并从减轻教员负担,选讲适合学生程度的文章,增加读作国文的时间三方面提出了的抢救办法。随后,有人开始发文章附和,可以说这些呼声仍是30年代"中学生国文程度"讨论的延续,并发展到对"抢救国文"的呼吁。

罗根泽的文章一经发表就引起了广泛的社会反响。不久,《国文杂志》第2卷第3期发表了陈卓如题为"从'抢救国文'谈到国文教学"一文。该文首先对国文考试中的文言试题大胆质疑,他认为,刻意找冷僻的或者古怪的题目来考学生,可以考倒任何一位渊博的学者,何况一个学生。

之后,叶圣陶也著文参与了"抢救国文"的讨论,写了"读罗陈两位先生的文章"。首先,叶圣陶根据罗根泽列举的几例"病文",认为这也反映了学生阅读能力的不足,指出一个现代青年应该养成文言文的阅读能力,否则"就闭塞了一条获得经验处理生活的重要途径(我不说唯一途径)"。其次,是作文题目问题。他认为,写作教学上,必须绝对摆脱八股的传统;出题目的人所出的题目,要让练习者和应试者"有话可说",不能让他"练习瞎说"。最后,叶圣陶谈到国文教学的"阅读材料和方法"的问题,"国文教材有示范与供给材料的作用,对于学生的思想似应多负一点责任"①,所以阅读教材应慎重考虑。叶圣陶的文章可以看做是"抢救国文"问题讨论的一个阶段性总结,他从阅读、写作两方面透辟分析了国文教学中存在的弊端,提出了彻底摆脱八股精神的时代使命,为"抢救国文"指明了路径。

从这次的讨论来看,人们更多的拿文言文教学时期的国文水平和白话文教学时期的国文水平比,以致讨论更多的涉及文言和白话的关系问题。

第七节 语文教育家的教育论著和思想

一、语文教育家的教育论著

(一)梁启超和他的《中学以上作文教学法》

梁启超(1873—1929),广东新会人,近代著名的思想家和教育家。1890年至1894年,在广州万木草堂就学于康有为。1895年,他随康有为发起"公车上书",请求光绪皇帝变法。1898年,参加"百日维新"活动。戊戌变法失败后,他流亡日本,"思想为之一变",积极提倡培养具有资产阶级思想品格的"新民",推行资产阶级国民教育。作为著名的教育家,梁氏早年就形成了"强国必先强人,强人必先强学;变法必先变人,变人必先变科举制为学校制"的坚定信念,坚信"教育为立国之本"。这是他从事教育研究的思想基础。

梁启超也是语文教育家。他关于语文教育的主张,比较集中地体现在他的《中学以上作

---

① 叶圣陶.读罗陈两位先生的文章[J].国文杂志,1943,2(5).

文教学法》(中华书局1929年版)一书中。该书是1922年梁氏应邀为东南大学暑期学校开设的讲座写的讲稿。因为梁氏的语文教育思想是以作文为中心的,所以,他才把自己论读写教学法的书命名为"作文教学法"。

在书中,梁启超先谈作文教学,再谈阅读教学。关于作文教学,梁氏的主要思想可以概括为求"应用"、明"规矩"、讲"实效"、重"指导"、理"思想"[①]五个方面。所谓求"应用",即追求作文教学的实用功能。梁氏把文章分成记载之文、论辩之文和情感之文三大类。他认为,"中学学生以会作应用之文为最要。"所谓明"规矩",指师生双方都要明白作文的规矩。梁氏把作文的规矩分为两个层次:一是写任何种类的文章都必须遵守的基本准则;二是各类不同体裁的文章的不同写法。所谓讲"实效",即讲求作文训练的实际效果;所谓重"指导",即注重教师在作文教学中的指导作用;所谓理"思想",就是令学生整理作文的思路,这实际上是对学生进行思维能力的训练。

在阅读教学方面,梁启超认为,读书是作文的基础,读书可以学习别人文章的理法,用来提高自己的写作水平。怎样才能学到别人文章的理法呢?他为讲读教学构想了一种在当时来说是全新的体系,即分类、分期、分组的教学体系。所谓分类和分期,是指他把学生应读的普通文章分为记述文和论辩文两类,主张一学年中以一学期教记述文,一学期教论辩文,由简单到复杂。记述文先静后动,论辩文先说谕倡导,而后对辩。论小事的在先,论大事的在后。所谓分组,是指分组比较阅读。梁氏认为,文章不能一篇一篇讲,需一组一组讲。讲文时不以钟点为单位,而以星期为单位,两星期教一组,或三星期教一组,要通盘打算。他反复强调,讲授时万不可拿一篇课文来逐字逐句逐段解释。因为中学学生,多少已经有自读古文的能力,把他们已经懂得的再拿来喋喋不休地讲,徒令他们生厌,而且时间也太不经济。

(二)吴研因和他的《小学国语教学法概要》

吴研因(1886—1975),江苏江阴人,著名语文教育家。五四运动前后,吴氏积极参加白话文运动,主张小学各科教材改用白话文,并率先使用白话文自编油印教材。1923年,配合"壬戌学制"的施行,主编出版了《新学制教科书》,获得好评。同年,受第八届全国教育联合会的委托,主笔起草《小学国语课程纲要》。

《小学国语教学法概要》发表于1923年《教育杂志》第16卷。1920年小学"国文"改为"国语"。1923年新学制暂行课程标准刊行,吴研因认为,"初等教育界暂时可以安定","国文国语教学的改革运动到此可以告一段落",语文教学有纲有本,但亟需教法。为此,他特意撰写《小学国语教学概要》一文,该文按1923年小学国语课程纲要规定的语音、读文、作文、写字四项作业的要求,分别阐述了教材编选、教学原则和教学方法等方面的问题。其中,不乏精辟独到的见解。例如,在语言教学方面,吴氏认为,语言教学的"唯一目的是使儿童在最易学习语言的幼年期内,学得一种标准语,能将这标准语自由使用,发表自己的思想感情,并能从容了解说标准语的人的情意;以期国民间有一种人人能说的口语通行(就是国语统一)"。在读文教学方面,吴氏系统论述了读文教学的目的、原则、方法等。其中,他提出的读文教学原则共七条:① 引起学习动机。② 先全体而后分析。③ 要使儿童入情入境,充分想象,体味入微。④ 要运用多种方法,充分练习,并做成绩比较。⑤ 要随机设计表演,作到用

---

① 参见李杏保,顾黄初.中国现代语文教育史[M].成都:四川教育出版社,1997:144—147.

时经济,全体受益。⑥高年级要多给讨论判断的机会。⑦要使学生习惯于组织的研究,以训练学生抓住重点得其大意的能力,并提高读书速度。这七条原则中,确有不乏新意者。例如"先全体而后分析的原则",是针对先教字词后教内容、字词教学与整体割裂的时弊"反其道而行之",在当时可谓革故鼎新,别开生面。在作文教学方面,吴氏针对当时"读文有教科书作依据,作文无所依据","作文课程也未作时间支配"的现状,"为便于一般学校起见",将作文教学的内容、方法、时间编制成"小学作文年级要求训练序列表",这在当时也是一个创造。

1925年,上海商务印书馆将吴研因的《小学国语教学法概要》与舒新城的《道尔顿制与小学国语教学法》两篇文章合并出版,书名取《小学国语教学法概要》。

(三)王森然和他的《中学国文教学概要》

王森然(1893—1984),我国著名美术家、语文教育家。20世纪20年代,他在济南一师国文专修科教授中学国文教学法,潜心从事国文教学的改革。1927年,他对国文教学的改革,博采众长,并结合自己的教学与研究,进行了全面、系统的阐述,于1929年由商务印书馆出版了《中学国文教学概要》一书。该书是我国较早系统研究中学国文教学法的理论著作。

全书共6篇23章,除第1篇绪论论述国文教学的价值、国文教师的责任、国文教学的主张与第6篇结论外,第2~5篇依次论述了目的与课程、教学与材料、教学与方法、作文与试验等国文教学的重要问题。

(1)关于中学国文教学的目的和任务。王氏针对1923年新学制国语课程纲要对初、高中国文科的教学要求提的比较笼统、不够全面的不足,提出了自己的改革主张,认为国文教学首先要培养学生成熟的技能。王氏把语文的听说读写四种技能归为两个方面:一是运用国语或文言自由发表思想之技能,二是运用语言文字取得思想之技能。对每一种技能的训练,王氏都一一提出了具体的要求。此外,王氏对国文教学在语言文字、艺术修养、思想政治等方面的教学目的任务,也都提出了自己的独到见解。

(2)关于国文教材。王氏针对20年代教材编写比较随意的时弊提出,第一,选择教材应有客观标准。第二,教材编排要有一定的顺序。语体文教材的编排,应以问题为主纲;文言文教材的编排,应以时代逆序为序。

(3)关于阅读教学。王氏的改革主张是:其一,阅读教学要注重培养学生自学的习惯与能力。阅读教学方法的运用是否得当,一要看能否养成学者的习惯,二要看能否引起学者求知的动机,三要看能否给予学者自学的工具。其二,阅读教学要提倡自动式,废止注入式。其三,阅读教学要安排好教学程式。为此,王氏设计了一个六段教程:预习—指示—讨论—结束—应用—欣赏。

(4)关于作文教学。王氏主张,其一,作文训练要结合学生的实际。其二,作文训练应讲求多样化。其三,作文批改要讲求方法。他把作文训练分为两类,一类是练习、创作、限定作文等,其训练的目的在养成学生抒写的能力;另一类如日记、读书录、批注等,其训练目的在养成发表思想的能力。对第一类作文须加批改,对第二类作文只需过目后指出错误和优良之点即可。

(四)阮真和他的《中学国文教学法》

阮真(1896—1972),又名阮乐真,我国著名语文教育家,第一位语文教学法硕士研究生导师。20世纪初,阮真投身教育,师从陶行知先生,受的是两级师范的文科教育。五四运动爆发后,他在南京创办《南京学生联合会日刊》并担任主编,及时报道全国学生反帝爱国运动的情况,批判旧思想,介绍新思潮,同年成为少年中国学会首批骨干。20年代后期,在厦门集美学校(现集美大学、集美中学前身)师范国文系任教。1928年,应广西教育厅之邀,担任《教育丛刊》的编辑工作。1929年,阮真被广州中山大学聘为教授,担任语文教材教法硕士研究生导师,确立了用科学主义改造语文教育的理念。离开广州以后,曾先后在上海暨南大学、西大、无锡国专、无锡高等师范学校等校任教。30年代末期在湖南省涟源兰田镇与多位名师创办国立师范学院。阮真先后出版了《中学作文教学研究》《中学作文题目研究》《中学国文校外阅读研究》《中学国文各学程教学研究》和《中学读文教学研究》等多部专著。此外,在《中华教育界》《教育研究》《岭南学报》等杂志上还发表过一系列研究论文。在上述研究的基础上,1936年为适应师范国文教学法课程的需要,提纲挈领,精心编撰成《中学国文教学法》一书,初步建构起较为科学的语文教学方法体系,使这部书成为我国语文教育研究的一座丰碑。

《中学国文教学法》(正中书局1936年),全书共25章,正文分5编:第一编总论,主要论述国文教学的目的、中学国文科应设的学程等;第二编论读文教学,主要论述教学进程标准、教材的选择、编配、读文教学方法以及教学举例等;第三编论作文教学,主要论述教学进程标准、批分标准、作文拟题、作文练习法、作文的规约与指导以及作文的批改发回等;第四编论国文科辅助学程的教学,主要论述初中和高中国文科辅助学程的教学;第五编论国文科特设学程的教学,主要论述初中和高中国文科特设学程的教学。

阮真的《中学国文教学法》既吸收了王森然《中学国文教学概要》一书"兼收并蓄,搜集宏富"之长,又注意到"逻辑分类与问题之剖析",有自己的特色,表现为:① 注重逻辑分类,走分析到综合的路子;② 科学地进行比较分析,具有量化研究的特色;③ 注重实际,注重知识和技能的应用。

(五)袁哲和他的《国语读法教学原论》

袁哲(1906—1974),原名明恭,字为公,浙江诸暨人。袁哲在家乡完小毕业后被送至杭州商业学校商科学习,毕业后又进入上海劳动大学教育系,于1936年公费派往日本早稻田大学攻读教育系硕士学位,1937年抗战爆发回国。抗战初期,应国民革命军31集团军政治委员会主任徐逸樵少将之召赴河南抗日前线。1938年,教育部指派其担任国立师范学院筹备委员兼公民训育系主任,其后在国立师范学校、中山大学、中央大学、复旦大学等校任教。

《国语读法教学原论》一书,袁哲1936年4月在日本早稻田大学研究院时就已脱稿,后由商务印书馆作"师范丛书"之一种于1936年10月正式出版。书前有他的指导教师早稻田大学教授稻毛诅风和东京文理大学教授垣内松三所写的序。全书共五编:第一编通论,含四章:国语之分科研究与读法教学之重要;读法与读书之意义的区别;读法教学之意义;读法研究之历史的发展。第二编目的论,含两章:读法教学目的论之检讨;读法教学之使命。第三编心理论,含五章:读法心理研究绪言;读法之机能与认识过程;读法之教学与解释心理;读法之速度与理解能率;默读与朗读心理研究。第四编教材论,含三章:读法教材之基础——语言;读法教材之要素——文字;读法教材之本体——文章。第五编方法论,含五章:读法教学方法之历史的变迁;读法教学之标准方法;全文法之基础理论;全文法教学过程之阶段论；全文法教学过程中之作业论。所谓"全文法"，最早是由美国实行的一种阅读教学方法，袁氏认为，全文法有如下特点：① 以文章作为教学对象的出发点；② 以文章为统一的整体教学；③ 读与意义之一元的理解；④ 以全文为背景之部分的研究；⑤ 文章之深究与欣赏。

从该内容看，本书有如下特点：① 重视历史演变的考察；② 重视比较分析；③ 重视数据的统计；④ 重视全文法的阅读策略。

（六）蒋伯潜和他的《中学国文教学法》

蒋伯潜（1892—1955），语文教育家，1920年毕业于北京大学，曾先后在浙江省立二中、省立一师、省立女中、杭州师范、上海大夏大学、无锡国专等校任教。他在大夏大学担任国文教学法的教学时，从事国文教学研究，并于1942年由中华书局出版了《中学国文教学法》一书。李杏保和顾黄初先生在《中国现代语文教育史》里说，抗战以后，高等师范院校中文系虽然依旧开设中学语文教学法课程，"然而新编的、系统的讲义却甚为寥寥……真正在抗日期间编撰出版的中学国文教学法教材，据现有资料，只有魏应麟的《中学师范国文作文教学法》（商务印书馆1940年）、阮真的《中学读文教学研究》（中华书局1940年）和蒋伯潜的《中学国文教学法》等几种。其中蒋氏所编的一种，具有一定的代表性。"①

蒋氏《中学国文教学法》全书由绪论、本论一、本论二、本论三和余论几部分组成。绪论论述了国文教学的目的与国文教师的素养；本论一为"课内讲读"，由"教材底选择与排列""预习底指导""教师底准备""课内讲习""课后的督促和考查"等五章组成；本论二为"习作批改"，由"命题""指导""批改一（字与词底批改）""批改二（章句与内容底批改）"等四章组成；本论三为"课外指导"，由"课外阅读""课外作业""课外习字""课外活动"等四章组成；余论部分论述了国文教师的进修。

本书的价值主要体现在以下几个方面：首先，蒋氏在书中以正与副的形式论述了国文教学的目的。他说，国文教学的目的有二：

其一，正目的——国文一科所特具的教学目的：使学生对生活所需的工具——国文——能运用，能了解，且能欣赏。

其二，副目的——国文学科与其他学科共同的目的：① 使学生了解我国固有之文化之一部分——学术和文学的流变；② 使学生明了我国固有的道德观念及修养方法，并培养或训练其思辨的能力。其次，在阐发教学法的理论观点时，往往引用大量的例证详加申述，而且这些例证多半是编者自己在教学实践中积累起来的，其中不乏独到、精辟的学术见解。③ 书中还特设一编四章对"课外指导"详加研究，显示了对课外学习和指导的重视。④ 书中还针对现实的需要，特别论述了提高教师自身修养的必要性以及教师进修的内容和方法，显示了对语文教师业务素养的高度重视。

（七）艾伟和他的《阅读心理·国语问题》《阅读心理·汉字问题》

艾伟（1890—1955），湖北江陵人，中国现代心理学家。1919年毕业于上海圣约翰大学，获理学学士学位。1921年赴美国留学，攻读心理学，1922年获哥伦比亚大学硕士学位，1925年获华盛顿大学哲学博士学位。归国后曾任国立东南大学、上海大夏大学等校教授，国立中

---

① 李杏保，顾黄初.中国现代语文教育史[M].成都：四川教育出版社，1997：268-269.

央大学教育系主任、教育学院院长、师范学院院长等职。我国语文教育独立设科之初,对语文教育的研究,还基本上停留在经验总结的层面上,科学实验的成分很少。语文教学真正具有科学意义的研究,是从五四新文化运动以后才起步的,而对语文教育进行科学研究的代表人物,首推艾伟。1934年,艾伟在南京创办万青试验学校,对优秀儿童进行各种教育心理的实验,成绩卓著。抗战期间,他在中央大学任职,首创教育心理研究所,开设教育心理试验班,对儿童学习汉语和英语的心理进行实验研究。重要论著和译著有:《高级统计学》《教育心理》《中学学科心理》《中学国文教学心理学》和《阅读心理——汉字问题》《阅读心理——国语问题》等。

《阅读心理——国语问题》1948年由中华书局出版。该书为作者对国语阅读心理研究的总结,内容包括:国语阅读心理研究之重要,儿童阅读兴趣之研究,朗读与默读之比较,默读练习之进展,默读能力之测量,默读能力之诊断,辞句之学习心理,基本句式之分析,作文错误之分析等。该书的特点是,对国语教学的研究,都以科学实验结果为依据,采取定性分析和定量分析结合的方法;注重借鉴国内外同类研究的成果;就编辑国语教科书、默读与默读教学、造句教学、作文教学等提出一系列建议。

《阅读心理——汉字问题》1949年由中华书局出版。该书是从心理学角度探讨汉字问题的力作。全书共九章,分别是:字形研究,字量研究,识字测量,词汇研究,音义分析,简化问题,排列问题,书法研究,全书总结。作者积25年汉字研究的成果写成此书,不但广泛收集整理了国内外学者研究汉字的成果,还根据自己的实验结果,提出了学习汉字难易的因素、整理汉字的六大原则、编辑教科书选用汉字的标准以及横排竖排的利弊得失、教学汉字的注意点等,很多地方都有作者的独到见解,具有很高的学术价值。

二、语文教育家的教育思想

20世纪20年代到40年代末,研究中小学语文教育的专家云集,包括一批教育家、语言学家和文学家等都投入到研究中小学语文教育中来,除了上文已经介绍的外,还有蔡元培、穆济波、蒋维乔、徐特立、李廉方、吴研因、夏丏尊、陈望道、朱光潜、黎锦熙、胡适、叶圣陶、朱自清,等等。这里只选择其中的三位加以介绍。

(一) 黎锦熙

黎锦熙(1890—1978),湖南湘潭人,著名语言学家和语文教育家。1911年毕业于湖南优级师范史地部。1914年与杨怀中、徐特立等创办"宏文图书编辑社",编写中小学教材。1915年应聘到北京任教育部教科书特约编纂员。1916年,黎氏和他的同仁倡建国语研究会,力主"国语统一"和"言文一致"。1919年任国语统一筹备会会员。1920年起,先后在北京高师、北京女师大、北京大学、燕京大学等高校任国文教员、教授。抗战期间,随北京师大迁西安、汉中、兰州等地,任教授、系主任等职,1945年,任西北师范学院院长。1948年回北京继任北京师大国文系主任、文学院院长。

作为语文教育家,黎氏是我国现代语文教育学的开创者之一。1924年,他出版的《新著国语教学法》,是我国现代语文教育史上第一部系统的语文教学法专著。1938年,他针对当时的国文教学,拟定了两个改革案——《国文讲读教学改革案(纲要)》和《各级学校作文教学改革案》。这两个改革案,后来连续在《国文月刊》杂志发表,对当时的国文教学有较大影响。

黎氏认为语文教学的目的首先分形式的(语文方面)和实质的(心意方面)两大方面。"语文方面"的目的再分"自动的研究与欣赏""社交上的应用""艺术上的建造"三项,"心意方面"的目的即为"个性与趣味的养成"。他认为,语文方面和心意方面二者的地位不宜颠倒,却又不能有所偏废。语文教学的具体要求有五项,即能读,能听,能说,能作、能写。这是第一次把听、说两项摆在了重要的位置上。为了达到这些目标,黎氏主张通过读法、话法、作法、书法,加强基本训练。黎氏在20世纪30年代就能达到这样系统而严密的认识水平,我们不能不感到钦佩。

在阅读教学方面,黎氏认为要根据教材性质和学生程度而灵活处理,具体对待。他还提出了自动主义的形式教段,即:第一段,理解(包括"预习"和"整理"两步);第二段,练习(包括"比较"和"应用"两步);第三段,发展(包括"创作"和"活用"两步)。后来,又将这"三段六步"发展为"预习,整理,总结、深究或练习,发展与应用""四步教段",力求更符合阅读教学的阶段性和连续性的内在要求。黎氏还极力主张,白话文教学与文言文教学要有严格的区别。为此,他提出了"两纲四目"的教学原则①:

纲一:白话文须与语言训练相联系——

目(一):先须"耳治"(初讲时,学生不可看本文)

目(二):注重"诵读"(须用美的说话式,并随时矫正字音、语调和语气)

纲二:文言文须与外国语同比例——

目(三):必须背诵(预习时,即先熟读;已读者,分期背默)

目(四):彻底翻译(逐字逐句,译成白话,确依文法,勿稍含糊)

在作文教学方面,黎氏以他提出的"语文教学三原则"为其指导思想。这三原则是:"写作重于讲读""改错先于求美""日札优于作文"。在黎氏看来,阅读和写作比,写作更能领悟到语言文字运用的规律,因而更显得重要。从对作文教学的目标看,语言表达的正确和通顺是其基础,应该先求"通",再求"美"。作文也不是提高学生写作能力的唯一途径,鼓励学生写"修养日记""读书札记"等,效果还要胜于作文。

在汉语语法教学方面,黎氏打破了"词本位"的语法教学体系,主张把词类和句子融会贯通起来,创立了以句子为纲,带动词类教学的"句本位"教学法。他还认识到汉语主要依靠语序来表达语意,汉语的造句又多奇诡的变化,于是创造出汉语语法教学的工具——"图解法"。

黎氏在语文教材编写上的主张是:首先,教材编写要有两个最重要的标准。一是合于本国的教育宗旨,二是适应儿童身心发展和生活需要的程序。其次,他还根据不同的情况,发表了许多真知灼见。例如,针对小学、初中和高中的不同情况,他主张国语教材在"小学以'儿童文学'为主";"进至初中,则教材以选读古今名著为主,而辅以实用文";"高中教材亦以名著为主,唯程度较进,分量较增,更宜支配以文学史的系统,使知古今各体文学之相当位置。此外则本国文字、音韵、文法及国故之类,亦当使知其大凡焉"。② 针对不同的年级,他主张教材的编写体例应该有所不同:一二年级以"杂辑体"为主(即把种种片断教材排列起

---

① 黎泽渝,等. 黎锦熙语文教育论著选[C]. 北京:人民教育出版社,1996:513.
② 黎泽渝,等. 黎锦熙语文教育论著选[C]. 北京:人民教育出版社,1996:101.

来);三四年级以"类联体"为主(即把断片教材或循季节分类,或按材料或实质分立总题,再行排列);高年级兼用"类联体"与"连续体"。针对各地区发展不平衡的情况,他主张小学国语教材应该分"正读本"("文学的国语读本")和"副读本"("补充的国语读本")两种同时兼用。一面通用这种广泛普遍整齐的正读本;一面多出副读本以通其变济其穷;一面还可以由教育界随时自由改造,实地实验。

(二) 胡适

胡适(1891—1962),是20世纪中国的重要历史人物之一。"在中国近百年来的学术史上、思想史上、文化史上、文学史上,甚至教育史上,胡适都是一个举足轻重的人物,一个矛盾重重的人物,一个物议沸沸扬扬的人物,一个很值得研究而又非研究不行的人物。"①胡适积极倡导白话文,较早参与语文课程建设的讨论和主持语文课程标准的研制,他的语文教育思想对我国"五四"以来的语文课程建设和教学改革具有重要的影响。

1910年,胡适作为清末第二批公费留学生赴美国留学,1914年在康奈尔大学获文学学士学位后,入哥伦比亚大学读哲学,师从杜威,深受影响。胡适对我国语文教学问题的思考,最早是从"如何教授文言文"开始的。他先后发表了《如何可使吾国文言易于教授》和《文学改良刍议》等重要论文,提出了用白话代替文言的振聋发聩的主张。1920年和1922年,胡适先后两次发表演讲,谈论中学国文的教授问题。第一次的演讲题目是《中学国文的教授》,第二次演讲的题目是《中学的国文教学》。这两次演讲全面阐述了他对中学国文课程、教材和教学改革的主张,是对中学国文教学整体改革的全局性构想,系统地反映了他的语文教育思想。

1. 中学国文课程目标

胡适在《中学国文的教授》中,为中学国文教学拟订了"理想的标准"共四条:

(1) 人人能用国语(白话)自由发表思想——作文,演说,谈话——都能明白通晓,没有文法上的错误。

(2) 人人能看平易的古文书籍,如"二十四史"《资治通鉴》之类。

(3) 人人能作文法通顺的古文。

(4) 人人有懂得一点古文文学的机会。《中学的国文教学》将原来的四条改为三条,并作了一些说明:① 人人能用国语自由发表思想——作文,演说——都能明白畅晓,没有文法上的错误。这一条未变。② 国文通顺以后,方可添授古文,使学生渐渐能看古书。他解释说:"学生先学习国语文到了明白通顺的程度,然后再去学习古文,所谓'事半功倍',自然是容易的多。"③ 作古体文但看作实习文法的工具,不看作中学国文的目的。他解释说:"因为在短时期内,难望学生能作长篇的古文;即使能作,也没有什么用处。"

2. 中学国文课程设置

1912年教育部《中学校令施行规则》规定中学国文四年学习的科目是讲读、作文、习字、文字源流、文法要略、文学史,一共六门。胡适删去了习字、文字源流、文学史、文法要略四项,并把"讲读"分为"国语文"(即当时的白话文)和"古文"并行;此外,为了强化国语训练,在

---

① 季羡林.还胡适以本来面目[C].//季羡林人生漫笔.北京:同心出版社,2000.

高年级开设"演说"和"辩论"。胡适十分推崇演说这一方法,从择题到时间分配他都有具体要求。在《中学的国文教学》中,胡适又对上述课程设置作了重要修正,即把一种统一的课程设置划分为两种不同的课程设置:在小学未受过充分的国语教育的,应先求国语的知识与能力;国语文已通畅的,学习古文的时间可以增加,但要注重国语文学与国语文法学。这里虽然仍顾及古文,但他对国语的重视程度是前所未有的。

3. 中学国文教学方法

胡适在演讲中提到的语文教学方法,主要包括以下几个方面。

(1)提倡质疑、问难,强调学生的自主学习。胡适指出,课堂上做的事有三种:质疑问难;讨论内容;教员引申、补充一定的材料。关于讨论,他又提出了具体的建议:剖析文本;搜集资料;组织论理;对文本加以批评。无论是教授古文还是国语文,都应注重学生的自学和师生的共同讨论,教师的任务是指导、答疑。

(2)注重培养学生的课外自主学习能力。胡适指出,小说与戏剧都应该由学生自修,教员指定分量,课内只有讨论,不必讲解。至于讨论的方法,则随材料而变。学生应该自己预备指定的功课,自己查字典、查资料,提倡自己看书等等。

(3)重视培养学生的表达和发表能力。胡适注重作文和演说、辩论。

(4)要对古书加以整理,提倡学生自学古书。胡适认为"古书不经过一番新式的整理是不适宜于自修的",所以要下一番整理的工夫。

在语文教材的选择和编写方面,胡适首先把中学语文教材分为"国语文"教材和"古文"教材。对于国语文的教材,他提出五种材料作为国语文的教材,包括小说、戏剧与诗歌、长篇议论文与学术文、古白话文学选本、国语文的文法。古文的教材因学生的年级不同而有所不同。第一年级读近人的文章,自梁任公到章太炎,都可以读,还应该多看文言小说;第二至四年级读古人的古文,又分为选本和自修的书。自修的古文中包括史书、子书和文学书。

胡适的上述主张在中学国文科的课程建设史上具有开创性意义。两次讲演的文字发表以后,所产生的直接结果是关于中学国文课程建设的一场大讨论,以及随之而来的新学制中学国文课程标准的拟定和颁布。1923年,全国教育联合会新学制课程标准起草委员会在拟定中学国文课程标准时,就委派胡适主持;1929年重新修订课程标准时,胡适仍为主持者之一。由此可见,胡适的这套构想,在当时影响极为深远。

(三)叶圣陶(前期)

叶圣陶(1894—1988),我国现代著名的文学家、语言学家和语文教育家,是现代语文教育的一代宗师。从1912年担任小学语文教师开始,到1949年之间,他做过小学、中学、大学的国文教师,主持拟定过中学语文课程标准,编辑过大量的中小学语文教材。据不完全统计,他从1931年开始到1949年解放,至少编辑了15套以上的中小学国文和国语教材。这其中,有一套小学国语课本还是他亲自动手撰写的。正因为有这样全面深入的语文教育实践,所以,叶氏对语文教育的认识全面而深刻,在许多方面都有独到的见解和精辟的论述。

关于语文的性质,叶氏认为,"语文是工具",是"应付日常生活"的"工具"。从这一基本认识出发,他又提出了许多相应的观点。

(1)语文、生活要联系。叶氏说:语文是"生活上的一种必要工具",这工具绝不是用来追求仕途功名的,而是用来增进知识,用来表情达意的,总之是用来更好地应付日常的生活从而更好地做一个健全的公民的。"尽量运用语言文字并不是生活上一种奢侈的要求,实在是现代公民所必须具有的一种生活的能力。如果没有这种能力,就是现代公民生活上的缺陷;吃亏的不只是个人,同时也影响到社会。"①因此,生活是语文教学的本源,"学习得跟整个生活打成一片"。

(2)语言、思维要并重。叶氏还认为,"语言是思维的定型",语言杂乱无章,就是思想杂乱无章,语言含糊朦胧,就是思想的含糊朦胧,语言走样就证明还没有想得丝丝入扣。因此,就学习语文来说,思想是一方面,表达思想内容的工具又是一方面,这两方面都要注意。

(3)训练是语文教学的主要方式。语文既然是工具,工具的掌握必须经过持久的训练才能掌握。叶氏说,"学生须能读书,须能作文,故特设语文课以训练之"。

在语文教学的目标上,叶氏认为,语文教学的终极目标是养成学生运用语文的良好习惯。他说:"语言文字的学习,就理解方面说,是得到一种知识;就运用方面说,是养成一种习惯。这两方面必须联成一贯,就是说,理解是必要的,但是理解之后必须能够运用;知识是必要的,但是这种知识必须成为习惯。"②语文教育的本旨就在这里,"养成能力,养成习惯,使学生终身以之"。

在如何处理教与学的关系方面,叶氏强调,语文教学要培养学生自学语文的能力。学生要用自己的眼光去读书,去自求解答;教师只在学生觉得茫然无从下手时,"训练他们去参考,指导他们去思索,最好给他们一种最好的提示","让他们动一动天君"。这种主张,后来就发展成了他所说的一句名言,"教,是为了达到不需要教"。

关于语文教材的编写,叶氏认为,"语文教本只是些例子,从青年现在或将来需要读的同类书中举出来的例子。"③"教材的性质同于样品,熟悉了样品,就可以理解同类的货色。"④语文教材也是凭借。"知识不能凭空得到,习惯不能凭空养成,必须有所凭借。那凭借就是国文课本。"⑤这是对语文教材性质的深刻揭示。在语文教材的编选方面,叶氏主张要明确目标,分类编选。1935年,开明出版社出版了叶圣陶和夏丏尊合编的初中国文教材《国文百八课》,这是一次按文章学知识确定目标,分类编排国文教材的最初尝试,后来,叶氏在回忆《国文百八课》时又说:"我们以为杂乱地把文章选给学生读,不论目的何在,是从来国文科教学的大毛病。文章是读不完的,与其漫然的瞎读,究不如定了目标来读。"⑥在教材的使用方面,叶氏有两个极为重要的观点:一是,教师的教学不能仅限于一本语文教材,而应该指导学生多读书。他说:"国文教本为了要供学生试去理解,试去揣摩,分量就不能太多,篇幅也不能太长;太多太长了,不适宜于做细琢细磨的研讨工夫。但是要养成一种习惯,必须经过反复的历练。单凭一部国文教本,是够不上说反复的历练的。所以必须在国文教本以外再看其

---

① 中央教育科学研究所.叶圣陶语文教育论集[C].北京:教育科学出版社,1980:2.
② 中央教育科学研究所.叶圣陶语文教育论集[C].北京:教育科学出版社,1980:2.
③ 中央教育科学研究所.叶圣陶语文教育论集[C].北京:教育科学出版社,1980:182.
④ 中央教育科学研究所.叶圣陶语文教育论集[C].北京:教育科学出版社,1980:201.
⑤ 中央教育科学研究所.叶圣陶语文教育论集[C].北京:教育科学出版社,1980:3.
⑥ 中央教育科学研究所.叶圣陶语文教育论集[C].北京:教育科学出版社,1980:181.

他的书,越多越好。"①二是,国文教学不能仅限于指导学生读短篇文章,而要引导学生去读整本的书。他说:"课本里所收的,选文入选的,都是单篇短什,没有长篇巨著。这并不是说学生读一些单篇短什就足够了。"②只因为单篇短什分量不多,适宜于做细琢细磨的研读工夫;一篇读毕,又读一篇,学生阅读的兴趣也不致单调。学生精读单篇短什取得了经验,就应该用这些经验去读整本的书。叶氏认为,老读单篇短章,"将会使学生眼花缭乱,心志不专,仿佛走进热闹的都市,看见许多东西,可是一样也没有看清楚"。"并且,读惯了单篇短章,老是局促在小规模的范围之中,魄力就不大了;等遇到规模较大的东西,就说是两百页的一本小书吧,将会感到不容易对付。这又哪里说得上养成读书习惯?"因此,他主张,"国文教材似乎该用整本的书","退一步说,也该把整本的书作主体,把单篇短章作辅佐"③。当年,叶氏与朱自清先生合著的《精读指导举隅》和《略读指导举隅》就体现了这种思想。前者主要针对课堂阅读,专谈文章的阅读指导;后者主要针对课外阅读,专谈整本书的阅读指导。

思考与探究

1. 白话文何以要取代文言文?现代语文课程教学究竟应该怎样处理文白关系问题,试从现代语文教育发展的角度作出自己的辨识。

2. 查阅有关资料,梳理从清末学堂章程到民国最后一部国文课程标准中语文课程目标的发展变化情况,探讨其变化的主线。

3. 分析1949年以前现代语文教育方法发展演变的情况,说明这些演变反映了哪些问题?

4. 比较胡适、黎锦熙和叶圣陶语文教育思想的异同。

推荐阅读文献

1. 李杏保,顾黄初. 中国现代语文教育史:第2—5章[M]. 成都:四川教育出版社,1997.
2. 林治金. 中国教学语文教学史:第8章[M]. 济南:山东教育出版社,1996.
3. 张隆华. 中国语文教育史纲:中编[M]. 长沙:湖南师范大学出版社,1991.
4. 饶杰腾. 近现代中学语文教育的发展:第3—5章[M]. 广州:广东教育出版社,2008.
5. 蔡可,刘正伟,俞晓娴,李品. 新学制与20年代语文教育的兴起[C].//洪宗礼,等. 母语教材研究:第1卷. 南京:江苏教育出版社,2007.
6. 刘正伟,田良臣,俞晓娴. 20世纪30—40年代的语文教育[C].//洪宗礼,等. 母语教材研究:第1卷. 南京:江苏教育出版社,2007.
7. 郑国民. 从文言文到白话文[C].//洪宗礼,等. 母语教材研究:第1卷. 南京:江苏教育出版社,2007.
8. 顾黄初. 顾黄初语文教育论集下:"现代语文教育史"[C]. 北京:人民教育出版

---

① 中央教育科学研究所. 叶圣陶语文教育论集[C]. 北京:教育科学出版社,1980:3-4.
② 中央教育科学研究所. 叶圣陶语文教育论集[C]. 北京:教育科学出版社,1980:19.
③ 中央教育科学研究所. 叶圣陶语文教育论集[C]. 北京:教育科学出版社,1980:81-82.

社,2002.

  9. 顾黄初,武玉鹏.探求先辈语文课程教材编制的心路[C].//洪宗礼,等.母语教材研究:第2卷.南京:江苏教育出版社,2007.

  10. 张哲英.清末民国时期语文教育观念考察[M].福州:福建教育出版社,2011.

  11. 张心科.清末民国儿童文学教育发展史论[M].北京:北京师范大学出版社,2011.

  12. 赵志伟.现代语文教育发展[M].上海:华东师范大学出版社,2012.

第四章

新中国成立至"文革"时期语文课程教学的曲折发展

导 读

新中国成立后,百废待兴。国家既要医治近半个世纪的战争创伤,又要重建政治、经济、文化和教育制度。在特殊的历史时期,由于意识形态的差异,国民党统治区的语文教育经验已不能适应新中国语文教育的需求;而解放区积累起来的语文教育经验也不能在全国推行。那么,新中国前27年的语文教育将走一条怎样的改革之路呢?这一时期的语文教育改革取得了哪些经验?又为今后的语文教育发展提供了哪些借鉴呢?我们进入本章内容的学习,可尝试回答这些问题。

学习目标

1. 了解新中国成立到1976年"文革"结束,我国语文教育发展的基本阶段及其特点。
2. 了解"红领巾教学法"形成的历史背景、过程及其教训。
3. 分别了解50年代中期汉语、文学分科实验和60年代前期语文教学调整的情况,明确其取得的成就及其存在的问题和不足。
4. 了解"文道关系大讨论"发生的原因、过程和意义。
5. 初步了解这一时期我国在语文考试方面作出的探索。

1949年10月中华人民共和国成立,标志着在我国的政治、经济、文化和教育等方面建立了一种新的制度,也标志着一场新的重大变革的开始。旧中国半殖民地半封建的旧教育固然需要根本改造,老解放区的教育经验也需要在新的历史条件下进行革新和发展。在新中国成立的前27年,我国的语文教育就是在这种改革与探索中发展过来的。改革有成绩,也有问题。改革的道路蜿蜒曲折,甚至反反复复,经历了不少折腾。

第一节 新中国成立至"文革"时期的语文教育概述

新中国成立后,中国社会终于从半个世纪战乱中走出来,开始了全面建设的新阶段,语文教育就是在这种社会转型的时代背景下,不断进行知识重建和学科分合的建设。新中国成立至"文革"时期的语文教育大致经历了五个阶段:新中国成立初期的语文教育;汉语、文

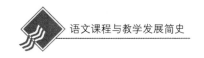

学分科时期的语文教育;"大跃进"时期的语文教育;国民经济调整时期的语文教育;"文革"时期的语文教育。"大跃进"时期和"文革"时期的语文教育都比较混乱,本书不作详细介绍。

一、新中国成立初期的语文教育

新中国成立伊始,百废待兴,国家在恢复国民经济、医治战争创伤和巩固新生政权的同时,也开始恢复和发展教育事业,向社会主义教育过渡。新中国成立初期的三年里,党和政府有步骤、谨慎地对旧有教育从办学方针到课程设置、教学内容、教学方法等方面,都作了一系列改革。① 这一时期语文教育的成就主要体现在以下几个方面。

(一)重新给"语文"定名

1950年8月,教育部制定了供五年制小学使用的《小学语文课程暂行标准(草案)》。"语文"作为一门学科的名称,代替以往的"国语"学科,并以国家课程法规文件的形式规定下来,这在小学课程教材发展史上还是第一次。它标志着语文教学思想的转变,小学语文教学进入听说读写综合训练的时代。② 1950年至1951年,出版总署编审局以陕甘宁边区的初高中国文课本为蓝本,组织编辑出版了初、高中的语文课本。其"编辑大意"中写道:"说出来是语言,写出来是文章,文章依据语言,'语'和'文'是分不开的。语文教学应该包括听话、说话、阅读、写作四项。因此,这套课文不再用'国文'或'国语'的旧名称,改称'语文课本'。""语文"一名的使用自此开始。③ 但许多教师因难以摆脱旧习,产生了很难适应新教学的局面,同时也有许多教师矫枉过正,把语文课上成了政治课。为切实提高语文的教学质量,教育部门做了大量的引导工作,如组织学习先进的教育科学理论与较为成熟的教学经验,以提高教师对现代白话文教材的分析水平和处理能力。

(二)教材改革

新语文与"国语""国文"的最大区别是教学内容发生了根本性的变化,不仅增加了听说教学的内容,减少了文言文教学的分量,增加了白话文教学的分量,更重要的是突出了教学内容的思想教育性。因此,过去的国语、国文教材显然已不能适应新的教学需要了,应该做彻底的改革。但是,新教材的编写并非一朝一夕就能完成的事情。所以,新中国成立初的语文教材,先是在旧国文教材的基础上进行改编,比如以陕甘宁边区初、高中《国文课本》为蓝本进行改编。然后才是试编新的教材,例如,1951年人民教育出版社出版了宋云彬、朱文叔、蒋仲仁等编辑的《初级中学语文课本》和周祖谟、游国恩等编辑的《高级中学语文课本》。无论是改编的教材,还是后来新编的教材,与以前的旧教材相比,都有三点明显变化:一是白话文大大加强,二是思想性大大加强,三是增加了听说教学的内容。

(三)识字教学改革

1951年6月6日《人民日报》发表了《正确使用祖国的语言,为语言的纯洁和健康而斗争》的社论,并从当天起连载了吕叔湘、朱德熙关于语法修辞的长篇讲话,更进一步促进了全

---

① 顾黄初,李杏保.中国现代语文教育史[M].成都:四川教育出版社,1997:339.
② 顾黄初.中国现代语文教育百年事典[G].上海:上海教育出版社,2001:312.
③ 顾黄初.中国现代语文教育百年事典[G].上海:上海教育出版社,2001:313.

国中小学语文教育界对语言教育特别是对语言训练的重视。① 9 月出版总署公布了《标点符号使用法》,对 14 种标点符号(句号、逗号、顿号、分号、冒号、问号、引号、括号、感叹号、着重号、破折号、省略号、专名号、书名号)的用法作了具体规定。10 月 5 号政务院发出了《关于学习标点符号用法的指示》。② 11 月祁建华的"速成识字法"(1950 年)试验成功,1952 年起在全国推广。此速成识字法不仅适应了当时扫盲的需要,而且它以注音符号作为辅助的识字工具,分散难点进行识字教学和集中识字、大量阅读,对汉字教学具有普遍的意义。

(四)语文教学方法改革

1953 年 5 月 20 日,北京市第六女子中学举行了一次《红领巾》的观摩教学。苏联教育专家普希金(又译"普希金娜")教授在这次观摩教学评议会上作了总结发言。肯定优点后,提出了几点意见。当年 7 月,《人民教育》发表了叶苍岑的《从〈红领巾〉的教学谈到语文教学改革的问题》,详细介绍了普希金的意见和北京师范大学中文系学生试教《红领巾》的经过和体会,同期《人民教育》还发表《稳步地改进我们的语文教学》的短评。自此之后,许多学校组织学习讨论和观摩教学,进行教改试验。纷纷效仿《红领巾》的教学方法,这在语文教学史上被称为"红领巾教学法"。

二、汉语、文学分科时期的语文教育

1953 年 12 月,胡乔木代表中央语文教学问题委员会向中央提交了关于改进中小学语文教学的请示报告。报告中提出把语文分为语言和文学两种独立的学科进行教学。1954 年 2 月 1 日,中央政治局扩大会议批准了该报告,并责成政务院文委党组办理。遵照中央决定,1954 年教育部陆续制定和颁发了《初级中学汉语教学大纲(草案)》《初级中学文学教学大纲(草案)》和《高级中学文学教学大纲(草案)》,10 月又拟定出《改进小学语文教学的初步意见》。为了便于汉语教学,人民教育出版社中学汉语编辑室拟定了一个"暂拟汉语教学语法系统"(1956 年 1 月定稿),作为全国中学一致采用的语法教学系统。

教学大纲制定以后,人民教育出版社陆续编出了《初级中学汉语课本》和《初级中学文学课本》《高级中学文学课本》并编有教学参考书,随后,教育部又拟定了《中学作文教学初步方案(草稿)》,供各地试用。1956 年 4 月,中央教育部正式发出了《关于中学、中等师范学校的语文科分汉语、文学两科教学并使用新课本的通知》,决定从 1956 年秋季起,中学、中等师范学校的语文科分汉语、文学两科进行教学,并且使用新编的汉语课本和文学课本③。

从 1955 年暑期开始,中央教育部曾指定北京、上海、天津、济南、扬州、广州等地区的 79 所学校,在初一对"分科"新教材进行试教。1956 年 6 月在北京召开了全国语文教学会议。会上叶圣陶副部长做了《改进语文教学,提高语文教学的质量》的报告,报告强调了分科的重要性。自这次会议后,汉语、文学分科便在全国全面推开了。④ 根据该教学大纲,1956 年秋季,由人民教育出版社编辑出版的六年制小学课本《语文》在全国正式使用。该套语文课本,

---

① 顾黄初,李杏保.中国现代语文教育史[M].成都:四川教育出版社,1997:341.
② 左文.回望:建国六十年语文教育大事[J].语文教学通讯,2009(29).
③ 顾黄初.中国现代语文教育百年事典[G].上海:上海教育出版社,2001:361.
④ 顾黄初,李杏保.中国现代语文教育史[M].成都:四川教育出版社,1997:362.

分为初级和高级小学，共12册，并编有《语文练习》和《教学参考书》与之匹配。

由于汉语教学大纲、教材本身的缺点和师资队伍等方面的问题，汉语、文学分科教学逐步暴露出不少缺陷。为此，《人民教育》从1956年8月起到1957年10月止开辟了"语文教学问题讨论"专栏，对汉语、文学分科问题开展了讨论和研究。① 1957年的"反右派"斗争，使语文教学问题的讨论一转而成对汉语、文学分科指导思想的批判。1958年春，国务院二办就决定取消汉语和文学分科，恢复语文课本。

三、"大跃进"时期的语文教育

1958年5月，中共八大二次会议提出了"鼓足干劲，力争上游，多快好省地建设社会主义"的总路线，接着，在全国开展了"大跃进"运动。所谓"大跃进"，实际上就是大浮夸、大冒进，这一运动一直延续到1960年，对我国的国民经济和各项事业造成了莫大伤害。这一时期的语文教育受"大跃进"的影响，在"教育大革命"和"教育大跃进"的大背景下，出现了十分混乱的局面。其主要表现是：

（1）片面强调教育为政治服务，甚至要求每教一篇课文都要解决一定的思想问题。

（2）以生产劳动代替学习，冲击正常教学秩序。这一阶段，学生参加大炼钢铁和"三秋"劳动的时间远多于上课学习的时间。

（3）违背教学规律，在教学中搞大突击，甚至搞浮夸。例如，有的学校要求学生一个月消灭错别字，一天写一首新诗，等等。

（4）语文教材编写突出政治，主要选"时政"文章和新民歌。教材的篇目也被大幅度压缩。

四、国民经济调整时期的语文教育

20世纪60年代初，我国国民经济开始摆脱"大跃进"的影响，实行"调整、巩固、充实、提高"。语文教学方面的调整实际上从50年代末就开始了。人们随着对"大跃进"时期语文教育混乱局面的认识，开始对语文教育中"文"与"道"的关系等一些重要问题展开讨论，并对如何提高语文教学质量进行探索。

（一）关于语文教育问题的两次大讨论

1. "文""道"之争

1959年，中央教育工作会议决定以语文为重点学科，要求教育部门各级领导抓紧语文教学的领导工作，切实提高语文教学质量。为了在根本问题上逐步统一思想认识，上海《文汇报》自6月5日起开辟专栏，首先展开"关于语文教学目的任务的讨论"，这就是语文教育史上被称为新中国的第一次"文道之争"。从8月份开始，讨论的内容和范围有了扩展，此后逐一讨论了"怎样教好语文课"和有关作文、考试等一系列的问题。这场关于语文教学问题的大讨论，波及全国许多省市，有的地区、有些学校还专门组织讨论会、座谈会。《光明日报》《天津日报》《北京日报》等报刊也先后组织了类似的讨论与笔谈。纵观当时对语文教学"文"

---

① 顾黄初，李杏保.中国现代语文教育史[M].成都：四川教育出版社，1997：368.

"道"关系的认识,基本上有三种不同见解:一是认为应该以文为主,二是认为应该以道为主,三是认为应该文道并重。持有这三种观点的人,都各自从一定的角度注意到了语文学科的性质特点,从而来论述语文教学的目的和任务。在讨论中,他们既旗帜鲜明又和风细雨地展开了争辩。50年代末60年代初关于文道关系的讨论以及《文汇报》社论对"文道关系"的论述,是新中国成立后第一次关于语文课程教学中的"文道关系"的反思,取得不少积极的认识成果,"反对把语文课教成政治课"成为当时语文教育界大多数人的共识。

2."怎样教好语文课"的大讨论

1961年1月,《文汇报》又把"语文教育的目的任务"的讨论引向深入,发起了"怎样教好语文课"的大讨论。1961年12月3日,《文汇报》发表了重要社论"试论语文教学的目的任务",对这场讨论作了总结,认为"语文教学的目的任务应是:使学生正确、熟练地掌握与运用祖国的语言文字,培养与提高学生的阅读和表达能力,并提高教学内容的教育和感染,培养学生具有正确的观点,健康的思想感情和高尚的品德"①。

(二) 教改探索

1. 分散识字法探索

1958年,南京师范学院附属小学教师斯霞进行五年制小学语文教学改革试验,对自新式学堂兴起以来每篇课文只教三五个汉字的分散识字法,进行了改革试验。首先是改革教材:调整识字量,加大识字密度,小学三年共识字3386字,其中80%达到"四会"要求;调整阅读量,增加课文篇数,增加看图识字、短语和句子。其次,开展识字教学的改革,基本做法:一是让学生掌握识字的基本工具——教好汉字拼音和一批独体字,以提高认字能力;二是根据学生的接受能力,抓住汉字的不同特点,灵活地进行教学;三是在识字是重点的前提下,又根据每个字的具体特点和儿童年龄特征、知识水平的不同有所侧重。

2. 集中识字探索

辽宁省黑山县北关学校的贾桂芝、李铎等老师首创了"集中识字教学法"。这种方法是把汉字先集中起来学习,先识字后读书,学一批字,读一组课文,再学一批字,再读一组课文,集中教,分散练。从1958年9月到1960年5月,黑山县北关小学的语文教学改革,在拼音、识字、阅读、写作等方面,都初步积累了一些经验。②

3. "双基"教学探索

60年代初,教育界开始重视基础知识和基本能力的教学,并将二者合称"双基",强调狠抓"双基"。1962年,上海语文教育界把语文"双基"的内容概括为"字、词、句、篇、语(法)、修(辞)、逻(辑)、文(学)"八个方面,并具体地拟定了这些内容分年级要求的实施方案,由于目标明确,操作性强,日益得到了语文教育界的认同。后来,这八个方面被简称为语文教学的"八字宪法"。

(三) 制定颁布新的语文教学大纲

1963年5月,教育部制定并颁布《全日制中学语文教学大纲(草案)》和《全日制小学语文

---

① 顾黄初,李杏保.二十世纪后期中国语文教育论集[C].成都:四川教育出版社,2000:256.
② 顾黄初,李杏保.中国现代语文教育史[M].成都:四川教育出版社,1997:403.

教学大纲(草案)》①。《全日制中学语文教学大纲(草案)》明确了语文学科的性质是"学好各门知识和从事各种工作的基本工具",这对教材编写,教学内容的安排和教学方法等都有指导作用。而《全日制小学语文教学大纲(草案)》则注重总结和吸收我国传统语文教学经验,主张走我国自己的小学语文教学的道路。② 在大纲要求下,全日制十二年制小学和初、高中《语文》课本陆续出版。

五、"文革"时期的语文教育

1966 年,"文化大革命"开始,各级学校基本停课。1967 年,中央号召"复课闹革命"。1968 年各地相继成立中小学教材编写组,着手自编教材。有的地区把政治、历史、语文合并,以毛主席的著作为基本教材;有的地区把大批判稿也选入课本。各地编写的教材从 1969 年开始使用,中间几经修改,到 1978 年秋季全国通用的中小学教材出版供应后才陆续停用。③ 十年动乱时期,语文教育遭受了重大摧残,语文教学质量和教学水平严重下滑。

第二节　推广"红领巾教学法"

1953 年,苏联教育专家普希金从"教学内容"和"教学方法"两个维度对北京女六中一堂观摩教学课《红领巾》提出了几点建议。之后,《人民教育》组织了系列讨论,发起了一场关于一篇课文"教什么""怎么教"的大规模讨论,在现代语文教育史上产生了重要影响。这次讨论后来被称为关于"红领巾教学法"的讨论。

一、"红领巾教学法"出现的历史背景

新中国成立伊始,教育方面的首要任务是对教育的整体改造和更新,主要强调意识形态对教育的改造问题。当时,主要工作之一是解决教材问题,因为教材内容决定教学的内容,也体现教育的性质,直接关系到新社会需要的人才的培养。各科教材中,语文教材又是首要的。因此,如何编好新的语文课本,推动适应新社会需要的语文教学,成为当务之急。到了 1953 年之后,在人教社教材编写者的努力下,中小学语文教科书陆续编撰完成并投入使用以后,语文教学内容和方法问题开始成为关注的焦点问题。

其实,关于语文教学存在的问题,时任中共中央宣传部副部长的胡乔木于 1951 年 3 月在教育部召开的第一次会议上作关于爱国主义的报告时就指出:语文教育目前存在着特别混乱的现象,其原因就是没有把语言教育和文学教育分开,没有明确确定文学教育是要培养学生完美的人格,而在教学时只是咬文嚼字,不仅把文学作品的意义都失掉了,还使得学生中学六年毕业之后,不能正确地运用语言,写不出通顺的文章;没有了文学,也没有了语言,

---

① 早在 1960 年,有一个十年制(中学阶段)语文教学大纲(初稿)。这个教学大纲实际上是 1959 年 6 月以来,《文汇报》《光明日报》《天津日报》《北京日报》组织的关于语文教学目的任务的讨论总结,也是广大语文教育工作者和专家、学者智慧的结晶。(参见顾黄初,李杏保.中国现代语文教育史[M].成都:四川教育出版社,1997:394-395)
② 顾黄初.中国现代语文教育百年事典[G].上海:上海教育出版社,2001:432.
③ 顾黄初.中国现代语文教育百年事典[G].上海:上海教育出版社,2001:452.

两败俱伤。所以语言教育与文学教育可以联系起来但不能混淆。① 这段话已经表明,语文教学内容已经成为迫切需要解决的问题了。

1951年6月,《人民日报》发表题为《正确地使用祖国的语言,为语言的纯洁和健康而斗争》的社论。社论认为"语言的使用是社会、经济、政治、文化生活的重要条件,是每人每天所离不了的。学习把语言用得正确,对于我们的思想的精确程度和工作效率的提高,都有极重要的意义"②。中央的党报为加强语言教育发表长篇社论,这是新中国成立以后的第一次。这篇社论对提倡设置语法课程,进行系统的语言教育,促进语文教学改革起了重要的作用。

与此同时,在全国上下学习苏联的指导思想下,学校教育也几乎全部以苏联的模式为标准,国内请了很多苏联教育专家亲临指导,"红领巾教学法"就是在这样的特殊时期提出来的。

二、"红领巾教学法"的提出过程

"红领巾教学法"的提出始于1953年。5月20日,北京师范大学教育系的学生举行了一次中学语文教学观摩课。执教者是北京市第六女子中学的一名教师,教授的内容是初中语文课本中的一篇小说《红领巾》的一段。《红领巾》是一篇被翻译过来的苏联文学作品,主要内容是讲一位名叫艾戈尔卡的少年,在天气恶劣的夜晚,不顾危险独自出航点燃水路标灯的故事。文章长达7页。这样的一篇课文的教学时数,北京市教育局规定为7节(见"北京市人民政府教育局所属中等学校1952年度第二学期各年级语文教学要点及进度")。③ 除北师大实习生和指导教师外,市属中学许多教师也参加观摩,以致听课人数约为原班学生的3倍。苏联专家普希金教授也到场听课。④

这节课是《红领巾》一课的第四课时,教学目的和教学重点是:

(一)教学目的

1. 通过本段课文的讲解,使学生认识艾戈尔卡热爱祖国人民、热爱祖国财产的忘我精神。

2. 在讲解中着重地使学生了解并进一步学会运用"隐约""仿佛""依照"等词。

(二)教学重点

1. 艾戈尔卡决定将船划过去,冒险执行父亲的任务,表现了高度的责任感和热爱祖国人民及祖国财产的高贵品质。

2. 艾戈尔卡勇敢机智地用红领巾包住灯,完成了父亲的任务,这种精神的养成是和团队的教育分不开的。

3. 通过艾戈尔卡在惊涛骇浪中点亮路标上的灯的惊险场面,更突出地表现出他的毅力。

4. 讲解"隐约""仿佛""依照"等词并举例说明。

教师采用的教学方法是讲述法,也兼用讲解法。这堂课的结构是由组织作业、检查作

---

① 张传宗.中学阅读教学概论[M].北京:人民教育出版社,1993:20.
② 顾黄初.中国现代语文教育百年事典[G].上海:上海教育出版社,2001:325.
③ 张伟忠.《红领巾》教学法与文学教育[J].现代语文,2006(3).
④ 顾黄初,李杏保.中国现代语文教育史[M].成都:四川教育出版社,1997:54.

业、进行新教材的讲述和讲解、巩固对新教材的理解、布置作业五个环节组成的。

在课后的评议会上,普希金教授做了总结性的发言,在肯定了这堂课的优点以后,集中批评了当时一些流行的教学方法,同时还提供了积极的建议性的具体做法。针对《红领巾》一课的教学,她又着重提出了五点意见:

(1) 课文各节的分量分配不得当。这样分段讲解,不可能让学生对整篇作品获得完整的影响。没有正确的估计学生的生活经验,把他们当作学龄前儿童看待,过低地估计学生程度是这节课的严重缺点。

(2) 在讲课进行中,教师是很积极的,但学生并没有积极的形式。

(3) 语言和文学的因素过分地少。组成语文课的因素是:朗读、复述工作、分析课文,我们还可以叫学生去找出描写的词汇。而且,应当多利用黑板帮助学生记忆。

(4) 在我们的语文课中还存在着一个缺点,就是把语文课上成了政治课,这样就妨碍了语文的发展。

(5) 教师在课堂上给学生回答问题的评分应当公布,不应保密。① 普希金上述意见强调了这样几点内容:第一,语文课教学内容的选择,要根据语文课的特点、学生的年龄特征和教学的目的要求。第二,语文教学的方法不应是政治思想的灌输与说教,而要调动学生参与学习的积极性。第三,课堂结构安排要合理,课时安排得当。第四,语文课要充分体现语文学科的特点,突出语言和文学因素。

观摩课之后,北京师范大学中文系三年级实习生在师大女附中开始试教《红领巾》一课,在老师的指导下决定吸收普希金教授的意见,5月27日进行了教学试验,课时定为4课时。第1课时,介绍教材的来源以后,由学生讲述故事梗概,教师纠正补充。第2课时,分析教材。先由教师范读全文,然后要学生把能够代表艾戈尔卡高贵品质的行动、想法和说话的句子找出来,最后教师在黑板上排列成"人物性格表"。第3课时,课文分段,写出段落大意,明确主题和围绕主题选取材料的方法。第4课时讲写作技巧、文体特点,学生朗读。每节课都是先叫学生讲,由教师引导、启发,最后予以概括总结。②

这4课时的教学中又以第2课时,即分析教材(文本)为重点。教学环节有组织教学、检查作业、进行新教材讲解、巩固新教材理解和布置作业。教学方法是讲解法和谈话法(主要是问答法)。具体教学过程是:教师先范读,用时12分钟;接着引导、启发学生自己分析人物形象,加上教师的小结,用时30分钟;最后布置作业。在分析人物形象的环节,教师先把课文分为四部分,然后按照主人公平时注意锻炼、热爱工作、热爱学习、对妹妹友爱、爱护祖国人民生命财产的顺序,让学生把能够代表主人公高贵品质的行动、想法和语言的句子找出来,由老师按备课时准备好的顺序扼要写在黑板上,然后加以分析综合,最后得出结论:"这就是共产主义教育的结果。"③

三、"红领巾教学法"的推广及其问题

针对当时苏联专家普希金对这节语文观摩课的指导意见和北师大实习生的成功试教,

---

① 王兆苍.对《红领巾》教学的回顾[C].王兆苍.王兆苍文存.北京:民族出版社,1955,5.
② 顾黄初,李杏保.中国现代语文教育史[M].成都:四川教育出版社,2007:356-357.
③ 陈玉璞,杨茂新.我们试教《红领巾》的经过和体会[J].人民教育,1953(10).

《人民教育》发表了大量宣传文章,在全国掀起了学习"红领巾教学法"的热潮。1953年7月,叶苍岑教授率先在《人民教育》上发表了《从〈红领巾〉的教学谈到语文教学改革问题》一文,详细地介绍普希金教授的评课意见和北师大中文系学生二次试教的经过和体会。与此同时,该刊同期还发表了《稳步地改进我们的语文教学》的短评。短评指出:"普希金给我们指出了改进语文教学的方向,北师大中文系学生已经打响了'第一炮',希望全国中等学校的语文教师能从此把改进语文教学的工作,再推进一步,推向新的发展方向上去。"[1]值得肯定的是,短评还指出"这只是改进语文教学的初步尝试,还不是已经成熟了的果实",因此"不希望教师们就把它当做肯定的典型,而依样画葫芦"。[2]

随着"红领巾教学法"讨论的深入,全国各地都开始组织讨论和观摩《红领巾》的教学,并结合当地教学实际进行教改试验。之后,又引进谢皮耶娃的"文艺作品教学"八个环节程序,即启发工作、阅读课文、读后谈话、逐段阅读分析、编写段落大意、复习阅读、复述和创造性讲述、结束谈话这一模式,通常称为"讲读法"。1954年,在中国大地上掀起了学习"红领巾教学法"热潮。而短评中不要依样画葫芦的建议并未得到人们的重视,使得《红领巾》这一课的教学法:"组织教学、检查作业、进行新教材、巩固新教材、布置作业"的五环节;"时代背景、作者介绍、段落大意、中心思想、写作特点"的五步骤逐渐成为一种中小学语文教学的主导方法。

实际上,普希金教授所提出的意见,是依据当时苏联的语文教学经验,针对《红领巾》这一篇小说的教学进行评述的。然而,由于当时对"红领巾教学法"的宣传和对专家意见的介绍存在一定的问题,导致了真正要学习的东西没有很好地传播出去,使得人们对该教学法的认识产生了误差。叶苍岑教授的《我们试教〈红领巾〉的经过和体会》又是着重介绍了第2课时的教学等,让当时的人们都过分地关注了"谈话法"和人物形象的"理解分析",并将其视为"红领巾教学法"的精髓。

与此同时,各地在学习普希金教授的意见的过程中,并没有结合我国教学过程中的实际情况,而是对"红领巾教学法"顶礼膜拜,在教学中机械照搬。相当长的时间内,几乎把"红领巾教学法"定义为语文教学的唯一方法,把《红领巾》教学中的所谓"分析课"定义成了语文教学中唯一的"课型"。这些都将"红领巾教学法"的发展推向了不利的道路。

面对这样的情况,不少人指出此次教改中出现的问题和弊端,并且比较全面地分析了普希金教授意见学习的初衷和学习经验的情况。章炼烽先生就发表文章提醒教师应在教学中明确语文教学的任务:"一是通过系统的语文教材进行思想政治教育。二是培养学生一定程度的说话和写作的能力。首先要求说话清楚,写作通顺,并逐渐要求达到富于表达力和艺术性。三是培养学生一定程度的阅读各种科学书籍和文学作品的能力。"[3]在行文中,章炼烽先生也指出了试教中出现的不足之处,对学习意见和教改中的形式主义错误提出了批评。文章的最后,还补充介绍了普希金教授提出的做一个称职教师必须具备的六点意见。

《人民教育》1954年的1月号发表了《纠正语文教学改革中的偏向》的短评。短评要求教

---

[1] 李华平.普希金《红领巾》教学意见"的历史本相及现实价值[J].教育科学论坛,2010(1).
[2] 张伟忠.《红领巾》教学法与文学教育[J].现代语文,2006(7).
[3] 章炼烽.目前语文教学改革中的几个问题[J].人民教育,1954(1).

师全面地体会普希金教授意见的精神实质,做到钻研并掌握教材,根据学生的实际情况改进教学方法。同时强调,方法是重要的,但应该研究和加以改进,不能孤立地或形式主义地套用。《人民教育》在1954年3、4、5、7月号上开辟"语文教学改革笔谈会专栏",对语言文学因素和政治思想因素的关系,以及学生的预习问题,语文教学中是否取消"串讲"等问题展开讨论。《文汇报》1954年3月29日和4月26日分别登载了北师大中文系学生根据自己的试教经过写出的"古典作品教学的初步尝试""试教〈龙须沟〉的体会",试图改变教师学习教学经验时形式化、机械化的不良现象。①

后来,叶苍岑教授写了《谈话法在语文教学中的作用》等文章,及时总结了普希金教授的意见:"第一是了解学生的实际程度;第二是给学生新鲜的、充分的语言知识和文学知识;第三是使学生获得完整的影响;第四是启发学生多想、多说,积极活动起来;第五是正确地进行思想政治教育,在整个语文课里有高度的思想政治性。"②不得不说,这样的总结是比较全面且切合实际的。然而,这一意见并非在介绍专家意见时就提出,而是在实践中出现了问题以后,为了纠正大家认识上的偏差才提出的。令人遗憾的是,由于当时政治、社会、语文课程教材和语文教师等等方面的局限,"红领巾教学法"最终未能走上良性发展的道路。

四、"红领巾教学法"产生的影响

(一) 积极影响

不容置疑,就当时左右摇摆不定的语文教学状况(或语文课上重读写、轻听说;或把课文分段串讲;或把语文上成政治课等)而言,"红领巾教学法"的出现,对我国语文教学产生了正面的影响。

其一,这一教学方法,推动了我国语文教学方法的改革。之前的语文教学皆是"教师讲,学生听"的模式。而"红领巾教学法"却强调了从学生的实际情况出发,要求注重调动学生参与课堂的积极性和主动性,同时考虑了更为合理安排教学课时等问题。关注学生主体和学生语文学习的水平,这不得不说是我国语文教学改革的一个进步。

其二,这一教学方法,为语文教学提供了相对稳定的教学路径,在"五个环节"的教学基础上,又初步建构了现代语文教学的基本模式:① 题解,作者介绍、时代背景等。② 范读,讲解生字生词、学生质疑问难等。③ 分析课文,结构分析、人物形象分析、重点难点分析等。④ 总结主题思想。⑤ 研究写作特点。这样的做法,使得语文不再是空洞的政治说教,而是让语文回到了本身,让许多普通教师尤其是教学经验缺乏的老师能够有效地掌握教学的方式,并在一定程度上提高语文教学的质量。

(二) 负面影响

全国狂热的"红领巾教学法"学习热潮,使得对这一教学法的效仿走向了另一个极端。有些教师甚至认为这一教学法是教任何年级乃至任意一课皆准的公式,因而几乎所有的语文课都照搬该上课模式。分四节课上一篇文学作品,每节课的重点与《红领巾》的上课重点

---

① 郑国民,刘彩祥.对《红领巾》教学的重新认识[J]. 河北师范大学学报. 2002(5).
② 郑国民,刘彩祥.对《红领巾》教学的重新认识[J]. 河北师范大学学报. 2002(5).

同样,第三节的分析也画个表。教学的方法就以"谈话法"为主,兼用"讲解法"。北京、广州等各地的中学都出现了类似的情况,完全陷入了形式主义的泥潭。例如,"过去对任何文章都是'逐句讲解',学习《红领巾》教学经验以后,对任何年级任何文章都用'谈话法''表解法',甚至教任何课文总套用《红领巾》教学中分析人物形象的板书形式。""语文课大讲'时代背景''作家传略''人物性格''艺术手法'等等,把语文课上成了'文学课'。""在相当长的时间内,'红领巾教学法'几乎成为语文教学的唯一方法,《红领巾》教学中的所谓'分析课'几乎成了语文教学中唯一的'课型'。"①

第三节 汉语、文学分科实验

新中国成立以后,语文教育进行了一系列改革,最有代表性的就是汉语、文学分科教学的实验。亲历这场改革的刘国正先生指出:"这次改革,受到的关注是建国50年间所仅有的。毛泽东同志亲自过问,党中央政治局扩大会议批准,胡乔木同志直接领导。后来,周扬同志也参与领导。在教育部内,则由教育部副部长、著名语文教育家、文学家叶圣陶先生直接领导,人民教育出版社主持这项编辑工作的是著名作家吴伯箫、文学史家张毕来。在编辑过程中,还召集了几次作家座谈会,茅盾、老舍、臧克家、萧三等都提供过意见。"②汉语文学分科教学改革是从1951年开始酝酿的分科教育,经过5年的研究和筹备,在27所学校的2.7万名学生中实验后,1956年进入实施阶段,但仅仅维持一年多的时间,到1957年底就匆匆结束了。这次分科教学以及它的中途夭折,既是政治权力和意识形态直接介入并操作的结果,也是学习苏联等发达国家语文教学经验的一次宝贵尝试,在现代语文教育史上具有重要意义。这次分科教学,涉及很多语文教育的深层问题,主要是文学教育问题、语言教学问题和语文教材编写与使用问题。这三个问题,也是以后历次语文教育大讨论和教学改革都无法绕开的根本性问题。

一、汉语、文学分科实验的历史背景

由于中国共产党领导的新生政权诞生的特殊性,新中国人民政府在建立之前就采取"一边倒"的外交政策,标志是1949年毛泽东在其发表的《论人民民主专政》一文中正式宣布:"一边倒,是孙中山的四十年经验和共产党二十八年的经验交给我们的,深知须达到胜利和巩固胜利,必须一边倒。积四十年经验和二十八年的经验,中国人不是倒向帝国主义的一边,就是社会主义一边,绝无例外。""走俄国人的道路,这就是结论。"③因此,新中国成立之后,从地方到中央,我们无论是经济建设,还是文化教育等都逐步开始全面学习苏联的经验。

从1952年下半年开始,在全国范围内学习苏联教育经验,凯洛夫《教育学》成了必读教材。通过学习凯洛夫的《教育学》,许多一线教师端正了教育思想,明确了教育任务,并把五环节教学法(组织教学—复习旧课—讲授新课—巩固新课—布置作业)引进课堂教学。

---

① 李杏保,顾黄初.中国现代语文教育史[M].成都:四川教育出版社,1997:358.
② 刘国正.似曾相识燕归来——中学文学教育的风雨历程[J].课程·教材·教法,2000(6).
③ 毛泽东.论人民民主专政[C].//毛泽东.毛泽东选集.北京:人民出版社,1964:1476,1478.

为了进一步推动语文教学的发展,大量的苏联文学教学的著作被翻译介绍到国内,其中影响较大的有恩·柏·卡诺内庚的《语文教学法》、果鲁柏可夫的《文学教学法》等等。恩·柏·卡诺内庚的《语文教学法》原著共有四个部分,分别是"识字与写字""讲读""语法""说话和写作",中文版只翻译了"讲读""说话和写作"两部分。苏联教育理论和语文教育理论的引入,对我国当时的语文教育产生了重要影响,它不仅开阔了国内语文教师的眼界,也丰富了语文教育的内容和方法。但是,学习苏联经验也出现了教条化的倾向。因此,叶圣陶先生适时指出:"苏联的俄语跟我们的汉语不同,苏联的文学传统也跟我国的文学传统不一样,我们没法照搬照抄,必须体会苏联经验的先进经验的精神,让它跟我国的实际经验结合起来。"①

二、汉语、文学分科实验的发展进程

（一）酝酿期

1951年3月下旬,教育部召开第一次全国中等教育会议。在此次会议上,政务院文教委员会秘书长胡乔木在报告中指出,"语言和文学是两种东西,语文教学内容包括文学和语言两个部分,应将汉语教育和文学教育分开。"1953年4月,教育部向中共中央政治局汇报工作,提出改进中小学语文教学的问题。当时毛泽东主席指示,语言和文学可以分科教学,并指定胡乔木建立一个组织来指导解决语文教学问题。根据中央这个指示,随即成立了以胡乔木为主任的中央语文教学问题委员会。

1953年12月,中央语文教学问题委员会给党中央写了《关于改进中小学语文教学的请示报告》。《报告》指出:我国中小学的语文教学历来都是把语言和文学混在一起教。这样教学的结果,不论从语言方面看,从文学方面看,都遭了很大的失败。一般语文教学着重在语言文字的解释方面,并没有有计划地教给学生以系统的语言规律的基本知识,所用教材也不适于进行语言教育,其结果是使学生缺乏严格的语言训练,在写作中形成语法、修辞、逻辑上的严重混乱,贻害很大。另一方面,一般语文课都不注重文学教育,没有经过文学培养青年高尚的品格和健康的人生观,也没有使学生得到必要的系统的文学基本知识和文艺欣赏能力。《报告》提出"应当把语文一门课程,分为语言和文学两种独立的学科进行教学",并分别对语言课和文学课的目的任务、教学内容和编排体系等作了具体说明。

1954年2月,中共中央政治局扩大会议批准了中央语文教学问题委员会《关于改进中小学语文教学的请示报告》,并且责成政务院文委党组办理。这就确定了在中学实行汉语和文学分科教学,并分别编写两科的教学大纲和课本。

（二）发展期

1955年8月,教育部副部长叶圣陶向北京市中学语文教师作了题为《关于语言文学分科的问题》的报告。《报告》着重阐明语言和文学分科的理论根据,认为"语言学和文学性质不同,语言学是一门科学,文学是一种艺术,性质既然不同,知识体系就不同,教学任务也有所不同,所以必须分科"。《报告》还指出:"苏联的语言和文学分科教学的经验足够供我们参

---

① 叶圣陶.关于语言文学分科的问题[J].语文学习,1955(8).

考,这是我们语文教学改革的一个极有利的条件。"①这个报告从学科性质上阐明了汉语和文学应该分科,各有不同的教学任务,并且强调学习苏联分科教学的经验必须结合我国的实际情况。与此同时,汉语文学分科教学大纲、教科书和参考书也在紧张的编写之中。

为了推动汉语文学分科的语文教育改革,1955年11月,胡乔木在中央教育行政学院作了题为《语文教学同文字改革》的报告。报告指出,中学文学教学有三方面任务:

(1) 认识生活。这是文学教学的根本任务。文学是通过作家创造的各种形象来表现生活的。文学教学就要使学生通过阅读作品和形象思维,了解人是怎样生活的,社会上各种现象是怎样表现出来的,从而认识现实、认识生活。

(2) 形成品格。文学离不开作家的世界观和思想,教人怎样去理解和对待生活。文学教学就要使学生从作品中受到感染,逐渐形成对生活的态度、品德、人生观和世界观。

(3) 培养鉴赏能力、语言技巧以及文学理论、文学史基本知识,这是有社会意义的。

总之,这个报告对文学教学的目的任务作了具体阐述,提出三方面任务和总的培养目标,这就使汉语和文学分科教学的指导思想更为明确。

1956年4月,胡乔木邀请人民教育出版社一些同志谈话,对新编的汉语和文学试教本提出重要意见。他强调指出:"国家和人民对作文教学的要求很高。学生高中毕业,若是能够写通文章,那就是汉语和文学教学的成功;若是写不通文章,那么无论怎样汉语和文学分科教学,教多少文学作品,还是教学的失败,人民群众会有很多意见。"他还指出:"新编的汉语和文学课本,对作文教学还没有很好地解决。""汉语课讲语音、词汇、语法,对怎样掌握语言、使用语言讲得不够。""把作文放在文学课里教,也不够。因为那只能教学生写一个人物、一段故事或者一种风景。日常讲清楚一件事情,说明白一种道理,发表一种议论,却不一定写得好,甚至写封普通的信也没有把握。""作文教学要从小学起直到高中、大学,提出一套科学的设计,作文也要定出指标来。"②

胡乔木的这个指示,给汉语和文学分科教学提出了一个重要的任务,就是必须解决好培养学生写作能力的问题。当时初高中文学教学大纲都已写成初稿印发,为了贯彻这个指示,两个大纲(草案)都增补"文学作品中的语言教学"一节,对语言教学提出了一些要求。汉语文学分科教学之后,为了培养学生的作文能力,教育部还专门拟订了《中学作文教学初步方案(草案)》。

1956年4月,教育部正式发出《关于中学、中等师范学校语文科分汉语、文学两科教学并使用新课本的通知》,决定从1956年秋季起,中学、中等师范学校语文科分汉语、文学两科进行教学,并使用新编汉语课本和文学课本。③

1956年7月,教育部召开全国语文教学会议,讨论汉语和文学分科及中小学语文教学的内容和方法问题。会前陆定一对课本选材提出批评,周扬也作了具体指示。根据他们的批评和指示,会议对分科教学的计划作了很大的变动。④

1956年7月,教育部正式颁布汉语文学分科大纲,具体包括《初级中学汉语教学大纲(草

---

① 叶圣陶.关于语言文学分科的问题[J].语文学习,1955(8).
② 转引自:张传宗.中学阅读教学概论[M].北京:人民教育出版社,1993:20.
③ 关于中学、中等师范学校语文科分汉语、文学两科教学并使用新课本的通知[J].人民教育,1956(5).
④ 饶杰腾.近现代中学语文教育的发展[M].广州:广东教育出版社,2008:149.

案)》《初级中学文学教学大纲(草案)》和《高级中学文学教学大纲(草案)》。两套文学大纲是20世纪最详尽、也是唯一的文学教育大纲。这两份大纲对以后的语言和文学教育产生了很大的影响。

(三) 结束期

汉语课本和文学课本正式使用以后,各地语文教师普遍反映文学课本的系统性强,名家名作选得多,知识内容丰富,有教头,有学头;但也提出不少问题,认为古典作品选得过多,有些作品思想内容消极,高一年级按照文学史系统进行教学,教师教和学生学都有困难。为此,1956年8月至1957年10月,《人民教育》特地开辟"语文教学问题讨论"专栏,就此次汉语、文学分科教学问题展开了一段较长时期的讨论。就发表的文章来看,讨论的焦点问题主要聚焦在"文学教学"方面,主要议题集中在以下方面:① 文学系统性与教育系统性的矛盾,这种矛盾集中体现在教材的编写上,即如何兼顾文学史和学习者经验的问题;② 文学教学训练与技能训练的矛盾;③ 文学教学个性化与社会化的矛盾;④ 艺术语言教学与一般语言教学的矛盾。[①]

1956年12月,林枫在国务院第二办公室的会议上,传达了毛主席、刘少奇、林伯渠关于文学课本里古典作品不宜太多的指示,并指出:文学课本的系统性要切合实际,照顾学生的接受能力,进行思想政治教育。于是责成人民教育出版社邀请语文教师讨论,精简教材。

到了1958年初,谈语文分合问题的就多起来,有的主张分科,有的主张合科。也有人认为分也好,合也好,关键问题是能否提高语文教学的质量。能提高,分合都可以,否则分合都不行。[②] 1957年的"反右派"斗争,使语文教学问题的讨论一转而成对汉语、文学分科指导思想的批判。据称,指导思想存在着根本不同的两种:一是培养社会主义社会的各种劳动者在工作中运用语言文字的能力;二是文学第一,诗歌第一,高中更是古典文学第一。批判者认为,过去几年的语文教学"厚古薄今,脱离实际,脱离政治"。在经历"反右倾"运动后,关于汉语、文学分科教学的讨论就改变了性质,不再是单纯的语文教学问题,而变成了政治上的批判,认为汉语、文学分科意图脱离政治而独存,是当前政治的对立面,应当摒弃。以后,文学课本受到越来越多的批评,对问题的性质也越提越严重。终于在1958年春,国务院二办就决定取消汉语和文学分科,恢复语文课本。

三、汉语、文学分科实验的经验与教训

汉语、文学分科教学是我国借鉴苏联经验的一次语文课程与教学改革,也是立足本土经验借鉴外来先进课程与教学经验的有益尝试,在我国语文课程与教学发展史上具有重要意义。

(一) 汉语、文学分科教学的经验

这一时期的汉语、文学分科教学,从酝酿到组织人员编写教材和教学参考书,到在部分

[①] 洪宗礼,柳士镇,倪文锦.中国百年语文课程教材的研究[C].//洪宗礼,等.母语教材研究:第1卷.南京:江苏教育出版社,2007:158-165.

[②] 张传宗.中学阅读教学概论[M].北京:人民教育出版社,1993:40.

中学试点,再到在面上推开,经过了几年的时间,可以说,准备是比较充分的。但是,就广大中学语文教师来说,却是仓促上阵的,思想准备、物质准备,尤其是业务素质准备,都不充分。所以,分科教学之初,面临着一系列的困难。教材是新的,难度比较大,供应不及时,大多数中学语文教师都不太适应工作。幸而当时的社会风气好,广大中学语文教师积极上进,有热情,有干劲,有责任感,有事业心。在党的领导下,他们克服重重困难,边教边学,边学边教,基本保证了教学质量。有些原先业务基础较好的中学语文教师,还能及时地总结教学经验,教育行政部门也很注意及时推广他们的经验。当时的《人民教育》《教师报》《语文学习》等报刊,形成了一个研究汉语、文学分科教学问题的热潮。《人民教育》从1956年8月号开始,还开辟了专栏,专门研究语文教学问题。在很短的时间之内,有些教学难点,如汉语课的讲解与训练,文学课的思想内容分析和艺术形象分析,还有文学课的长篇课文的教法等,都出现了一些成功的教学实例。

在汉语教学方面,初中汉语教学大纲(草案)指出:"观察具体的语言材料,对这些材料进行分析、比较、概括,得到规律,再通过具体的材料印证这些规律,运用这些规律,从而巩固对它的认识,这是汉语教学方法中必须始终贯彻的基本原则。"

在这个原则的指导下,汉语教学实行了两种不同的方式:一种是先提出定义或规律,再举例;一种是先提出语言材料,进行分析、比较,从而概括出定义或规律。因为初中汉语教学的根本任务在于提高学生理解、运用语言的能力,所以,教学中应以后一种方式为主。汉语教学的过程大体上是:教师先指导学生作课堂练习,对具体的语言材料进行观察和分析;再由师生共同概括和总结,肯定定义和规律;最后教师再指导学生以练习的方式巩固对定义和规律的认识。

文学课的教学方法,依据当时初、高中文学教学大纲的要求,主要采取如下做法。

1. 分类讲读

初、高中的文学教学大纲(草案)是1955年制订公布的,1956年修订再版时都加上了"补充说明",内容基本相同。汉语、文学分科教学开始以后,在实际教学过程中遇到了一些困难。最主要的就是文学课本的内容量大,难度也大,所以,"补充说明"决定对课本采取一些变通办法。具体地说,就是对编入文学课本的课文,根据课文本身的特点,在保持学科体系完整的条件下,可以分为三部分。第一部分是必讲课文,即必须全部讲授的课文;第二部分是机动课文,即可讲可不讲,可以讲全部,也可以讲一部分的课文;第三部分是参考课文,是供教师教学和学生预习、复习时参考的课文,不在课堂上讲授。当时曾经设想,在两三年之内,这三部分课文将随着全国教学水平的不断提高而变动,机动课文和参考课文将陆续变为必讲课文。

文学课中的必讲课文可以分为两类。第一类是应该用较多课时来讲授的课文,教学时一般都要进行朗读、分析,并指导学生做练习、复习等工作;有的还要背诵全文或篇中某一部分;古典作品文字艰深的,还应该逐句讲解。第二类是应该用较少课时来讲授的课文,和第一类比较,教学时可以略去一些教学环节。

当时要求教师在教文学课本时,根据每篇课文的特点,灵活地运用各种方式方法。初中文学教学大纲中,对一些教学的方式方法还作了说明。当时,运用于文学作品讲读教学的方式方法主要有:语句的解释和练习、朗读和默读、编提纲、叙述、提问、背诵、作文等。这些方法,各有各的作用。

2. 文学作品教学过程的四个阶段

在初中文学教学大纲中,指出一篇文学作品的教学过程,大致分为四个阶段:起始,阅读和分析,结束,复习。这不是硬性的死规定,教师可以灵活掌握。其中"起始"的主要内容,是介绍作家、作品的时代背景和有关材料、解释词句等,目的是为深入学习课文创造条件。"阅读和分析"是一篇文学作品教学的主要阶段,目的是使学生全面深入地领会作品的思想内容和艺术形式。"结束"是在分析之后,再把教学内容加以概括,目的是让学生对作品有一个综合的认识。"复习",是为了巩固学生已经获得的知识。

3. 形象分析

作为促使学生逐步深入领会作品的重要手段,分析作品必须通过作品的艺术形象来阐明作品的思想内容。因此,对于不同类型的作品,就要求作不同的分析。以写人为主的作品,如小说、戏剧等,主要是对作品里所描写的人物进行分析。分析人物要通过人物的外貌、行为、语言、生活环境和人物之间的关系等来分析人物的性格和思想感情,从而阐明作品的思想内容。而以写景、抒情为主的作品,如诗歌、散文等,则应分析其中的艺术形象,使学生深刻领会诗人和作家的思想感情,从而理解其作品的思想内容。至于分析人物和艺术形象的具体方法,当时也有很多创造,如指导学生编写人物评价提纲,并按提纲复述的做法,就很有效。

4. 艺术形式分析

大凡优秀的文学作品,都是思想内容和艺术形式的完美统一,而艺术形式又是为思想内容服务的。为了让学生深刻领会文学作品的思想内容,教学中要指导学生对文学作品进行艺术形式的分析,包括结构分析、语言分析和表现手法的分析等。其中结构分析可以帮助学生把握作品的中心内容,训练他们的思维能力和表达能力。结构分析一般是从指导学生划分段落开始,进而弄清作品各部分之间的关系,并编写结构提纲。有些作品,还要通过分析情节来分析结构。同时,因为文学是语言的艺术,所以分析作品的艺术语言,就要指导学生抓住作品里那些最能鲜明地刻画形象、表达思想感情的准确、简练、朴素的语言和修辞方法,看它们是如何为表现思想内容服务的。此外,还有表现手法的分析,就是分析不同作品中塑造人物、描写景物、叙述事件、抒发感情的不同的方式方法。

5. 对各类文学作品特点的分析

选入教材的文学作品有各种各样的体裁,教学的重点和方法也不相同。汉语、文学分科教学一开始,广大中学语文教师就注意到了这个问题,展开了对各类课文教学的研究,取得了不少成绩。例如,朗诵、背诵的方法,对诗歌教学显得特别重要,分析意境是分析诗歌的中心环节;而小说教学,重点在于抓住情节、环境和人物来进行深入的分析,等等。

(二)汉语、文学分科教学的问题

1. 语文课程定位问题

语言课侧重的是语文的"工具性",旨在教学生热爱祖国的语言文字,能正确理解和运用祖国的语言文字,提高学生听说读写的能力;而文学课强调的是语文的"文学性",意在使学生通过优秀的文学作品,了解社会生活,体会人生疾苦,感受酸甜苦辣,并对文学产生兴趣。因此将两者分科教学是有一定必要的,但是否应该分得彻底,将两者完全割裂开来,答案是否定的。语文教育的分科教学是可行的,而且是很有必要的,但不一定要分成"汉语""文学"两科。仅仅三年的汉语、文学分科实验虽然不幸夭折,却给我们带来了更多的思考和可取的经验,在语文教育史上是不可忽略的一次有益尝试。

2. 语文课程内容确定问题

1956年语文教学大纲在课程内容(教学内容)确定性层面作出了很大努力,取得以下两点经验:

(1) 用具有课程意义的实践活动来匹配能力目标。小学语文的"教学任务"采用能力目标,教学内容则主要是具有课程意义的实践活动,并分解为具体的活动项目,这些活动项目指向明确,能有成效的达成课程目标。

(2) 以内容目标为主。中学汉语、文学的"教学任务"主要是内容目标,它们是由属于课程目标的教学内容直接构成,并系统地落实到具体项目上。在课程目标与课程内容交互作用方面存在的问题是:① 课程目标缺乏课程内容支撑;② 课程内容不能正确地指向课程目标;③ 课程内容难以有效达成课程目标。①

3. 文学阅读教学问题

(1) 教学目标过分强调纯文学教学,忽视了一般读写能力的培养。文学课本的课文质量虽然提高了,但并不教读一般的文章。文学课本的知识内容虽然很丰富、很有系统,但并不讲授一般读写知识。虽然初高中教学大纲里都增补了"文学教学中的语言教学"一节,并对语言教学提出一些要求,课文后边练习中也提到语言和写法的,但这些主要都是从学习文学语言和表现手法的角度提出的,并不完全适合读写一般文章的需要。

(2) 教材内容要求偏高,如高中文学按照文学史系统从古到今选编教材,这种编排与教学内容的选择从易到难的原则有矛盾。

(3) 强调文学分析,导致在教学中架空分析思想内容和艺术形象,忽略了文学的感受体验和欣赏。

(4) 对培养古典作品的阅读能力,要求不够明确,而且课本并未编入必要的古汉语知识。

第四节 "文道关系"大讨论

一、"文道关系"大讨论的背景

新中国成立以后,语文教学中"文道关系"的问题更为突出。新中国成立初期,语文教育配合整个国家建设的总任务,强调思想政治教育是必然的。直至"大跃进"时期,将教育为无产阶级政治服务提高到举什么样的旗、走什么样的道路、办什么样的教育这样的高度来看

---

① 洪宗礼,柳士镇,倪文锦.中国百年语文课程教材的研究[C].//洪宗礼,等.母语教材研究:第1卷.南京:江苏教育出版社,2007:109-110.

待。此时的语文教育强调政治挂帅,高涨的无产阶级政治教育冲淡了对语言文字的学习,"道"压倒一切,是绝对的统帅,是灵魂。在这样的"文道关系"下,我国的语文教学质量出现了大幅度滑坡的局面。

1957年,"反右倾"运动后,语文教学界开始对汉语、文学分科进行批判。1958年,经济上的"大跃进"运动深刻影响了文化教育的发展,尤其是在语文教育方面,它强调教育必须"为无产阶级政治服务",使语文教学由"政治标准第一"转为"政治标准唯一",读写能力的培养形同虚设,基础知识教学和基本技能训练被架空,教学质量无法保证。因此引发了自1959年6月开始的语文教学目的任务的社会性大讨论。

二、"文道关系"大讨论的过程

1959年,中央教育工作会议决定以语文为重点学科,要求教育部门各级领导都要抓紧语文教学的领导工作,切实提高语文教学质量。为了在根本问题上逐步统一大家的思想认识,上海《文汇报》自6月3日起开辟专栏,首先展开了"关于语文教学目的任务的讨论",刊发了育才中学语文教师刘培坤的《"文"与"道"——关于语文教学目的和任务的我见》一文,并配上编者按,拉开了新中国的第一次"文道关系"大讨论的序幕。

刘培坤在《"文"与"道"——关于语文教学目的和任务的我见》一文,首先对学生的语文程度出现不平衡的现象进行了分析,认为导致这种现象发生的最主要的原因是"学习态度和方法存在问题"。其次,针对学生在语文学习方面存在的问题,以一言蔽之:"听得多、讲得少、写得少、记得更少。"认为"理解、记忆与运用三者之间是互相关联了,能理解,就便于记忆;能记忆,才可能得心应手的运用",而学习的正确途径则是"多读、多作、多商量"。最后,刘培坤从教师角度出发,以"文以载道"和"师者,所以传道授业解惑也"出发,阐述"文"与"道"的关系,认为学生"学会了文",自然而然就"学通了道",所以"学会了文"是语文教学的基本任务,也就是"通过语言文字的教养进行政治思想教育"。同时,对于"强调语言文学的教养会产生过去忽视政治、脱离生产、脱离实际的现象"这一问题,刘培坤是持否定态度的,认为"强调语言文字的教养可以克服为结合而结合的现象",更有助于对学生进行政治思想教育。

此篇文章刊发之后,立即引发了各界的广泛讨论,借助《文汇报》这个平台,众多论者对刘培坤所阐述的"文""道"关系提出质疑。其中杨沂在《不能重"文"轻"道"——与刘培坤同志商榷》一文中认为,刘培坤将导致学生语文程度不平衡的原因之一归之于教师"在确定每篇教材的教学目的时,首先考虑的是思想内容而不是艺术形式"是不恰当的,不认可"语文教学的首要任务是语言文学的教养"这一观点。他认为刘培坤所说的"学会了文即学通了道"容易传达一种错误信息,即"'文'即'道',艺术即政治,传授了知识即进行了思想政治教育",违背了"政治标准第一,艺术标准第二"的原则。对此,刘培坤于同年8月再次发表文章《再谈"文"与"道"》,更加详细具体地阐述自己的观点。他认为,学生对课堂上讲授的范文要口诵心悟,玩味语言的声音、色彩,领会作品的形象意趣,探索文章的关键、脉络是完全必要的,也是完全可能的。文学作品是语言的艺术,典范性的作品必须是高度的思想性和高度的艺术性的统一,我们要透彻地领会其中的思想性,就必须深刻地理解其艺术性。

讨论中,很多人都袭用了"文以载道"中"文"与"道"的概念,来说明语文教学中思想教育

第四章 新中国成立至"文革"时期语文课程教学的曲折发展

和语文教育这两重任务的关系。不少人针对语文教学片面强调"道",即所谓"为无产阶级政治服务""政治挂帅"等进行了辩论,指出了"教育大跃进"严重冲击了语文教学的"文",违背语文教学的基本规律。经过讨论,大家一致认为,语文教学中的"道"不是"要不要"的问题,而是"怎样要"的问题,正确的态度应该是"文道统一"。8月13日,教育部副部长林砺儒在《文汇报》发表了《文与道的关系究竟怎样》,算是初步做了小结。林砺儒指出:"近年来,大家重视语文教学的政治思想教育这是好的;但同时,也应看到当前中小学语文教学质量不尽如人意,我从许多地区的教学情况汇报看到,在语文教学中,忽视基础知识的情形比较普遍,有的教师离开课文向学生进行思想政治教育;有的教师在教学时只注意时代背景、主题思想、人物形象的分析,而不注意语文的基本训练。"他认为语文教学的基本任务是语文知识和语文能力的教学,"从这个实际状况出发,要提高教育工作质量,语文科的教学应该注意培养学生的阅读能力和写作能力",同时指出,"学会了'文'自然也就学会了'道'的说法是不妥当的。"①

总的看来,这场"文道之争"的焦点问题是语文教学如何处理"文"与"道"的关系。这里的"文"指要学生了解课文的语言形式,"道"指要学生领会课文的思想内容。对这一问题的讨论,当时主要有三种观点②:

(1) 以文为主。在讨论中,多数人认为,语文知识教学是语文科的基本任务或主要任务。其理由是语文学科的目的、任务必须根据语文学科的特点来确定。语文科以语文知识教学为主要任务,适当进行思想教育。语文课虽然政治性很强,但是它毕竟是一门文化课,不是政治课。有人引用马克思的论断指出:"在全面发展的人的教学中,智育,即人的教养应占第一位。"这样看来,在语文教学中,应该首先考虑知识的教学目的。

(2) 以"道"为主。持这种观点的人认为,语文科有强烈的思想性,它的主要任务是进行思想教育。其理论依据主要是当时的政治和文艺评论标准,即"政治是统帅、是灵魂","政治标准第一,艺术标准第二"。如果学会了文即学通了道,那似乎"文"的位置要高于"道"的位置,不免让人产生"文"即"道",艺术即政治之感,这明显违背了"政治标准第一,艺术标准第二"的原则。语言是思想的外壳,文学是社会生活的反映,是阶级斗争的武器。语文这门学科本身的特点决定提高学生思想觉悟始终是语文教学的基本任务。问题只在于,我们应该识别进行政治思想教育的语文课与政治课的异同。在教育与教养目的方面,这种观点认为,"语文教学应该以教学目的为主,错字、病句不是原则问题,教养只是手段,而教育才是目的"。

(3) 文道并重。这种观点主张,语文学科兼有思想性和工具性的特点,在语文教学中政治思想教育和语文知识教育都重要。有人进一步指出,文道之间的关系是水乳交融,亲密无间,偏重了哪一方面都是不妥当的。把语文课讲成政治课不对,但是,抱着单纯实用的观点,把语文课仅仅看成是一种教会识字、读书、写文章的工具课,那也是不对的。

1951年12月,《文汇报》发表题为《试论语文教学的目的任务》的社论,给这次文道讨论画上了句号。社论认为:"语文是一门重要的课程。学生的语文知识基础打得是否牢固,直接影响到政治、数学、物理、化学、生物等其他学科的学习,也会影响到以后的继续深造和生

---

① 陈黎明,林化君.20世纪中国语文教学[M].青岛:青岛海洋大学出版社,2002:297.
② 李杏保,顾黄初.中国现代语文教育史[M].成都:四川教育出版社,1997:302-306.

产、工作。语文,归根结底是一种工具,是阶级斗争的工具,是生产斗争的工具,是交流思想和感情的工具,是传播知识的工具,是学习马克思列宁主义和攀登文化科学高峰的工具,一句话是人们用以认识世界和改造世界的一个重要工具。"

社论对语文教学的目的任务作了如下的说明:总结近年来的语文教学实践经验,语文教学的目的任务应当是:使学生正确、熟练地掌握与运用祖国的语言文字,培养与提高学生的阅读和表达能力,并通过教学内容的教育和感染培养学生具有正确的观点、健康的思想感情和高尚的品德。我们认为,这一提法比较恰当地反映了党的教育工作方针对语文科的具体要求,也反映了语文教学中的语文知识教学和思想政治教育的辩证关系,是语文教师几年来实践经验的总结。

总之,社论认为语文是一种工具。思想政治教育与语文知识教学密不可分,必须通过教学内容,在统一的过程中同时完成。这个提法,基本上保持了新中国成立以来对语文教学所提的两方面任务,但更加肯定了语文知识教学的重要性。

三、"文道关系"大讨论的影响

此次大讨论的成果,直接反映在 1963 年《中学语文教学大纲(草案)》中。《中学语文教学大纲(草案)》说:关于语文教学的目的,曾经有过争论。争论的焦点在思想政治教育和语文教学的关系上。借用传统的说法,就是"道"和"文"的关系上……无论说"以道为主""以文为主",或者说"道"和"文"并重,都是把"道""文"割裂开来,既不符合思想内容和语言文字不可分割的客观实际,也不符合培养阅读能力和写作能力的教学实际。[①]

讨论的结果让我们不得不进行反思,文道关系究竟应该如何定义?处理语文教育中文道关系的唯一正确做法既是"以文为主",又要"文道统一"。文道的统一需要课程、教材、教法等不同层面同时体现,不单单是一个概念的问题。[②] 19 世纪 50 年代末 60 年代初的这次"文道之争"让我们更加深刻地认识到语文这门学科的独特性,对我们正确把握语文学科的特性有着很大的启示作用,同时也为 20 世纪语文教育的"工具性"和"人文性"论争埋下了伏笔。

第五节 20 世纪 60 年代前期的语文教学调整

20 世纪 60 年代前期,是我国国民经济调整时期。随着国民经济的调整,我国的语文教育迎来了一个崭新的时期。当时的语文教育是在 50 年代相关探索的基础上展开的,是对此前频繁变更的语文教育本体迷失的反拨,是一段学科重构的时期。这也是我国语文教育现代化历程中,学科建构有所进展和成就的时期。此期语文教育与研究所积累的资源,为后续语文的教学与研究奠定了重要基础。"文革"后的很长一段时期,乃至现在,我们的语文教育在很多方面都深受此期所建立的课程架构与观念的影响。

1960 年冬,党和政府开始实行"调整、巩固、充实、提高"的八字方针。1962 年 1 月召开

---

① 饶杰腾.近现代中学语文教育的发展[M].广州:广东教育出版社,2008:187.
② 武玉鹏,韩雪屏.语文课程教学问题史论[M].北京:中国社会科学出版社,2014:52-57.

的扩大的中央会议,初步总结了"大跃进"中的经验教训,因而保证"从1962年到1966年国民经济得到了比较顺利的恢复和发展"。

在国民经济调整时期及其前后一段时间,教育战线也在逐步摆脱"左"的影响,认真总结"教育大革命"中的经验教训,努力探求教育规律,促进教学改革稳步前进。

一、语文教学调整的主要内容

从1961年到1963年,教育部按照党中央"调整、巩固、充实、提高"的八字方针,讨论、制定和下达了全国中小学工作条例,陆续颁布了各学科的教学大纲,并一再修订和重新编写了各科教材,提出并加强各学科的基础知识教学和基本技能的训练,推动了各学科的教学改革,提高了各学科的教学质量。

(一)正视语文教学质量下降,改进语文教学工作

在1957年整风"反右"和1958年"大跃进"运动的政治背景下,教育领域也掀起了一场所谓的"教育大革命"。"左"的思想路线给语文教学带来了极大的破坏,导致语文教学质量严重下降,引起人们深深的担忧。当1958年提出提高教学质量问题时,教育部党组就给党中央写了《关于提高中、小学语文教学质量的请示报告》列举了当时中小学生阅读、写作能力低的种种表现:字写得潦草,标点符号使用不准确,错别字多,读书不求甚解和阅读文言文的能力很差等。报告还提出改进语文教学工作的五点意见:① 明确中小学语文教学目的和要求,端正对语文教学的认识;② 提高教材质量;③ 提高语文教师的水平;④ 改进语文教学方法;⑤ 加强语文教学的领导。不少学校还对语文教学质量进行了检查和分析,发现了忽视语文知识教育的问题,提出了相应的改进措施。

(二)逐步克服"左倾"影响,提高教学质量

60年代初期,随着国民经济的调整,逐步克服"左倾"错误,语文教改的理论和实践,开始有了健康的发展,语文教学的质量也随之有了相应的提高。

1. 确定语文学科在中小学课程中的地位和性质

陆定一在"教学必须改革"一文中指出:"全日制中小学的最主要的课程,是语文(包括中文和外国文)和数学,这是学生所必需掌握的最基本的工具。"这一观点逐步统一了广大语文教学工作者的思想认识,从而明确了语文教学的目的和任务,保证了语文教改的正确方向。

2. 明确了提高语文教学质量的途径,必须要加强语文基础知识的教学和语文基本能力的训练(即加强"双基")

1961年后,语文教学界便明确提出了"加强'双基'"的口号。上海还把"双基"的内容概括为字、词、句、篇、语(语法)、修(修辞)、逻(逻辑)、文(文学)八个字,称之为语文教学的"八字宪法"。

(三)编制新的教学大纲和教科书

随着语文教育思想的端正,这一时期还加强了语文教材建设和语文教学方法的研究。1960年初,上海等地组织了中小学课程革新委员会,制定了中小学课程革新方案,纷纷编出

各种新教材。1963年5月,教育部颁发了《全日制小学语文教学大纲(草案)》和《全日制中学语文教学大纲(草案)》,同时,编写并出版了供全国统一使用且力图相对稳定的语文教材。这在我国现代语文教育史上是一件具有里程碑意义的事情。两个大纲都开宗明义地指出:"语文是学好各门知识和从事各种工作的基本工具。"[①]大纲认为,"语文学得好,就有利于学习各门知识;语文学不好,不能读,不能写,学生思想的发展和知识的增加就会受到妨碍,影响所及,对国家整个科学文化水平的提高,对社会主义建设的进展,是十分不利的。"所以"语文是学生必须首先掌握的最基本的工具"。经历了新中国成立后多次政治运动的风风雨雨,人们终于认识到语文是"学生必须首先掌握的最基本的工具"。在当时"政治挂帅""以阶级斗争为纲"的政治背景中,能够得出这样的认识是难能可贵的。

(四)开展语文教学大讨论

语文学科是一门容易被忽视又容易被重视的学科。随着国民经济的调整和"左倾"错误的纠正,这一时期出现了一个生动活泼的局面。语文学科越来越受到重视,并围绕语文学科开展了波及全国、全社会的大讨论,主要有:

1. 关于语文教学目的任务的讨论(文道之争)

(见第四节)

2. 关于"怎样教好语文课"的讨论

1961年1月,《文汇报》又开展了"怎样教好语文课"的讨论。它是1959年"关于语文教学目的和任务问题的讨论"的继续和发展。在深入讨论和实践的基础上,1961年12月3日《文汇报》发表社论《试论语文教学的目的任务》对这场讨论作了总结。社论从语文学科的性质、语文知识教学和政治教育的关系及语文教学的规律、方法等三个方面对语文教学的目的任务作了深入的分析。

3. 关于作文、考试等问题的讨论

1965年1月15日开始,《文汇报》展开了"如何指导和评价学生的作文"的讨论,历时8个多月(1965年1月15日—1965年9月27日)。这是一次基于上海市第二中学初三学生的一篇名为《茉莉花》的作文的评改发生分歧而引起的具体问题的讨论。这次讨论的问题有:评价学生作文的标准、作文的题材、作文的"真实情感"、作文教学与教师思想感情的关系等。

同期,《安徽教育》《山东教育》等展开了作文教学如何考的讨论,主要观点集中为"赞成只考一篇作文"和"不赞成只考一篇作文"。

此外,还有中小学语文教学衔接问题的讨论等。这类讨论,因为涉及面不广,社会关心的程度较小,所以没能产生多大的影响。

(五)改进教学方法,开展语文教学改革的试验。

这个时期我国的语文教学改革呈现出良好的势头,在党和教育部门的引导下,广大语文教学工作者积极改进教学方法,开展语文教学试验,收获了一批在现代语文教育史上富有影

[①] 课程教材研究所.20世纪中国中小学课程标准·教学大纲汇编·语文卷[M].北京:人民教育出版社,2001:415.

响的改革成果,比如辽宁黑山北关小学的识字教学经验、南京师范附小斯霞老师的分散识字经验、北京景山学校以作文为中心的语文改革实验以及上海育才中学语文教学经验等等,并且涌现出斯霞、袁瑢、霍懋征、沈冲仲、高润华、于漪等优秀语文教师的语文教育思想和语文教学经验。

1. 小学的识字教学改革实验

识字是小学教学的重点。如何改进、探索识字教学方法,提高识字教学乃至语文学科的教学质量,是这一时期小学语文教学改革的重要内容。这一改革以辽宁黑山北关小学的"集中识字教学法"、南京师范大学附属小学斯霞的"随文分散识字教学法"和北京景山学校的识字教学改革为代表。

其中,黑山北关小学的"集中识字教学法"和南京师范大学附属小学的"随文分散识字教学法"作为小学语文教学实验的重要成果被写进1963年的《全日制小学语文教学大纲(草案)》之中,并被各种教材编写所吸收,因而逐步为广大教师所熟悉、接受,对我国的语文教学产生了积极而深远的影响。

2. 上海育才中学教改"十六字诀"

鉴于当时课堂教学存在着平均主义、烦琐讲解、死记硬背、不留余地的现象,上海市育才中学在段力佩校长的亲自领导下,提出"紧扣教材,边讲边练,新旧联系,因材施教"的"十六字诀"教改措施。经过一段时间的改革,他们的教学面向实际,减轻负担,教师教得活泼,学生学得主动,取得了较好的效果。1964年4月11日《人民日报》介绍了育才中学的教改经验。

二、语文教学调整的主要成就

60年代初,随着中央在政治上作了一些政策性的反思和调整,语文教育也出现了一个短暂的复苏。

(一)1963年语文教学大纲的颁布与实施

1963年5月,教育部颁布了《全日制小学语文教学大纲(草案)》《全日制中学语文教学大纲(草案)》,对建国后语文教学中存在的重道轻文的倾向有所认识和纠正,明确提出了语文学科的性质是"学好各门知识和从事各种工作的基本工具"。①

1963年颁布的语文教学大纲规定了语文学科性质、教学目的、教学内容和文道统一的观点,有效指导了本时期的语文教学,提高了语文教学质量,也为后继的语文教学与研究提供了宝贵的资源。尤其是在教学方面,大纲提出回归传统,提倡多读多写多练,对今后的学科建设产生深远影响,成为"语文教学改革的一个崭新的里程碑"。②

(二)中学语文教科书编写体现了较高的水平

1963年新编十二年制学校中学语文课本是根据《全日制中学语文教学大纲(草案)》规定的语文教学的目的,并且吸取十年制学校中学语文课本编辑经验的基础上编辑的。1962

---

① 课程教材研究所.20世纪中国中小学课程标准·教学大纲汇编·语文卷[G].北京:人民教育出版社 2001:415-419.

② 北京市语文教学研究会.北京市中小学语文教育50年[M].北京:开明出版社,1999.

年开始编写,原计划共选课文 360 篇,分编 12 册,但到 1964 年,只编出初中一至四册,没有编完。这套课本具有如下一些特点①。

1. 突出了语文的工具性

课本在"编辑意图"的开头指出,"语文是学好各门知识和从事各种工作的基本工具。中学语文教学,要使学生具有现代语文的阅读能力和写作能力,具有初步阅读文言文的能力,作文要文理通顺,用词确切,正确地使用标点符号,写得端正,不写错别字。为了切实达到这个要求,我们编辑这套课本的时候,参照我国传统的语文教学经验以及语文课本的编辑经验,着重探讨了有关提高学生阅读能力和写作能力的问题。"课本在选材、知识内容、编排等方面,都力求体现语文的工具性和培养读写能力的教学目的。

2. 扩大了选材范围,提高课文质量

这套课本在十年制学校中学语文课本选材的基础上,进一步扩大了选材范围。课文要求文质兼美,具有积极的思想内容和优美的艺术形式,足为学生学习的典范;同时,还要求适合学生的接受能力和教学需要。注意选用经过教学实践证明效果良好的课文,也酌选了一些新篇目。在 360 篇课文中,古今中外名家名篇近百家。

3. 重视多读多写

"编辑意图"一文里指出:"多读多写是我国语文教育行之有效的传统方法……拿读来说,读是为了吸收作者运用语文的经验。读得多了,才能学到丰富的词汇,才能学到多种多样的表现方法,才能打开眼界,从比较中体会到一些用词造句、布局谋篇的方法……再拿写来说,写是为了把学到的写作知识应用于实践,锻炼自己的写作能力。"按照上述原则,这套课本不但增选了课文,也加强了语文基本训练。例如,第一册编入练习 100 多题,有关基本训练的约占 80%。此外,还加强了课外阅读和写作指导等方面的训练。

这一时期编写的语文教材中的课文内容,字、词、句、篇的知识,写作的方法等都可以成为教学重点,头绪杂乱,缺少系统,文章的深浅难易本来也没有一个科学的衡量标准,同一篇文章,在初三可用,到高三也可用,以文章为主的编排法,循序渐进的"序"很难准确排定。练习题围绕着课文编制,因而前后也没有明显的序列,高中还没有练习题。又如,语文知识和练习是以课文为依据的,而每篇课文都是读写训练的综合范例,教学重点是不固定的。因为语文知识短文是从这些文章中归纳出来的,所以语文知识短文的内容也不固定,而且较零散。再如,文言文课文插在白话文中间,较难体现培养文言文阅读能力的特有规律。此外,写作能力的培养也没有序列化的具体措施。以上这些问题,都有待于在实践中探索、改进、完善。

三、教学调整存在的问题

(一)"63 大纲"的颁布是"语文教学改革的一个崭新的里程碑",但仍有许多待思考之处

1. 关于"语文学科的工具性"问题

用"工具性"作为一种语文观,是有它自身的不足之处。这种观点把语文视为一种外在

---

① 张传宗.中学阅读教学概论[M].北京:人民出版社 1993:59-61.

学习者主体及其活动的、客观的符号系统,割裂了语文与言语主体及其生命的联系。工具性涉及的往往是表层的东西,只强调工具性,容易陷入实用主义的泥潭。

2. 语文内涵的窄化

主要表现为对口语教学的忽视。新中国成立之初,语文界对语文的界定已十分明确的指出语文是"口语、书面语的合称,也就是口头为语,书面为文"。而"63 大纲"窄化了语文学科的内涵,没有对口语给予应有的重视和提供足够的发展空间,把语文锁定在读写上,忽视了口语的学习与训练。

3. 传统语文教学观的回归

大纲重视和提倡多读多写多练,这实质是视学生为接受知识的容器,忽视了学生的主体地位和学习的主动性,这是一种陈旧的知识观和教学观。事实上,语文的学习,是一种学习者内部新旧经验之间、学习者之间、师生之间、学习者与文本之间、学习者与教材编写者之间的互动、创生,是一种对话过程,是一种有意义的建构过程。

(二)语文教育中"左"的做法仍然存在

在当时党和政府推行的"调整、巩固、充实、提高"的八字方针的背景下,颁布了"63 大纲",确立了语文的工具性以及加强"双基"训练的学科建设指导思想,纠正了语文教育中政治化、文学化的片面性,但由于所处的特殊历史环境,当时的语文教学研究还存在着一些"左"的做法,尤其是用运动的形式、政治的手段来解决学科教学的问题。另外,本时期的语文教材也存在着偏深偏难的问题。因此,这次的调整是不彻底的。

第六节 新中国成立至"文革"时期的语文考试

新中国成立以后,各项事业百废待兴,在新旧交替的过程中,语文考试尚没有比较成熟完备的形式,没有形成科学的体系,在特殊的历史时期,语文考试曾经一度中断。中小学教育具有高度的选拔性、淘汰性,各种升学考试都是以成绩为依据录取,检验教学成果的指标主要也是考试成绩。这一时期的语文考试也在内容和形式方面进行了一些有益的探索。

一、语文考试的主要形式

新中国成立初期,百废待兴,各项事业均未被纳入正轨,此时的小学语文毕业升学考试尚没有成熟完备的形式,没有形成科学的体系。小学语文升学考试试题相对简单,基本上就是写一篇作文。

新中国成立后,语文是高考的必考科目。1950 年高考科目中即设语文(国文);1952 年开始实行高考制度;1954 年文、理分科考试,语文是文、理两科的必考科目;1955 年,高考分理工、农医、文史政法财经三类,语文也是各类公共必考科目;1964 年高考又分两类,即理工农医类和文史哲类,语文仍是公共必考科目。这期间的语文考试一方面由于高考制度刚建立,在考试目标、内容、方法和题型上有很大的不稳定性,考试题型每年都不一样,考试内容的侧重点也不断变化;另外,受当时政治运动的影响,考试的内容突出学生的爱国意识以及对传统知识的掌握情况。试题结构主要是"语文知识"和"写作"两大部分,而且沿用传统题型,写作部分一直以命题作文的形式出现的,命题又常常受政治运动影响,具有很强的政治性。

新中国成立后的前17年,语文考试主要"采用统一命题、制定评分标准、流水判卷的方法,严格科学的命制考试题目"的形式①。以北京为例②:统一考试的命题工作是由市教育局负责,出题前召开教师座谈会,征求对出题的意见,命题时每科聘请几位业务有经验、政治上可靠的教师协助出题。命题的要求是,题目必须是本学期讲过的基本知识,内容要全面,既要根据纲要的要求,同时也要照顾到本市学生的实际情况。根据由易到难,能测验出学生的真实质量,并能使大多数学生及格。试题由市教育局统一印发,考试前一天或当天把试卷发给校长,校长在考试前半小时当众启发。考试时间统一,教师互换监场。评卷前由教育局选择了不同类型的学校作了试点评卷,修改评分标准,并召开负责人及阅卷教师大会,讲解评分标准;评卷时,采取流水作业的方式进行,最后还要进行复查,并按教师业务能力的强弱和题目的难易适当分工。

二、语文考试的目标和内容

"在任何正规教育中,都不存在无考试的教学。考试与教学是实现教学目标不可缺少的相辅相成的两个侧面"③,新中国成立后,语文考试目标不仅仅是选拔人才的手段,也是对语文教学的一种反馈。但令人遗憾的是,新中国成立后到1963年语文教学大纲都没有对考试目标与要求作出明确的说明。"1953年学习苏联'一五'计划的实施,强调为国家工业化建设培养大量人才,教育的精英主义倾向明显。而当时小学升初中、中学升大学的考试中分数偏低,所以从1952年开始重视考试成绩,形成了常规的统一考试制度,以提高教学质量。"④这一时期,语文考试的目标主要包含了"思想政治目标、知识目标、能力目标和美育目标等多方面。"⑤

（一）思想政治目标与内容

新中国成立,使饱受屈辱的中华民族站起来了,这是无数革命先烈用生命换来的。因此,在语文教育中加强爱国主义思想政治教育是必然的选择。1950年《小学语文课程暂行标准（草案）》在课程目标中规定:"使儿童通过普通话和语体文并联系各科的学习,能获得初步的自然史地知识,具有爱国主义思想和国民公德。"⑥1954年,在《改进小学语文教学的初步意见》中进一步指出:"小学教学的目的是在以社会主义思想和现代科学知识教育儿童,培养他们成为社会主义社会全面发展的成员""培养他们对祖国语言的爱好"和"对文学的爱好""培养儿童的社会主义政治方向、辩证唯物主义世界观和共产主义道德。"⑦在《初级

---

① 北京市档案馆.中共北京市委关于提高北京市中小学教育质量的决定(1954-6-23)[Z].档号:J153-1-44.
② 北京市档案馆.北京市小学统一考试工作初步总结(1955-2)[Z].档号:J153-4-2196.
③ 倪文锦.语文考试论[M].南宁:广西教育出版社,1996:6.
④ 隋子辉.无产阶级政治指导下的北京市中小学教育:1949—1966年[D].北京:首都师范大学,2012:124.
⑤ 倪文锦.语文考试论[M].南宁:广西教育出版社,1996:21-25.
⑥ 课程教材研究所.二十世纪中小学课程标准教学大纲汇编(语文卷)[G].北京:人民教育出版社,2001:62.
⑦ 课程教材研究所.二十世纪中小学课程标准教学大纲汇编(语文卷)[G].北京:人民教育出版社,2001:73.

中学汉语教学大纲》中指出,"汉语是对青年一代进行社会主义教育的一种重要的、有力量的工具""应该结合汉语教学进行爱国主义思想教育,培养学生的民主自豪感和爱国主义热情。"①《初级中学文学教学大纲(草案)》和《高级中学文学教学大纲(草案)》中都强调指出要加强爱国主义思想的教育,文学教育的任务是,"帮助学生树立社会主义政治方向""培养社会主义道德,特别是爱国主义精神,共产主义劳动态度,集体主义精神……热爱祖国语言文字。"②等等。

这一时期,语文考试目标在一定程度上体现了语文教学突出"爱国主义思想"的教学目标,注意考察学生的爱国主义情感。例如,1955年高考语文试题的第二题"试分析下面一段文字的主要意思"使用的材料"中国人从此站起来了",就有鲜明的爱国主义思想的体现。这一时期在作文试题中,特别突出爱国主义的思想,如1954年高考作文题"我的报考志愿是怎样决定的",1961年的作文题"学习毛主席著作以后""一位革命先辈的事迹鼓舞着我"等,这是试题本身就包含有思想政治教育目标;另外,作文评分标准也强调"思想政治标准",如1961年高考作文评分标准说明中明确提出,"评阅试卷时,应以政治标准第一、艺术标准第二,政治和艺术的统一为原则,全面考虑思想内容和语言文字表达能力。"在评分标准中,把"思想正确"列为一类、二类作文首条要求,突出了思想教育的考试目标。

（二）知识目标和内容

我国现代语文课程是以知识为本位建构起来的,语文知识属于学科知识,包括汉语拼音、字、词、句、篇章、语法、修辞、逻辑、文学常识、读写知识等。知识本位命题价值观强调考查掌握语文知识的数量、精确性和系统性,强调考查对知识的机械记忆。它以知识掌握的数量、精确性和系统性作为评价学习行为的标准,其本质是一种"知识理性"。这一时期语文考试命题紧扣教材知识,考查知识点相对固定集中,本质上就是一种知识本位取向的考试命题价值观。例如,1956年教育部颁发《小学语文教学大纲草案》,就将汉语知识教学与识字教学、阅读教学、作文教学并列作为语文教学的重要内容,这是小学语文教学上的巨大变化,对于后来的小学语文毕业考试命题影响很大。1963年,教育部颁布了《全日制小学语文教学大纲草案》。这部大纲注重语文教学的基础工具性,强调加强语文基础知识教学和基本训练,简称为"双基教学"。"双基教学"此后成为一个极为重要的语文教育理念,在中国的小学语文界流行了几十年。中学阶段也特别强调知识在语文学科中的地位,在汉语、文学分科时期,语文知识目标不仅包括文学知识,还包括语言知识,如《汉语》学科主要内容就是语言知识、语法知识、修辞知识等。1963年《全日制中学语文教学大纲》的教学内容包括课文,语法、修辞、逻辑等知识和作文三部分。与教学大纲知识目标相对应,这一时期语文考试题型有选词填空、解释词义、回答文学常识等,都是对基础知识的考查。如1956年高考题的第三大题"改正下面句子里用词不当或语法错误的地方"是典型的语言知识题,第四大题"回答下面的问题"的三个小题"① 下面各篇课文是什么题材""②《石壕吏》这首诗是谁作的? 这首诗反映了什么社会现实? 表现了作者什么思想感情""③《春蚕》中老通宝的性格特点是什么(简要地回答)"则属于文学知识题,且主要来自于教材。

---

① 课程教材研究所.二十世纪中小学课程标准教学大纲汇编(语文卷)[G].北京：人民教育出版社,2001：323.
② 课程教材研究所.二十世纪中小学课程标准教学大纲汇编(语文卷)[G].北京：人民教育出版社,2001：333.

（三）能力目标和内容

新中国成立初期，语文学科对语文能力的培养不够重视。1956年《小学语文教学大纲》才明确提出，"小学语文科的基本任务是发展儿童语言，——提高儿童理解语言和应用语言的能力，具体包括听、读、说、写的能力。"①1963年中小学语文教学大纲中进一步提出，"语文教学的目的是教学生能够正确地理解和运用祖国语言文字，使他们具有现代文的阅读能力和写作能力"，中学提出"具有初步阅读文言文的能力"②。这一时期常见的考查方式主要是阅读题和作文题，阅读题考查包括选词填空、概括段落大意、给文言文加标点符号、翻译文言词句等语言理解和应用能力，作文题主要通过命题作文的形式考查学生的写作能力。

三、语文考试的方法

新中国成立初期，语文考试主要学习苏联的考试方法。考试题型有现代文阅读（包括总结中心思想、段意以及分析表现手法）、词语解释、选择合适的词语填空、文学常识简答、作文③，其中作文和阅读理解所占比重最大。60年代，苏联式考试因凯洛夫教育思想受到批判而终止，传统考试又发挥关键作用，高考试题只有作文和文言、白话互译题，例如1957年到1965年语文高考题只有一道文白互译题。作文一般采用命题作文的形式，其中1958年、1960年、1961年、1963年、1964年、1965年六年的高考作文题采用了二选一的形式，即给出两道作文题，考生任选一题目作文。其中比较特别的作文题是1964年的"读报有感"，要求考生阅读最近报纸上发表的一篇文章，写一篇读报的感想。

由于政治对高考作文命题的影响十分明显，由此诱发了中学语文教学中为应付高考而产生的"猜题押题"现象。1963年后，由于基础教育的发展，高等教育相对滞后，中学教育出现了片面追求升学率的现象，"猜题押题"之风更是与日俱盛。这一现象一直延续到70年代末期高考语文中"材料作文"代替单纯命题作文之后才初步得到遏止。

1966年至1976年十年"文化大革命"期间，语文高考随同高考制度一齐被迫取消。1970年，实行"推荐和选拔"的办法。少数学校开始招生，招收具有三年以上实践经验，相当于初中以上程度的工农兵、干部、上山下乡知识青年。实行"群众推荐，领导批准，学校审查"的办法。由于当时"左"的思想盛行，这一制度毫无监督机制，招生的实际情况十分混乱。这一状况一直延续到"文化大革命"结束。这一时期的语文考试，几乎是停滞的。

四、语文考试引发的讨论与问题

（一）语文考试引发的讨论

1965年1月15日到1965年9月27日，《文汇报》展开了历时8个月的"如何指导和评价学生的作文"的大讨论，这次讨论是由上海市一名初三学生的作文"茉莉花"的评改因"生活情趣"与"思想教育"的分歧而引起的。不久，《人民教育》杂志社又把一名中学生的作文

---

① 课程教材研究所.二十世纪中小学课程标准教学大纲汇编（语文卷）[G].北京：人民教育出版社,2001：117.
② 课程教材研究所.二十世纪中小学课程标准教学大纲汇编（语文卷）[G].北京：人民教育出版社,2001：153,416.
③ 耿红卫.中国语文教育史教程[M].济南：山东教育出版社,2013：218.

《母亲,我为你做了些什么》作为人文主义代表作进行批判,思想教育与意识形态对作文评改的控制可见一斑。

针对考试问题,《安徽教育》《山东教育》也相继展开了热烈的讨论,主要意见集中在语文考试内容上:一方观点是语文考试"赞同只考一篇作文",理由是"作文是字、词、句、篇综合表达水平,考课文和其他知识容易造成死记硬背";反对一方的观点是"反对只考一篇作文",理由是,"只考一篇作文,教师就不重视讲读教学""只考一篇作文不能反映学生的真实水平"等①。

（二）语文考试导致的后果

1952年,统一考试制度的实行再加上小学升初中、初中升高中严格的考试成绩要求,客观上使各校的教师都非常重视学生考试成绩,并竭尽全力地去提高学生成绩,当时就出现了许多学校中学学生课业负担过重的情况。1956年底,中共北京市委在相关文件中指出:"当前部分中学学习和工作过于紧张,中学的多数班级,作业留得多,测验考试多,学习时间过长,晚间自习时间太长。高中学生比初中学生负担重,小学五六年级学习负担过重的现象比较普遍,学生中的团、队干部又比一般学生的负担重。有些学生夜里九点才能回家吃饭,夜里十一二点才能回家睡觉;有些学生睡眠不足,上课打瞌睡;有些学生很少有自由支配的时间,星期六晚上和星期日也不能得到休息。"②1958年,在大跃进的运动冲击下有所缓解,60年代教育回归正轨之后,学生负担过重的问题越来越严重。到1964年这一问题已经引起了毛泽东的注意,3月10日他对北京一个中学校长提出减轻中学生负担问题的意见做出批示:现在学校课程太多,对学生压力太大。讲授又不甚得法。考试方法以学生为敌人,举行突然袭击。这都是不利于青年们在德智体方面生动活泼地主动地发展的。强调考试成绩与学生负担过重的矛盾的发展导致了1964、1965年毛泽东多次谈话中对学制、课程、教学方法、考试方法提出尖锐的批评。毛泽东在指出问题的同时,提出了具体的改进意见:不要被教育制度束缚住,不要只是跟在教员后面跑,不要只是把眼睛盯在分数上。分数高的学生不一定是真才实学的学生,分数高并不等于水平高。③毛泽东的这些建议在当时中小学教学中未能全面实施。而毛泽东将这些问题归咎于建国17年教育领域修正主义路线占上风,是没有为无产阶级政治服务的表现。正是由于毛泽东对于正规化的教育体系否定多、肯定少,轻视现有的学校制度,"文化大革命"开始后,停课闹革命,直接废除了考试制度。

思考与探究

1. 新中国成立至"文革"结束语文教育发展呈现明显的阶段性,试从社会历史和语文学科自身两个方面分析这一时期语文教育阶段性划分的依据及不同阶段语文教育发展的特点。

2. 从《红领巾》一课的教学到"红领巾教学法"的推广,反映了当时我国语文教学的哪些问题?试分析"红领巾教学法"在推广过程中发生负面影响的主要原因有哪些?

---

① 顾黄初,李杏保.中国现代语文教育史[M].成都:四川教育出版社,1997:394.
② 北京市档案馆.关于中小学工作必须注重劳逸结合的指示(1956-12)[Z].档号:J1-23-58.
③ 崔相录.东方教育的崛起——毛泽东教育思想与中国教育70年[M].郑州:河南教育出版社,1993:231.

3. 汉语、文学分科是我国现代语文教育史上一次大胆的实验,请结合时代特点与语文学科的特点,试分析汉语、文学分科实验失败的原因?

4. 语文教育中的"文"和"道"具体含义是什么?语文课"文道统一"的观点是如何确定的?有何历史价值?

5. 60年代前期语文教学的调整在我国语文教育发展史上占据重要地位,请结合本章内容分析语文教学改革做出重大成就的原因。

6. 请从语文考试的目标、内容、方法和形式四个方面简要分析我国语文考试初创时期在考试方面做出了哪些探索?

推荐阅读文献

1. 李杏保,顾黄初.中国现代语文教育史:第6—7章[M].成都:四川教育出版社,1997.

2. 饶杰腾.近现代中学语文教育的发展:第6—7章[M].广州:广东教育出版社,2008.

3. 颜禾.新中国初期的语文教育[C].//洪宗礼,等.母语教材研究:第1卷.南京:江苏教育出版社,2007.

4. 蔡可.中国文学教育的独立——1956年汉语文学分科教学[C].//洪宗礼,等.母语教材研究:第1卷.南京:江苏教育出版社,2007.

5. 田良臣.重建语文:国民经济调整时期的语文教育[C].//洪宗礼,等.母语教材研究:第1卷.南京:江苏教育出版社,2007.

6. 王荣生.20世纪50年代语文分科课程与教材评述:加强"双基"之下的语文课程与教材[C].//洪宗礼,等.母语教材研究:第3卷.南京:江苏教育出版社,2007.

7. 倪文锦.语文考试论:第一章第一节"语文考试的历史沿革"[M].南宁:广西教育出版社,1996.

8. 隋子辉.无产阶级政治指导下的北京市中小学教育:1949—1966年[D].首都师范大学2012级博士学位论文.

第五章

改革开放至20世纪末语文课程教学的改革与发展

导读

"文革"结束以后,我国迎来了改革开放的新时期。这一时期,不但很快恢复了被"文革"破坏殆尽的语文课程与教学秩序,而且从课程、教材、教学和评价体系等各个方面进行了全面深入地改革探索。改革涉及范围之广,持续时间之久,参与的人数之多,都是前所未有的。改革有成绩,创造了许多优秀的课程和教学经验,造就和培养了一批语文教育家和名师。但是,这一时期的改革也存在许多问题。要想了解本时期语文课程教学改革与发展的详细内容,请进入本章内容的学习。

学习目标

1. 了解本时期我国中小学语文课程和教材改革的背景、进程和主要内容;
2. 了解并认识这一时期语文教学改革、考试改革的主要特点、取得的主要成绩和存在的问题;
3. 了解20世纪末语文教育大讨论的历史背景、涉及的主要问题,并探讨本次大讨论的现实意义;
4. 深入探讨和认识叶圣陶、吕叔湘、张志公语文教育思想的重要价值及历史贡献。
5. 通过学习语文名师的教学经验,认识他们在新时期语文教学改革中做出的重要贡献,探讨其教学经验的推广价值。

1976年10月,中国共产党一举粉碎"四人帮"。1977年8月,中共十一大正式宣告,长达十年之久的"文化大革命"结束。1978年12月中共十一届三中全会的召开,标志着我国正式进入改革开放和社会主义现代化建设的新时期。这次改革开放,实际上是我国政治、经济、文化、教育等各个领域里的一次深刻的思想解放运动,它在中国现代史上的重大意义不仅在于发展了国民经济,更在于触及了国民的灵魂,解放了人们的思想。因此,它对我国物质文明和精神文明建设的推动都是巨大的、全方位的。

改革开放至20世纪末,我国中小学的语文课程教学迎来了改革与发展的新时期,从课程、教材到教学和评价进行了全方位的改革探索。70年代末到80年代中期,改革的重点是在恢复被"四人帮"破坏殆尽的语文教育秩序的基础上,重建新的语文课程与教学体系,大力提高语文教学的质量和效率。1985年5月,《中共中央关于教育体制改革的决定》颁布,1986年4月,第六次全国人民代表大会第四次会议通过了《中华人民共和国义务教育法》,至此,语文课程教学的改革受义务教育的推动,开始逐步向以素质教育为核心的纵深发展。

第一节 语文课程的改革发展

我国改革开放新时期的语文课程改革和之前的20多年一样,是一种国家行为。国家先研制一个中小学教学计划,同时以教学计划为依据,制定各学科(包括语文学科)教学大纲。语文课程改革的内容,基本就包含在这份教学大纲之中。1978年2月和8月国家颁布的小学、中学两份语文教学大纲,既是"文革"之后语文课程恢复与重建的开始,也标志着新时期语文课程改革的开始。1985年国家颁布《义务教育法》,由此引起了我国新一轮语文课程改革。改革的具体内容,则体现在稍后陆续修订或新研制的一系列中小学语文教学大纲之中。

一、1977—1985年的语文课程设置和改革情况

20世纪70年代末,面对"文革"后的百废待兴以及国家对"多出人才""快出人才"的迫切要求,重建语文课程与教学系统,恢复和规范语文教育教学秩序,成为当时语文教育面临的最重要的任务。在这一背景下,"文革"结束之初,我国中小学语文课程的主要任务是,以突出基础知识和基本技能、提高语文教学质量为重点,恢复与重建语文课程与教学秩序。

1977年8月,教育部召开了11个省、市教育局长和有关人员参加的中小学教学计划座谈会,在初步研究27年教育正反两个方面经验的基础上,起草了《全日制十年制中小学教学计划(试行草案)》。这个《教学计划》在开篇就指出:"近几年来,由于'四人帮'的干扰破坏,使教育与社会主义事业发展严重不相适应。……许多学校的教育工作,实际上处于无计划、无要求、无制度的混乱状态,教育质量严重下降。"计划提出,要认真贯彻教育方针,"要采取强有力的措施,加大和加快各级各类教育事业发展的规模和速度,提高教育质量"。建立一个适合我国国情、适应社会主义经济基础的教育制度。

《全日制十年制中小学教学计划(试行草案)》规定,全日制中小学学制为十年制,小学五年,中学五年。中学五年按初中三年,高中两年分段。小学设8门课:政治、语文、数学、外语、自然常识、体育、音乐、美术。其中语文课的内容,包括讲读、写字和作文。小学基本完成识字任务,打好阅读、写作的初步基础。中小学要学会汉语拼音和普通话。一至五年级每周上课时数为26课时,其中语文课各年级每周上课的时数分别为:一年级、二年级,13课时;三年级11课时;四年级和五年级,8课时。中学设14门课:政治、语文、数学、物理、化学、外语、历史、地理、生物、农基、体育、生理卫生、音乐、美术。其中语文课的内容包括讲读、写字和作文。中学语文要扩大讲读范围,适当选读中国古代作品和外国作品,讲点语法、修辞和逻辑,培养准确、鲜明、生动的文风,使学生能够正确理解和运用祖国的语言文字,具有现代语文的阅读、写作能力和阅读浅近文言文的能力。中小学要学会汉语拼音和普通话。中学每周上课时数,初中为28课时,高中为29课时。其中语文课初一、初二每周上课6课时,初三每周5课时,高一每周5课时或4课时,高二每周4课时。

依据《全日制十年制中小学教学计划(试行草案)》,1978 年 2 月颁发了《全日制十年制学校小学语文教学大纲(草案)》,1978 年 8 月颁发了《全日制十年制学校中学语文教学大纲(试行草案)》。这两份教学大纲继承了 1963 年中小学语文教学大纲的基本精神,重视基础知识和基本技能的教学。1980 年,又对 1978 年颁布的小学语文大纲和中学语文大纲进行了修订。

1980 年修订颁布的《全日制十年制小学语文大纲(试行草案)》与 1978 年颁布的《全日制十年制学校小学语文教学大纲(草案)》相比,结构相同,内容也大多相同,但表述更为准确和周全。《全日制十年制小学语文大纲(试行草案)》在前言部分指出,语文是"基础工具";在"语文教学的目的要求"部分规定:"小学语文教学的目的是培养学生识字、看书、作文的能力,初步培养准确、鲜明、生动的文风。""小学语文教学的要求是使学生掌握常用汉字,初步打好阅读和写作的基础。① 学会汉语拼音,以帮助识字和学习普通话;② 学会常用汉字 3000 个左右,掌握常用的词汇;③ 会用铅笔、钢笔写字,学习写毛笔字;④ 学会查字典;⑤ 能听懂普通话,听人讲话能抓住主要意思;⑥ 能说普通话,能当众说清楚自己的意思;⑦ 能读懂适合少年儿童阅读的书报,理解主要内容,有初步的分析能力;⑧ 会写简短的记叙文和常用的应用文,做到思想健康,中心明确,内容具体,条理清楚,语句通顺,书写工整,注意不写错别字,会用常用的标点符号。"关于小学语文教学的内容,从大纲的相关内容可以看出,主要包括"识字、写字教学""阅读教学""作文教学""基础训练"四个方面。

1980 年颁布的中学语文教学大纲对中学语文课程的性质的表述与小学相同。关于中学语文教学的目的和要求,大纲是这样规定的:"中学语文教学必须运用马克思主义的观点指导学生学习课文和必要的语文知识,进行严格的读写训练,使学生能够正确地理解和运用祖国的语言文字,具有现代语文的阅读能力和写作能力,具有阅读浅易文言文的能力;在读写训练的过程中,要注意提高学生的社会主义觉悟,培养无产阶级的情操和共产主义的道德品质。"中学语文教学的要求是:"初中阶段,学生能阅读通俗的政治、科技读物和文艺读物,正确领会词句的含义,理解文章的内容,能写一般的记叙、说明、议论的文章,做到观点正确,内容具体,条理清楚,语句通顺,会使用标点符号,字写得正确整齐。学会使用一般的字典和词典。""高中阶段,学生能够比较熟练地阅读一般的政治、科技读物和文艺读物,能够阅读浅易文言文;能写比较复杂的记叙、说明、议论的文章,做到观点鲜明,内容充实,结构完整,中心明确,语句流畅。""从初中到高中,学生要学会说普通话,进一步提高口头表达能力。"中学语文教学的内容,大纲中没有明确规定,但依据相关内容可以看出,实际上主要包括"阅读""作文"和"语文知识"三个方面。

1978 年《全日制十年制中小学教学计划(试行草案)》对中小学语文课的规定和两份语文教学大纲的颁布,标志着我国中小学的语文课程正式走出了十年"文革"的阴影,在课程层面迈出了崭新的一步。此后,1981 年 3 月,教育部颁发了《全日制五年制小学教学计划(修订草案)》和《全日制六年制重点中学教学计划(试行草案)》《全日制五年制中学教学计划试行草案的修订意见》。五年制小学教学计划对语文课的安排如下:一年级语文课由原定每周 13 课时改为 11 课时;二年级由每周 13 课时改为 12 课时;三年级不变;四、五年级由每周 8 课时增为 9 课时;另外,在一至五年级,每周各安排 1 课时写字。六年制重点中学教学计划规定:学习年限初中 3 年,高中 3 年(这是"文革"后第一次在国家的课程文献中出现六年制中学）。语文课课时安排：初中阶段，每周6课时；高中阶段，高一每周5课时，高二、高三每周4课时。五年制中学教学计划对语文课的安排是：初中阶段，每周6课时，高一每周5课时，高二每周4课时。1984年又颁布了《全日制六年制城市小学教学计划（草案）》和《全日制六年制农村小学教学计划（草案）》。这是"文革"后第一次在国家的课程文献中出现六年制小学。六年制城市小学计划安排：一至三年级语文，每周10课时，四至六年级语文，每周9课时。语文课分为讲读、说话、作文、写字四部分。具体安排如下：讲读，一至二年级每周8课时，三年级每周7课时，四至六年级每周6课时；说话只安排在一至二年级，每周1课时；作文安排在三至六年级，每周2课时；写字一至六年级都有，每周1课时。六年制农村小学计划安排：一至三年级语文，每周11课时，四年级每周10课时，五至六年级每周9课时。语文课分为讲读、作文、写字三部分，具体安排如下：讲读，一至二年级每周10课时，三年级每周8课时，四年级每周7课时，五至六年级每周6课时；作文，三至六年级每周2课时，写字，一至六年级每周1课时。以上教学计划对语文课程的调整，一般只限于课程结构和课时的调整，语文课的目的要求和总体内容并没有实质性变动。因此，这期间，语文教学大纲一直沿用1980年修订颁布的小学和中学语文教学大纲。

二、1986—1999年的语文课程设置和改革情况

1985年，中共中央发布了《关于教育体制改革的决定》，加快了我国教育体制改革的步伐。1986年，国家颁布了《义务教育法》。为了实施义务教育和培养合格人才，国家教委积极组织义务教育课程改革。1986年9月，首先成立了"全国中小学教材审定委员会"及其下属的"各科教材审查委员会"。紧接着，"全国中小学教材审定委员会"于1986年11月召开扩大会议，完成了对1978年制定、1980年修订的中小学18个学科教学大纲的审定。这是我国第一次由全国中小学教材审定委员会对教学大纲进行审定。审定后的中小学语文教学大纲在名称后删除了"试行草案"字样。小学的称《全日制小学语文教学大纲》，中学的称《全日制中学语文教学大纲》。两份大纲都进一步强化了能力训练的要求，强调了思想教育和发展智力。

《全日制小学语文教学大纲》在前言部分这样阐述语文课程的性质："小学语文是基础教育中的一门重要学科，不仅具有工具性，而且具有很强的思想性。""教学目的和要求"规定，小学语文教学的目的是："培养学生的识字、听话、说话、阅读、作文的能力和良好的学习习惯，并在语言文字训练的过程中进行思想品德教育。"关于小学语文教学的总体要求，大纲分别从"语言文字训练"和"思想品德教育"两个方面作了比较详细的介绍。语言文字方面的训练包括汉语拼音、识字、写字、查字典、听、说普通话、阅读、写作等8个方面。"识字教学"方面，要求使学生认识常用汉字3000个左右，其中掌握2500个左右。这与1980年的小学语文教学大纲相比，难度有所降低。其他方面与1980年的大纲相比，变化都不是很大。

《全日制中学语文教学大纲》是迄今为止的最后一份初、高中合体的语文教学大纲（实行义务教育后，初高中的语文教学大纲，包括新课改以来的语文课程标准，就分开编写了）。这份大纲对于语文课程性质的表述则与1980年的大纲基本一致。在"教学目的"中，改原来大纲中的"提高社会主义觉悟，增强无产阶级感情，逐步树立无产阶级世界观"为"培养学生的社会主义道德觉悟，健康高尚的审美观和爱国主义精神"，并新增了"要开拓学生的视野，发

第五章 改革开放至20世纪末语文课程教学的改革与发展

展学生的智力"。教学要求则比1980年的大纲更为具体。"初中阶段,在小学的基础上,继续培养听说读写的良好习惯,扩大识字量和词汇量,进一步提高运用现代语文的能力。能阅读一般政治、科技读物和文艺读物,正确领会词句的含义,理清文章的脉络、层次,把握文章的中心思想和写作特点。熟读、背诵现代文和文言文的一些篇或段。能写记叙、说明、议论的文章,做到中心明确,内容具体,条理清楚,语句通顺,书写清晰,不写错别字,正确使用标点符号,会使用常用的字典和词典。能用较流利的普通话发言和交谈。""高中阶段,在初中的基础上,进一步提高现代语文的阅读能力、写作能力和说话能力。能比较熟练的阅读一般政治、科技读物和文艺读物,初步具有鉴赏文学作品的能力。能写比较复杂的记叙、说明、议论的文章,做到中心突出,内容充实,结构完整,语句通畅。能借助工具书阅读浅易文言文。""中学阶段,要学习必要的语文基础知识,包括读写知识、语法修辞知识、文学知识等。"这份大纲还第一次提出"教材基本篇目",初中阶段110篇,高中阶段80篇。

1988年9月,教育部印发了《义务教育全日制小学、初级中学教学计划(试行草案)》和24个学科的教学大纲初审稿,并在通知中说:《教学计划(试行草案)》将于1991年或1992年秋季开学分别从小学一年级和初中一年级起开始执行。各科教学大纲已于今年1月经全国中小学教材审定委员会各学科教材审查委员会审查通过,供有关单位编写义务教育全日制小学、初级中学各科教材使用。根据编写教材和试教反馈回来的意见,再对各科教学大纲(初审稿)作进一步修改,送全国中小学教材审定委员会最后审定,于1991年或1992年颁布实施。各地教育部门可组织力量对教学计划(试行草案)和各科教学大纲(初审稿)进行研究分析,了解制定教学计划和教学大纲的指导思想和原则,用以指导当前的教学工作。《义务教育全日制小学、初级中学教学计划(试行草案)》指出,这个教学计划既适用于"六三"学制、"五四"学制、"九年一贯"制,也适用于小学五年、初中三年的过渡学制。

1990年,国家教委印发了《现行普通高中教学计划的调整意见》。根据调整意见,教育部又对1986年修订的《全日制中学语文教学大纲》组织修订,颁发了《全日制中学语文教学大纲》(《修订本》)。《修订本》在"修订说明"中这样介绍了修订的依据和内容:国家教委印发的《现行普通高中教学计划的调整意见》,将普通高中的课程分为必修课和选修课两部分,部分学科的必修课时略有增减,为此,需要对原教学大纲的高中部分进行修订。另外,"考虑到当前许多地方,特别是农村初中学生课业负担过重,不少学科的内容仍然偏多,教学要求偏高",因此,对教学大纲的初中部分也提出了修订意见。依据的原则是根据新的九年义务教育教学大纲的精神,减去过多的内容,降低过高的要求。《修订本》对学科性质和教学目的地表述,与1986年的大纲基本相同,教学要求的难度则略有降低。例如,对初中阶段现代文阅读能力的要求,修订后改为:"阅读一般政治、科技读物和文艺读物,能理解思想内容,分清层次,领会词句的含义,具有一定的语言感受能力,了解基本的写作方法。"对初中写作能力的要求改为:"能写简单的记叙文、说明文和一般的应用文,做到思想感情健康,内容具体,中心明确,条理清楚,语句通顺,书写清晰,格式正确,不写错别字,正确使用标点符号。"对高中写作能力的要求改为:"能写一般的记叙文、说明文、议论文和常用的应用文,做到思想感情健康,内容充实,中心突出,结构完整,语句通顺。"

1992年8月,国家教委制定颁布了《九年义务教育全日制小学、初级中学课程方案(试行)》(简称《课程方案》),《课程方案》包括由《九年义务教育全日制小学、初级中学课程计划

（试行）》和24个学科的《教学大纲》组成。国家教委通知，这个《课程方案》自1993年秋季起在全国试行。颁布《课程方案》，改《教学计划》为《课程计划》，这是新中国成立以后第一次对国家课程文献名称的重要改革。《九年义务教育全日制小学、初级中学课程计划（试行）》是在对1988年印发的《义务教育全日制小学、初级中学教学计划（试行草案）》修订的基础上形成的。《课程计划》对"五四"学制和"六三"学制的课程安排不同。就语文课时的安排看，"五四"学制，小学一、二年级周课时11；三、四、五年级周课时9；初中一至四年级周课时5。"六三"学制，小学一、二年级周课时10；三年级周课时9；四年级周课时8；五、六年级周课时7；初中一、二年级周课时6；三年级周课时5。

属于《九年义务教育全日制小学、初级中学课程方案（试行）》之一的语文教学大纲，包括《九年义务教育全日制小学语文教学大纲（试用）》和《九年义务教育全日制初级中学语文教学大纲（试用）》。小学语文教学大纲对小学语文性质、任务的表述，与1986年的教学大纲基本相同。"教学目的和教学要求"中对教学目的作如下规定："指导学生正确地理解和运用祖国的语言文字，使学生具有初步的听说读写能力；在听说读写训练的过程中，进行思想政治教育和道德品质教育，发展学生的智力，培养良好的学习习惯。"教学要求为："教学上学会汉语拼音，帮助识字、阅读和学习普通话；学会常用汉字2500个左右，掌握常用词语，学会查字典，养成查字典的习惯；会写铅笔字和钢笔字，学习写毛笔字，养成良好的写字习惯；听人说话，能理解内容；学会说普通话，能清楚明白地表达意思；阅读程度适合的书报，能理解主要内容，领会中心思想，有一定的速度，养成良好的阅读习惯；能写简单的记叙文，做到有中心，有条理，内容具体，语句通顺，感情充实，思想健康；能写常用的应用文；书写工整，注意不写错别字；会用常用的标点符号。"其中，对识字、阅读和写作能力的要求，都比1986年的大纲有所降低。另外，大纲中还依据教学计划的要求，增加了"课外活动"一项，并说明课外活动包括课外阅读、兴趣小组和其他语文课外活动。

初级中学语文教学大纲对语文课程性质和教学目的的表述，与1990年的大纲"修订本"基本相同。教学要求部分，分别从"阅读能力""写作能力""听话能力""说话能力""基础知识"五个方面列述相应的要求，不再详列各年级的教学要求，改变了以往教学大纲既有总体要求，又有分年级要求的惯例。教学内容包括：① 课文。大纲规定，课文总数应不少于180篇，现代文占80％左右，文言文占20％左右。② 能力训练。包括阅读训练18个训练点，写作训练15个训练点，听话训练7个训练点，说话训练8个训练点。③ 基础知识。包括汉语知识、文体知识、文学知识等。④ 课外活动。大纲明确指出，"课外活动是语文教学的组成部分。"另外，大纲还规定了基本篇目108篇。

1996年，国家教委为了与《九年义务教育全日制小学、初级中学课程计划（试行）》相衔接，制订颁布了《全日制普通高级中学课程计划（试验）》。计划在课程安排上分必修课和选修课两部分。对语文课时的安排是：高一、高二，每周必修4课时；高三，侧重就业教育和升学理科教育的学生，每周2课时，侧重升学文科教育的学生，每周4课时。依据这一计划颁布的《全日制普通高级中学语文教学大纲（供试验用）》，在结构上与以往的大纲有较大变化。除了前言外，包括"一、教学目的"，"二、教学原则"，"三、课程结构和课时"，"四、教学内容和要求"，"五、评估和考试"，"六、教学设备"。其中，二、三、五、六部分都是新增的。这已经显露出由"教学大纲"向"课程标准"发展过渡的迹象。前言部分在对语文性质的表述上，第一次使用了"语文是最重要的交际工具,也是最重要的文化载体"这一说法。关于教学目的,大纲在以往阐述的基础上,增加了"具有初步的文学鉴赏能力""掌握基本的学习方法,养成自学和运用语文的良好习惯,具有分析问题、解决问题的能力""陶冶情操""发展个性特长""培养学生热爱祖国语言文字、热爱中华民族优秀传统文化的感情"等说法。课程结构和课时与教学计划的要求基本一致,即:

(1) 课程结构。学科类课程分为必修课、限定选修课和任意选修课;活动类课程包括阅读活动、写作活动、听说活动等。

(2) 课时。必修课在高一、高二开设,每周4课时;高三只开设限定选修课,升学预备文科的每周4课时,升学预备理科的每周2课时,就业预备的每周2课时。关于"教学内容和要求",要求在确保基本要求的前提下,教学内容具有一定的弹性,给学生发展个性、培养特长提供较多的余地。其具体内容,包括能力训练18条,基础知识18条以及课文。

第二节 语文教材改革

教材改革总是与课程改革相伴而行。无论是课程的指导思想,还是课程内容和结构的改革,一般都会继之以相应的教材改革。新时期的语文教材改革基本上符合这一课程改革引领教材改革的规律。不过,1986年我国实行教材审定制以后,语文教材改革开始由国家行为向专家学者行为转变。这以后的语文教材改革,不仅反映国家意图,在一定上程度上也是专家学者意志的体现。

一、1977—1985年的语文教材改革

粉碎"四人帮"以后,中小学亟待恢复正常的教学秩序,急需新教材。1977年9月,教育部决定重新编写全国通用的全日制十年制学校教材,责成人民教育出版社从全国各地抽调人员编写中小学教材。教育部成立了教材领导小组,由副部长浦通修任组长。

1978年秋季开始,新编的《全日制十年制学校课本 语文》(人民教育出版社1978年第1版)开始在全国使用。这套教材是我国新中国建立以后的第五套全国通用的中小学语文教材,其出版扭转了10多年来各地使用的很多自编教材内容错误、程度参差不齐的混乱局面,对中小学逐步恢复正常的教学秩序,提高教育教学质量起了重要作用。该套语文教材包括小学、初中和高中三部分。

《全日制十年制学校小学课本 语文》在编写指导思想方面,强调精选基础知识,提出通过基础知识的学习和基本技能的训练,启迪学生的智力,培养学生的能力。教材的编写受到叶圣陶关于研究"读写能力训练之纲目与次第,据以编撰教材"的启发,把小学生应当具有的读写能力分解为近40个训练项目。在低年级初步训练的基础上,从中年级到高年级,读与写的训练项目交叉安排,由易到难,由简到繁,反复训练,螺旋上升,借此有计划地培养学生的读写能力。教材按训练项目组成读写单元,依一定的顺序编排。课文分为三类:一是讲读课文,二是阅读课文,三是学生自学的独立阅读课文;它们各自所占比重,从低年级到高年级,第一类课文逐年适当减少,后两类逐年适当增加。根据课文内容的要求和读写训练的需

要,在两三课课文之后安排进行读写综合练习的"基础训练"。对生字的学习,既安排有归类集中识字,也安排随课文分散识字;生字分为两类:一类是要求学生掌握的,另一类是暂时不要求掌握的。当然,这套小学语文教材的体系还不很完善,对训练项目的设置也还不够科学恰当。

《全日制十年制学校初中课本 语文》和《全日制十年制学校高中课本 语文》分别为初中三年6册,高中两年4册。这套教材的主要特点是:

(1) 课文分讲读和阅读两类。阅读课文又分为课内自读和课外自读。初中自读课文约占全部课文的三分之一,高中自读课文约占全部课文的二分之一。

(2) 语文基础知识教学与课文教学结合起来分散编排。初、高中各册课本,都根据教学大纲提出的"精要、好懂、有用"的原则,分别编入了汉字、语法、修辞、逻辑、读写知识和文学常识等语文基础知识。语文知识有的写成短文,附在有关单元后边;有的化成题目,编在课文后边的"思考和练习"里。初中编入34篇知识短文,每册5到6篇。高中编入11篇。

(3) 课文编排注意循序渐进,由易到难。初、高中课本均采取循环加深的体例按照表达方式的顺序编排,即以记叙、说明、议论为序安排初、高中各年级的教学重点。

经过两年多的实践,发现这套教材所依据的《全日制十年制中小学语文教学大纲》在课程设置方面急需修订,教材编制与教学实施方面也需要改进。1981年10月,人民教育出版社依据1981年3月对《全日制十年制中小学教学计划(修订草案)》的修订,并在1978年"十年制学校小学课本"的基础上,编写了《五年制小学课本 语文》。按照中央"小学学制可以五年制与六年制并存"的决定,上海、浙江、北京和天津四省市教育部门于1981年联合编写了《六年制小学语文课本》。这套课本借鉴了人民教育出版社编写的五年制小学语文课本,选用了其中70%左右的课文,按新的设计方案重新编排。其教材体系与通用教材大体一样,按组编排,并根据各年级段的特点,制定出"字词句段篇、听说读写"教学的"序",将一组组的教材串联起来,形成一个训练的体系。

1984年,教育部又提出了《关于全日制六年制小学教学计划的安排意见》,并分别颁发了《全日制六年制城市小学教学计划(草案)》和《全日制六年制农村小学教学计划(草案)》。这两个教学计划中的语文课程,要求与先前的相同。没有另外新编语文教学大纲。因此,人民教育出版社于1984年开始编写的《全日制六年制小学课本 语文》,还是基本上依据教育部1978年颁发、1980年修订的《全日制十年制学校小学语文教学大纲(试行草案)》,这套六年制课本的教学程度和要求与先前的"五年制小学教材"大致相同。

在中学方面,根据邓小平同志"要办重点小学、重点中学、重点大学"的指示精神,教育部于1981年4月颁发了《全日制六年制重点中学教学计划(试行草案)》。与此同时,还颁发了《全日制五年制中学教学计划(试行草案)的修订意见》。依据新的教学计划,人民教育出版社在《全日制十年制初中课本(试用本)》基础上修订而成新的初中语文课本,即:《初级中学课本 语文》(人民教育出版社1981年11月第1版)。另外,在《全日制十年制高中语文试用本》的基础上,将两年制教材修订为三年制教材,即:《高级中学课本 语文》(人民教育出版社1983年9月第1版)。上述初高中语文课本均为合编型教材。教材按读写训练的要求进行编排,各年级有一定侧重。每册课本中现代文有计划地组织几个单元,读写知识、文体知识及语言知识等分别编写出若干短文,有计划地安排在若干单元的课文之后。古代作品不分单元集中编排在每册课本的最后,编排顺序兼顾深浅与时代先后,教学时可根据实际需要或适当集中教学,或同现代文穿插进行教学。

这一套六年制中学教材和前面所述的1984年开始编写的六年制小学教材配套成十二年制的中小学教材,属于第六套全国通用中小学教材的组成部分。

与全国通用的合编型教材同时,1981年起,人民教育出版社根据《全日制六年制重点中学教学计划(试行草案)》的精神,学习各地中学语文教材改革的经验,开始编写一套分编型《六年制重点中学语文课本(试用本)》,每学期分编《阅读》和《写作》各一册。

《阅读》课本每册分8~9个单元,每个单元5课左右,主要按课文的体裁编排。白话文与文言文混合编排。课文分为讲读和自读两类。讲读课文的练习分"提示与思考""课堂练习"和"课后练习"三部分;自读课文的练习分"自读提示"和"阅读练习"两部分。每个单元前有"单元要求",后有"单元练习"。

《写作》课本,包括"写和说的训练"和"现代汉语常识"两部分。前一部每册分"写的训练"6次(第3册为7次),"说的训练"2次,教师可以灵活运用,如果时间允许,可以多安排一两次作文。"写的训练"主要是以写一篇文章为单位的综合的整体训练;分解的、局部的训练在阅读课的练习中进行,训练重点考虑到与阅读相配合。每课包括作文知识、例文、作文范围、写作指导四个部分。"说的训练"主要进行有中心、有层次的成篇讲话训练,每课包括要求、提示、命题、讲评四个内容。后一部分("现代汉语常识")侧重于应用,主要是解决学生提高听、说、读、写的能力。每册各有重点。课文的后面配有练习,要求课堂上完成。

1982年9月,这套教材开始在全国200多个初一班进行试教,1983年9月又扩大为1000个班的第二轮试教,1986年11月又根据全国中小学教材审定委员会审定的教学大纲开始修订,至1989年完成(《写作》改为《作文 汉语》)。

此外,1983年人民教育出版社中语室成立了高中语文实验教材编写组,在充分调查研究的基础上,编写了一套《高中语文试验课本》,供全国重点高中以及条件比较好的学校和班级自愿选用。这套教材总的指导思想是:贯彻"三个面向"的精神,体现高中阶段素质教育的要求,结合高中语文教学的特点,以全面提高语文素质和教学效率为主要目标,以工具性与人文性统一、知识性与实践性统一、科学性与民族性统一为基本原则。把握中国青少年学习本国语文的规律,运用现代科学的系统方法,采用能力分级、知识分类、训练分步、教材分编等形式,力求使各项训练在纵向发展与横向配合上,都有相对合理的内在联系。全书摆脱"文选系统""文体循环"和"讲读中心"为基本特征的传统模式,建立以"训练系统""能级递进"和"自学指导"为基本特征的新模式,在高中语文教材体系的改革上有所突破。全书从"阅读能力"(包括语体文和文言文)"表达能力"(包括写作和说话)"思维能力"三方面分年级设计训练系统,编制了12本阅读教材——每学年课内、课外各上下两册。《文言读本》上册与下册(高一课内),《现代文选读》上册与下册(高一课外);《文学读本》上册与下册(高二课内),《文学作品选读》(高二课外);《文化读本》上册与下册(高三课内),《文化著作选读》上册与下册(高三课外)。6本《写作与说话》(一学期一册)。另外还有《教学指导书》6册,《总复习指导》1册,共25册。

以上教材,均由人民教育出版社组织编写和出版发行。另外,从1979年开始,中央教育科学研究所以及有些省市也编写出版了一些实验教材。其中,比较有代表性的如:中央教

育科学研究所编制的《小学实验课本 语文》和《初中实验课本语文(试用本)》《初中实验课本作文(试用本)》，华东师范大学教育科学学院与华东师大一附中陆继椿主编的"分类集中分阶段进行语言训练"实验教材，辽宁鞍山十五中欧阳代娜主编的阅读、写作分编型初中语文实验教材，陕西西安六中董敏堂主编的以知识系统为序的初中语文实验教材等。

二、1986—1999 年的语文教材改革

自 1986 年，国家启动了制定义务教育课程方案的工程，其中教科书建设明确了"在统一基本要求的前提下实行多样化的方针"，与之相应，采用编审分开的审定制。

1986 年 9 月 22 日至 28 日，全国中小学教材审定委员会在北京举行成立大会。这是我国第一次建立的审定中小学教材的权威机构。它的建立标志着新中国成立以后中小学教材的编审制度由国定制正式进入审定制。成立大会上，国家教委副主任、第一届全国中小学教材审定委员会主任何东昌在讲话中提出了中小学教材改革分两步走的设想："第一步是 1990 年前，在对现行多数通用教材的基本内容和主要体系不作大的变动前提下，修订现行教学大纲……第二步，制定新的教学计划和教学大纲，以及按照新的大纲组织各方面力量编写九年义务教育需要的各科教材和教学用书，经过试用、修改，供 1990 年后使用。同时研究制定高中阶段的教学计划和教学大纲。"这个设想，实际上就是 1986 年至 20 世纪末中小学各科教材改革的时间表和路线图。

按照这一路线图，1986 年 11 月，新成立的全国中小学教材审定委员会在北京完成了对 1978 年制定、1980 年修订的中小学 18 个学科的教学大纲的审定。

依据国家教委 1987 年 2 月发布的经过审定后的教学大纲，人民教育出版社对 1981 年编写的各套教材又作了一次大修改或重新编写，形成全国通用的第七套中小学教材，于 1988 年 9 月开始使用(这一套语文教材包括:《五年制小学课本 语文》《六年制小学课本 语文》《初级中学课本 语文》和《高级中学课本 语文》)。这也是最后一套由人民教育出版社编写的作为全国通用的全套中小学教材。这套教材因为是在"两步走"的第二步之前，即编写九年义务教育教材之前，对现行教材进行的大修订，因而曾一度被称为"过渡教材"。修订后的大纲和教材，适当降低难度，减轻学生负担，教学要求较前更明确具体。小学语文由识字 3000 个左右，改为只要求掌握其中的 2500 个左右，作文教学等方面的要求也有所下降。中学语文教材，采取教学单元的编排方式，按单元的知识点和训练点，把阅读训练(课文分为精读、课内自读和课外自读)、作文训练、听说训练、语文知识(文学文体知识和读写听说知识，多以知识短文形式置于相关单元后，或在练习和注释中给以介绍；汉语知识集中编排在课本最后，由教师灵活处理)组合在一起，便于安排教学。

1989 年 8 月，全国中学语文实验教材审查会在山东烟台的长岛举行。这是新中国成立以来的第一次语文教材审查会。会上对当年 1 月于唐山召开的全国语文实验教材汇报会上交流的 14 套教材中的 6 套进行了审查，它们是：《初中语文读写训练实验教材》(广西教院教研部编)，《初中语文实验教材》(北师大实验中学语文组编)，《分类集中分阶段进行语言训练实验课本》(华东师大一附中陆继椿主编)，《初中语文实验教材》(西安六中编)，《初中语文实验课本》(鞍山 15 中实验教材编写组编)，《四年制初中语文课本》(北师大四年制初中语文教材编写组编)。

作为路线图的第二步,编制适应九年义务教育需要的教学大纲于 1985 年下半年启动,至 1992 年 6 月,国家教委正式颁发了《九年义务教育全日制小学语文教学大纲(试用)》和《九年义务教育全日制初中语文教学大纲(试用)》。紧接着,依据审查通过的义务教育教学大纲,开始了对义务教育全日制小学和初中的各学科教材的审查。从 1992 年至 1999 年,中小学语文教材审查委员会分别依据《九年义务教育全日制小学语文教学大纲(试用)》和《九年义务教育全日制初中语文教学大纲(试用)》审查了 22 套小学教材(有 3 套未全部送审)、3 套写字教材、14 套初中教材(有 3 套未全部送审),以及配套教学挂图(主要是小学)。审查通过的教材具有同等地位,均被列入国家教育行政部门编制下发的"教学用书目录",供全国各地选用。

经国家审查的义务教育教材大致可分三类:

(一) 第一类:《九年义务教育教材编写规划方案》规划的全套教材

这是 1988 年国家教委在山东泰安召开的九年义务教育教材编写规划会议上制定的《九年义务教育教材编写规划方案》所规划的全套教材(俗称的"八套半",包括小学和初中两部分为一套,只有小学阶段的为"半套")中的小学语文教材和初中语文教材。具体是:

(1) 人民教育出版社编写出版的九年义务教育五年制、六年制各一套小学语文课本和三年制、四年制各一套初中语文教科书。

(2) 广东省教育厅、海南省教育厅、福建省教委、华南师范大学九年义务教育教材编委会编写,广东教育出版社出版的九年义务教育六年制小学语文课本和三年制初级中学语文教科书。

(3) 四川省教委、西南师范大学九年义务教育教材编委会编写,四川教育出版社出版的九年义务教育六年制小学语文课本(11、12 册未送审)和三年制初级中学语文教科书。

(4) 北京师范大学"五·四"制教材编委会编写,北京师范大学出版社出版的九年义务教育五年制小学语文课本和四年制初级中学语文教科书。

(5) 上海市课程教材改革委员会编写,上海教育出版社出版的小学语文(H 版)、小学语文(S 版)和初中语文(H 版)、初中语文(S 版)。(小学、初中均各只送审了一年级,以教育部批准上海市制定的《九年制义务教育各学科课程标准》为送审依据。)

(6) 河北省教委复式教材编委会编写,河北教育出版社出版的九年义务教育复式教学五年制小学语文课本和六年制小学语文课本。(此即为"半套"。)

另外,根据教育部批准的浙江省教委制定的《义务教育各学科教学指导纲要》而编写的浙江省教材未送国家审查,在省内使用。还有一套由教育部直属 8 所高等师范学校联合编写的义务教育教材,未能完成而终止。

(二) 第二类:若干省市通过整体规划、分科实施、逐步完成的教材

1. 小学语文

北京市教委教研部编写,北京出版社出版的九年义务教育六年制小学语文课本;江苏省教委教研室编写、江苏教育出版社出版的九年义务教育五年制小学语文课本和六年制小学语文课本;河南省教委教研室编写、河南教育出版社出版的九年义务教育五年制小学语文课本;山西省教委教科所编写、山西教育出版社出版的九年义务教育复式教学五年制小学语文课本。

2. 初中语文

北京市三年制初级中学语文教科书、河北省三年制初中语文教科书、广西教育学院教研部编写的三年制初中语文教科书(审查通过了1~4册)等。

(三)第三类：在相关教育理论指导下或各种语文教育教学改革多年实验的基础上形成的单科教材

1. 小学语文方面

主要有：有关"注音识字,提前读写"实验的三套(语文出版社出版的十二省市本,黑龙江教育出版社出版的"注音识字,提前读写"实验教材编委会本,黑龙江教育出版社出版的黑龙江教委本),有关"集中识字"类实验成果的(光明日报出版社和内蒙古人民出版社出版的张田若主编本,辽海出版社出版的辽宁教育学院本,人民教育出版社出版的北京景山学校本),广东潮州市六联小学"读写结合"本,江西资溪县教育局"能力训练"本等。

2. 中学语文方面

主要有：江苏教育出版社洪宗礼主编本,四川教育出版社颜振遥主编本,辽宁教育出版社欧阳代娜主编本,北京大学出版社出版张志公本等。

总之,自从1992年中小学语文教材审查委员会审查义务教育语文教材以来,出版了一大批依据《九年义务教育语文课程标准》编写的小学和中学语文教材,这些教材各具特色,但在追求上也有共同之处。下面以初中语文教材为例,作一简要分析。

(1)这些教材的总体框架大致可分为三种情况：一种是主要以记叙—说明—议论为序,根据各自的指导思想和训练体系编排知识能力的训练阶段和训练点,通过不同的单元组合构成全套教材。一种是以训练阅读能力为主线,或以训练阅读与表达能力为主线组建全套教材的框架,组织和编排单元。前面的两种情况往往是交叉的。还有一种是以语文与生活的联系为主干,安排三个相互承接逐步递进的训练阶段。三种总体框架里面都是采用教学单元的形式。

(2)各套教材都重视能力训练,都注意落实大纲对能力的要求,而对听说读写四种能力训练的组合则有不同的方式：一种是始终能力并重,四条线齐头并进地组合在每个单元中,以此构建训练序列；一种是在一个单元中有所侧重地进行某种能力的训练,并针对地区特点、社会需要等,在整套教材的安排中突出某种或某几种能力的训练；还有一种是四种能力综合安排,有主有辅,大多数教材采取这种方式。

(3)对知识的处理也有三种不同的情况：一种是把汉语常识和文体常识写成短文,与其他必学课文并列,提出阅读要求；一种是作为附录安排在各册书本或单元末,其中有的是把文体常识作为附录,有的是把汉语常识作为附录；还有一种是把知识组合在单元中,在单元提示中阐述或简介文体知识,而汉语常识则安排在课文后或单元后的练习中,在题干中介绍知识,联系课文、结合读写训练进行汉语知识的教学。

(4)各套教材的课文安排,都在大纲所列的基本篇目之外,新增了一些有时代特色、地方特色的好文章；课文都分为讲读和自读。有所不同的是,有的教材中有根据训练目的而选取相应的片段作为课文,有的教材中把语言常识和文体常识写成文章作为课文。

(5)各套教材都注意练习与相应的学习环节的照应和课内外的联系。练习的形式大致可分为两类：一类基本上是对传统的"思考和练习"的继承和补充；一类是编配各有侧重又相互联系的三个层次构成的练习，进行训练。多套教材中读写方面的练习分必做和选做两种。

与义务教育相衔接的高中课程教材改革，也是分步进行的。1986年和1990年，人民教育出版社先后两次对全国通用的初高中语文课本进行了修订。1997年6月，人民教育出版社编制出版了《全日制普通高级中学教科书 语文（实验本）》，这套教材与义务教育初中语文教科书相衔接，是根据国家教委1996年颁布的《全日制普通高级中学课程计划（试用）》和《全日制普通高级中学语文教学大纲（供试验用）》编写的。编写指导思想是：以能力训练为主，注重文化熏陶，在初中的基础上进一步全面提高学生的语文素质，培养学生正确理解和运用祖国语言文字的能力；在训练过程中，传授知识，发展智力，发展个性和特长，进行思想道德教育和审美教育。教科书的体系，在传统的高中语文教科书的基础上，作了三方面的改革：一是阅读和写作、说话分编；二是破除比较复杂的记叙、比较复杂的说明和比较复杂的议论"三阶段"模式；三是编写与教科书配套的语文读本，作为学生用书不可或缺的组成部分。教科书的总体结构是：阅读训练分为互相衔接的三个阶段。第一阶段（高一），在初中的基础上，学习现代文和浅易文言文，着重培养理解、分析现代文的能力和阅读浅易文言文的能力；第二阶段（高二），学习我国现当代文学作品、古代文学作品和外国文学作品，着重培养初步欣赏文学作品的能力；第三阶段（高三），学习文化内涵丰富的现当代论文、科技说明文和文学名著名作，着重培养研讨、评析现代文章和文学作品的能力。写作训练也分三个阶段：第一阶段（高一上），进行专题训练，培养从事写作必须具备的几种能力；第二阶段（高一下、高二），在专题训练的基础上，提高写作记叙文、说明文、议论文的能力；第三阶段（高三），在继续训练实用文写作能力的基础上，培养文科、理科及预备就业学生各自需要的写作能力。口语训练分为两个阶段，第一阶段（高一上），培养口语表达能力；第二阶段（高一下，高二），培养口语交际能力。可以看出，这是一套特色比较鲜明的高中语文教科书。

第三节 语文教学的改革与探索

与教材的改革相比，教学改革则不太受课程改革的限制和约束。新时期的语文教学改革常常表现为两种情况：一种是在课程与教材改革的背景下，教学也跟着进行改革；另一种情况是，首先由一些学校和语文教师自发改革，待改革取得了成绩，总结出经验，再自上而下进行推广，并由此推动课程和教材的改革。正因为如此，新时期的语文教改更为活跃（特别在改革前期），涌现出大批语文教学改革的先进学校和语文名师，形成了各种不同的教学风格甚至教学流派。

一、1977—1985年的语文教学改革情况

十年"文革"中，语文教学是重灾区，60年代初步建立起来的语文课程与教学体系，在"文革"中被破坏殆尽。"文革"之后，中小学语文教育面临的首要任务是，尽快恢复语文课程与教学的秩序，提高语文教学的质量和效率。1978年3月16日，吕叔湘在《人民日报》上发

表《当前语文教学中两个迫切问题》一文,文中指出:"中小学语文课程所用教学时间在各门课程中历来居首位。新近公布的《全日制十年制中小学教学计划(试行草案)》规定,10年上课总时数是9160课时,语文是2749课时,恰好是30%。10年的时间,2700多课时,用来学本国语文,却是大多数不过关,岂非咄咄怪事!"他呼吁:"是不是应该研究研究如何提高语文教学的效率,用较少的时间取得较好的成绩?"①叶圣陶也在一次座谈会上"恳切呼吁,愿语文教师和语言学科的工作者通力协作研究语文教学,做到尽快地改进语文教学"。② 就这样,"文革"结束以后,顺应时代潮流,著名语文教育家登高一呼,广大语文教育工作者很快就积极投身到语文教学改革中,一股声势浩大的中小学语文教改热潮在我国全面展开。

教学改革的主力军是工作在语文教学第一线的广大中小学语文教师和部分语文教育研究工作者。有的语文教师早在20世纪五六十年代就参加了语文教学工作,并且开始语文教学改革探索。"文革"中,这些人目睹了语文教育的乱象,有的人甚至还被打成"反动学术权威",身心备受摧残。改革开放以后,这些老师被压抑的教学热情一下子像火山爆发一样被激发出来。他们积极投身到语文教学改革的洪流中,热情之高前所未有。在语文教育理论工作者中,像张志公、辛安亭、蒋仲仁、刘国正、张传宗等语文教育工作者,当时也都积极投身到语文教学改革的浪潮中,或者开展调查研究,或者进行理论指导。

叶圣陶的语文教育思想,邓小平关于"三个面向"的重要题词,外国教育理论和方法的引进,都为这一时期的语文教学改革提供了重要的理论指导。1980年8月,由中央教育科学研究所编辑的《叶圣陶语文教育论集》(上、下册)出版,语文教育界出现了一股学习、研究和应用叶圣陶语文教育思想的热潮。广大语文教育工作者拿叶圣陶的语文教育思想对照现实的语文教学,立即就会发现语文教学中存在着很多问题,由此进一步坚定了改革意识。1983年9月,邓小平给北京景山学校题词"教育要面向现代化,面向世界,面向未来",高度概括了教育面临的新形势和新任务,对新的历史时期的教育工作指明了战略方向,成了新时期教育改革总的指导方针。70年代末80年代初,外国的一些教育理论和方法相继传入我国,如布鲁纳的认知结构理论、奥苏泊尔的有意义学习理论、布鲁姆的掌握学习理论、皮亚杰的发生认识论、加涅的信息加工理论、赞科夫的发展性教学思想、维果茨基的"最近发展区理论"、巴班斯基的教学过程最优化理论以及信息论、控制论、系统论等科学方法论等,这些先进理论都给我国改革开放初期的语文教学改革以重要的启迪。

改革开放后还有两件事,也对这一时期的中小学语文教学改革具有推动作用。

(1)全国中学和小学语文教学研究会的成立。1979年12月25日,全国中学语文教学研究会在上海成立。会议选举叶圣陶为名誉会长,吕叔湘为会长,吴伯箫、苏灵扬、张志公、罗竹风、陈哲文、于漪、刘国盈为副会长。会议还就以下一些原则问题达成一致意见:① 要搞好语文教学改革,必须进一步解放思想,端正思想方法。② 要搞好语文教学改革,必须加强调查研究。③ 要迅速提高语文教学的质量和效率,必须搞科学化。④ 要处理好"锦上添花"和"雪中送炭"的关系。1980年7月22日,全国小学语文教学研究会在大连成立。会议选举郭林为会长,顾明远、陈哲文、李秉德、袁微子、斯霞为副会长。两个语文教学研究会成

---

① 吕叔湘.吕叔湘论语文教学[C].济南:山东教育出版社,1987:67.
② 中央教育科学研究所.叶圣陶语文教育论集[C].北京:教育科学出版社,1980:151.

立之后,各省市自治区都成立相应的分会,有些地区还成立了地区一级的研究分会,这样就把热心语文教学改革研究的广大中小学语文教师组织了起来。大家有了自己的研究组织,参与语文教改的积极性就更高了。

(2)语文报刊的创办。1978年以后的数年间,先后有《小学语文教师》(原名为《语文学习》小学版,上海)、《语文教学通讯》(山西)、《语文学习》(上海)、《中学语文教学》(北京)、《语文报》(山西)、《小学语文教学》(山西)等语文和语文教学类报刊陆续创办。这些报刊的创办,为广大语文教育工作者交流教学心得,发表教学研究和改革探索成果提供了很好的园地,促进了语文教学改革的发展。

70年代末80年代初,语文教学改革的内容涉及许多方面。首先,一些在20世纪五六十年代就已经开始而因"文革"被迫中断的教改实验,又重整旗鼓,迅速恢复。例如北京景山学校的"集中识字教学改革实验",上海育才中学的"读读、议议、讲讲、练练"八字教改实验,中央教科所吕敬先关于"小学生语文能力整体发展"的实验研究等。其次,人们还针对这一时期存在的不同问题,从不同的角度切入,展开了方方面面的探索。

1. 初中语文能力过关实验

1978年12月,著名教育家、华东师范大学校长刘佛年教授提出初中语文能力过关的构想。随后,即有华东师大一附中的陆继椿、东北师大附中的张翼健、辽宁鞍山十五中的欧阳代娜等语文教师迅速跟进,进行教学实验。随后,全国有一批学校、教师也进行此项实验。其中,欧阳代娜老师的实验影响较大,她在刘佛年设想的基础上进行通盘考虑,开展了"中学语文教学分两步走,初中语文能力过关"的整体改革实验。实验将教材改革和教法改革结合起来配套推进,取得了良好的教学效果。

2. 培养学生思维能力的研究

叶圣陶一直重视语文教学中的思维训练,主张语言训练与思维训练并举。70年代末80年代初,中小学教育界又提出了发展智力的任务。一时间,培养能力和发展智力,训练学生的思维能力,这些都成了当时语文教学中的热门话题,也是语文教学的核心任务。有许多语文教师相继开展了围绕语文教学培养学生思维能力的探索。例如,80年代初,北大附中语文教师章熊关于培养学生思维能力的探索,上海语文特级教师于漪关于加强语言和思维训练,提高语文教学质量的探索,北京语文特级教师宁鸿彬关于"寓思维训练于听、说、读、写训练之中"的实验等。

3. 变"教"为"导",培养学生自学能力的探索

叶圣陶曾说:"尝谓教师教各种学科,其最终目的在达到不复需教,而学生能自为研索,自求解决。故教师之谓教,不在全盘授与,而在相机诱导。"[①]这段话既强调了教学的最终目的在教会学生学习,培养学生的自学能力,也告诉人们,教师的教学方式是"相机诱导"。受这一思想的影响,80年代初的语文教学改革探索形成了一个重要的教学流派:"导读"派。他们都把如何培养学生的自学能力,引导、指导学生学习作为改革探索的重要内容。例如,钱梦龙的"三主四式语文导读法"研究,黎见明的"导读"研究,潘凤湘的"教读法"实验研究,

---

① 中央教育科学研究所.叶圣陶语文教育论集[C].北京:教育科学出版社,1980:721.

颜振遥的"初中语文自学辅导教学"实验研究,蔡澄清的"点拨法"研究,洪镇涛的"变讲堂为学堂",魏书生的培养学生自学能力的探索等,都和这一主题有关。钱梦龙老师在探索中还提出了"教师为主导,学生为主体"这一体现新型师生关系的著名主张,对新时期的语文教改乃至各科教改都产生了重要影响。

4. 以语文教学内容序列化为内容的探索

1980年11月,叶圣陶在一次语文教材改革座谈会上指出:"应该认真研究一下,中学的语文课必须教会学生哪些本领,这些本领包括多少项目,把它们排个次序,哪个该在前,哪个该在后,哪些应该反复而逐步加深,哪些应该互相交叉或者互相渗透。依据这样的次序编排出来的课本就踏实得多,不至于像现在这样东拼西凑,像不高明的杂志似的。"①叶圣陶的话是针对以往语文教材的无序状态说的,但也直击当时语文教学内容无序的要害,对语文教学内容的改革有重要启示。同时,70年代末以后,国外流行的"系统科学"(包括信息论、系统论和控制论等理论)传入我国。受上述主张和理论的影响,80年代初的语文教学改革掀起了一股探索语文教学内容序列化的高潮。例如,华东师大一附中语文教师陆继椿开始于70年代末、80年代初的语文教改实验,在实验的过程中"逐步形成了'一课有一得,得得相联系'的指导思想,以写的能力为主线,逐步提炼出108个训练点,组成了一个语文能力训练的序列,建立了'分类集中分阶段进行语言训练'(简称'双分')的教学体系"。②辽宁鞍山十五中的欧阳代娜老师在她的教改实验中,于1980年主持编写了《初中语文能力训练程序》,其程序包括语文知识的专题40个,听说读写能力训练点98个,分阅读与写作两条线设计出教学和训练的序列。这种语文教学序列化的探索,在80年代初相当普遍。

5. 以革新语文课堂教学模式为内容的探索

20世纪50年代,我国的语文教学在借鉴苏联文学教学模式的基础上,形成了"介绍作者和时代背景—识字识词—分段、概括段落大意—归纳中心思想—分析写作特点"这样一个"五段教学模式"。后来的语文教学机械地照搬这一模式,结果导致学生学习兴趣低落,教学效率低下。这一时期的中学语文教学改革纷纷宣布要破除这一模式。一时间,各种各样的课堂教学程序应运而生。例如,钱梦龙提出的"自读—教读—复读—练习"模式,魏书生提出的"六步课堂教学法",张孝纯提出的"预习见疑—质疑研讨—巩固深化"模式,林伟彤提出的"自读、研读、总结、迁移、练习五环型课堂结构"模式,欧阳代娜提出的"预习—质疑—点拨、答疑—课后综合训练"模式,等等。这些新的模式各有特点,对打破传统语文教学模式都起到了一定的作用。

6. 对语文教学课内外结合的探索

广大语文教师在教学实践中认识到,语文和社会生活有着天然的联系。语文教学要提高教学质量,就必须突破传统课堂教学的局限,引导学生适当地走出课堂和课本,和社会生活建立广泛的联系。较早在这方面进行探索的,是浙江省的语文特级教师林伟彤,他在80

---

① 在中学语文教材改革第二次座谈会上叶圣陶、王力、周有光、苏灵扬同志的发言(摘要)[J].中学语文教学,1980(12).

② 陆继椿.语文教学新探——"双分"教学的理论与实践[M].上海:上海教育出版社,1995:1.

年代初就提出了"让语文教学课内与课外比翼齐飞"的主张。他把建立课内外结合的语文教学体制设想为三种境界：第一种境界是开辟第二课堂,开展多层次、多渠道的课外活动。第二种境界是在第一阶段的基础上,进一步使课外活动的渠道制度化、正常化,课外活动和课内教学居于同等重要的地位。第三种境界是建立课内、课外紧密结合的语文教学新体制,使二者由原来的并列关系变成融为一体。倡导"大语文教育"的河北特级教师张孝纯则主张把语文教育和学校生活、家庭生活、社会生活有机结合起来,建立"一体两翼"(一体,指课堂教学;两翼,课外语文活动和校内外语文学习环境)的完整语文教学结构。

7. 李吉林的"情境教学法"实验

(见本章第七节)

8. 小学语文识字教学改革实验

这一时期,关于小学语文识字教学改革的实验研究比较多,例如黑龙江省部分学校进行的"注音识字,提前读写"实验,河北省沧州地区的"部件识字"实验,北京市景山学校的"集中识字"教学实验,黑龙江省刘振平老师进行的"循环识字"实验等。这些实验在提高识字教学的效率方面都取得了良好的效果。

总之,70 年代末 80 年代前期,中小学语文教学改革的实验和探索遍地开花,改革和探索的内容各种各样,在语文教育界形成了百花齐放的局面。

二、1986—1999 年的语文教学改革情况

自从 1986 年颁布《中华人民共和国义务教育法》之后,教育界就开始把小学和初中的语文教学改革与义务教育联系起来思考,认为义务教育的本质是素质教育,而不是升学教育。在实施义务教育的背景下,改革长期以来人们惯用的升学教育思维就提上了议事日程。"面向全体学生,促进全面发展,让学生主动发展",应该成为语文教学改革的重要目标。另一方面,80 年代中期以来,应试教育的倾向越来越严重。这种现象让一些有志于语文教学改革探索的人开始思考如何深化语文教改的问题。在这样的背景下,从总体看,1986—1999 年的中小学语文教学改革进入了一个总结、反思和深化的时期。理论研究相对热烈,而实践探索相对沉寂。

（一）在理论层面上的总结、反思与深化

大致体现在以下两个方面:一方面,原有的改革探索和实验相继进入了理论总结和提炼阶段,发表和出版了较多理论研究成果。例如,魏书生将他多年探索培养学生自学能力的教学经验写成长篇论文"培养学生自学能力再探",连续发表在《中学语文教学》1986 年第 1 期和第 2 期;钱梦龙总结了他的"语文导读法"探索,写成长篇论文《论'学生为主体'——'主体·主导·主线'再探》,分"之一"~"之三"三部分发表在《语文学习》1988 年第 8~10 三期;于漪总结了她的语文教学基本观点,写成系列论文《素质·能力·智力——我的育人观》《立体化·多功能——语文课堂教学效率论》《兴趣·情感·求知欲——阅读教学艺术谈》《视野·思路·表现力——写作教学纵横谈》《在美的世界里——语文教学中的审美教育》,分别发表于《语文学习》1988 年第 12 期和 1989 年第 1~4 各期。再如,蔡澄清关于探索"语文点拨法"的论文"重在点拨",张孝纯关于探索"大语文教育"的论文《谈'大语文教育'实验》,河

北省遵化一中关于长期进行扩大读写量实验的论文《扩大读写量,加强思维训练》,湖南师大附中邓日老师《关于'中学自能作文分项训练'的实验报告》等都提交1988年举行的全国中学语文教学研究会第四次年会,并在这次年会的论文集上发表。还有一些著名的语文教学实验,在这一时期陆续以专著的形式结集出版。例如,李吉林在长期进行"语文情境教学法"实验研究的基础上,于1988年出版了研究专著《情境教学实验与研究》(四川教育出版社);潘凤湘在长期进行"语文教读法"实验研究的基础上,于1993年出版了《我的教读法》(江西教育出版社);陆继椿在长期进行语文"双分"教学实验研究的基础上,于1995年出版了《语文教学新探——"双分"教学的理论与实践》(上海教育出版社);颜振遥在长期进行"初中语文自学辅导教学"实验研究的基础上,于1997年出版了《初中语文自学辅导教学概论》;等等。另外,还有一些学校和教师的语文教学改革,此时从教学内容到教学方法都已相对成熟,于是,他们分别编写成语文实验教材正式出版。例如陆继椿、欧阳代娜、洪宗礼、颜振遥、邓日、胡中柱以及北京景山学校的教师等,都相继在他们教学改革实验的基础上出版了实验教材。

(二)对一些重要的理论问题进行了深入的反思和理论探讨

1. 关于语文课程性质的讨论

80年代前期的语文教学改革,侧重于语文技能训练,过于强调语文训练的序列化和科学化,有单纯工具化的倾向。到了80年代中期以后,人们开始对这种单纯的工具化倾向提出质疑,一场关于语文学科性质的讨论由此拉开序幕。1987年8月,陈仲梁在《语文学习》发表《是人文主义,还是科学主义》,首先提出语文学科具有人文性的问题。1990年5月,李维鼎在《语文学习》发表《越出雷池,轻装前进——从语文科的工具性说起》,对语文学科的"工具性"提出质疑。1993年1月,韩军在《语文学习》发表《限制科学主义,弘扬人文精神》一文,文中明确指出:"几十年语文教学的失误就在于科学主义的泛滥,人文精神的消失。"他认为,科学主义的泛滥表现在"过度追求教材体系的逻辑化、教学点的细密化;教学过程的程式化、序列化;教学方法上对语言和内容的透析化、准确理解化;语文知识完全量化;语文能力训练层次化;语文考核测评的标准化等等。"这种"科学理性的解剖越深入,就越背离语文教学的本质。"[①]针对韩军的观点,王朝请在《语文学习》1994年第3期发表了《要辩证法,不要绝对化——兼与韩军商榷》一文,提出了不同的看法,认为韩文关于"限制科学主义"的主张,太过绝对化。否定工具性的还有李海林,他于1996年5月在《语文学习》发表"语文工具论批判",认为:工具性和思想性是两个具有质的对立性的概念,是"工具"就没有"思想",否则就不是工具;有"思想"就不是工具,否则就不是思想。工具论在方法上是一种本末倒置的选择,是思维程序的错误。于漪老师则反对过分强调工具性,主张工具性与人文性应该统一。她于1995年6月在《语文学习》发表《弘扬人文,改革弊端——关于语文教育性质观的反思》一文,文章认为,近年来,工具性的砝码越来越重,许多文质兼美的文章其思想意义在相当程度上形同虚设,只是寻词摘段,用解剖刀肢解,作为训练语文的例子,学生在知、情、意方面有多少收获,要打个问号,与《大纲》的要求相距甚远。她认为,"语文学科作为一门人文应用学

---

① 韩军.限制科学主义 弘扬人文精神(J),语文学习,1993(1)

科,应该是语言的工具训练与人文教育的综合。"语文教学既要注意语文形式,又要注意语文内容,重视语文文化内涵的挖掘。要看到使用语文工具的人,引导学生学语文学做人,进行认知教育、情感教育和人格教育。在这场关于语文学科性质的争论中,张志公先生也发表了自己的看法。1996年2月,在《语文学习》发刊200期纪念活动中,记者采访了张志公,张志公说:"现在,颇有一些人,认为我们的语文教学中科学因素太多,要加强人文性。我有些不同的想法,我们的语文教学,吃亏就在于没有科学性,没有真正的深入调查研究,随意性太强。""加强语文教学的人文因素,我不反对,但把它与科学性对立起来,就走向了极端。过去,我们是人文性与科学性都谈不上,我称之为四不像。把多年来语文教学没搞好的原因归结为强调了工具性,搞多了科学性,就离谱了。科学性和人文性都得加强。"①张志公对语文学科性质的看法,具有一定的权威性。不过,关于语文学科性质的讨论,并未就此止息。世纪末的语文教育大讨论到了后期,语文课程的性质问题再次成为一个讨论的焦点话题。(见第五节"世纪末的语文教育大讨论")

2. 关于语感问题的讨论

80年代初,就有人撰文探讨语文教学中的语感训练问题。后来,研究语感教学的人愈来愈多。1989年6月,王尚文在《现代中小学教育》发表了《语文教学中的语感及其培养》一文,比较深入地探讨了语感的特点、形式与内容以及在语文教学中培养学生语感的要求等问题。1992年,李海林在《语文学习》第10期发表《语言的隐含意义,语感与语感教学》,文中指出:现在已经有越来越多的人认识到语感教学的重要意义。……人们逐渐认识到,不管是在理论上,还是在实践上,语感教学都是语文教学的突破口。王尊政在《中学语文》1993年第8期发表"培养语感——语文教学的首要任务",认为"语感能力的强弱影响着听说读写各项技能的发挥,是语文教学中必须要抓住的一个根本问题。"当年,毛光伟在《语文学习》第5期发表《语感——语文教学的支点》,文章认为,在教学中牵一发而动全身的关键便是学生语感的形成和提高。在教学中抓住语感,突出它的中心地位,也就坚持了唯物论。针对毛光伟的文章,曹有国在《语文学习》1995年第1期发表《'语感中心说'献疑》,曹文认为,语感在当前并不能成为语文教学的中心或支点,理由是:"一、缺乏有效的语感训练的操作手段及方法""二、对语感的内在机制还没有搞清楚""三、对语感与语文能力的关系没有搞清,易引起混乱""四、语感教学中心论不能涵盖整个语文教学""五、语感中心教学论过多地对知识教学进行指责,易引起误导""六、'语感'不是包医百病的灵丹妙药"。《语文学习》在同期还发表了程良焰的文章《语感的'外延'到底有多大》,文章认为,"语感不可能涵盖听和读的各个方面、各个层次。换言之,不是有了良好的语感,就能解决听和读过程中的所有问题"。"虽然语感的优劣与说写的效果关系很密切,但是,说和写这两项十分重要的语文能力决不仅仅是个语感问题,甚至可以说,语感在说写中所起的作用,只占一个不太大的百分比。"这两篇论文一经发表,就引起了语文教育界广泛的讨论,形成了一个研究语感教学问题的热潮。王尚文、李海林等一些力促语感教学的专家学者都参与到这场讨论中来了。王尚文在《语文学习》1995年第7期发表的《为'语感中心说'申辩》中坚持为"语感中心说"辩护。李海林在《语感教学的内涵与外延——兼与曹有国、程良焰老师商榷》一文中针对许多老师对语感教学存

---

① 张志公.提倡两个"全面发展"——答〈语文学习〉记者[J].语文学习,1996(2).

有疑虑和误解的情况,从语感教学的内涵与外延角度,对语感教学进行了深入的剖析和阐释。这一时期,关于语感教学问题的讨论一直都有,讨论的重点,主要是语感的性质、语感教学的地位以及语感教学的方法等问题。

3. 关于"淡化语法"的讨论①

关于语文课要不要教语法和如何教语法,向来存在着不同的看法。1990年,《语文学习》第10期"争鸣篇"栏目发表了钱汉东的"语法教学弊多利少"和董金明的"正确对待语法教学"两篇观点对立的文章,引起一场关于所谓"淡化语法"的讨论。经过半年多时间的讨论,仅在《语文学习》上发表的论文就有30多篇,国内其他的语文刊物也都有此类文章参与讨论,形成了一个研讨中学语法教学的热潮。语言学家吕叔湘、张志公等也参与了讨论。吕叔湘认为:"所谓'淡化',无非是少学一点的意思。问题不在于多学少学,在于活学死学。"他建议:"语法教学要在教法上多动脑筋。"张志公则从发展智力和培养能力的角度提出:"一个人能否对语言现象(任何现象)作理性的概括,在理解的质量上大有区别。这通常能反映出一个人的思维能力以至智力水平。"青少年学生学习母语,与学习外语相比,少学点语法也是有道理的。但"少学到什么程度呢? 我们并没有研究透彻,说不出个一、二、三来",所以,"只说'非学不可'或'不要学'之类的话是很容易的;制造个不好懂的名称、术语、俏皮话也不难。但恐怕都不管用。希望咱们把有限的时间精力用在实处。要下点工夫,要研究,要敢于创造。"经过这场讨论,当时大家在以下两方面基本取得了共识:

(1) 无论是提倡"淡化"的,还是反对"淡化"的,都没有全盘否定语法教学的意义和作用。语法是讲语言应用的规律的,语文教学要实现现代化、科学化,理应充分利用客观规律,更快更好地培养学生的语文能力。

(2) 中学语法教学要改变"混乱"局面,尽快走出"低谷",关键是要明确"教什么"和"怎么教"。也就是说,必须认真研究中学语法教学的内容和方法。

(三) 教学实践层面上的实验与探索

在教学实践层面,除了原有的一些重要的教学改革仍在继续探索之外,80年代后期,有影响的语文教学改革举措不是很多。稍有影响的,要数对语文单元教学的探索。另外,到了1992年以后,受《九年义务教育全日制小学、初级中学课程计划(试行)》正式颁布的影响,还出现了一些和语文素质教育有关的实验以及其他方面的实验与探索。

1. 语文单元教学实验

"所谓单元教学,就是教师以一个单元作为一个教学单位,通过一两篇课文的讲读,带动单元中其他课文的自读,起举一反三的作用,并把阅读训练、作文训练、语文知识几个方面结合起来,以便较快地提高学生的语文能力。"②80年代前期,我国语文教学界就有人开始单元教学的探索,到了1988年,人民教育出版社正式推出以教学单元编排课文的教材体例之后,单元教学研究开始盛行。比较有影响的单元教学实验有广东钟德赣老师主持的"六步三课型单元教学法"实验,山东吴心田老师主持的"四步骤多课型"语文单元教学实验等。1992

---

① 参阅顾黄初.中国现代语文教育百年事典[G],上海:上海教育出版社,2001:683-684.
② 黄光硕.教学单元与单元教学[J].语文学习,1986(9).

年5月,北京师范大学中文系张锐等人在《语文学习》上发表了"近十年来的语文单元教学"一文,对80年代以来的单元教学进行了综述。文章认为,单元教学具有组合性、整体性、点面结合、技能迁移、重在比较、阶段性等特点。单元教学常见的类型有:① 知识结构单元教学法;② 五步三课型反刍式单元教学法;③ 四环节智能定型单元教学法。单元教学存在的主要问题是:单元教学的整体观念不强;在单元教学的类型方式的选择上感到困惑;对教师缺乏单元教学的培训。今后的单元教学,将越来越多地呈现出综合化趋势、横向借鉴的趋势和多样化趋势。①

2. 上海的成功教育实验、愉快教育实验和山东的和谐教学法实验

80年代后期到90年代,实施素质教育以及弘扬学生的主体性逐渐成为时代的主旋律。特别是到了90年代,针对80年代末教育界出现的片面追求升学率的现象,社会上对素质教育的呼声越来越高。素质教育的重要内容之一,就是关注学生的需要、动机、兴趣、情感、态度等非智力因素在学生认知发展过程中的重要作用。

上海市闸北区开展的语文成功教育实验、上海一师附小开展的愉快教育实验和山东王敏勤老师组织的和谐教学法实验,都与这种教学观念有关。成功教育始于1987年,首先由上海市闸北八中提出并开始实验。课题实验借鉴外国教育家对"学习困难学生"的研究理论,通过对试验对象的全面调查和科学分析,做出了基本判断:智力正常、学习成绩异常,在"正常"与"异常"之间存在着巨大的潜力。并由此形成了理论假设:每个学生都有成功的潜能、成功的愿望,都能在原有基础上获得多方面成功。语文成功教育实验在闸北八中获得成功,语文教学质量明显提高。此后,实验向闸北区同类中学辐射。1993年3月,召开了全国首届成功教育研讨会。至此,成功教育实验引起了全国语文界的广泛关注,成为中国教育改革的一股潮流。

愉快教育的研究和实践,由上海一师附小于70年代末80年代初最先开始实行。1992年,上海师范大学教育心理学的专家与上海一师附小的老师们正式就"愉快教育法"科研课题进行深入研究。同一时期,还分别在北京、沈阳、无锡、成都等地的一些小学推广实践,于90年代中期成为一种在教育界颇有影响的教育思潮。其教育宗旨"让孩子们都有幸福的童年、美好的心灵、创造的才干、健壮的体魄、活泼的个性",深深地影响着每一个关心青少年教育的人。愉快教育虽在小学各个学科进行,但语文学科在这一实验中首当其冲,成为最主要的参与者之一。

山东财政学院王敏勤于1986至1996年间,先后组织研究和实验了保加利亚心理学家洛扎诺夫的暗示教学法和乌克兰教育家沙塔洛夫的纲要信号图示教学法,并在此基础上,构建了一种新的教育体系——和谐教学法。和谐教学法作为一种教学策略体系,就是按照系统论的观点,在教学活动中,力求使教学过程诸要素之间始终处于一种协调、平衡的状态,从而提高教学质量,减轻学生负担,使学生在德、智、体等方面得到全面和谐的发展。这一实验1992年被山东省教委列为山东省教育科学"八五"规划重点课题,后来扩展到山东省20多个市县区和大企业的几百所中小学和幼儿园,并在北京、上海、湖北、河北等省市引起反响。参与和谐教学法实验的语文教师,结合语文学科的特点,总结了很多经验。

---

① 张锐等.近十年来的语文单元教学[J].语文学习,1992(5).

3. 山东省烟台市的小学语文双轨教学实验、湖北宜昌的"课内外衔接语文能力训练"实验和山东高密一中的"语文实验室计划"

素质教育关注的另一个重点是改革教学结构,增加学生的语文实践活动,以加速培养学生的语文能力。山东省烟台市小学语文双轨教学实验,湖北宜昌的"课内外衔接语文能力训练"实验和山东高密一中的"语文实验室计划"都和这一指导思想有关。

烟台市从1991年开始,在总结龙口实验小学语文教改经验的基础上,进行"小学语文'双轨教学'"实验研究。所谓"双轨教学",指把国家规定的教学时间一分为二:以五分之四的时间用于课堂教学,强化"双基",抓根固本;用五分之一的时间开设"自由读写"课,一年级每周1节,二年级每周2节,三至五年级每周3节(包括课外阅读1节),重在培养学生的自学能力,开发智力,转化差生,发展优生,以弥补课堂教学的缺陷和不足。课堂教学和"自由读写"二者有机结合,优势互补。1995年12月,山东省教育科学规划办公室主持召开课题鉴定会,专家们听取了课题实验组的汇报,实地考察了5个县市区6所小学,进行了答辩,一致认为这项实验"效果十分显著""是当前小学语文教学改革的重大突破,在国内处于领先地位。"此后,实验继续进行,在省内外产生了广泛影响。

湖北宜昌的"课内外衔接语文能力训练"实验起步于1993年秋季,主持者是宜昌市教育教学研究中心语文教研员余蕾。实验将课内语文教学和课外语文学习放在同等重要的地位来规划。课外语文活动形成四大支柱:阅读课、收视课、文学社团、社会调查,并用制度来保证实施。实验收到了良好的效果。1998年,全国中学语文教学研究会理事长刘国正先后在《中学语文教学》《课程·教材·教法》和《人民教育》发表文章,介绍了宜昌市课内外衔接语文能力训练的经验,使得这一实验在全国引起了广泛的关注。

1995年,山东省高密市第一中学在深化语文教学改革的实践中,创建了"语文实验室",以此为载体,实行语文开放式教育,改变了"一面黑板,一支粉笔,一本教材"的传统语文教学模式。所谓语文实验室,就是学生的读书室。实验设置了必读、选读、参读三个层次的阅读书目。上课时,学生走进实验室,在教师的指导下自己确定读书的内容并进行读书。这一实验既借鉴了美国"道尔顿制"教学体系,也借鉴了我国源远流长的书院精神。实验冲破课堂的局限,让学生走进语文实验室这个浩瀚的语文世界,实现了"培养能力,开发智力,发展个性,健全人格"的语文教学目标。

4. 小学识字、写字和读写教学实验

这一时期,在小学语文教学改革方面,除了李吉林的"情境教育"实验、黑龙江的"注音识字,提前读写"实验等仍在进行实验之外,还有西安等地依据中央教科所指导进行的"集中识字·大量阅读·分步习作"教学实验,四川省万县进行的"汉字标音,提早读写"教学实验,四川省井研县进行的"字族文识字"教学实验,辽宁东港小学进行的"韵语识字"教学实验以及浙江宁海县实验小学的"写字评段"教学实验等。这些教学实验都取得了比较好的教学效果,在全国有一定的影响。

5. 上海建平中学以多媒体大屏幕教学技术改进语文等学科教学的实验

80年代以来,现代教育技术的发展突飞猛进。如何运用现代教育技术于语文教学,促进语文教学质量的提高,有许多学校和语文教师开始进行这方面的探索。上海建平中学以多媒体大屏幕教学技术改进语文等学科教学的实验,是这方面的一个突出代表。1994年10月,建平中学自筹资金购置设备,在上海交大陈忠教授的指导下,开始了多媒体计算机技术应用于课堂教学的探索。这项探索首先在语文与英语两门学科试行。1998年起,建平中学又进一步将多媒体局域性网络技术发展为多媒体远程网络技术群体教学的模式。1999年2月10日,《人民日报》发表特稿"中国呼唤明天的教育——上海建平中学教育改革纪实",肯定建平中学运用现代教育技术和多媒体计算机技术在以创新为核心的素质教育中所取得的成果。

第四节　语文考试改革的探索

我国80年代以来的中小学语文考试,基本上跟在高考和中考的后面,高考和中考考什么、怎么考,学校的语文考试也就考什么、怎么考;高考和中考变化了,学校的语文考试就跟着发生变化。而中考语文改革的情况,又是跟着高考语文走。因此,了解了我国高考语文改革(主要是高考语文命题的改革)的情况,也就等于了解了中小学语文考试改革的情况。

自从1977年恢复高考到20世纪末,语文高考命题的改革,大体经历了以下几个阶段。

一、恢复调整期:1977—1983年

1977年恢复高考,当年的高考由各省市、自治区自主命题。1978年恢复全国统一命题。从1977年到1984年,这一时期的高考主要处在一个恢复调整的时期,整体上看,从考试内容到考试命题使用的各种题型,都是在以前的语文考试中常见的。试卷的结构基本上按照知识内容划分为"现代文部分""文言文部分"和"写作"三大块。这一时期高考语文命题的主要特点是:

(一)比较重视语文基础知识和基本技能的考查

"文革"前的高考语文命题,有时只考作文,不考语文基础知识。恢复高考之后的语文命题,则比较重视语文基础知识的考查。高考语文命题所涉及的语文知识覆盖面比较宽,题型多种多样,常用的有:拼音填汉字、组词、标点符号、修改病句、字词填空、词语解释、句子语言结构分析、文学常识等。

对语文基本技能的考查,主要体现在考查文言文阅读技能和写作技能两个方面。文言文阅读的考查一般包括:① 阅读一段给定的文言文,解释其中一些指定的词语;② 阅读一段给定的文言文,翻译其中指定的句子。写作技能的考查,除了考查一般的写作技能外,还考查学生缩写和改写的技能。例如,1978年的作文试题是,将《速度问题是个政治问题》一文缩写为一篇500~600字的短文,1979年的作文题是,将《第二次考试》改写成一篇《陈伊玲的故事》。

需要说明的是,从1981年开始,还增加了对语体文阅读的考查,主要形式为,给定一段语体文,阅读后填空、解释或回答问题。不过,1984年以前的现代文阅读考试,从解答的问题看,基本还属于语言知识题的范畴。真正对现代文阅读能力(这里主要指开放性理解能力)的考查,是从1984的语文高考开始的。

（二）作文考试侧重考查学生的写作基本功

从1978年到1983年的作文考试,主要类型有:缩写、改写、写读后感、看图作文等。对缩写的要求是:按原文的内容缩写,不要写成读后感之类;突出原文的中心思想,全面地准确地反映原文的要点;缩写成的文章要首尾连贯,不能写成提纲;思路清晰,文字通顺。对改写的要求是:按原文的内容改写,不要另外编造情节;要有明确的中心思想,注意材料的剪裁和组织;层次清楚,结构完整;语言通顺,标点正确,不写错别字。对读后感的要求是:观点正确,中心思想明确,紧扣原文发表感想,联系自己的事例要具体、恰当;内容充实;结构完整,段落层次清楚,语言通顺,标点正确,不写错别字。对看图作文,则只要求写一段说明性文字和一段议论文,不要写成诗歌或抒情散文。以上内容和要求,显然都属于写作基本技能的考查范畴。

二、改革发展期:1984—1989年

1983年,教育部召开了高考工作座谈会,提出应举行高中毕业会考。1984年,教育部学生司与《人民教育》杂志社合作,在该杂志开辟专栏,进行高考改革的讨论。这一年,高考语文试题真正开始了实质性的改革,即增加了现代文阅读能力的测试。从这一年起,高考语文命题进入了持续改革探索和发展的阶段,既有对现代文阅读测试的改革探索,也有对写作能力测试的改革探索,还有对标准化考试的探索等。

（一）现代文阅读测试

正如高考语文命题专家章熊所说:"用现代观念指导的现代文阅读测试,在我国大陆是从1984年开始的。"① 从这一年起,高考语文现代文阅读测试开始选取完整的现代文作为阅读测试材料,并以现代阅读理念为指导,采取综合考查题的形式考查学生的现代文阅读能力。不过,由于真正意义上的现代语文阅读能力测试刚刚开始,还缺乏成熟的经验,这一时期的现代语文阅读能力测试从内容到形式还不够稳定。从内容看,一般是选取一篇社科类的现代文,重点测试学生对词义、句子、段落和篇章的阅读理解能力。从测试的形式看,最突出的表现是打破了过去现代文阅读能力测试中以主观问答为主的传统模式,以选择题为代表的客观性试题进入现代文阅读测试,并在一段时期内成了检测学生阅读能力的主要形式。例如,1984年,现代文阅读测试的11道题目中,选择题有6道;1986年的5道题目中,4道是选择题;1988年的4道题全为选择题;1989年的9道题目中,选择题占了8道。

（二）作文测试

这一时期作文命题的形式没有大的变化,基本上仍以材料作文为主。例如从1984年到1990年7年间,只有1988年是命题作文,其余均为材料作文。从文体上看,这一时期主要考议论文。不同的是,这一时期的高考作文已经不仅考查学生的写作基本功,它更重视考查综合能力。首先,提供的阅读材料难度加大,这对学生的阅读理解能力是一个不小的挑战;其次,这一时期的材料作文更能检验学生的综合写作能力,如审读材料能力、构思立意能力、语言表达能力等。另外,这一时期的材料作文在材料形式和写作要求上也出现了更多变化。

---

① 章熊.中国当代写作与阅读测试[M].成都:四川教育出版社,2000:279.

在材料形式上,除了文字材料外,还有图画材料等;在写作要求上,出现了一题两作的情况。例如,1983年、1987年、1990年的材料作文都要求一题两作。

(三)语文标准化考试探索

1985年初,教育部决定成立"标准化考试"课题组,在广东省进行标准化考试改革试验。在调查了中学语文教学的情况,又广泛听取教育界,尤其是中学语文教师的意见之后,1986年11月,课题组制定出语文标准化考试大纲初稿,经修订后,于1987年定稿。1987年,广东省的语文高考试卷加入了标准化试题,这标志着我国语文高考在探索现代考试方法和制度方面,迈出了重要的一步。1987年10月、1988年12月,国家教委考试中心先后两次召开高考标准化试验工作研讨会,会议肯定了标准化考试实验取得的成效,并提出试验工作应该继续深入,实验中的成功做法在全国高考中应陆续吸取,稳步推行。这样,标准化考试就很快在全国得到了推广。

所谓标准化考试,就是按照系统的科学程序组织的,具有统一的标准,并对误差作了严格控制的考试。它从最初的试题编制,到测试过程、评分记分、分数合成,直至分数解释,都要标准化。为此标准化考试在测量过程中几个主要的环节上都需要制定出严格统一的标准:① 试卷是量尺,必须正确可靠,具备符合要求的效度和信度;② 测试手段必须严格统一,明确规定好"测验指导";③ 评分、计分必须客观统一,为此需要大量采用客观题;④ 对测验得分的解释必须具体、一致,一般都须报告常模。

语文标准化考试实行后,高考语文试卷有了以下变化。

1. 弱化了语法知识,强化了对语言实际运用的考查

例如1993年的高考语文试卷第25题:

25. 下列与K大学研究人员的试验结果有关的说法,哪几项是正确的?(4分)

a. 凡是称可以"生物降解"的塑料产品都根本不能降解

b. 一些塑料生产厂家对产品的功用宣传不实

c. 在生物降解过程中应出现物质的分解和转化

d. 塑料产品的废弃物多数不会自溶自消

e. 这些塑料产品在物理上发生变化之后就可以生物降解

f. 生物降解在不同条件下都会出现氧化现象

这实际上是一道语言题,但并不是让学生做静态的句子分析,而是从语言运用的角度让学生理解选择。

2. 弱化了文言文知识,现代文阅读试题难度增大

试题阅读材料综合性增强,与识字知识、文学常识等语文内容的其他要素进行了整合,同时也注意与相邻的学科的渗透,因此学生不能单凭死记硬背解答试题。如1990年到1992年,是以1990年国家教育委员会颁发的《全日制中学语文教学大纲》修订本的内容为准。而从1993年开始颁布了新的高考方案,现代文阅读约占25%;古文阅读约占15%。

3. 弱化了作文的单一练习,强化了"一题多作"的多项写作训练

为避免人工阅卷的主观随意性,国家教委考试中心"高考作文评分误差控制"科研课题组也在1987年宣告成立,1990年对江西文科考生进行了大规模的调研,1991年扩大到江

西、河北两省考生,1992年又作了一些补充调研试验,进行了初步总结。该课题组的研究结果显示,作文应由两人分别评阅,在两人给出的分数有小的差距时取两人所评分数的平均值,超出一定幅度时由评卷组讨论确定。

客观评价语文标准化考试,它在语文学科的考试方面还是具有一定的优势的:

(1) 标准化试题取样范围宽,考试内容强化了向课外的扩展与迁移。如1990年全国卷的第1题从形、音、义三个方面"全方位"地考查学生对龟裂、拮据、冗长、执拗、氛围、肖像等16个词语的识记与理解。

(2) 标准化试题评分简易、客观、公正。1987年广东省5个科目的44万余份试卷,仅用2台机器,28人工作12天就全部评完。1989年广东省语文高考成绩全卷误差为4.3分,其中作文为3.8分,翻译题为0.3分,填空题为0.2分,共占总分的3.6%,而选择题的误差为零。

然而,语文标准化考试也有其明显的不足。(见第五节"世纪末的语文教育大讨论"部分的相关分析。)

由于高考是整个基础教育阶段教学和考试的指挥棒,所以,高考中的标准化考试必然也要延伸到中小学的考试中来。在一个时期内,中小学语文考试中的填空题、选择题等客观性试题占据了考试卷面的一大半,学生考试答卷的主要任务成了在试卷上打勾画圈,而这种打勾画圈往往是不需要动脑筋的。这在一定程度上误导了语文教学的方向。

三、稳中求变期:1990年以后

进入90年代之后,语文高考命题无论从试卷结构、考试题型还是考试内容等方面,都进入了一个相对稳定的时期。试卷结构从1990年开始改为分卷结构(第Ⅰ卷为标准选择题,供机器阅卷;第Ⅱ卷为其他各种题型,供人工阅卷),后来一直沿用这种形式。考试题型中的标准化考试题型得到进一步完善。考试内容也日趋稳定。当然,在基本稳定的同时,也在稳中求变,稳中求新。总体来说,这一时期的高考语文命题呈现出以下特点。

(一) 现代文阅读测试由试验走向规范,并不断得到完善提高

1992年,高考开始有了《考试说明》,考试命题有了依据。当年的《考试说明》在现代文阅读部分条分缕析地列出了五个方面:理解词语含义,把握关键词句,阐释与概括文章内容,归纳段落层次,分析表达技巧。1994年,又在此基础上,增加了筛选重要信息和分析作者观点两项要求。命题有了依据,测试的随意性便有了改观。另外,从1992年开始,要求学生阅读的文章从一篇变为两篇,即一篇科技类文章,一篇社科类文章(后来改为或社科类文章,或文学作品)。从此,高考语文现代文阅读测试逐渐走上了规范化的轨道。从命题的形式看,这一时期人们对选择题的使用不时提出异议,认为在现代文阅读中大量使用选择题,影响了测试的信度。在这种情况下,现代文测试中的主观性试题重新受到重视。1992年,现代文阅读测试社科类文章阅读部分,除设置3道选择题外,另设2道简答题。之后,主、客观试题的比例还在不断调整之中。

1997年的《考试说明》将高考语文测试的能力分为"识记""理解""分析综合""应用"和"鉴赏评价"五个层级,相应地对现代文阅读测试内容的规定也从以前的词语含义、句意理解、文章内容的概括与阐释、段落层次的划分与归纳、表达技巧的分析与理解五项调整为理

解语句、把握文意、分析文章、评价鉴赏四大类和若干细目。这次调整最明显的变化是增加了对鉴赏能力的检测。1998年,整合后的《考试大纲》从理解文章、分析综合、鉴赏评价三个层次对现代文阅读能力作了一系列具体要求。也就是从这一年起,对鉴赏能力的检测才正式在试题中体现出来。此后,每年的试题中几乎都有对鉴赏能力的检测。另外,从1998年开始,高考语文命题还从总体上进行了两个方面的大的调整:一是命题材料进一步贴近了教学和学生阅读的实际,二是试题难度从0.53调整到0.65。这种调整也在一定程度上影响到了现代文阅读测试的变化。

(二)作文测试对文体的要求呈逐步开放状态

这一时期的前期,高考作文命题仍沿用材料作文的方式,对测试文体有特定要求。从1998年开始,逐步放宽文体要求。例如,1998年的高考作文,要求根据材料写一篇关于自己心理承受力的文章,可任意运用叙述、描写、抒情、说明和议论几种表达方式中的一种或几种,但不能写成文学作品。1999年的高考作文,要求以"假如记忆可以移植"为作文内容的范围,写一篇文章。要求除诗歌外,其他文体不限。2000年的高考作文,要求以"答案是丰富多彩的"为话题写一篇文章,文体不限。这种话题作文的最大特点就是放宽了文体的限制,给了学生充分选择自己擅长文体的自由。

(三)进一步完善标准化考试

从1991年开始,主观题的分值有所增加,并在《考试说明》的规范下,保持与客观题型比例的相对稳定。1994年开始,客观题与主观题的比例每年基本保持在3∶7左右。

标准化考试的探索,在一定程度上提高了语文考试控制试卷的信度、效度、难度和区分度等各项参数指标的能力,年际试卷有了可比性,而且提高了机器阅卷的比率,大大提高了阅卷效率。然而,由于标准化考试引起的争议也日益显现。主要是标准化考试中的选择题问题。这种题型只能测试思维结果,不能测试思维的过程;只能测试求同思维,无法测试求异思维;对语文而言,选择题无法真正考察言语操作能力,因此语文考试是否应该采用或主要采用这种题型,成为人们争论的焦点。同时,由于语文高考的巨大影响,语文高考中大量采用的选择题,很快在中学语文教学和考试中蔓延开来,对语文教育业已存在的"人文精神淡化,阅读教学烦琐化"倾向起了推波助澜的作用。

第五节　世纪末的语文教育大讨论[①]

本书第三章第六节已经指出,我国现代语文教育是在一次又一次的争论、甚至激烈的辩论中发展过来的,事实确实如此。语文教学自1904年独立设科以来,就一直处于不断地批评和争论声中,只是每一次的批评和争论,其声音的大小、参与人数的多少、涉及问题的广狭、持续时间的长短不尽相同罢了。总的来看,批评的声音最响亮、参与批评和争论的人数最多、涉及的问题最广、持续的时间最长的,莫过于开始于1997年下半年的这次世纪末语文

[①] 本节内容参阅了曹洪顺.世纪之交的语文教育大讨论[C].//曹洪顺.语文教育漫论.青岛:中国海洋大学出版社,2003:185-200;王丽红.语文教育大讨论评述[D].金华:浙江师范大学文学院,2005.

教育大讨论了。

综观世纪末语文教育大讨论的过程,大体可以分为三个阶段:1997年底为引发阶段,1998年是发展阶段,1999年以后为反思、研讨与改革阶段。

一、引发阶段

1997年,《北京文学》第11期在"世纪观察"栏目刊登了邹静之的"女儿的作业"、王丽的"中学语文教学手记"和薛毅的"文学教育的悲哀"三篇文章,从不同的角度对当时中小学的语文教学进行了尖锐的批评,言辞之激烈,为以前探讨语文教育的文章所罕见。紧接着,《中国青年报》《羊城晚报》《新民晚报》《文艺报》等诸多报刊和新闻媒体纷纷转载,并参与讨论。一场声势浩大的世纪末语文教育大讨论由此揭开了序幕。同年12月4日,《北京文学》又召开了"忧思中国语文教育"研讨会,进一步研讨语文教育存在的问题。12月13日的《文艺报》在头版发表了会议综述,引题是"应试应到何时?"正题为"语文教育议论纷纷",同时还发表了吴维的文章"我不同意这样评价中学语文教学",意在引起争鸣讨论。

(一)引发阶段在讨论中涉及的主要问题

1. 教材陈旧落后

王丽的"中学语文教学手记"一文中,首先批评语文教材的陈旧和落后。她说,在高一第一学期的语文课本中,真正从语文角度来编选的课文大约只有一半,其余一半则大体上是从对学生进行思想政治教育的角度来考虑的,而且还是五六十年代那种思想政治教育的内容。如第一单元选的三篇散文:《雨中登泰山》《长江三峡》《难老泉》,均写于50年代末和60年代初,其思想意蕴都明显打上那个年代的印记。另外,像报告文学这种注重新闻性、现实性的文体,课本中选的仍然是《为了六十一个阶级兄弟》这篇60年代初的作品,真令人有"不知有汉,无论魏晋"之感。议论文除了鲁迅文章和领导人的讲话外,几乎都是一些人云亦云、毫无新意的平庸之作,竟没有一篇是反映当代社会生活的。更糟糕的是课后练习的编排设计,那些选择题机械死板,叫人哭笑不得。《中华读书报》1997年12月17日发表黄侯兴的"批评与质疑?漫话中学语文课本(现代文部分)"一文,同样对语文教材的陈旧和落后提出了批评。

2. 教学方法刻板僵化

这次讨论,对中小学语文教学中大量的烦琐练习,批评很尖锐。邹静之的"女儿的作业"一文提到,过元旦时女儿的语文作业,有一项是把综合练习作业本重抄一遍,从题目到答案一字不落地抄,大概有一万来字。这还只是三项作业中的一项。女儿的语文试卷中,有两道根据题意写成语的题,一道是,"思想一致,共同努力",女儿填的成语为"齐心协力"(标准答案为"同心协力");另一道是,"刻画描摹得非常逼真",女儿填"栩栩如生"(标准答案为"惟妙惟肖")。老师要求把这两道填错了的题抄写10遍。作者认为这样的教学方法岂止是刻板僵化,简直是残忍!

3. 考试问题

主要是针对应试教育进行批判。很多批评者指出语文试题设计的刁钻古怪与参考答案的古板僵化。薛毅批评用刁钻的字词题目为难学生,诸如"这一句有什么深刻含义?为什用这个词不用那个词？加点的词有什么作用？"其实那个答案,还是套话、空话,或者实在是不着边际的胡话。还有的指出选择题的设计漏洞百出,参考答案的僵化刻板,比如邹静之所举"同心协力"和"惟妙惟肖"的例子。

（二）引发阶段的主要特点

引发阶段的主要特点一是言辞尖锐,二是全盘否定。尤其是作为导火线的三篇文章,可以说是对语文教学的声讨。"女儿的作业"中说："'希望工程'是为了救助那些失学的儿童,而我发现很多上学的儿童他们极想失学。"《中学语文教学手记》中说："我深深感到,中国的中学语文教育实在到了非改不可的地步了。不然,不知还要祸害多少代人。""文学教育的悲哀"中说："我们的文学教育体制已经死板、荒唐到这种地步。"

二、发展阶段

1998年,语文教育大讨论进入全面发展阶段。此年1月6日,《中国青年报》在"北京文学"发表了《女儿的作业》等三篇批评语文教学的文章后不久,就在自己的"冰点"栏目删节性地转载了这三篇文章,并在前面加上醒目的总标题："不仅仅是语文",在总标题之下加了"编者的话",表明了编者的态度。接着,自2月26日起,该报又开辟专栏就"语文,该怎样教"的话题,进行系列讨论。

《中国教育报》自2月底至3月中旬,也开辟"调查报道"栏目,连续5期刊载了该报记者的系列报道"对中小学语文教育现状的调查与思考"。

2月18日,人民教育出版社和《光明日报》合作开辟了"语文教改讨论"专栏,进行了将近一年的讨论和争鸣,共组织讨论32次,发表讨论文章30余篇。

3月7日,中国教育学会中学语文教学专业委员会、人民教育出版社中学语文室、人民教育出版社报刊社、《中学语文教学》编辑部及北京市中语会等单位在北京联合召开了以"语文教学的成绩、问题及改进方法"为主题的座谈会。刘国正在座谈会上做了题为"迫切需要解决的问题"的发言,表示欢迎各大报刊对中小学语文教育的讨论,同时表示提倡科学的态度,反对危言耸听。

3月11日,人教社中语室面对批评,以集体名义在《光明日报》上发表了"谈选编中学语文课文的几个问题"的文章,对涉及该社选编的中学语文课文的四个问题进行解释和说明。

3月20日,《文汇报》开辟了"热点讨论"专栏,加入这场语文教育大讨论。

4月17日,《解放日报》发表文章加入讨论。

《人民教育》从当年第7~8期开始,与人民教育出版社联合主办"语文教育世纪谈"专栏,参与讨论。

10月29日,《教育研究》杂志社召开"面向21世纪语文教育改革与发展"座谈会。

11月,教育科学出版社出版了王丽编的《中国语文教育忧思录》,收入这一时期语文教育大讨论中的40余篇具有代表性的文章。

在这一年,《北京文学》又连续在第3期、第7期、第10期发表讨论语文教学的文章。特别是在第3期,刊登了两篇署名文章：洪禹平的"误尽苍生"、杨东平的"语文课：我们失去了什么"。"误尽苍生"一文把批判的尖锐程度推倒了极点。

从以上概述中可以看出,语文教育大讨论到了1998年,形成了四处响应、全面开花的发展局面。

(一)发展阶段涉及的主要问题

1. 二十年来语文教改的功过是非

围绕这一话题基本上分成两派:一派是以《北京文学》等报刊为代表的,包括文化界、学术界在内的否定派;另一派是以中语会、人教社中语室等为代表的包括一部分中小学语文教师在内的肯定派。《北京文学》1998年第三期发表洪禹平的"误尽苍生"和杨东平的"语文课:我们失去了什么"两篇比三篇"引发文章"言辞更为尖锐的文章,对语文教育继续展开全盘否定的批评。针对于此,以中语会、人教社中语室等为代表的肯定派召开以"语文教学的成绩、问题及改进方法"为主题的座谈会进行回应式的辩护——"应当肯定20年来语文教学改革的成果是有目共睹的,是功不可没的"。

2. 语文教育的病根

这个问题同样存在两派观点:以《北京文学》等报刊的观点为代表,他们认为语文教育的病根在于片面强调"工具性";以中语会、人教社中语室以及一部分中小学语文教师的观点为代表,他们认为语文教育的病根在于应试教育。

3. 教材问题

除了人教社为自己编写的教材进行辩护外,其他各方面几乎都持批评态度。除了继续引发阶段关于教材批判的观点外,发展阶段对教材的批判更为深入,批判的焦点落在教材编写理论研究的滞后,甚至提出教材编写者的水平有待提高等更为实质的问题上。

4. 考试问题

考试问题是发展阶段争论的重点。主要针对考试体制和考试内容的科学性与合理性以及考试造成的后果进行讨论,比如统一高考体制的存废问题,标准化考试的是非问题,试题的难易程度即难易系数问题,以及当前的考试是否符合语文学科特点等问题。

此外,发展阶段还涉及以下问题:"教参"的陈旧落后问题;阅读教学问题,如阅读教学的"肢解式"教学、讲深讲透以及问题答案的机械僵化等现象;写作教学问题,有批评写作教学脱离现实生活,缺少真情实感的现象,有发表构想建议的,也有介绍相关经验的;教师问题,主要围绕教师地位和教师自身素质展开,认为教师是根本,但是目前教师素质不高;学生问题,主要围绕学生的语文水平如何,学生的课外阅读和学生对语文课的感情问题等。

(二)发展阶段的讨论呈现的特点

发展阶段的讨论呈现的特点主要是:批评猛烈,辩护乏力。这次讨论开始时主要由语文教育界以外(所谓"圈外")的人士参与,他们对语文教育的批评,是历次语文教育大讨论中最猛烈的一次。批评言辞激烈,不讲情面,不留退路。讨论到了1998年,参与讨论的报刊之多,人员之多,发表的文章之多,讨论的话题之多,都是这次大讨论中最为突出的一个阶段。在这一阶段,虽然也有一些为语文教育辩护的声音,但是和激烈的批评声相比,就显得微不足道了。

三、反思、研讨与改革阶段

从1999年开始,大讨论逐渐进入反思、研讨(包括思想批判)和改革建设阶段。这一阶段维持了相对较长的时期,一直到2001年新一轮语文课程改革开始,才逐渐过渡到一个新的、集中关注和研讨语文新课改的时期。

1999年,《中国教育报》《光明日报》《中国青年报》《人民教育》等报刊继续开辟专栏,专门发表研讨语文教育的文章。例如,《中国教育报》在这一年6月上旬陆续四期刊登了该报记者的系列报道——"如何改革中小学语文教学"。《光明日报》从5月19日开始,在人民教育出版社课程教材研究所的协办下,开辟"作文教改讨论"专栏,展开专题讨论,到12月22日结束,一共刊登24篇讨论文章。《中国青年报》在"冰点"栏目先后刊登了"孩子没有第二个青春""中学'求同',大学'求异'——7所大学教授评析中学语文"等6篇有较大影响的文章。《人民教育》则继续和人民教育出版社联合主办"语文教育世纪谈",继续上一年的讨论,发表"不光去'破',更要去'立'——也谈语文教学改革"等9篇文章。

这一年,全国中学语文教学研究会教学实验研究中心、人民教育出版社等单位还组织召开了几次有关语文教学改革的座谈会或研讨会。其中,影响最大的是1999年12月23日—26日在北京召开的"21世纪中小学语文教育座谈会"。这是大讨论以来行政级别最高的一次座谈会,与会的主要领导与专家有国家总督学柳斌,国家语委副主任朱新均,国家语委副主任兼语文司司长孟吉平,教育部基教司副司长朱慕菊等。新华社、《人民日报》《光明日报》《中国教育报》《中华读书报》、中央电视台、中国教育电视台等多家媒体对这次座谈会作了热点报道。

另外,这一年还出版了两本语文教育大讨论的书。一本是《世纪末的尴尬——审视中学语文教育》,该书策划于1998年夏,1999年4月由汕头大学出版社出版,孔庆东、摩罗和余杰主编。全书共收录文章54篇。这是一本以"破"为主,言辞相当激烈的书,出版后招致了猛烈的思想批判。另一本是《杞人忧师——拯救中国教育》,该书由鄢列山、何保胜编,1999年6月中华工商联合会出版社出版。全书编为6辑,分别是:"如今谁最忙""我为孩子讨说法""我们的教科书问题""课堂上的枷锁""杞人忧师""中国教育之我见"。编者在"序"里说,编辑这本书,"是为了传达社会各界对教育改革的意见和建议"。

2000年以后,虽然参与讨论的报刊有所减少,但讨论仍在继续。

（一）反思、研讨与改革阶段,大讨论涉及的主要问题

1. 语文学科的性质问题以及语文教育的病根

1999年《教育研究》第一期发表了阎立钦的"一个迫切需要解决的问题",文章认为"对语文学科性质把握不准"是造成语文教育所有问题的一个关键因素。由此,语文学科性质问题再次成为一个讨论的话题。

2. 关于课程理论问题

许序修在"对语文教学若干实质问题的思考"一文中提出了"理科化"的语文课程质量标准:从课程计划、课程标准、课程内容以至教学过程、教学检测都要统一具体标准。苏立康在"努力建设高效率的语文课程——兼论素质教育与语文教学"一文中,就课程建设提出了

一个有新意的观点：研究儿童学习语文的规律，研究学法，从这一点出发来完善语文课程的建设[①]。

3. 写作教学问题

这一阶段讨论最充分的一个问题，就是写作教学问题。《光明日报》开辟"作文教改讨论"专栏，在这方面的功劳最为突出。

与第一阶段的写作教学大讨论相比，这时候有了新的进展。一是提出了"人文性"的写作教学理念。刘锡庆、雷启之和潘新和等在《光明日报》对这一理念的提出做出了贡献。二是找出了因"人文性"的缺失而形成的写作教学的深层病症：话语模式单一僵化。三是围绕写作与阅读的关系以及学生写作求诚与说假话的关系进行了深入具体的讨论。

4. "忧思语文新教材"

这里主要介绍一下《北京文学》讨论的大体内容。

《北京文学》2001年以"忧思中学语文新教材"为题对2000年版初中、高中"试用修订本"语文教材进行了讨论。对这套教材，孙绍振在《改革力度很大，编写水平太惨——初评新版初中、高中〈语文课本〉第一册》一文中认为，从语文学科建设的高度上来看，编写水平"不是一般的落后，而是时代水平线上的落伍"，文学理论水准落后于当代文学理论的成就"整整二十年左右"，思想方法落后了"差不多五十年"；同时对口语学术理论"一窍不通"。最后他期待课本编写能够形成竞争机制。苗金德的"忧思中学语文新教材"提出四大疑问：一是新教材注重培养学生兴趣，可它能被学生和家长接受吗？二是在高考面前，成绩重要还是兴趣重要？三是语文水平真的能够速成吗？四是现今的语文教师能胜任语文新教材吗？王丽的"语文课本，我能否爱上你一次"一文对初一新教材的选文和课后思考练习题提出了批评意见。谢谦的"令人费解的中学课外阅读推荐书目"一文对课外阅读书目提出了批评意见。在讨论中只有一篇文章是反映"不同声音"的，这就是逸明的"语文忧思没有必要，关键在于建设"一文。该文对上述批评意见中的有些观点进行了反驳，认为改变语文教学不遂人意的关键在于建设，建设的关键并不在教材，也不在教师，而在于建设一个符合学生认知实际的严密而科学的课程标准和教学体系，以之规范教师的教学行为。文章还指出，健康的忧思应具备两个条件：一是符合实际，二是有益于改革和建设。

（二）本阶段讨论主要呈现的特点

1. 理性反思和研讨的多了

在引发阶段和发展阶段，大讨论中有很多批评的文章言辞非常激烈，缺乏冷静、客观的研讨精神。而到了第三阶段，除了1999年出版的两本书《世纪末的尴尬——审视中学语文教育》和《杞人忧师——拯救中国教育》外（事实上，这两本书都策划于1998年），大多数讨论文章都趋于理性，研讨的氛围逐渐由激烈的批判转向客观冷静地反思和分析。

2. 以"立"为主，提出建设性的意见多了

在大家的讨论趋于理性客观的同时，第三阶段的研讨着重于"立"，人们开始寻找"语文

[①] 苏立康.努力建设高效率的语文课程——兼论素质教育与语文教学[J].课程·教材·教法，1999(3).

教育的病根"及其疗病的"方法"。例如,1999年6月上旬,《中国教育报》陆续刊登了该报记者的系列报道,其总标题为"如何改革中小学语文教学",所发表的四篇报道分别从"在生活中学习语文""走出串讲串问的模式""在精讲中精读""教材无非是个例子"等方面提出建设性的意见。

3. 对过激意见,反驳的声音强了

我们在上文指出,1997年和1998年的讨论,呈现出批评猛烈而辩护乏力的特点。到了1999年以后,这一现象开始改观。例如,当《世纪末的尴尬——审视中学语文教育》一书出版以后,《中国教育报》《文艺理论与批评》等报刊立即组织了针锋相对的反批评。再如,《中学语文教学》从2000年第1期开始开辟的"问题之鉴"专栏,发表的文章有好多都具有反驳过激的批评意见的性质。

4. 在批评和研讨的同时,伴随着改革和建设

例如,为了贯彻落实第三次全国教育工作会议(1999年)精神,总结吸收自1997年以来社会上关于语文教育大讨论的积极成果,1999年,教育部基础教育司组织有关专家对1996年原国家教委颁布的《全日制普通高级中学课程计划(供试验用)》和《全日制普通高级中学语文教学大纲(供试验用)》分别进行了修订。修订后的《全日制普通高级中学语文教学大纲(试验修订版)》于2000年3月正式颁布施行。接着,根据新颁布的大纲精神,又对《全日制普通高级中学教科书(试验本)语文》进行了修订。另外,伴随着大讨论的不断深入,中考和高考语文试题也在探索新的变革。

世纪之交的语文教育大讨论促使人们审视改革开放以来的语文课程、教材和教学改革,形成了较多新的共识,推动了我国语文教育的进一步发展,特别是推动了新世纪伊始的新一轮语文课程改革。当然,大讨论中也出现了一些问题,值得深入研究。

第六节 语文教育家的教育思想

新时期的语文课程与教学改革离不开语文教育家的思想指导。这些语文教育家,有的来自教育行政、科研、出版等单位,例如叶圣陶、吕叔湘、张志公、辛安亭、蒋仲仁、袁微子、张传宗、刘国正、章熊等,有的来自高等院校,例如李秉德、叶苍岑、李伯棠、朱绍禹、顾黄初等。在这些对我国语文教育事业做出重要贡献的语文教育家中,影响最大的是叶圣陶、吕叔湘和张志公三位。关于叶圣陶的语文教育思想,第三章已经就他在新中国建立以前的语文教育思想作了介绍,本章只介绍他在新中国成立以后,特别是改革开放以后的有关论述。

一、叶圣陶的语文教育思想(后期)

中华人民共和国成立后,叶圣陶任出版总署副署长。1950年1月教育部与出版总署联合成立教科书编委会,叶圣陶出任主任。不久,人民教育出版社成立,他出任社长兼总编辑。1954年10月出任教育部副部长,兼《人民教育》编委会副主任和《中国语文》编委。1955年11月任文字改革委员会语文教育部主任。"文革"以后,已经80多岁的叶圣陶,仍继续关心

语文教育事业,担任全国中学语文教学研究会和全国小学语文教学研究会名誉理事长,并不时发表一些文章和书信,谈自己对语文教育的看法。1978年3月21日,他在一次语文教学座谈会发表讲话:"大力研究语文教学,尽快改进语文教学"。1979年12月25日,他写了给全国中学语文教学研究会成立大会的书面发言"重视调查研究"。1980年7月14日,他在全国小学语文教学研究会成立大会上的发言"语文是一门怎样的功课",这几篇讲话都对新时期的语文教学改革产生了重要影响。

叶圣陶对新中国成立以后,特别是"文革"以后我国中小学语文教学的贡献,既体现在组织领导方面,但更多的是思想理论的指导方面。他的语文教育思想,与他在新中国成立以前的思想基本一致,但也有一些新的发展。

(一)关于语文教材

早在新中国成立以前,叶圣陶就提出了"语文教材例子说"和分类编选课文的主张。"文革"以后,叶圣陶思考最多的是,语文教材的编选要体现出训练的纲目和次第。1979年3月29日,叶圣陶在给朋友的信中说:"切实研究,得到训练学生读作能力之纲目与次第,据以编撰教材,此恐是切要之事。至于教学之方式与方法,似可不求一律。"①后来,他在1979年12月25日写给全国中学语文教学研究会成立大会的书面发言和1980年7月14日全国小学语文教学研究会成立大会上的发言中,都再次提出了这个问题。例如,他在全国中学语文教学研究会成立大会的书面发言"重视调查研究"中说:"特别需要调查和研究的是语文训练的项目和步骤。为了培养学生具备应有的听、说、读、写的能力,究竟应当训练哪些项目,这些项目应当怎样安排组织,才合乎循序渐进的道理,可以收到最好的效果。……至于教材选多少篇,选哪些篇,这些文篇怎么编排,我看未必是关键问题,也未必说得出多少道理来。"②这一主张可以看作是叶氏后来在语文教材建设方面的重要观点。

(二)关于阅读教学

叶圣陶首先考虑的是阅读教学中教与学的关系。他有一句人所共知的教育名言,"教是为了达到不需要教"。1962年,他在一封书信中说:"我近来常以一语与人,凡为教,目的在于达到不需要教。"③1978年,他在谈到如何看待讲的问题时又说:"教师教任何功课(不限于语文),'讲'都是为了达到用不着'讲',换个说法,'教'都是为了达到用不着'教'。怎么叫用不着'讲'用不着'教'?学生入了门了,他们能在繁复的事事物物之间自己探索,独立实践,解决问题了,岂不是就用不着给'讲'给'教'了?"④其次,他强调要调动学生学习的能动性,促使他们自己探索。叶圣陶说:"知识是教不尽的,工具拿在手里,必须不断地用心地使用才能练成熟练技能的,语文教材无非是例子,凭这个例子要使学生能够举一反三,练成阅读和作文的熟练技能;因此,教师要朝着促使学生'反三'这个标的精要地'讲',务必启发学生的能动性,引导他们尽可能自己去探索。"⑤

---

① 中央教育科学研究所.叶圣陶语文教育论集[C].北京:教育科学出版社,1980:744.
② 叶圣陶.叶圣陶教育文集(3)[C].北京:人民教育出版社,1994:214.
③ 中央教育科学研究所.叶圣陶语文教育论集[C].北京:教育科学出版社,1980:720.
④ 中央教育科学研究所.叶圣陶语文教育论集[C].北京:教育科学出版社,1980:152.
⑤ 叶圣陶.叶圣陶教育文集(3)[C].北京:人民教育出版社,1994:204.

(三) 关于作文教学

1. 强调作文教学的目的是为应用

叶圣陶说,"人在生活中在工作中随时需要作文,所以要学作文。""至于作诗作小说,并不是人人所需要,学生有兴致去试作,当然绝对不宜禁止,但是这并非作文教学的目标。"① 至于"为考试而作文"的问题,叶圣陶说:"我以为现在学生不宜存有为考试而学作文的想头。只要平时学得扎实,作得认真,临到考试总不会差到哪里。……学生学作文就是要练成一种熟练技能,一辈子能禁得起这种最广泛的意义的'考试'即'考验',而不是为了一时的学期考试和升学考试。"②

2. 关于作文的态度问题

叶圣陶说,在作文教学中,首先要求学生说老实话,决不允许口是心非,弄虚作假。说假话之外,还有说套话,说废话,说自己也莫名其妙的话,等等,都是应该杜绝的。

3. 关于命题作文

叶圣陶认为,"命题作文只是个不得已的办法,不是合乎理想的办法。"教师出题应有个考虑的范围:学生把干的、玩的、想的写出来,他们绝不会感到没有什么可写。再加上恰当的鼓励,引起他们非写出来不可的强烈欲望。

4. 关于改作文

叶圣陶说,"能不能把古来的传统变一变,让学生处于主动地位呢?假如着重在培养学生自己改的能力,教师只给些引导和指点,该怎么改让学生自己去考虑去决定,学生不就处于主动地位了吗?养成了自己改的能力,这是终身受用的。"③

二、吕叔湘的语文教育思想

吕叔湘(1904—1998),江苏丹阳人,我国当代著名的语言学家和语文教育家。他对我国当代语文教育事业的贡献,既有实践方面的,也有思想理论方面的。

20世纪40年代,吕叔湘就与叶圣陶、朱自清合编过中学语文教材《开明文言读本》和《开明新编国文读本》,并为当时的《国文月刊》《国文杂志》等刊物写过一些关于语文的文章。50年代初,为顺应新中国成立后语文规范化的需要,他与朱德熙联名在《人民日报》上发表"语法修辞讲话"(长篇连载,后结集出版),给当时的语文教师提供了重要而丰富的教学资料。接着,为了给汉语和文学分科教学作准备,他接受教育部的委托,参与领导和指导了《汉语》教材的编写和《暂拟汉语教学语法系统》的制定。60年代,他借"语文学习讲座",把语言学的理论研究成果运用于文章评改,对人们正确运用祖国语言进行了具体、切实的指导。同时,他还发表了"谈语言的学习和教学""语文教学的两点基本认识""关于语文教学问题"等几篇重要文章,给当时的语文教学以理论指导。从70年代后期开始,吕叔湘对我国的语文

---

① 叶圣陶.叶圣陶教育文集(3)[C].北京:人民教育出版社,1994:205.
② 叶圣陶.叶圣陶教育文集(3)[C].北京:人民教育出版社,1994:206.
③ 叶圣陶.叶圣陶教育文集(3)[C].北京:人民教育出版社,1994:208.

教学给予了更多关注。1978年3月16日,他在《人民日报》上发表了著名的"当前语文教学中两个迫切问题"一文,一般认为,这篇文章奏响了新时期中小学语文教学改革的号角。1979年,全国中学语文教学研究会成立,吕叔湘出任第一任理事长。此后,他亲自参与指导语文教学工作,并对中小学语文教学进行了多方面的深入思考,发表了许多重要论文和讲话,对新时期的语文教学改革产生了广泛影响。

（一）宏观方面的思考

吕叔湘对语文教学的探讨,更多的是宏观方面的思考。他认为从事语文教学的人要做到两个"必须认清"。首先,必须认清"教的是什么"。"语文"有两个意义：一、"语言"和"文字",二、"语言文字"和"文学",吕叔湘认为应取第一义。这里说的语言是口语的意思,文字是书面语的意思。语文课应当是语言文字课,而不是文学课。其次,"必须认清人们学会一种语文的过程",从教的角度讲,就是认清"怎么教"的问题。他曾反复强调："过去的……错误认识是把语文看成知识课,看成跟历史、地理或者物理、化学一样,是传授一门知识的课。"[①]其实,学习语言不是学一套知识,而是学一种技能,养成一种习惯。习惯只能通过正确的模仿和反复的实践才能养成。因此,语文课要做到"少而精,少讲,精讲",做到"讲为练服务"。

（二）把握好语文教学内部的各种关系

吕叔湘具体论述了下列各种关系：

1．语言和文字的关系

吕叔湘认为,学校里的语文教学,应该语言和文字并举,以语言为基础,以文字为主导,就是说,文字的教学应该从语言出发又反过来影响语言,提高语言。

2．阅读、写作和语文知识的关系

吕叔湘认为,阅读是可以为写作服务的,但不完全是为写作服务的；语文知识也是可以为写作服务的,但也不是完全为写作服务。阅读除了帮助写作之外还有多方面的作用,比如提高阅读能力。"阅读本身也是一种需要培养的能力。"语文知识可以帮助阅读扫清文字障碍,也提供写作所需要的有关用词造句以及疏通思想等方面的必要的知识,促进写作能力的提高。

3．教和学的关系

吕叔湘认为,教,是教师这一面；学,是学生这一面。在教课当中,既要发挥教师的主导作用,又要发挥学生的主动性。对于学生来说,要逐渐培养主动学习的能力,不要老等人家给,要学会自己去拿,自己去应用。对于教师来说,他的根本职责在于启发和调动学生的主动性、积极性,培养主动进取的学习习惯和学习精神,提倡启发式教学,反对落后的灌输式教学。

4．讲和练的关系

吕叔湘说："语文课既然主要是技能课,上课的时候就应该以学生的活动为主,教师的

---

① 吕叔湘.关于语文教学的两点基本认识[C].//吕叔湘.吕叔湘语文论集.北京：商务印书馆,1983：323-335.

活动应该压缩到最低限度。"① 教师的讲要少而精,"讲的要击中要害,学生哪个地方不懂,不太理解,就给他讲一些,点一下。学生懂的呢,就不讲"。② 吕叔湘还反对拿讲课的好坏来衡量教师优劣的做法,反对"讲课越多就越好"的观点,反对那种"旁征博引"的"放胖"教学法。

5. 课内和课外的关系

吕叔湘说:"语文课跟别的课有点不同,学生随时随地都有学语文的机会。逛马路,马路旁的广告牌,买东西,附带的说明书,到处都可以学语文。"③ 因此,他主张一定要加强对学生课外阅读的指导,这对课内的教学有很大的帮助。

另外,吕叔湘对语文教学中的许多具体问题,例如作文教学、文言文教学、汉字教学、汉语拼音教学、语法教学等,都有自己的研究和思考,这里不再一一介绍。

三、张志公的语文教育思想

张志公(1918—1997),河北南皮人,著名语言学家和语文教育家。1954年,张志公先生参与汉语、文学分科教学实验的准备工作,主持拟定了《暂拟汉语教学语法系统》,并主编《汉语》教材,从此与语文教育结缘。拟定《暂拟汉语教学语法系统》和编写中学《汉语》课本这两件事,在我国现代语文教育史上都具有开启先河的意义,对后来的语文教学产生过较大影响。50年代末60年代初,他集中精力研究我国传统语文教育,1962年完成并出版专著——《传统语文教育初探》(上海教育出版社1962年10月第1版)。"文革"结束后,张志公又将主要精力投入到我国的语文教育事业中来。他再次研究传统语文教育,研究小学识字教学,研究中小学语文教学的整体改革问题,在语文课程性质、文学教学、文言文教学、语言知识教学等诸多方面提出了重要见解。

(一)语文是工具

针对人们在语文性质上长期以来一直存在着的种种模糊认识,早在60年代初,张先生就明确地提出了语文工具说。当然,这个提法不是他的首创,叶圣陶早就这么说过。但是,张志公进一步详细分析了语文这一工具的特点。他说:"语文是个工具",这个工具和生产上用的工具有同有异。同者,都没有阶级性;都需要准确地操纵,熟练地运用;要掌握工具就都需要到使用它的现场里去学。异者,语文这个工具不是用来生产物质资料的,而是用来思维和交流思想的工具。虽然语文和思想也是两码事,但语文和思想老是长在一起,分不开。也就是说,学习语文这个工具的时候,学习怎样运用语文来交流思想和技能,跟学习语文所表达的思想本身,是不可分割地结合在一起的。据此,张先生还指出了语文教学中的一个重要原则——"文道统一"。80年代以来,他对语文工具论做了进一步的阐述,指出语文的交际范围不仅是个人同个人之间,而且扩大到全国范围以至世界范围,扩大到人和机器之间。在现代社会,语文的交际工具属性更加强,要求更加高,更突出实用,更讲究效率。

(二)走民族化、科学化、现代化和致用化的语文教改之路

张志公语文教育改革的基本指导思想就是民族化、科学化、现代化和致用化。所谓民族

---

① 吕叔湘. 吕叔湘论语文教学[C]. 济南:山东教育出版社,1987:63.
② 吕叔湘. 吕叔湘论语文教学[C]. 济南:山东教育出版社,1987:76.
③ 吕叔湘. 吕叔湘论语文教学[C]. 济南:山东教育出版社,1987:90.

化,就是要继承汉语文教育的优秀民族传统,并根据汉语文的特点进行教学。为此,他曾两度集中全力深入研究我国传统语文教育,从中寻找借鉴。所谓科学化,就是"搞清楚语文教学的规律,按规律办事"。张志公向来主张语文教学一定要科学化,认为这是减少盲目性,提高教学效率的有效途径。科学化,既包括教学的目的要求要科学,也包括内容要科学,教学方法要科学。所谓现代化,在某些方面与科学化是相通的,所以张志公曾经指出,现代化的中心是科学化。但是,除了科学化的含义之外,语文教学的现代化还包括要求的现代化,内容的现代化和方法的现代化。进入90年代之后,张志公进一步强调,语文教育要同现代化接轨。第一,要同学制改革接轨;第二,同社会主义市场经济需要接轨;第三,跟信息社会、信息交流接轨。所谓致用化,是指语文教育一定要注重实际应用。张志公曾经呼吁:语文教学要在两个方面有突破性的办法:一是在效率上有所突破,二是在致用上有所突破。语文教育民族化早已成为大家的共识,至于语文教育的科学化、现代化和致用化,向来是有争议的,需要进一步探讨。

(三)语文、文学"各司其职"

自从汉语、文学分科教学终止之后,语文教学中就一直不怎么谈文学教育,有时甚至反对文学教育。张志公则不是这样,在许多场合都谈到文学教育的问题,强调文学教育的重要性。他认为,在普通教育阶段,"文学教育是绝对不应当忽视的,而应当加强"。但是,受各种原因的影响,语文教育中的文学教育存在很多问题。例如,"语文教材中占有如此众多的文学作品,不是用来进行文学教育,而是用来进行读写训练的,连古典文学作品也不例外"。①但是,将文学教育和语言文字的教育放在一块儿,既不利于文学教育,也不利于语言教育。为此,张志公主张对文学教育"动点大手术"。他开出了三张"处方"。其一,分两门课:把文学教育和语文教育的界限搞清楚,明确二者各自的特定任务。语文教育课是工具课,旨在提高学生听说读写的能力;文学课旨在使学生具备一定的文学素养。其二,一课两本:在课程不允许增设的情况下,一门语文课用两种教材,"语文课本"与"文学课本"。两种不同的课本各司其职,完成特定的任务。其三,一本两线:即在一本语文课本中分两条线索,一条是语文训练,一条是文学教育。二者各司其职,完成特定任务。

(四)文言文教学既要有眼前的办法,又要有长远打算

针对文言文既不能抛弃,但它又很难学,而且学了文言文,并不能解决学生当前和未来所需要的语文能力这一问题,张志公主张,"在这个问题上,要有眼前的办法,要有长远的打算"。② 从当前看,要求中学生接触一些文言文,还是必要的。值得研究的是,读多少,怎么要求,以及是不是所有中学生个个都要达到同样的水平。从长远考虑,张氏认为,需要加紧做两项工作:一是立即组织力量有计划的全面整理古籍;二是应当在全国范围内建立若干所"古文学院",招收初中毕业的学生训练六年,或者招收高中毕业生训练四年,培养确实通晓文言、熟悉古籍的专门人才。

(五)语文知识先导说

首先,针对长期以来语文知识教学一直受到一些人的非议、轻视甚至反对的情况,张志

---

① 张志公.传统语文教育教材论[M].上海:上海教育出版社,1992:163.
② 张志公.张志公语文教育论集[C].北京:人民教育出版社,1994:226[C].

公始终坚持冷静、客观的科学态度,以深邃、敏锐的学术眼光和唯物辩证的科学方法来阐述自己的看法。他认为,语文知识教学是必要的。其次,要搞清楚语文教学需要教什么样的语文知识。对于语文知识的教学要做全面的分析,哪些知识该教,哪些知识不一定非教不可,哪些知识基本上用不着教,要做具体的分析。张志公认为,语文教学需要教的是实际应用语言的知识。这些知识,长期以来不为语文教育工作者所重视,总结的少,还没有形成一个体系。为此,他主张建立一套实际应用语言的知识系统。他本人也做过这方面的努力,并将这样一套知识系统叫做词章学。① 再次,要认清语文知识在语文能力训练中的地位和作用。张志公认为,语文能力是在实践中形成的,但是这种实践要有知识的指导。也就是说,语文能力的养成不能离开知识教育,知识在语文能力形成过程中起一定的先导作用。正因为如此,张志公认为语文课应当是"以知识为先导,以实践为主体,并以实践能力的养成为依归的课。"②

1984 年的《课程·教材·教法》第 6 期和 1985 年第 1、3、5 期连续 4 期刊载了张志公的长篇论文"关于语文课、语文教材、语文教学的一些初步设想"。这篇论文集中反映了张志公对中小学语文教学改革的若干主张。前边所谈的主要内容,在这篇论文中基本上都有体现。

第七节 语文名师的教学经验

新时期的语文教学改革也锻炼和培养了一大批语文名师。这些语文名师一般都被评为语文特级教师,有的还被评为当地有突出贡献的专家并享受国务院特殊津贴。他们不仅在我国语文教育界享有盛名,有的教学经验和方法还被介绍到国外,在国外也有一定影响。美国前新墨西哥州高教局局长凯瑟琳女士曾说,"作为一个教师群体,中国的特级教师是最好的"。③ 足见语文特级教师的影响之大。这些语文名师中,有的在 20 世纪五六十年代就已经崭露头角,在新时期的语文教学改革中,他们自然成了领军人物;更多的则是伴随着新时期的语文教改一起成长起来的。本节介绍几位有代表性的语文名师的教学经验。

一、斯霞的语文教学经验

斯霞(1910—2004),浙江诸暨人。1922 年就读于杭州女子师范学校,1927 年毕业后,先后在浙江绍兴、嘉兴、萧山、杭州及江苏南京等地小学任教。1932 年起在中央大学实验学校小学部(南京师范大学附属小学前身)工作,后分别就职于绍兴第五中学附小、嘉兴县集贤小学、肖山湘湖师范、南京东区实验小学、中央大学实验小学、南京师院附属小学等校。

20 世纪 50 年代,斯霞创造了"字不离词,词不离句,句不离文"的小学语文随课文分散识字教学法,大面积、高效率地提高了识字教学的质量。她教的学生在两年内就认识了 2000 多个汉字,读了 174 篇课文,当时在国内小学教育界产生较大影响。60 年代,经专家学者总

---

① 张志公于 1996 年由人民教育出版社出版了他的《汉语词章学论集》。
② 赵大鹏.让孩子们越学越聪明——张志公初中语文教材介绍[C].//新中国语文教育大典.北京:语文出版社,2001:817.
③ 转引自杨春茂.特级教师的特殊意义[N].中国教育报,1998-4-22.

结、论证,斯霞的"以语文教学为中心,把识字、阅读、写作三者结合起来"的小学语文教学法,在全国产生了广泛影响。新华社 1963 年播发的通讯《斯霞和孩子》向国内外宣传了她的感人事迹。"文化大革命"结束后,回到教学岗位的斯霞全身心地投入教育教学研究工作,精心培育青年教师。她主张通过生动活泼的授课,提高教学效果,来增加教学内容和识字量,反对延长教学时间,主张教师必须要有丰富的知识,尽可能地去满足学生多方面需要,帮助他们打开知识闸门,点燃智慧火花。

斯霞语文教学经验的核心,就是她的"分散识字法"。这一做法源于她在 1958 年开始的改革实验,包括教材改革和教法改革两个方面。在教材改革方面:一是调整识字量,加大识字密度,一年级识字 1008 个,二年级识字 1000 个,三年级识字 1378 个,其中 80% 达到"四会"要求;二是调整阅读量,增加课文篇数,增加看图识字、短语、句子等。斯霞把原来教材的课文,第一册由 13 篇增至 31 篇,第二册由 31 篇增至 43 篇,第三、第四册由 32 篇增至 50 篇。① 在教法改革方面,第一步是教好汉语拼音和独体字,掌握识字的工具。斯霞用三周的时间,教完汉语拼音,尽早利用汉语拼音帮助识字。教学 60 多个独体字,为学习合体字做准备。第二步,结合课文进行识字教学。出示生字的方式有两种:一是把一篇课文的生字提出来集中教学,随后阅读课文;二是随课文讲读的顺序,边学习课文,边教学生字词。

斯霞认为,识字的初期,解决的主要矛盾是字音、字形;经过一段训练以后,解决的主要矛盾是字义。所以,坚持"字不离词,词不离句"的教学原则,加强字义教学,使字义与字音、字形建立巩固的联系,是符合语言学习的一般规律的。边识字边阅读,边阅读边识字,把识字教学与培养听、说、读、写能力有机结合起来,可以互相促进,平衡发展,求得多方面的效应。

二、霍懋征的语文教学经验

霍懋征(1921—2010),山东济南人,1932 年迁居北平。1939 年在北平育华中学毕业后考入北平师范大学(现北京师范大学)数理系,1943 年毕业。以后,一直从事小学教育工作;其中除去受冲击的"文革"十年,其余时间都在北京第二实验小学任教,担任数学教师、语文教师、班主任、副校长等职。1985 年退休,1998 年退离一线工作。霍懋征 1956 年即被评为北京市小学特级教师,成为全国首批特级教师,以后多次受到北京市和国家有关方面的奖励和表彰,并且受到历届党和国家领导人的接见。曾任全国政协常委、中国教育学会理事、全国小学语文教学研究会常务理事、全国中小学教材审查委员会委员等。

霍懋征的语文教学经验十分丰富。这里简要介绍几点:

(一)努力让每个学生都取得成功

霍懋征认为,"没有不可教育或教育不好的学生",关键是用爱来教育他们,"要教育好每个学生,就要爱每个学生"。从教 60 年,霍懋征从没有对任何一个学生发过火,更没有对任何一个学生失去过信心。她一贯主张对学生要"激励、赏识、参与、期待",即激励每个学生增强自信,勤奋努力,在原有的基础上不断进步,发现并赏识每个学生的优点、才华,并以此为

---

① 参见全国小学语文教学研究会会刊编委会.小学语文教学研究:上[C].北京:教育科学出版社,1981.

突破口,创造条件使每个学生都参与到教育教学活动中来,同时使教师始终以一颗真诚的爱心、信心和耐心期待着每个学生的成功。

(二) 贯彻全面发展的方针

霍懋征总结自己教育教学的成功经验,其中一条就是"做一名教师必须首先要有先进的教育思想,即全面发展的思想,这是教育教学工作的灵魂"。① 为了贯彻全面发展的方针,霍懋征在语文教学中特别强调语言形式和思想内容统一的原则。她认为,就语言活动本身来看,一定的语言形式反映一定的思想内容,一定的思想内容寓于一定的语言形式之中,二者水乳交融,不可分割。就完成小学语文教学的基本任务来看,二者也不容割裂。因为小学语文教学的基本任务是提高学生的理解能力和表达能力。这不仅涉及怎么理解、怎么表达,更涉及理解什么、表达什么,前者是语言形式训练,后者则是思想内容教育。

(三) 坚持启发式教学,鼓励学生积极思考

霍懋征一直把坚持启发式,反对注入式作为自己教学的重要指导思想,她曾多次撰文讨论过这个问题。她认为,启发式教学的根本点是把学生看成学习的主人,核心是一个"思"字,就是最大限度地调动学生学习的积极性、主动性,勤思、善思,用各科学习的方法引导他们不断前进,使他们学得生动活泼。她还强调,要辩证地继承孔子的愤悱启发教学观。今天的老师不能等学生愤悱了才去启发,而是应该积极想办法为学生制造愤悱的状态,再去启发。

(四) 真正把教学的落脚点放在培养学生运用语文工具的能力上

霍懋征常说:"语文课虽然要传授知识,但更重要的是发展学生的思维,培养学生运用语文工具的能力。"怎样才能真正培养学生运用语文工具的能力?霍懋征的经验是:首先,重点讲规律性的、带有普遍意义的,对学生的读写活动来说又是迫切需要的知识;其次,重视课堂上多方练习,让学生在练习中当堂巩固、消化;再次,教给学生读书的方法,培养学生的阅读能力和自学能力。

三、于漪的语文教学经验②

于漪(1929—),江苏镇江人,语文特级教师。1951年7月毕业于复旦大学教育系。长期从事中学语文教学,形成独特的教学风格。曾任中华全国总工会候补执行委员,上海市第七、八、九届人大常委会委员,教育科学文化卫生委员会副主任委员,全国语言学会理事,全国中学语文教学研究会副理事长等职。代表著作有:《于漪语文教育论集》(人民教育出版社1996年3月版)、《于漪文集》(6卷本,山东教育出版社2001年版)等。

于漪从事语文教学工作近半个世纪,退休后仍不断著书立说,关心语文教育。她在语文教育方面积累了丰富的经验,有许多真知灼见。

---

① 崔峦,等.斯霞、霍懋征、袁瑢语文教育思想与实践[M].北京:人民教育出版社,2003:204.
② 参阅武玉鹏.于漪语文教育思想述要[J].烟台师范学院学报,1999(2).

（一）教文育人

于漪常说：指导学生学习祖国语言文字，培养他们听、读、说、写能力是语文教师义不容辞的光荣职责，但是，教师的视野不能只局限在"文"，教文须服从育人的大目标，为这个大目标服务。离开了"人"的培养去讲"文"的教学，就失去了教师工作的制高点，也就失去了教学的真正价值。因此，语文教师必须"既教文，又教人"，把"教文"纳入"育人"的大目标。20世纪90年代以来，她更为突出地强调语文的人文性，认为语文课程的本质属性就是工具性和人文性的统一。她说："忽略语文的人文性，必然只强调语文工具而看不到使用语文工具的人。学语文不是只学雕虫小技，而是学语文学做人。语文教育就是教文育人。"①

（二）注重学习兴趣，突出情感教育

于漪认为，兴趣往往既是学习的先导，又是学习得以持续进行的推动力。学生对学习是积极寻求，还是消极应付，是兴味盎然地吸收，还是厌恶排斥，往往直接影响教学质量和教学效果。尤其就语文教学来说，学语文靠的是持之以恒地日积月累，勤学苦练，是件苦差事，不断激发学生的学习兴趣更为重要。有鉴于此，她主张：语文教师要十分重视学生学习的"内部态度"，千方百计培养他们学习语文的动机，激发他们学习语文的浓厚兴趣。

她认为，"教育的事业是爱的事业"，"情是教育的根"。在语文教学中进行情感教育主要凭借语文教材。"诗文本是情铸成。"语文教材中所选的大多数课文，本身蕴涵着作者丰富、健康的思想感情，这是情感教育的源头活水。怎样凭借语文教材进行情感教育呢？她的看法，主要有三点：第一，教师在备课时，首先要"披文入情"，即通过认真研读教材，发现作者的思想感情所在，做到"文脉、情脉双理清"。第二，发现作者的思想感情之后，"自己必须进入角色，深入理解语言文字所传递的情和意。根据作品中的具体形象，展开丰富的想象，或唤起联想，或联系自己的生活经验、生活知识来丰富和补充作品中的形象，真正把作者寄寓的情思化为自己的真情实感"。②第三，教学时，教师要"带着感情教"，要"选准动情点，满怀感情地启发，提问，讲述，剖析，朗诵，以情激情"。

（三）语文教学要讲求综合效应

于漪说，语文教学要讲求综合效应，不能单打一。"语文教学根据学科的特点，须引导学生在素质、能力、智力等方面全面扎下深根。"③

（四）全面、有序、科学地培养语文能力

于漪在强调综合发展学生的素质、能力、智力的同时，又特别强调首先要抓语文能力的培养。她指出，有一点必须十分明确：语文教师教学生学语文，引导学生进行语文能力的训练，这是语文教学的主旋律，须牢牢抓住不放。如何培养学生的语文能力，培养哪些方面的语文能力，这是于老师几十年来一直在关注、思考和探索的一个问题。她在这方面的主张可以归纳为四个方面：全面训练，循序渐进，突出"内核"，语、思结合。

---

① 于漪.弘扬人文 改革弊端[J].语文学习,1995(6).
② 于漪.于漪语文教育论集[C].北京：人民教育出版社,1996：287.
③ 于漪.于漪语文教育论集[C].北京：人民教育出版社,1996：83.

四、钱梦龙的语文教学经验

钱梦龙(1931—　)，上海市人，上海语文特级教师。曾任上海嘉定二中语文教研组长，嘉定区实验中学校长，教育部中小学教材审定委员会中语学科审查委员。1988年获全国中小学教学改革金钥匙奖，1989年获全国教育系统劳动模范称号。

钱梦龙于80年代初创建了"三主四式语文导读法"教学体系。

（一）学生为主体，教师为主导，训练为主线

钱梦龙认为，所谓"学生为主体"，就是确认学生在教学过程中是认识的主体和发展的主体，是具有独立地位和极大的认识潜能的实践者。所谓"教师为主导"，就是确认教师在教学过程中处于领导、支配的地位，同时又规定教师的这种领导、支配地位只能通过"导"而不是"牵"或其他的方式来实现。钱梦龙所说的"训练"，特指"学生在教师的指导下，为了从各方面提高自身的素质而进行的有目的、有计划的活动和实践"。他认为："这种以师生双向活动为特征的训练，必然贯穿于教学的全过程，成为'主线'，其他的教学措施都是服从于训练并为之服务的'副线'。"①

（二）四式："自读式""教读式""练习式"和"复读式"

1. "四式"中的"自读"，指学生自己的阅读实践

钱梦龙非常重视指导学生自读，使自读的训练做到有目的、有计划、有要求、有规格。为此，他设计了一个系统的自读训练目标体系，这一体系包括阅读方式、阅读步骤、阅读习惯和阅读心理四部分。

2. "教读"，就是"教"学生"读"

他说："所谓'教的艺术'，说到底就是鼓励学生主动学习的艺术。"如何鼓励学生学习呢？他谈过三点：① 激发学生的阅读兴趣。② 阅读方法的指导。③ 帮助学生克服阅读中的困难。

3. "练习"，指的是学生在学习新课以后完成一定的口头或书面的作业

练习的目的，一是为了对新获得的知识加深理解，强化记忆；二是为了促进知识的迁移。常用的练习类型有：① 以记诵或积累知识为主的练习，如朗读、背读、抄读等。② 以消化知识为主的练习，如问答、划分文章层次、揣摩作者思路、分析文章特点，以及写作练习中的改写、续写等。③ 以应用知识为主的练习。此类练习的目的是为学生创造举一反三的条件，如《愚公移山》的自拟练习等。④ 评价性作业。如就课文里精彩的片段、有特色的词句谈感受，或在书眉上写下只言片语的心得，或写出有一定见解的评论文章等。

4. "四式"中的"复读"，是一种复习性的阅读训练形式

把若干篇已教过的课文按一个中心组成"复读单元"，指导学生读、想、议、练，既"温故"，又"知新"。常用的复读方式有：① 以知识归类为目的的复读；② 以比较异同为目的的复读；③ 以求得规律性知识为目的的复读。

---

① 钱梦龙.导读的艺术[M].北京：人民教育出版社，1995：27.

"三主四式语文导读法"提出以后,在全国产生了很大影响,不仅对中学语文教学领域,而且对小学语文教学,甚至对中小学其他学科的教学都有较大影响。20世纪90年代以后,钱梦龙又开始了从导读到导写的探索。导写的基本途径是:模仿—改写—借鉴—博采—评析。

五、宁鸿彬的语文教学经验①

宁鸿彬(1936—),北京人。1955年从北京师范学校毕业后先后在小学和中学工作。1965年北京电视大学中文系毕业。1976年调到北京第八十中学直至退休。1986年被评为特级教师。曾被评选为北京市有突出贡献的专家,荣获全国教育系统劳动模范、北京市教育系统先进工作者,北京市劳动模范,优秀共产党员等荣誉称号,曾任北京市语文教学研究会副理事长等职。

(一)坚持以人为本的语文教育理念

首先,宁鸿彬把学生看作是学习的主人,非常重视学生学习语文的自主性。提出"教会学生学习","引导学生自己探索知识"。其次,他强调语文教学不能束缚学生,必须放开学生的手脚,调动和保护学生在学习过程中的积极性、主动性。为了放开学生的手脚,调动学生学习的积极性和主动性,宁老师常采取的措施是:"三个不迷信"——要求学生不迷信古人,不迷信名家,不迷信老师;"三个欢迎"——欢迎学生质疑,欢迎学生发表与教材不同的见解,欢迎学生发表与教师不同的见解;"三个允许"——允许学生说错做错,允许学生改变观点,允许学生保留意见。再次,他一贯主张语文教学要"变苦学为乐学"。他是从培养合格的社会主义事业的建设者和接班人,让他们的身心全面和谐发展的高度来倡导乐学的。他不但提出了变苦学为乐学的目标,而且探索了变苦学为乐学的具体途径。这途径主要有两条:一条是靠科学,即通过科学的教学方法,精讲精练,提高教学效率,使教学事半功倍。这样,学生自然就不以学习为苦了。另一条是靠艺术,即通过巧妙的教学方法,"化繁为简,化难为易,把本来枯燥无味的教学变得妙趣横生"。这样,学生就不但不觉得学习是苦差事,而且会以学为乐了。

(二)教学方法

1. 坚持精巧和务实统一的教学方法观

宁鸿彬曾搞过一轮主题为"精思巧授,搞好教学总体设计"的教学实验。他认为在课堂教学之前,精心设计教学方案极为重要。"设计得巧妙与否,直接关系到课堂教学的繁与简、易与难、顺畅与阻塞、生动与枯燥。简言之,就是关系到教学的成功与失败。一份好的教学设计实施于课堂教学时,可以使学生在轻松愉快的教学活动中,不知不觉地把知识学懂,把本领学会。反之,学生就要在课堂上艰难苦度。"②通过教学实验,宁鸿彬总结了抓联系、抓因果、抓演变、抓线索、抓头绪、抓评价、抓特色等多种教学设计的思路。

---

① 参阅武玉鹏.名师研究——中学著名语文特级教师的教学实践和思想[M].北京:中国文联出版社,2001:25-37.
② 宁鸿彬.宁鸿彬文选[C].桂林:漓江出版社,1996:71.

2. 既要减轻学生负担,又要提高教学效率

在如何提高语文教学效率的问题上,宁鸿彬以系统科学为指导,进行了全面的、多方面的探索。他认为,提高教学效率的一个重要的方面就是要解决教什么的问题。语文课教什么效率最高呢?就是要"讲规律,教方法,传习惯"。讲规律,就是给学生讲授具有规律性的知识,包括读写听说的规律和理解、记忆、使用读写听说知识的规律。教方法,就是"向学生传授领会知识的学习方法、巩固知识的记忆方法和运用知识的操作方法"。传习惯,就是把学习和运用语文知识的良好习惯传给学生。其次,要着眼于教学方法,解决怎么教的问题。怎么教语文效率最高呢?宁鸿彬认为至关重要的一点就是"巧妙设计,精讲精练"。

六、洪镇涛的语文教学经验①

洪镇涛(1937—),湖北新洲人。1960年毕业于北京师范大学中文系。1965年至今,一直在武汉六中任教。1982年,他被评为中学语文特级教师。1994年,被评为湖北省有突出贡献的专家,享受国务院特殊津贴。曾兼任全国中学语文教学研究会学术委员,全国中学学习科学研究会副理事长,武汉市中学语文教学研究会理事长等职。

洪镇涛长期致力于中学语文教学改革的探索。其探索大体上可分为两个阶段。第一个阶段是从70年代末到80年代中期,探索的主题为:"变讲堂为学堂";第二个阶段是80年代末以后,探索的主题为:"变研究语言为学习语言"。

(一)变讲堂为学堂

洪镇涛认为,教学过程的本质,就是教师指导下的学生自学。要承认教师的主导作用,但这种主导作用主要表现在精心设计教学过程和在教学过程中对学生的引导、辅导、督导和感染上面。不能把"主导"理解为"主讲",不能抹杀学生在教学活动中的主体地位。长期以来,语文课堂教学同其他一些学科的课堂教学一样,是以教师讲,学生听为主要方式,以满堂灌、注入式为基本特征的,课堂几乎成了老师的"讲堂"。这种讲堂式的语文教学,不能正确处理"教"与"学"的关系,不符合教学规律,影响教学效率。因此,把"讲堂"变为"学堂",是时代对我们的要求,也是语文教学自身规律的反映。

"变讲堂为学堂"的具体途径,概括起来就是两条:一是改革课堂教学的结构,一是改革教和学的方法。在改革课堂教学结构方面,洪镇涛探索出"提示、设问—阅读、思考—讨论、切磋—归纳、总结—练读、练写"这样一个五阶段教学模式。在改革教学方法方面,洪镇涛主张要实行三个"变":变"全盘授与"为"拈精摘要";变"滔滔讲说"为"以讲导学";变"默默聆受"为"研讨求索"。

(二)变研究语言为学习语言

90年代,洪老师又提出了变研究语言为学习语言的教学主张。他认为,学习语言的目的,是提高吸收和运用语言的能力,"研究"语言的目的,是寻找语言规律。学习语言要求大量接触语言材料并化为己有;"研究"语言只要求从语言材料中抽取系统的语文知识。学习

---

① 参阅武玉鹏.名师研究——中学著名语文特级教师的教学实践和思想[M].北京:中国文联出版社,2001:142-153.

语言,重感受、领悟和积累;"研究"语言,重在分析、比较和归纳。学习语言,主要方法是语感培养,强调直觉思维;"研究"语言,主要方法是理性分析,强调分析思维。

怎样才能变"研究语言"为"学习语言"呢？洪老师经过反复探索,提出了一个"构建'学习语言'语文教学新体系"的构想。这个体系,概括地说,就是:抓住一个根本,遵循一条途径,注重两个方面,把握四个结合,加强一个联系,建立一套"常模",设置七种课型,运用多种方法,培养三项能力。

(1) 抓住一个根本。语文教学根本的第一位的任务是组织和指导学生学习语言,提高学生理解和运用祖国语言文字的能力。至于思想教育、思维训练和审美陶冶等,虽然都很重要,但都是派生任务,而不是根本任务。

(2) 遵循一条途径。学生语文能力的形成,主要靠语言实践。在听、说、读、写实践中,感受语言—领悟语言(形成语感)—积累语言—运用语言。感受—领悟—积累—运用,是学习语言的正确途径。

(3) 注重两个方面。学习语言,一是要注意吸收和积累语言;一是要注意习得和积淀语感。

(4) 把握四个结合。一是语感训练与思想教育结合;二是语感训练与思维训练结合;三是语感训练与审美陶冶结合;四是语感训练与知识传授结合。

(5) 加强一个联系。即语文教学与生活紧密联系。

(6) 建立一套"常模"。通过几年的探索,洪老师认为,以"学习语言"为核心的语文教学应该有一套体现自身特点的常规课堂教学结构,这个结构是:感受语言,触发语感—品味语言,领悟语感—实践语言,习得语感—积累语言,积淀语感。

(7) 设置七种课型。① 语言教读品味课,② 语言自读涵泳课,③ 语言鉴赏陶冶课,④ 书面语言实践课,⑤ 口头语言实践课,⑥ 语言基础训练课,⑦ 语言能力测评课。

(8) 运用多种方法。实行语感教学,进行语感训练,可采用以下四种方法:一是美读感染法;二是比较揣摩法;三是语境创设法;四是切己体察法。

(9) 培养三种能力。着重培养阅读能力、写作能力和口语交际能力。这是三种显性能力,同时,还要培养贯穿三者之中的一项隐性能力——思维能力。

洪镇涛还称这个"'学习语言'语文教学新体系"为以语感训练为核心的语文教学体系。可见,语感训练在他这个教学体系中所占的位置。这一教学体系在语文教育界也有较大影响。正因为如此,20世纪90年代以来,有人还将洪镇涛称为"语感训练"派的代表人物。

七、李吉林的语文教学经验

李吉林(1938.5—　),江苏南通人。江苏省特级教师。1956年江苏省南通女子师范学校毕业后任教于南通师范第二附属小学至退休。长期从事小学语文教学并致力于小学语文教学的改革探索。总结提出了以"情境教学法"为基础的情境教育三部曲理论:情景教学—情境教育—情境课程。

1979年,李吉林从外语教学运用情境进行语言训练中得到启示,并借鉴我国古代文艺理论中的"境界"学说,吸取传统教学注重读写以及近代直观教学的有效因素,提出了"情境教学"理论,并进行教学实验。何谓情境教学？李吉林这样解释:"情境教学是充分利用形象,创设典型场景,激起学生的学习情绪,把认知活动与情绪活动结合起来的一种教学模式。"①这种教学模式具有"形真""情切""意远"和"理寓其中"的特点。② 所谓"形真",主要是指情境教学中的形象具有真切感,神韵相似,能达到"可意会,可想见"。所谓"情切",指情境教学能抓住促进儿童发展的动因——情感,展开一系列教学活动,境中寓情,情真意切,以情激情,以情动情,从而达到既促进认知活动,又促进儿童全面发展的效果。所谓"意远",就是情境教学的意境深远,能形成想象的契机,有效发展学生的想象力。所谓"理寓其中",是指情境教学无论所创设的形象,伴随的情感,还是开拓的广远的意境,其中都蕴含了一定的理念。情境教学的要求是:① 以"趣"为前提,在探索的乐趣中激发学生的学习动机;② 以"思"为核心,在创造的乐趣中,协同大脑两半球的相互作用;③ 以"情"为纽带,在审美体验的乐趣中感知教材;④ 以"练"为主线,在儿童自己的语言实践中学好语言;⑤ 以"生活"为源泉,在认识周围世界的乐趣中,平衡两个信号系统。在教学过程中如何创设情境?李吉林通常采用的手段有:用生活展现情境;用实物演示情境;用图画展现情境;用音乐渲染情境;用表演体会情境;用语言描绘情境。情境教学从着眼儿童发展的高度去组织教学,以促进儿童的整体和谐发展为主要目标,把训练语言与发展智力结合起来,通过学生的语言实践,在训练中发展思维。它的优点是充分利用无意注意的优势,引起儿童的学习兴趣,激发学习欲望;能较好地发展儿童的观察力、想象力和表达力,同时能有效促进儿童情感、美感等非智力因素的发展,促进儿童的社会化,有效克服传统的注入式教学的种种弊端。

80年代末,李吉林从语文单科运用情境教学的成功经验中,抽象概括出符合儿童心理特点和认识规律的创设情境的共性,这就是:以"形"为手段,以"美"为突破口,以"情"为纽带,以"周围世界"为源泉的"四为"和以培养兴趣为前提,诱发主动性,以观察指导为基础,强化感受性,以发展思维为中心,着眼创造性,以陶冶情感为动因,渗透教育性,以训练学科能力为手段,贯穿实践性的"五要素"。由此形成了情境教育理论。

1996年,李吉林进一步提出了建设情境课程的构想,并于新世纪伊始付诸实验。

如今,情境教育的理论不仅在我国教育界有重要影响,形成了具有鲜明特色的情境教育学派,引起众多研究者的关注,而且这一理论已经被介绍到国外,在世界范围内产生了一定影响。

八、魏书生的语文教学经验③

魏书生(1950.5—),河北蛟河人,辽宁省语文特技教师。魏书生1978年走上中学语文教学岗位,曾任辽宁省盘锦市盘山二中语文教师,盘锦市实验中学语文教师、教导主任、校长兼党支部书记,盘锦市教育局局长兼党委书记。

1979年3月,魏书生开始了以培养学生自学能力和自我教育能力为主要目标的教学改革探索。探索中,魏书生从"知、情、行、恒"四个方面培养学生的自学能力。所谓"知",就是

---

① 李吉林.小学语文情境教学——李吉林与青年教师的谈话[M].北京:人民教育出版社,2003:5.
② 李吉林.情境教学实验与研究[M].成都:四川教育出版社,1990:18-25.
③ 参阅武玉鹏.名师研究——中学著名语文特级教师的教学实践和思想[M].北京:中国文联出版社,2001:205-220.

提高学生对自学能力的认识,使学生知道为什么要自学。魏书生通过给学生讲述一系列自学成材者的动人事迹和辉煌成就,开启他们的心扉,使他们认识到培养自学能力的必要性、重要性和可能性。所谓"情",就是使学生从感情上体验到自学的幸福和欢乐。所谓"行",就是指导学生的学习行为,包括学什么和怎样学。比如学什么,魏书生和学生商量、讨论,画出了"语文知识树"。学生按照语文知识树去学语文,做到了心中有数。再比如怎样学,魏书生教给学生各种各样的学习方法,如:怎样读总体语文书,怎样读一本语文书,怎样读一类文章,怎样读一篇文章,怎样提高学习效率,怎样制定语文学习计划等。所谓"恒",就是让学生持之以恒,养成自学的习惯。

1985年以后,魏书生开始深化语文教学改革的探索。他主要抓了两点:一是教学民主,二是科学管理。

(一)教学民主:千方百计使学生成为学习的主人

魏书生从以下五个方面入手:

1. 教师树立为学生服务的思想

魏书生不是站在学生对面指挥、命令学生的长官,"而是深入学生内心,辅助、帮助、协助学生要求学习上进的那部分脑细胞成长、壮大、扩大范围的服务员"。

2. 建立互助的师生关系

魏书生帮助学生学会学习,学生则帮助魏书生提高教育能力。

3. 发展学生的人性与个性

帮助学生认识到自己内心世界的广阔,学会用自己的能源照亮自己的内心世界,用自己的积极、乐观、实干、豁达、好学去战胜自己的消极、悲观、空谈、狭隘、厌学。

4. 决策过程多商量

魏书生教书带班的方法应是同学生商量的。班怎么带、怎么管理,语文学什么、怎么学,课怎么讲,教材怎么处理,怎样留作业,怎样考试,都应和学生商量。这样,既让教师了解了学生的需要,又增强了学生的参与意识,增强了学生的主人翁责任感。

5. 给学生参与教学管理的机会

学生能做的事教师尽量不做,例如教生字、教语法、批改作业、检查日记、检查作业、组织考试,等等,都有专人承包。

(二)科学管理:从管理的角度组织语文教学,减少无效劳动

魏书生通过建立三个系统,来提高语文教学管理自动化的程度。

1. 建立计划系统

所谓计划系统,就是和同学一起讨论,制定从时间到空间,从小事到大事,从事到人,各个系统都尽可能统筹兼顾的班规、班法、计划、制度。在制定计划方面,他和学生努力将事、时、人三者落到实处,做到"人人有事干,事事有人干,时时有事干,事事有时干"。经过长期地探索,他们总结出和语文教学有直接或间接关系的实事34件,然后将这34件事分成6类,制定具体计划,规定了做事的人、做事的时间和做事的方法。

2. 建立监督检查系统

这一系统包括自检、互检、班干部检查、班集体检查、教师抽检五道关口。魏书生规定了各道关口具体的检查办法与补救措施。

3. 建立反馈系统

这一系统包括个别讨论、班干部反馈、班集体反馈、家长反馈等四种方式。反馈系统的建立,既保证了制定的学习计划、制度符合学生、家长、干部、教师的心理实际,也保证了在时空条件发生较大变化时,计划、制度能从新的实际情况出发,得到及时的修改、补充,甚至废除。

对于魏书生的语文教学经验,存在着不同的看法。从实践效果看,他的语文教改探索还是有价值的。在他的实验班里,学生都学会了自己教育自己,自己管理自己,养成了很强的自学语文的能力。魏书生每年都有三分之一左右的时间外出开会和讲学,在他不在学校的时候,他的班并不另外安排班主任,也不找别的语文老师替他上课,都是学生自己管理自己,自己学语文。这丝毫不影响这个班级的教育教学质量,学生在德、智、体各方面照样能得到全面充分的发展。

◆ 思考与探究

1. 分析新时期语文教学改革的指导思想、主要内容和取得的主要成绩。
2. 分析本时期关于"人文主义还是科学主义"讨论的背景及重要意义。
3. 怎样看待世纪末的语文教育大讨论?讨论了哪些问题?对语文教学改革有何促进作用?
4. 联系叶圣陶前期的语文教育思想,分析叶圣陶语文教育思想的本质特征及其时代价值。
5. 比较新时期语文名师的教学经验有何共同点和不同点,其共同之处和不同之处主要体现在哪些方面?

◆ 推荐阅读文献

1. 李杏保,顾黄初.中国现代语文教育史:第8章.[M].成都:四川教育出版社,1997.
2. 林治金.中国教学语文教学史:第10章.[M].济南:山东教育出版社,1996.
3. 张隆华.中国语文教育史纲:下编(第五至八章)[M].长沙:湖南师范大学出版社,1991.
4. 倪文锦."文革"后语文教育的复苏与改革[C].//洪宗礼,等.母语教材研究:第1卷.南京:江苏教育出版社,2007.
5. 倪文锦.20世纪末关于工具性与人文性的思考[C].//洪宗礼,等.母语教材研究:第1卷.南京:江苏教育出版社,2007.
6. 江明.新中国五十年教材[C].//洪宗礼,等.母语教材研究:第3卷.南京:江苏教育出版社,2007.
7. 《语文学习》编辑部.教学争鸣录[C].上海:上海教育出版社,2000.

8. 叶圣陶.叶圣陶教育文集:第3卷[C].北京:人民教育出版社,1994.

9. 董菊初.叶圣陶语文教育思想概论[M].北京:开明出版社,1998.

10. 吕叔湘.吕叔湘论语文教学[C].济南:山东教育出版社,1987.

11. 张志公.张志公语文教育论集[C].北京:人民教育出版社,1994.

12. 董菊初.张志公语文教育思想概说[M].北京:人民教育出版社,2001.

13. 刘国正.中国著名特级教师教学随想录·中学语文卷[C].南京:江苏教育出版社,1996.

14. 杨再隋.中国著名特级教师教学随想录·小学语文卷[C].南京:江苏教育出版社,1996.

15. 武玉鹏,韩雪屏.语文课程教学问题史论[M].北京:中国社会科学出版社,2013.

第六章

21世纪初的语文课程和教学改革

◆ 导　读

进入21世纪,世界各国都加快了语文课程与教学改革的步伐。世纪之交,我国基础教育阶段"应试教育"与"素质教育"的争论越来越激烈,语文课程与教学成为社会各界猛烈批判的对象。在世界母语课程与教学改革潮流的激荡下,我国百年现代语文课程与教学也面临着深刻的转型。语文课程的性质、目标、内容和评价机制都需要进行重大改革,语文教学和教师培训也成为新课程改革必须解决的重要课题。这一时期,语文课程与教学是在什么背景下进行的,语文课程与教学改革提出哪些新的理念？语文教材进行了哪些改革？在新课程推进过程中如何展开对语文教师的培训？让我们进入本章内容的学习,尝试回答这些问题。

◆ 学习目标

1. 了解新世纪语文课程改革的背景。
2. 熟悉语文课程与教学提出的新理念。
3. 明了新世纪语文教材作了哪些改进。
4. 了解新课程背景下语文教师培训的基本情况。

21世纪伊始,我国就以政府行为启动了一场声势浩大的基础教育课程改革。本次课程改革有其特定的历史背景,提出了一系列全新的教育理念和清晰的改革目标。同时,为了确保改革的成功,新课改还制定了严密的组织和行动计划,并且由政府出面,启动了全国范围的新课程教师培训工程。新世纪的语文课程与教学,自然也就以课程改革为其工作的主题和发展的主线。

第一节　新世纪语文课程改革的背景

世纪之交,世界各国的教育面临着共同的机遇和挑战,各国政府都十分关注课程改革,并不断推动课程改革的深化。语文课程是学校教育基础课程之一,语文教学质量的高低、好坏、优劣直接影响和制约着其他课程的教学水平。所以,语文课程始终处于学校教育改革的前沿。① 20世纪八九十年代之后,世界各国,包括港台地区都加快了语文课程改革步伐,我们的语文课程也正在与国际接轨。我国语文新课程改革就是在这种时代背景下开展的。

一、国际母语课程改革的背景

纵观20世纪,世界范围内有过三次较大的教育改革。第一次教育改革发生在20世纪初,以杜威进步主义教育思想为代表。在这次改革中,针对传统教学的"书本中心、教室中心和教师中心"理念,杜威主张经验课程,"教育即生活""学校即社会""儿童中心""从做中学",要求课程适应社会生活的需要,课程教材与儿童生活经验相联系,这次课程改革对我国现代教育产生了深远的影响。第二次教育改革发生于20世纪五六十年代。20世纪50年代后期,美国教育学界批评当时的课程内容没有反映20世纪科学所取得的新成就,于是提出了课程改革,要求加深加难数学、科学、现代外语三门基本课程内容。由于特殊原因的影响,这次课程改革对我国大陆地区几乎没有产生影响。第三次教育改革始于20世纪80年代初。鉴于高科技迅猛发展,信息化时代和学习社会的来临,以及教育全球化大趋势,世界上许多国家都开展新一轮的基础教育课程改革。正如美国课程专家多尔指出:"适应复杂多变的21世纪的需要应构建一种具有开放性、整合性、变革性的新课程体系。课程不再只是特定知识的载体,而成为一种师生共同探索新知的发展过程;课程发展的过程具有开放性和灵活性,不再是完全预定的、不可更改的。"在如今看来,世界各国基础教育的课程改革的趋势已经证实了这一点。

(一)世界各国的课程改革中,母语课程改革从来都居于重要地位

以美国、英国和日本为例:

20世纪80年代以后,美国先后颁布了四个著名的教育改革文献——《国家处于危险中:教育改革势在必行》《2061计划:面向全体美国人的科学》《美国2000年教育战略》和《2000年目标:美国教育法》,向世界呈现了一幅面向21世纪的教育蓝图。《美国2000年教育战略》对课程方面提出的要求是:美国学生在4年级、8年级、12年级毕业时有能力应付来自于英语、数学、自然科学、历史和地理的挑战。1997年加利福尼亚州通过的《加州公立学校英语课程标准》指出:英语是一门基础学科。良好的交际能力—读写听说—是人类经验的核心。语言技能是基础工具,不仅是由于它们是进一步学习和视野发展所必须的基础,而且是因为它们能丰富人的心灵,培养负责的公民,形成国家是一个集体的概念。

英国在1988年颁布了《教育改革法》,最先提出推行国家课程,制定统一课程和课程标准。英国的母语教学十分重视文学教育,1995年8月起实行的《英格兰国家课程》的"教学计划"分四个阶段,从范围、主要技能、标准英语和语言学习三方面,对全面发展学生听说读写能力提出了具体要求。1999年颁布的新一轮的国家课程标准则强调了四项发展目标和六项技能。四项发展目标分别属于精神方面、道德方面、社会方面和文化方面的发展;六项基本技能包括交往、数的处理、信息技术、共同操作、改进学习和解决问题方面的技能。"英语"和"英国文学"两门课程的目标分别表现在"评定等级"的说明和"评分标准"的

---

① 任桂平.文化视野中的语文课程[D].华东师范大学博士论文,2006:5.

设计上。"英语课程"的评分标准分为一般标准和具体标准,如"阅读英国传统文学"的一般标准,从关于读物客体的知识和阅读主体应具备的技能两个维度去分解,关于读物的客体知识大致包含了读物的范围,文体特征和语用、结构和体式及其对表达意义的作用;关于阅读主体应掌握的技能大致包含了不同的阅读目的和方式、识别和比较、分析和理解、评论和批判等等。①

1998年6月,日本教育课程审议会提出了改善国语教学的基本方针:通过小学、中学、高中的教学任务,更加重视作为语言教育的国语教学,使学生热爱国语,尊重国语,关心国语;从这一基本观点出发,认为应将有关口头语言、文字语言的表达及理解的基础知识、基本内容作为教学内容,并为适应社会的发展而培养学生的表达能力和正确理解对立的立场和观点的能力。同时培养学生的思考能力、想象能力和语言感觉。②

(二) 世界各国的母语课程改革都呈现出的共同趋势

(1) 弘扬学习者的主体意识,促进学生学习方式的改变,关注学生的兴趣,尊重学生的自主选择,努力为学生的终身学习奠定坚实基础。

(2) 同时也注重学习者在情感、态度、能力等方面的发展,关注国民精神、民族精神的发扬和重塑,关注审美情趣和创新精神的发展,培养学生的战略性、批判性思考能力,培养学生的公民责任感和独立作出决定的能力。

(3) 重视知识的更新和综合运用,强调语文课程标准"具有挑战性",重视学术前沿问题,重视学科整合、文理沟通和综合实践能力的培养。③

二、国内语文课程改革背景

进入新世纪,新中国"第八次、也是规模最大、最为重要的一次自上而下的语文课程改革,终于在世纪之交正式启动"。④ 这不仅顺应了世界基础教育课程改革的趋势,也回应了国内素质教育改革的需要。世界各国都如此重视课程改革,正是由于在整个基础教育改革中课程改革是一个核心内容,课程集中体现了教育思想、教育观念,同时也是组织教学活动的最主要依据。除此之外,我国在当前突出地强调课程改革,还因为我国现行的基础教育课程教材体系不适应全面推进素质教育的要求,不适应时代发展的要求。

早在20世纪末,教育部有关部门已就基础教育课程改革的全面启动进行了准备:1997年7月,教育部基础教育司组织6所大学和中央教科所的课程专家,对1993年开始实施的九年义务教育课程的实施现状进行调研。1997年,教育部基础教育司组织专家对国际国内基础教育进行比较研究和经验总结,开始规划和设计新的基础教育课程体系。1998年底,基本形成了基础教育课程改革的基本框架和推广新课程的政策策略。1999年基础教育司

---

① 洪宗礼,柳市镇,倪文锦.外国语文课程标准译介[C].//洪宗礼,等.母语教材研究:第6卷.南京:江苏教育出版社,2007:7.
② 倪文锦,欧阳汝颖.语文教育展望[M].上海:华东师范大学出版社,2002:13.
③ 靳健.后现代文化视界的语文课程与教学论[M].甘肃:甘肃教育出版社,2006:25-26.
④ 洪宗礼,柳市镇,倪文锦.中国百年语文课程教材的演进[C].//洪宗礼,等.母语教材研究:第6卷.南京:江苏教育出版社,2007:287.

成立了基础教育课程改革专家工作组,由师范大学、省教研室、教科所的课程、教育、心理方面的专家和校长40多人组成。1999年,国家召开了第三次全国教育工作会议,作出了《中共中央 国务院关于深化教育改革全面推进素质教育的决定》,颁布了《面向21世纪教育振兴行动计划》,提出要改革现行的基础教育课程体系,并将基础教育课程改革工作确立为国家的重大项目。2001年召开的全国基础教育工作会议,作出了《关于基础教育改革与发展的决定》,会后,经国务院同意,教育部正式颁布了《基础教育课程改革纲要(试行)》,明确了基础教育课程改革的目标和总体框架。

另外,20世纪末,在我国掀起了一场语文教育大讨论。① 这场大讨论针对的问题之多,参与的人数之多,持续的时间之长,对语文教育中的种种问题讨论的程度之深,都是前所未有的。可以说,这场大讨论也从一个侧面说明了语文课程改革的必要性,从而在客观上起到了为新世纪语文课程改革作舆论准备的作用。

三、语文新课程改革的进程

(一)研制语文课程标准和教材

从1999年开始,各科课程标准和教材编写工作逐步展开。1999年5月,"语文课程标准研制的设想"研讨会在北京召开,拉开了语文新课程改革的序幕。2000年9月,以华东师范大学巢宗祺教授为组长的语文课程标准研制组开始工作,课程标准从起草到正式出版过程中,由教育部教育课程教材发展中心多次向教师学者征求意见,前后修改六七次。2001年7月,教育部正式颁布《全日制义务教育语文课程标准(实验稿)》,2003年3月印发《普通高中语文课程标准(实验)》。2011年,教育部颁布了《义务教育语文课程标准(2011年版)》。

依据《全日制义务教育语文课程标准(实验稿)》编写的语文教材,经过教育部中小学教材审查委员会审查通过的小学语文教材有12种,其中印量最大的有人教版、北师大版、苏教版和语文版;通过审查的初中语文教材有8种,分别是苏教版、人教版、语文版、湖北版、河北办、北师大版、中华书局版和长春版。2003年以后,根据《普通高中语文课程标准(实验)》编写的高中语文教科书,通过审查的有6种,分别是人教版、苏教版(江苏教育出版社)、语文版、广东版、山东版和人民版。

(二)语文新课程的实验

2001年秋季,《义务教育语文课程标准(实验稿)》颁布以后,义务教育阶段新课程率先在全国38个实验区进行实验;2002年秋季,全国每一个地市都设置一个实验区;从2004年开始,义务教育语文新课程进入全面推行阶段。

2003年,《普通高中语文课程标准(实验)》颁行以后,2004年到2005年,海南、广东、江苏、宁夏和山东率先进入实验,其他省份根据自身情况申请加入,截至2012年秋季,中国大陆所有的省市都进入了高中语文新课程的实验。

---

① 关于这场大讨论的详细情况,参见第五章第五节。

第二节　新世纪语文课程与教学的新理念

2001年以来,随着新课程改革的实验与全面推进,语文新课程所确立的课程观、知识观、教学观、教材观、教师观和学生观等新理念,已经得到大家的基本认同,并逐渐成为引领语文教学改革的"使用中的理论"。

一、对语文新课程与教学内涵的认识

（一）对语文课程内涵的认识

一般认为,"语文课程是以语文的内容与形式的关系及其意义为对象,以培养语文素养为目标的学校教育教学活动的总称,是具有综合性实践性特征的学科课程"①。从国家的角度讲,语文课程是指国家制定并推行语文课程标准,有计划地选择学习内容和学习经验,通过学校的课堂语文教学、课外语文活动和学校文化建设,促进青少年个性健全发展,在知识与能力、过程与方法、情感态度与价值观诸方面达到语文学习目标的一项系统工程。从学校的角度讲,语文课程是学校遵照语文课程标准,以语文知识为中介,涵养学生的言语能力、思维能力、审美能力及其情感态度的系统的实践活动;是学生积淀语文素养,发展主体性人格的一种学习过程。从教师的角度讲,语文课程是教师主体对国家课程进行诠释、改造与重建的能动的实践活动。语文教师的知识结构、工作能力、创新精神、教育眼光的差异,决定了语文课程质量的差异,影响着学生个性的健康发展。从学生的角度讲,语文课程是学生主体理解和运用母语,积累语言,培养语感,发展思维,养成识字写字能力、阅读能力、写作能力、口语交际能力,提高品德修养和审美情趣,逐步形成独立、自由、自强、自律、合作、宽容的主体性人格的过程。

（二）对语文教学内涵的认识

在新课程背景下,"教学"的涵义通常被阐释为"教师与学生以课堂为主渠道的交往过程,是教师的教和学生的学的统一活动"。② 教学是教与学的统一,它既是科学,也是艺术。语文教学一般指,语文教师和学生以课堂为主渠道,以语文知识和言语产品为中介的交往过程,是通过对话实现教师的教与学生的学的统一活动。通过交往和对话活动,学生掌握一定的语文知识和技能,形成一定的情感态度,并使人格获得一定的发展。

二、新世纪语文课程提出的新理念

由于过去长期深受苏联教育理论的影响,我国教育研究无论是在理论层面还是实践层面都过于偏重教学教法研究而忽视了课程研究,甚至把课程问题纳入了教学问题中,以教学代课程,致使课程最终从人们的视线中消失,被长期悬置起来。而2001年和2003年教育部颁布实行的《全日制义务教育语文课程标准(实验稿)》《普通高中语文课程标准(实验)》(简

---

① 张中原,徐林祥.语文课程与教学论[M].南京:江苏教育出版社,2007:17.
② 张华.课程与教学论[M].上海:上海教育出版社,2000:73.

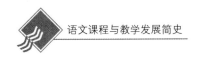

称"语文新课标"),使得"课程"再一次出现在人们的视野中,这要求人们重新审视语文课程的基本内涵,并理解语文新课程的基本理念。

(一)语文新课标对课程性质的界定

《全日制义务教育语文课程标准(实验稿)》和《普通高中语文课程标准(实验)》都认为:"语文是最重要的交际工具,是人类文化的重要组成部分。工具性与人文性的统一,是语文课程的基本特点。"《全日制义务教育语文课程标准(2011年版)》进一步指出:"语文课程是一门学习语言文字运用的综合性、实践性课程。义务教育阶段的语文课程,应使学生初步学会运用祖国语言文字进行交流沟通,吸收古今中外优秀文化,提高思想文化修养,促进自身精神成长。工具性与人文性的统一,是语文课程的基本特点。"

(二)语文新课标确定的课程目标

1. 对语文课程目标的理解

一般来说,课程目标是按照国家的教育方针,根据学生的身心发展规律,通过完成规定的教育任务和学科内容,使学生达到的培养目标。它受国家为基础教育规定的教育目的制约,是总的人才培养目标的具体体现。课程目标是课程编制、课程实施和课程评价的准则和指南,在课程标准中属于主体部分。语文课程目标是基础教育课程总目标下的分目标,是从语文学科课程的角度规定人才培养的具体规格和质量要求,是语文课程编制、实施和评价的依据和基本准则。

2. 语文课程三维目标的内涵及相互关系

2001年颁布的《全日制义务教育语文课程标准(实验稿)》和2003年颁布的《普通高中语文课程标准(实验)》以及2011年颁布的《全日制义务教育语文课程标准(2011年版)》都从"知识与能力""过程与方法""情感态度与价值观"三个维度来表述语文课程目标,这相对于新中国成立以来历次颁布的语文教学大纲来说是一种创新,语文教师很有必要正确理解语文课程的三维目标。这种分类突破了语文教学大纲局限于语文能力目标的单一设计思路,强调学习过程与学习方法,有其革新创造的积极作用。语文课程应培养学生热爱祖国语言的思想感情,指导学生语言的积累,培养语感,发展思维,使他们具有适应实际需要的识字写字能力、阅读能力、写作能力、口语交际能力,语文课程还应重视提高学生的品德修养和审美情趣,使他们逐步形成良好的个性和健全的人格,促进德、智、体、美的和谐发展。基于这样一种总的认识,课程标准的研制者确定的一些出发点是:首先,从全面提高学生语文素养的理念出发,加强了课程目标中"情感态度与价值观"这一重要维度。也就是说,培养学生高尚的道德情操和健康的审美情趣,形成正确的价值观和积极的人生态度,是语文课程的重要内容,而不是一种外在的附加任务。当然,语文教学中的思想教育,应该符合语文教育的特点,注重熏陶感染,潜移默化,把"情感态度与价值观"的要求渗透于教学过程之中。其次,从语文课程的性质和特点出发,突出课程目标的实践性,将"过程与方法"这一维度也作为目标的组成部分,在目标表述时对学生学习过程和学习策略的选择有所展开,体现出提高语文能力的主要途径是语文实践。学生是语文学习的主体,改变过去重知识传授和被动接受的倾向。再次,从现代社会对未来公民素质的要求出发,对语文的"知识与能力"这一维度也有新的理解。当今已是信息化时代,信息的多样性和信息传播的多渠道是这一时代的显著特点。人际交往不仅普遍,而且显得日益重要,对人的实践能力和创新能力的要求也越来越高,因此,现代公民所应具备的语文能力就不仅仅局限于过去所理解的相对狭隘的听说读写能力,而有了新的含义。

语文课程三个维度的目标的关系是"相互渗透,融为一体"。"这个立体化的课程目标体系,是以知识和能力、过程和方法、情感态度和价值观为'经',以识字写字、阅读、写作与习作、口语交际、综合性学习为'纬',经纬交错,构成网络。这种经纬交错有一个核心焦点,那就是注重学生语文素养的整体提高。"①

（三）语文新课标提出的"语文课程的基本理念"

《全日制义务教育语文课程标准(实验稿)》提出的基本理念有四条：① 全面提高学生的语文素养；② 正确把握语文教育的特点；③ 积极倡导自主、合作、探究的学习方式；④ 努力建设开放而有活力的语文课程。修订后的《全日制义务教育语文课程标准(2011年版)》保持了"实验稿"中"基本理念"的基本精神,对一部分内容和语言表述作了修改和调整。如在基本理念第一条"全面提高学生的语文素养"中,补充了"初步掌握语文的基本方法,养成良好的学习习惯"；将"指导学生正确地理解和运用祖国语文"一句修改为"指导学生正确地运用祖国语言文字"等。

《普通高中语文课程标准(实验)》提出的基本理念改为三条,内容也有所调整：① 全面提高学生的语文素养,充分发挥语文课程的育人功能；② 注重语文应用、审美与探究能力的培养,促进学生均衡有个性的发展；③ 遵循共同基础与多样选择相统一的原则,构建开放有序的语文课程。

三、新世纪语文教学的新理念

（一）新课程背景下对语文教学本质的认识

有关教学本质的认识,历来颇多歧见。到目前为止,人们的教学本质大致可以分为十类,即认识说、发展说、层次说、传递说、统一说、实践说、认识—实践说、交往对话说和价值增值说等②。新课程改革以来,随着教育理念的更新和语文教育研究的深入,人们对语文教学的本质也形成多种认识,其中影响比较大的有三种,即工具性与人文性的融合说、言语实践说、交往对话说。

1. 融合说

语文课程内容具有丰富的人文内涵,对人们精神领域的影响是深广的；语文课程的另一大性质——工具性,决定了语文课程是一门实践性很强的课程。所以语文教学应以培养语文的实践能力和良好习惯为根本目标,即培养学生正确理解和运用语文的能力,使他们具有适应实际需要的写字能力、阅读能力、写作能力、口语交际能力和综合语文实践能力。

2. 言语实践说

"语文能力这种非传递性和内在性决定语文教学方法必须以言语实践为最基本的方法,

---

① 郭根福.论语文课程标准的设计思路[J].教学与管理,2004,(2).
② 李定仁,徐继存.教学论研究二十年[M].北京：人民教育出版社,2002：59.

它必须有学生主体的操作实践,才能最后实现语文的教学目的。"①

3. 对话交往说

"对话理论揭示了语文教学的本质。语文教学活动,从根本上说就是人与他人或自己的对话。""语文教学实际上是语文教师通过与学生的对话激励并促成学生与课文作者的对话、与自己及他人的对话。"②

以上三种语文教学本质观各有侧重,但都有所偏颇。融合说更关注语文教学内容,而言语实践说和交往对话说更关注语文教学的活动形式。其实,语文教学的本质特点应当体现在教学内容、教学形式和教学目的三个方面。从教学内容的角度而言,语文教学内容——言语文本具有丰富的文化内涵和审美特质,言语性、文化性和审美性是语文教学内容的主要特点;从教学形式角度而言,语文教学主要是师生交往对话的言语实践,交往对话、言语实践是语文教学主要形式;从教学目的的角度而言,语文教学就是通过涵养言语能力和审美能力陶冶提升学生的生命价值,语文活动是人的一种生命运动,语文的世界是生命的世界,语文教学的过程是陶冶生命的过程,语文教学就是陶冶生命的活动。

(二)新课程实施中形成的语文教学新理念

语文课程标准把语文课程内容分成不同的学习领域,《全日制义务教育语文课程标准(实验稿)》将语文课程内容分为识字写字、阅读、写作、口语交际和综合性学习五个板块;《普通高中语文课程标准(实验)》规定高中课程分为必修课程和选修课程,其中必修课程分"阅读与鉴赏""表达与交流"两个方面。课程内容是教学内容选择的依据,"教学内容是所有学科的立身之本,合宜的教学内容是有效课堂的首要特质"。③ 在语文新课程实施过程中,语文教学的核心问题,是教学内容的选择问题。下边分别从阅读教学、写作教学两个方面来介绍语文教学的新理念。

1. 阅读教学方面

(1)阅读观。阅读观包括战略意义上为何读、读什么以及怎么读的问题。"阅读为丰富和扩展人生经验","阅读自始至终是读者自愿、自主地与文本对话"④。

(2)阅读教学的任务。阅读教学,就是建立学生与语文教科书中"这一篇"课文的链接。在阅读教学中面临两个相辅相成的学习任务:第一,丰富、扩展生活经验,获得与课文相符合的理解和感受;第二,丰富和扩展语文经验,学习与课文理解和感受相呼应的阅读行为,核心是阅读方法。⑤

(3)阅读教学的基本路径。阅读教学的路径描述的是学生与"这一篇"课文的链接通道。阅读教学是基于学生"学"的教学,王荣生认为⑥,阅读教学的基本路径有三条:第一,唤起、补充学生的生活经验;第二,指导学生形成新的阅读方法;第三,组织学生交流和分享语文经验。

---

① 华山.言语实践:语文教学的自赎与新生[J].江苏教育研究,2011,(10A).
② 倪文锦,王荣生.人文·语感·对话[M].上海:上海教育出版社,2010:284-285.
③ 王荣生.阅读教学设计的要诀[M].北京:中国轻工业出版社,2015:1-3.
④ 王荣生.语文课程内容与教学内容[M].北京:教育科学出版社,2015:237.
⑤ 王荣生.阅读教学设计的要诀[M].北京:中国轻工业出版社,2015:63.
⑥ 王荣生.阅读教学设计的要诀[M].北京:中国轻工业出版社,2015:68.

(4) 阅读教学内容的选择。阅读教学设计首要的关注点是选择合宜的教学内容。阅读教学主要有三条路线①：第一，提供学生理解、感受文本所需要的百科知识；第二，帮助学生增进对文本的理解和感受；第三，指导学生形成所需要的阅读能力。其中，第三条是核心。阅读教学内容主要考虑两个方面，一是文本体式，一是学情。

2. 写作教学

(1) 写作观。写作即写作活动，主要指在特定语境中运用语言文字等手段，建构意义，构造语篇，进行书面表达和交流的活动。特定的写作语境包括话题、作者、读者、目的、语言等五个要素。写作活动，就是在特定的语境中构造语篇的过程，即探究和创造意义并赋予其言语形式的过程。在这一过程中，作者要揣摩语境要素，设想着读者的需求和可能具有的知识经验，根据写作目的选择话题，选择语篇的类型及相应的体裁、语体，做出内容详略等一系列安排。②

(2) 写作教学。写作教学需要对写作教学内容进行开发，其核心是开发写作知识及其呈现方式③。写作教学的要点主要集中在写什么与如何写两个方面，其核心是写作能力的培养。按照写作的过程来看，写什么主要指向收集素材、选择素材的能力；怎样写主要包括如何构思、如何写作、如何修改、如何校订等能力。写作教学需要将"作文教学过程具体化，通过作文教学过程指导给学生提供切实的帮助"④。

第三节　新世纪的语文教材改革

《全日制义务教育语文课程标准》对语文教材的编写从十个方面提出了建议⑤。这十条建议包括了教材编写指导思想、编写原则、选文标准、内容安排、体例呈现等多个方面。语文课程标准关于教材编写的建议，成为语文教材改革的重要指导思想⑥。依据新的课程标准，人民教育出版社率先出版了《义务教育课程标准实验教科书》，紧接着一系列的课标实验教科书相继问世，诸如北京师范大学出版社编辑出版的"北师大版"、江苏教育出版社编辑出版的"苏教版"、语文出版社编辑出版的"语文版"等等。

一、语文教材编写的新理念

（一）以学生为主体，以生活为本位

传统的语文教材是与教师讲读的教学方式相匹配的，整个语文课堂，教师是主导者，教师往往按照自己的预设进行教学，无休止地向学生灌输知识，于是课堂缺乏生动活泼的教学

---

① 王荣生.阅读教学设计的要诀[M].北京：中国轻工业出版社,2015：98.
② 王荣生,宋冬生.语文学科知识与教学能力(高中)[M].北京：高等教育出版社,2015：76-78.
③ 王荣生.语文课程内容与教学内容[M].北京：教育科学出版社,2015：322.
④ 王荣生.写作教学教什么[M].上海：华东师范大学出版社,2014：35.
⑤ 中华人民共和国教育部.全日制义务教育课程标准(实验稿)[S].北京：北京师范大学出版社,2001.
⑥ 洪宗礼,柳市镇,倪文锦.中国百年语文教材评介[C].//洪宗礼,等.母语教材研究：第3卷.南京：江苏教育出版社,2007：344.

环境,整堂课生硬死板,学生很少能在这样的课堂中调动自己的积极性,只能被动地学习书本知识,缺乏在实际中运用语文的能力。为了改变这一状况,《基础教育课程改革纲要(试行)》指出:在课程功能上,要"改变课程过于注重知识传授的倾向,强调形成积极主动的学习态度,使获得基础知识和基本技能的过程同时成为学会学习和形成正确价值观的过程";在课程内容上,强调"改变课程内容'繁、难、偏、旧'和偏重书本知识的现状,加强课程内容与学生生活以及现代社会和科技发展的联系,关注学生的学习兴趣和经验,精选终身学习必备的基础知识和基本技能"①。因此,在课程改革纲要一系列的理念之下,编者们对语文教材体系的改革可谓是"煞费苦心"。比如:语文教材注重了对学习方式的引导,以便于学生能够自主学习进而在学习过程中掌握方法;除此之外还精心设计了体验性学习活动等各个专题,注意联系学生的生活经验,让学生把所学的书本知识与自己的生活经验贯通起来。

(二)工具性与人文性统一

新课标明确规定:"语文是最重要的交际工具,是人类文化的重要组成部分。工具性与人文性的统一,是语文课程的基本特点。"因此,"语文素养"一词作为核心概念提了出来,除了一直以来被重视的知识和能力,还应重视提高学生的品德修养和审美情趣。新课标提到:"课程目标根据知识和能力、过程和方法、情感态度和价值观三个维度设计。三个方面相互渗透,融为一体,注重语文素养的整体提高",这就要求教材的编写既要注重科学而严格的听说读写等语文基本技能训练,又要注重丰富的人文内涵,重视对学生语文素养的全面提高。

不少教材是按照人文主题设计教材单元的,每一个单元都有各自的主题,学习课文的同时也把读写口语交际加以优化整合,使之彼此相互联系,让学生在掌握听说读写的同时获得情感精神上的熏陶。人文内涵的丰富还体现在教材的选文上,各种教材一方面特别注重弘扬中华民族优秀文化传统和革命传统,另一方面也重视文化的多样性,不同的文体,不同民族的文学作品,不同年代的文学作品都体现出教材中人文内涵丰富多彩的面貌。

(三)倡导自主、合作、探究的学习方式

"积极倡导自主、合作、探究的学习方式"作为新课程改革的语文课程四大理念之一,是达到语文教学目的的基本策略。由接受学习变为自主学习,这是教育理念的一个大转变。培养学生的创新精神和实践能力,是时代发展对语文教学提出的新要求。要培养学生的创新精神和实践能力,必须从转变学生的学习方式入手,将过去那种被动、封闭、接受性的学习方式转变为自主、合作、探究的学习方式。为了给学生自主、合作、探究地学习创造条件,这就要求教材教学内容的组织必须充分调动学生的学习兴趣和进取精神,把识字、阅读、写作、口语交际有机整合在一起。比如:人教版教材在每册书中都安排了六次综合性学习,语文版教材设置了"相关链接"和"单元链接"两个栏目。

同时语文教材的编写也应该为培养学生的创新精神发挥应有的作用,这就意味着语文教材应该追求创新。教材追求创新,不但在选材和练习活动的设计上要体现,而且教材自身"体例和呈现方式应灵活多样,避免模式化。努力追求设计的创新和编写的特色"②。

---

① 中华人民共和国教育部.基础教育课程改革纲要(试行)[S].北京:北京师范大学出版社,2001.
② 洪宗礼,柳市镇,倪文锦.中国百年语文教材编制思想评介[C].//洪宗礼,等.母语教材研究:第2卷.南京:江苏教育出版社,2007:244.

（四）多元性和开放性

语文课程内容具有鲜明的时代性,这是时代发展对学校教育的要求在语文学科中的具体反映。在"教材编写建议"中强调"教材应体现时代特点和现代意识,关注人类,关注自然,理解和尊重多样文化"。因此在这一理念指导之下所编写的语文教材都注意了选择风格、流派、文化内涵各异的优秀文化作品,以培养学生用宽广的胸襟去接纳不同的文化。同时教材也给教师和学生留有选择和拓展的空间,以满足不同学习和发展的需要。教材注释系统简明扼要给学生留下了自学的空间,课文设置精读和略读课文给教师选择教学内容留下了灵活处理的空间。

三、语文教材编写的新特色

（一）选文标准

《全日制九年义务教育语文课程标准（实验稿）》的"教材编写建议"中指出:"教材选文要具有典范性,文质兼美,富有文化内涵和时代气息,题材、体裁、风格丰富多样,难易适度,适合学生学习。"① 与之前教材的选文标准相比,此次教材改革在坚持"典范性"和"文质兼美"的同时,更注重"文化内涵"和"人文精神"。

当前的几套语文教材均保留了一定数量的经典篇目,同时也大量增加了新的阅读篇目。选文富有强烈的时代气息,既有名家经典之作,也有新人的佳作,同时还不忘题材、风格、体裁的丰富多样,具有非常强的可读性。以人教版八年级上册为例,课文中既有朱自清的《背影》、陶渊明的《桃花源记》、刘禹锡的《陋室铭》、《杜甫诗三首》,也有谈家桢的《奇妙的克隆》、聂华苓的《亲爱的爸爸妈妈》、杨绛的《老王》。"文化是民族的血脉,是民族的脊梁。"因此站在满足学生日益增长的阅读需求的角度上,选取了能体现优秀传统文化和民族精神且难度适中的文言文,如：人教版初中教材中的《唐雎不辱使命》倡导敢于斗争,不畏强权的精神；苏教版高中教材中的《廉颇蔺相如传》发扬先国后私的爱国主义精神；语文版初中教材中的《戴震难师》鼓励怀疑和探索的科学精神。同时教材的选文也非常注重借鉴世界上的多样文化,引导学生理解和尊重多元文化。如《斜塔上的实验》（苏教版）、《海明威的对话艺术》（北师大版）、《致大海》（粤教版）等。

（二）编排体例

编选体例就是合理编排每个单元内部的学习元素,语文教科书一般包括助读、课文、练习及知识四个系统。科学合理地编排学习元素必须处理好语文多元化的问题。换言之,它要在一个单元教学中处理好阅读、写作、听话、说话、文学、文化、思维、品德情意与自学能力等元素之间的关系②。当前几种不同版本的语文教材依旧采用了单元编排方式,把语文和学生生活的联系作为编排的线索,每个单元基本都是反映生活的专题,同时兼顾文体。其编排体例系统与之前相比较而言更加丰富完善。各版语文教材的"致同学"都写在每册书的扉页,用优美的语言,精辟的概括了每册教材的主要内容,激发学生的阅读兴趣。在单元前设

---

① 中华人民共和国教育部.全日制义务教育课程标准(实验稿)[S].北京：北京师范大学出版社,2001.
② 何文胜.对四套新课标初中语文教科书编写体系的再思考[J].语文建设,2005(9).

置单元导语和每篇课文开篇设置的学习重点,用简洁凝练且具有启发性的语言引导学生学习,但这些提示都只是大体上指个方向,具体实施过程中还是要发挥学生自身的主观能动性。各版教材大都增加了"口语交际""综合性学习"等板块,这些板块的引入,一方面与本单元的主题紧密相关,另一方面也有利于学生的口语交际和写作能力在活动中得到潜移默化的提高。所设计的活动主题,都与学生的生活联系密切,如人教版八年级上册第二单元的主题是"感受爱",综合性学习是"让世界充满爱",在这样一次综合性学习的过程中,学生至少能达到以下教学目标:学会与人相处,与人共事,与人合作;发现自己身边及社会上需要关爱的人,珍惜自己所拥有的"爱";提升对自己的亲人及其他普通人的爱心、同情心;最后进行写作训练。几乎每一次的综合性学习都要求学生通过调查访问,查阅资料或辩论、画画等活动方式展示学习成果,充分培养了学生运用语文的能力。另外,课后习题设置得少而精,除了对课文全局把握的题目,还对此进行了拓展延伸,设计了与课文内容相关的拓展性习题,突出"探究""讨论"的练习方式,通过这种方式让学生充分发散思维,在不同意见的激烈碰撞中激发学生的创新意识。比如《藤野先生》一文的课外练习:"展开合理想象模仿作者口吻,给藤野先生写一封信,表露作者当时的心迹。"此外,还有"诵读欣赏""专题""名著推荐与阅读"等新的板块,无一不体现出教材编排体例的进一步丰富与完善。

为了"全面提高学生的语文素养,充分发挥语文课程的育人功能","促进学生均衡而有个性地发展",新世纪之初,高中语文课程采用了"模块—专题"的编排体例,在课程内容组织方面,建构了"课文""单元""模块"三重组织结构。《普通高中语文课程标准(实验)》规定:高中语文课程包括必修课程和选修课程两部分,必修课程包含"阅读与鉴赏""表达与交流"两个方面的目标,组成"语文1"至"语文5"五个模块。选修课程设计了诗歌与散文、小说与戏剧、新闻与传记、语言文字应用、文化论著研读五个系列,每个系列可设计若干模块。高中语文"模块—专题"的课程设计思路的提出,必然给高中语文教材的编制带来巨大挑战,首批通过审核的五套高中语文教材都在"课文""单元""模块"三重编排结构方面进行了大胆的创新。现以人教版高中语文教科书(必修部分)为例来说明语文教材"课文""单元""模块"三重编排结构的特点:

(1) 按照模块设计教科书结构;

(2) 每个模块由阅读鉴赏、表达交流、梳理探究、名著导读四个部分组成;

(3) 阅读鉴赏部分设计了三个单元,共选择了十六篇课文,基本上都是古今中外的名篇佳作,分别按诗歌、散文、小说、戏剧等文学体裁组织单元;

(4) 表达交流部分每个模块设计一组练习,基本按照表达方式排序,每组联系设计五项内容,每项练习基本由话题探讨、写法借鉴和作文练习三部分组成;

(5) 梳理探究部分每个模块设计三个话题;

(6) 名著导读部分每个模块介绍两部名著,中外兼顾。

(三) 版式设计

版式设计是指在出版物的版面内容上将字体、色彩等视觉元素在版面上进行艺术化的排列组合,以将作者及编辑的信息、思维与审美观念等有效地传递给读者。对于学生而言,教材是天天与之为伍的伙伴。它的外观、版式直接影响到是否能够让学生的视觉得到享受,从而激发学生的阅读和学习兴趣。因此,教材的版式设计绝不是简单的版面编排设计,它是教材编写者与师生对话的重要途径,也是关系到教材与学生之间建立亲和情感的纽带。为此,新世纪的语文教材作了多方面的努力追求。

1. 激发学生的学习兴趣

学生从小到大要完成从读图到读文的转变,因此各版教材针对这一变化,根据不同学段学生的心理特征,小学教材多采用彩色印刷,中学教材仍然以黑白印刷为主。同时摒弃了以往教材中无图、少图的缺点,都设置了大量不同形式的图像,有作者画像、文本背景的图片、装饰图、珍贵的史实照片等,这些图像设计在帮助学生理解文本本身的同时,也激发了学生的学习和阅读兴趣。另外,各版教材普遍注意了运用字体大小和字形变化来增强阅读效果,不同功用的部分采用不同的字体,还会在主要栏目上配一些学生喜欢的卡通人物进行装饰。

2. 发挥审美与艺术熏陶功能

教材不仅仅是给学生以知识的教化,更重要的是要培养学生的审美意识,让学生得到美的熏陶。学生阅读语文教材其实就是一个艺术欣赏、接受熏陶的过程。因此新世纪的教材在版式设计上有意识地引导学生去鉴赏。在各版教材的插图中我们可以看出,一部分的插图是艺术大师的作品,本身就具有极高的艺术价值,比如人教版在《鸿门宴》这篇课文中配的插图是刘凌沧画的《鸿门宴》。学生在学习的同时,通过插图培养审美感知能力。

四、关于语文教材改革的思考

这次基础教育课程改革是在国际教育改革的大趋势下进行的。语文教材改革所做的一切尝试都是符合社会发展和时代的需要,符合素质教育的要求的,但改革并没有绝对的完美,教材改革依旧存在一些问题。比如说在改革中过度关注语文的思想性而导致了选文的不科学性。语文丰富的人文内涵决定了它对学生精神和审美的巨大影响,因此"应该重视语文的熏陶感染作用,注意教学内容的价值取向"。这并不意味着语文教材在选文上要过度追求思想性,而是应该更加注重科学性,要选择符合学生身心发展、认知水平的文章。任何刻意放大的渲染都有可能引起学生心理上的抵制从而影响了实际效果,因此教材在选文上应该尊重学生的现实生活,选择那些真正能唤醒学生美好情感的优秀作品。不管怎样,新世纪的教材致力于提高学生的全面素养,积极倡导自主、合作、探究的学习方式,注重培养学生的创新精神,重视学生的语文实践活动,力求富于开放性和弹性等等都是值得进一步推动的。

第四节 方兴未艾的语文教师专业培训

当人类跨入 21 世纪,素质教育的推进,特别是新课程改革的实施,极大地推动了整个基础教育改革。新课程改革提出的课程观、教材观和教学观,以及教材与考试评价的改革,都对语文教师的专业素养和知识结构提出了新的、更高的要求,教师专业化成为课程改革的关键要素。教师专业化内涵主要包括:"第一,教师专业既包括学科专业性,也包括教育专业性,国家对教师任职既有规定的学历标准,也有必要的教育知识、教育能力和职业道德的要求。第二,国家有教师教育的专门机构、专门内容和措施。第三,国家有对教师资格和教师教育机构的认定制度和管理制度。第四,教师专业化是一个发展的概念,既是一种状态,又是一个不断深化的过程。"①教师专业发展提升为国家战略,也是新课程顺利实施的有力保障。语文教师成为专业人员,需要通过不断地学习与探究来拓展自身的专业内涵,提升言语水平、思维水平、美感水平、教学水平、专业态度与主体意识,从而达到专业成熟的境界②。因此,教育部2001年6月颁发的《基础教育课程改革纲要》在"教师培训"条目下指出:"师范院校和其他承担基础教育师资培养和培训任务的高等学校和培训机构应根据基础教育课程改革的目标与内容,调整培养目标、专业设置、课程结构,改革教学方法。中小学教师继续教育应以基础教育课程改革为核心内容。""地方教育行政部门应制定有效、持续的师资培训计划,教师进修培训机构要以实施新课程所必需的培训为主要任务,确保培训工作与新一轮课程改革的推进同步进行。"这些政策为推动新世纪语文教师培训工作奠定了坚实的基础。

一、课程改革推动了语文教师的专业培训

2001年秋,为了加大新课程实验推广力度,支持各地组织新课程培训工作,教育部依照中小学新课程学科分类,实施了基础教育新课程骨干培训者国家级培训。各省(市)、自治区也相应制定了新课程培训方案和培训课程,用新的教育理念和新的课程标准培训本地区教师,加速我国基础教育改革,促进素质教育扎实推进。2004年2月,教育部发布《关于进一步加强基础教育新课程师资培训工作的指导意见》(教师[2004]1号)③,规定:① 提高认识,高度重视,全力以赴做好新课程师资培训工作;② 统筹规划,精心组织,进一步提高新课程师资培训水平;③ 建立健全新课程师资培训工作的保障体系,对教师培训工作进行了新的部署和要求。

为了推进新课程改革的更快、更好发展,同年3月,国务院转批《2003—2007年教育振兴行动计划》(国发[2004]5号)④,该计划涵盖农村教育、素质教育、高校毕业生就业、职业教育等内容,其中主要一项就是实施高素质教师和管理队伍建设工程,工程主要内容有:

(1)全面推动教师教育创新,构建开放灵活的教师教育体系,建立促进教师专业发展和终身学习的现代教师教育体系。起草《教师教育条例》,制定教师教育机构资质认证标准和教师教育质量标准,建立教师教育质量保障制度。

(2)完善教师终身学习体系,加快提高教师和管理队伍素质,实施"全国教师教育网络联盟计划",促进"人网""天网""地网"及其他教育资源优化整合,发挥师范大学和其他举办教师教育高等学校的优势,共建共享优质教师教育课程资源,提高教师培训的质量水平。组织实施以新理念、新课程、新技术和师德教育为重点的新一轮教师全员培训。

(3)进一步深化人事制度改革,积极推进全员聘任制度。教育振兴计划的颁布出台,不仅有助于推进新课程改革的不断深化,也为教师发展提供了方向和指导意见。

---

① 陈新文.论教师专业化及其发展[D].华东师范大学博士学位论文,2003.
② 靳健.后现代文化视界的语文课程与教学论[M].兰州:甘肃教育出版社,2006:314.
③ 袁振国.中国教育政策评论[M].北京:教育科学出版社,2004.
④ 国务院批转教育部2003—2007年教育振兴行动计划的通知[EB/OL]. http://www.gov.cn/gongbao/content/2004/content_62725.htm

2009年教育部启动《2009年中小学教师国家级培训计划》[①],该计划是教育部在中央财政的支持下,创新培训模式、大规模、高质量开展教师培训的示范性项目。这次计划的主要特点:一是继续以农村教师培训为重点,强调按需施训、量身定制。二是围绕实施素质教育和基础教育课程改革需要,培训内容进一步强调贴近教师,贴近课堂,贴近实际,突出实践性。三是面向全国,组织有实践经验、有水平的师资力量,开发和整合优质培训资源。四是进一步创新培训模式和方法,继续采用远程培训、集中培训、送教上门等多种形式,更加突出案例教学和参与式培训,力求大规模、高质量地开展教师培训。

2010年6月,教育部、财政部联合颁发了《教育部 财政部关于实施"中小学教师国家级培训计划"的通知》(教师[2010]4号)[②],决定在全国开展"中小学教师示范性培训项目"和"中西部农村骨干教师培训项目"两项内容的培训。这对于提升教师综合业务能力、缩小教师队伍的城乡和校际差距,优化教师队伍结构起到了积极作用。

综上所述,新课程改革实施以来,国家在教师发展方面已经初步建立起了成熟的教师发展结构框架,教师发展迈入了新的阶段,教师教育改革逐渐深化,教师发展也日趋成熟。

二、语文教师专业培训的主要形式

20世纪八九十年代,我国语文教师专业培训的形式比较单一,主要有教师自学、教研组互助互学、教材教法短训班、专题讲座或报告、函授教育、业余教育等培训形式[③],且主要以教师自学为主。伴随着基础教育课程改革的日益展开,出现了多元化的课程体系,我国的中小学教师培训也大张旗鼓地铺展开来,在理论指导和实践摸索中不断创新,呈现出多元化的培训模式。

（一）岗前教师培训

岗前培训是新调入学校任教人员和新补充到学校的青年教师尽快完成角色转换成为合格教师的重要环节。岗前培训对他们树立正确的教育思想,更好地履行教师岗位职责,提高自身整体素质具有重要的现实意义[④]。美国国家教育研究所曾强调该阶段的重要性:"一个人第一年教学的情况对他所能达到的教学效能水平有重大影响,会影响到整个40年教师职业生涯中对教师行为起调节作用的教师态度,也确实影响到教师是否留在教学专业的决策。"[⑤]。因此岗前培训起着重要的作用。国家教育委员会于1997年1月31日颁发了《高等学校岗前培训暂行细则》和《高等学校教师岗前培训教学指导纲要》,对岗前培训作了详细的规定和要求,体现了国家对于岗前培训的重视,因此此后每年各省各市都会出示岗前培训的相关通知,加强对于教师的岗前培训。

---

① 2009年中小学教师国家级培训计划启动实施
[EB/OL]. http://epaper.cnwest.com/xyrb/html/2009-07-24/content_4506863.htm
② 关于实施《中小学教师国家级培训计划》的通知[EB/OL]. http://www.chinanews.com/edu/2010/07-01/2374202.shtml
③ 目前我国在职教师培训的集中模式[J]. 教育高师函授,1986(6).
④ 张建平. 论教师专业成长与高校教师岗前培训新体系[J]. 教育与职业,2006(36).
⑤ 叶澜. 教师角色与教师发展新探[M]. 北京:教育科学出版社,2001.

(二)在职培训

1. 校本培训

"校本培训"这一概念在我国最早是在1999年教育部《关于实施"中小学教师继续教育工程"的意见》中提出的:"中小学是教师继续教育的重要基地……各中小学都要制定本校教师培训计划,建立教师培训档案,组织多种形式的校本培训。"校本培训是指学校根据自身发展的需要,在对学校教师的现状与潜力进行系统评估的基础上,充分利用校内外的各种资源,通过自行规划设计或与专业研究机构、研究人员合作等方式,开展的旨在满足学校及每个教师工作需要的校内培训活动;学校组织培训的实施包括内容的选择、时间的安排与方式的确定等;培训的目标是解决本校教师专业发展中存在的问题,促进学校的发展。① 校本培训作为在职培训的重要形式,比较符合我国地域分布广,经费短缺,保持学校正常教学秩序等实际情况,一经提出就得到广泛重视。校本培训有着它自身的特点:

(1)针对性。培训是围绕着教师及其任职的学校而展开的活动,培训的内容会与学校的实际情况相结合,解决学校教师专业发展中的问题是其培训的目的。

(2)灵活性。既然是围绕着学校开展的,那么在培训的内容上会随学校的需求而变化,在时间上则会配合学校的工作而变动。

2. 远程网络教师培训

随着21世纪的到来,信息革命对社会的各个领域产生了深刻的影响,迎来了信息时代。社会的发展需要人们拥有更新的知识体系,更快地把握瞬息万变的时代变化。但是传统教育模式显然无法跟上知识更替和信息爆炸的步伐。世纪之初的教育正在向"终身化"方向发展。网络作为信息的天然载体,必将通过其在教育领域所特有的功能来回应信息化潮流。与传统的培训方式相比,远程网络培训更加灵活。传统的培训通常会受到时间、地点、人员的限制,在一定程度上制约了培训的高效开展。而远程网络培训不仅能够节省大量的人力、财力、物力,而且能够随时随地进行活动交流与探讨。教师们足不出户便能接受来自全国乃至世界各地教育专家的课程,不仅不影响日常的教学工作,还能同时接受培训提高自身的素养。远程网络培训是新世纪以来培训方式的一大创新,教育资源通过网络跨越了空间距离的限制,把最优秀的教师、最好的教学成果通过网络传播向四面八方;教师们能在任何时间、任何地点,自主选择从任何章节开始学习任何课程。如今,我们能在很多网站上进行远程网络培训,比如"中国教师研修网",在这个网站上不同课程都能在网络上进行学习,教师自行选择即可,非常便捷。远程网络培训还在"国培计划"(指中小学教师国家级培训计划)中得到彻底的实施运用。2007年开始,"国培计划"遴选专业远程教育机构,采用以远程培训为主的方式,对90万名农村义务教育学校骨干教师和高中课改学科骨干教师进行了有针对性的培训,还对中西部农村中小学教师进行了专业培训。

3. 新课程改革教师培训

2001年,教育部推行的新一轮基础教育课程改革,"目标具体明确,以人为本,把马克思关于人的全面发展的观念,贯穿于人的培养之中,以科学发展观为统领,培养德、智、体、

---

① 熊焰.试论教师专业化与校本培训[J].课程·教材·教法,2002(7).

美 全面发展的社会主义现代化事业的建设者和接班人。对课程设置也提出了明确的思想和价值观的要求。在课程结构、课程内容、课程决策、课程开发、课程实施、课程评价等方面,都提出了合理的改革建议。对教师的培养和培训,课程改革的组织与实施方面,都提出了系统化的方案"①。新课程改革,指的就是从 2001 年开始在全国范围内推广开来的课程改革。

新课程教师培训,主要指 2001 年以来,围绕新课程改革和实施而开展的一系列教师培训活动,具体包括:学习和研究《基础教育课程改革纲要(试行)》,学习和研究相关学科的课程标准,重点学习和研究课程目标、具体内容和评估要求等,学习和研究所教课程的新编教材,了解新教材在编写思路、结构、内容和要求等方面的新特点,等等。

4. "国培计划"中小学教师培训

中小学教师国家级培训计划,简称"国培计划",由教育部、财政部 2010 年全面实施,是提高中小学教师特别是农村教师队伍整体素质的重要举措。"国培计划"包括"中小学教师示范性培训项目"和"中西部农村骨干教师培训项目"两项内容。"中小学教师示范性培训",主要包括中小学骨干教师培训、中小学教师远程培训、班主任教师培训、中小学紧缺薄弱学科教师培训等示范性项目,为全国中小学教师培训培养骨干作出示范,并开发和提供一批优质培训课程教学资源,为"中西部农村骨干教师培训项目"和中小学教师专业发展提供有力支持。"中西部农村骨干教师培训项目"的培训计划主要包括农村中小学教师置换脱产研修、农村中小学教师短期集中培训、农村中小学教师远程培训。同时,引导地方完善教师培训体系,加大农村教师培训力度,提高农村教师的教学能力和专业水平②。该计划自实施以来,取得了卓越的成效。通过培训学习,发挥了骨干教师的示范辐射作用,拓宽了受训教师的事业,而且边远地区农村教师的业务素质、教学能力等都得到了全面提升。

三、语文教师专业培训的进展

(一)培训理念的更新和发展

1. 参与式理念

"参与式学习"是新课程教师培训中引进的新理念,它的基本理念是:学习者以发展为中心,在自然轻松的学习氛围中,以分组活动的学习方式,通过自由的学习行为,自主的探究精神,合作的学习态度,体验参与学习过程的乐趣,发现成功的途径与自我价值。③ 参与式培训的目的是:通过创设情境,引导参与者在活动、表现和体验中反思自己的经验与观念,在交流和分享中学习他人的长处,产生新的思想,达到新的认识,从而实现自我提高,并能够采取行动改善现状。④ 新课程培训主要采用平等参与的方式,让参与者自己在一定的情境中对

---

① 谢翌,马云鹏,张治平.新中国真的发生了八次课程改革吗?[J].教育研究,2013(2).
② 中华人民共和国教育部.教育部 财政部关于实施"中小学教师国家级培训计划"的通知[EB/OL]. http://www.moe.gov.cn/srcsite/A10/s7034/201006/t20100630_146071.html
③ 靳健.语文课程与教学论[M].北京:中国科学文化出版社,2003:166.
④ 陈向明.在参与中学习与行动:参与式方法培训指南(上册)[M].北京:教育科学出版社,2003:4.

新课程的理念和做法进行探究,自主建构新课程倡导的教育教学新理念以及对新课程的理解,体验参与式学习的优越性。

2. 群体对话理念

群体对话是指教师集体、专家共同参与的学习方式,它以教师教学行为和自我反思为前提,以形成教师之间、教师与专家之间的专业切磋、合作互助、共同成长的培训理念。在培训活动中,表现为包括主题学习、共同备课和课例研讨等在内的多种形式。

(二)培训内容的丰富和完善

1. 语文新课程培训内容

在新课程实施过程中,按照教育部的有关规定,教师继续教育的内容主要包括专业新知识、课堂教学的新理念及新方法、学科研究方法及现代教育技术等。新课程培训则不仅仅局限于课堂教学方面,除了新课程标准的解读之外,对围绕新课程改革的方方面面的知识都有所涉及。特别是新课程改革的重要理论基础——建构主义学习理论,备受关注。"语文课程标准解读""语文新课程设计""后现代文化与语文教育""中小学语文名篇重读"成为培训的主干课程[1]。

2. "国培计划"培训内容

2012年,教育部颁发了《教育部关于印发〈幼儿园教师专业标准(试行)〉〈小学教师专业标准(试行)〉和〈中学教师专业标准(试行)〉的通知》,通知指出,中小学语文教师的课程内容分为专业理念与师德、专业知识和专业能力三个维度,每个维度下设若干模块,每个模块下设若干专题,每个专题提供了学时建议和内容要点。

(三)培训模式的探索和应用

1. 课例研究培训

课例研究,是一种教师联合起来计划、观察、分析和提炼真实课堂教学的过程[2]。作为研修方式的"课例研究",指采用"课例研究"的形式和方法,组织学员进行相关主题的研修。它通常以业已完成的"课例研究"为基础,包括前述的"课例"作为研究成果的表达形式、"课例"作为研究对象、"课例"作为所研究问题的载体等[3]。"课例研究"的进行过程[4]:

(1)小组会谈:研究与准备。教师共同为"研究课"做出详细的计划。

(2)研究课1:实施。由一名教师在真实的课堂上讲授"研究课",其他教师进行观课活动。

(3)小组会谈:反思与改进。教师团体聚集一起讨论"听课情形"。

(4)研究课2:第二次实施(可选择)。另一名教师或同一名教师在另外的课堂教授"研究课",其他教师进行观课活动。

---

[1] 刘忠华.基于新课程的教师培训刍议[J].中小学教师培训,2004(1).
[2] 谌启标.基于教师专业成长的课例研究[J].福建师范大学学报(哲学社会科学版),2006(1).
[3] 高晶,王荣生."课例研究":本土经验及多种形态(下)[J].教育发展研究,2012(10).
[4] Clea Fernandez. Makoto Yoshida. An Overview of Lesson Study[EB/OL]. http://www.tc.edu/lesson study 2003-01-08.

（5）小组会谈：反馈与存档。随后教师讨论"听课情形"。

2．主题式培训

这种培训是在"国培计划"中集中培训时普遍运用的培训方式，主要指培训课程均围绕主题来设计和实施。培训机构可根据语文教师关注的热点难点问题，从语文教学内容的某一方面或语文教师专业能力的某一侧面，形成培训主题。这种培训要求以"参训教师的需求为中心"，理论性与实践性相结合，灵活采用多种形式开展培训。如上海师范大学自 2009 年开始承担"国培计划"示范性集中项目以来，聚焦"新课程实施中语文教学有效性"主题，研修课程分为"主题学习工作坊""共同备课工作坊"和"课例研究工作坊"三个互补的工作坊，取得了较好的培训效果，并出版了系列"参与式语文教师培训资源"丛书。

◆ 思考与探究

1．世纪之交，世界许多国家都加快了母语课程与教学的改革，请从国内、国外两个维度分析我国语文新课程改革发生的原因。

2．在新课程改革进程中，在语文课程与教学层面都提出了哪些新的理念，这些理念回应了世纪之交语文课程与教学的哪些问题？

3．语文教材是语文课程内容的载体，也是语文教学内容确定的重要依据，试分析新课程语文教材在编写方面取得了哪些进展？

4．新课程背景下对语文教师进行系统培训是推动课程改革不断深化的动力之一，请简要论述新课程语文教师培训在培训理念、培训内容和培训方式等方面都取得了哪些进展？

◆ 推荐阅读文献

1．朱慕菊.走近新课程：第 1—4 章[M].北京：北京师范大学出版社，2002.

2．倪文锦.语文教育展望：第 1—6 章[M].上海：华东师范大学出版社，2002.

3．方智范.新世纪初期的中国语文课程改革[C].//洪宗礼，等.母语教材研究：第 1 卷.南京：江苏教育出版社，2007.

4．巢宗祺.关于语文新课程教材的编制理念[C].//洪宗礼，等.母语教材研究：第 2 卷.南京：江苏教育出版社，2007.

5．陆志平.课程标准小学语文教材简介[C].//洪宗礼，等.母语教材研究：第 3 卷.南京：江苏教育出版社，2007.

6．方智范.课程标准中学语文教材简介[C].//洪宗礼，等.母语教材研究：第 3 卷.南京：江苏教育出版社，2007.

7．王荣生.语文课程与教学内容：第 2—3 章[M].北京：教育科学出版社，2015.

后 记

本书谋划于2014年暑假。是时,包头师院韩雪屏教授、陕西师大王元华博士、北京大学出版社的陈静编辑和我齐集北大出版社,共同商讨,决定编写一套面向语文教师教育的"21世纪教师教育系列教材"丛书。丛书初定为6本,本书是其中之一。书名开始定为《现代语文课程与教学的历史演进》,后经陈静编辑提议,改为《语文课程与教学发展简史》。

从北京回到烟台后,我先后联系了赣南师院文学院的王从华和鲁东大学文学院的黄修志,决定合作编写此书。

作为一部简史,书稿的内容不能太多太细。既需简要,又要能反映我国语文课程教学的历史全貌和基本经验、基本问题,这对我们是一个挑战。我当时提出这样一个设想:充分吸收近年来语文教育史研究的最新成果,做到史料翔实,内容简要,重点突出,编写体例教材化。现在看来,当初的设想基本上得到落实:第一,与同类著作相比,本书吸收了较多最新研究成果;第二,写史叙事严格依据史料,做到有史可查;第三,作为一部语文课程与教学通史,全书只用六章30余万字,基本上做到了内容简要,重点突出;第四,每章前有"导读"和"学习目标",后有"思考与探究"和"推荐阅读文献",这都是依据教材的体例和学习者的要求编排的。再如,有些章节的开篇,我们采取了故事开头的写法,这也是为了能激发学习者的阅读兴趣。

本书先由我拟定编写提纲,再由大家分头撰写。具体分工如下:武玉鹏撰写导言、第二章、第三章和第五章,王从华撰写第四章、第六章,黄修志撰写第一章。最后,我又做了一些增减修改和统一体例的工作。

书稿内容虽经反复修改和打磨,但因我们水平有限,肯定还存在这样那样的问题,竭诚希望广大教师读者和专家批评指正。

在编写过程中,我们参阅使用了大量前辈同行的研究成果,在这里向有关作者表示诚挚的谢意。

陈静编辑为本书的编写和修改提出了许多很好的建议和意见,我们对她的指导表示由衷感谢。

北京大学出版社
教育出版中心 精品图书

21世纪特殊教育创新教材·理论与基础系列

特殊教育的哲学基础	方俊明 主编	36元
特殊教育的医学基础	张 婷 主编	36元
融合教育导论	雷江华 主编	36元
特殊教育学（第二版）	雷江华 方俊明 主编	43元
特殊儿童心理学（第二版）	方俊明 雷江华 主编	39元
特殊教育史	朱宗顺 主编	39元
特殊教育研究方法（第二版）	杜晓新 宋永宁等 主编	39元
特殊教育发展模式	任颂羔 主编	33元
特殊儿童心理与教育	张巧明 杨广学 主编	36元

21世纪特殊教育创新教材·发展与教育系列

书名	作者	价格
视觉障碍儿童的发展与教育	邓 猛 编著	33元
听觉障碍儿童的发展与教育	贺荟中 编著	38元
智力障碍儿童的发展与教育	刘春玲 马红英 编著	32元
学习困难儿童的发展与教育	赵 微 编著	39元
自闭症谱系障碍儿童的发展与教育	周念丽 编著	32元
情绪与行为障碍儿童的发展与教育	李闻戈 编著	36元
超常儿童的发展与教育（第二版）	苏雪云 张 旭 编著	39元

21世纪特殊教育创新教材·康复与训练系列

特殊儿童应用行为分析	李 芳 李 丹 编著	36元
特殊儿童的游戏治疗	周念丽 编著	30元
特殊儿童的美术治疗	孙 霞 编著	38元
特殊儿童的音乐治疗	胡世红 编著	32元
特殊儿童的心理治疗	杨广学 编著	39元
特殊教育的辅具与康复	蒋建荣 编著	29元
特殊儿童的感觉统合训练	王和平 编著	45元
孤独症儿童课程与教学设计	王 梅 著	37元

自闭谱系障碍儿童早期干预丛书

书名	作者	价格
如何发展自闭谱系障碍儿童的沟通能力	朱晓晨 苏雪云	29元
如何理解自闭谱系障碍和早期干预	苏雪云	32元
如何发展自闭谱系障碍儿童的社会交往能力	吕 梦 杨广学	33元
如何发展自闭谱系障碍儿童的自我照料能力	倪萍萍 周 波	32元
如何在游戏中干预自闭谱系障碍儿童	朱 瑞 周念丽	32元
如何发展自闭谱系障碍儿童的感知和运动能力	韩文娟 徐芳 王和平	32元
如何发展自闭谱系障碍儿童的认知能力	潘前前 杨福义	39元
自闭症谱系障碍儿童的发展与教育	周念丽	32元
如何通过音乐干预自闭谱系障碍儿童	张正琴	36元
如何通过画画干预自闭谱系障碍儿童	张正琴	36元
如何运用ACC促进自闭谱系障碍儿童的发展	苏雪云	36元
孤独症儿童的关键性技能训练法	李 丹	45元
自闭症儿童家长辅导手册	雷江华	35元
孤独症儿童课程与教学设计	王 梅	37元
融合教育理论反思与本土化探索	邓 猛	58元
自闭症谱系障碍儿童家庭支持系统	孙玉梅	36元

特殊学校教育·康复·职业训练丛书（黄建行 雷江华 主编）

信息技术在特殊教育中的应用	55元
智障学生职业教育模式	36元
特殊教育学校学生康复与训练	59元
特殊教育学校校本课程开发	45元
特殊教育学校特奥运动项目建设	49元

21世纪学前教育规划教材

学前教育管理学	王 雯	45元
幼儿园歌曲钢琴伴奏教程	果旭伟	39元
幼儿园舞蹈教学活动设计与指导	董 丽	36元
实用乐理与视唱	代 苗	40元
学前儿童美术教育	冯婉贞	45元
学前儿童科学教育	洪秀敏	39元
学前儿童游戏	范明丽	39元
学前教育研究方法	郑福明	39元
外国学前教育史	郭法奇	39元
学前教育政策与法规	魏 真	36元
学前心理学	涂艳国、蔡 艳	36元

书名	作者	价格
学前教育理论与实践教程	王 维 王维娅 孙 岩	39元
学前儿童数学教育	赵振国	39元

大学之道丛书

书名	作者	价格
大学的理念	[英]亨利·纽曼 著	49元
哈佛：谁说了算	[美]理查德·布瑞德利 著	48元
麻省理工学院如何追求卓越	[美]查尔斯·维斯特 著	35元
大学与市场的悖论	[美]罗杰·盖格 著	48元
高等教育公司：营利性大学的崛起	[美]理查德·鲁克 著	38元
公司文化中的大学：大学如何应对市场化压力	[美]埃里克·古尔德 著	40元
美国交生教育原是认证与评估	[美]美国中部州交生教育委员会 编	36元
现代大学及其图新	[美]谢尔顿·罗斯布莱特 著	60元
美国文理学院的兴衰——凯尼恩学院纪实	[美]P.F.克鲁格 著	42元
教育的终结：大学何以放弃了对人生意义的追求	[美]安东尼·T.克龙曼 著	35元
大学的逻辑（第三版）	张维迎 著	38元
我的科大十年（续集）	孔宪铎 著	35元
高等教育理念	[英]罗纳德·巴尼特 著	45元
美国现代大学的崛起	[美]劳伦斯·维赛 著	66元
美国大学时代的学术自由	[美]沃特·梅兹格 著	39元
美国高等教育通史	[美]亚瑟·科恩 著	59元
美国高等教育史	[美]约翰·塞林 著	69元
哈佛通识教育红皮书	哈佛委员会撰	38元
高等教育何以为"高"——牛津导师制教学反思	[英]大卫·帕尔菲曼 著	39元
印度理工学院的精英们	[印度]桑迪潘·德布 著	39元
知识社会中的大学	[英]杰勒德·德兰迪 著	32元
高等教育的未来：浮言、现实与市场风险	[美]弗兰克·纽曼等 著	39元
后现代大学来临？	[英]安东尼·史密斯等 主编	32元
美国大学之魂	[美]乔治·M.马斯登 著	58元
大学理念重审：与纽曼对话	[美]雅罗斯拉夫·帕利坎 著	40元
学术部落及其领地——当代学术界生态揭秘（第二版）	[英]托尼·比彻 保罗·特罗勒尔 著	33元
德国古典大学观及其对中国大学的影响（第二版）	陈洪捷 著	42元
转变中的大学：传统、议题与前景	郭为藩 著	23元
学术资本主义：政治、政策和创业型大学	[美]希拉·斯劳特 拉里·莱斯利 著	36元
21世纪的大学	[美]詹姆斯·杜德斯达 著	38元
美国公立大学的未来	[美]詹姆斯·杜德斯达 弗瑞斯·沃马克 著	30元
东西象牙塔	孔宪铎 著	32元
理性捍卫大学	眭依凡 著	49元

学术规范与研究方法系列

书名	作者	价格
社会科学研究方法100问	[美]萨子金德 著	38元
如何利用互联网做研究	[爱尔兰]杜恰泰 著	38元
如何为学术刊物撰稿：写作技能与规范（英文影印版）	[英]罗薇娜·莫 编著	26元
如何撰写和发表科技论文（英文影印版）	[美]罗伯特·戴 等著	39元
如何撰写与发表社会科学论文：国际刊物指南	蔡今忠 著	35元
如何查找文献	[英]萨莉拉·姆齐 著	35元
给研究生的学术建议	[英]戈登·鲁格 等著	26元
科技论文写作快速入门	[瑞典]比约·古斯塔维 著	19元
社会科学研究的基本规则（第四版）	[英]朱迪斯·贝尔 著	32元
做好社会研究的10个关键	[英]马丁·丹斯考姆 著	20元
如何写好科研项目申请书	[美]安德鲁·弗里德兰德 等著	28元
教育研究方法（第六版）	[美]乔伊斯·高尔 等著	88元
高等教育研究：进展与方法	[英]马尔科姆·泰特 著	25元
如何成为学术论文写作高手	华莱士 著	49元
参加国际学术会议必须要做的那些事	华莱士 著	32元
如何成为优秀的研究生	布卢姆 著	38元

21世纪高校职业发展读本

书名	作者	价格
如何成为卓越的大学教师	肯·贝恩 著	32元
给大学新教员的建议	罗伯特·博伊斯 著	35元
如何提高学生学习质量	[英]迈克尔·普洛瑟 等著	35元
学术界的生存智慧	[美]约翰·达利 等主编	35元
给研究生导师的建议（第2版）	[英]萨拉·德拉蒙特 等著	30元

21世纪教师教育系列教材·物理教育系列

书名	作者	价格
中学物理微格教学教程（第二版）	张军朋 詹伟琴 王恬 编著	32元
中学物理科学探究学习评价与案例	张军朋 许桂清 编著	32元
物理教学论	邢红军 著	49元
中学物理教学评价与案例分析	王建中 孟红娟 著	38元

21世纪教育科学系列教材·学科学习心理学系列

书名	作者	价格
数学学习心理学	孔凡哲 曾峥 编著	29元
语文学习心理学	董蓓菲 编著	39元

21世纪教师教育系列教材

书名	作者	价格
教育学基础	庞守兴 主编	40元
教育学	佘文森 王晞 主编	26元
教育研究方法	刘淑杰 主编	45元
教育心理学	王晓明 主编	55元
心理学导论	杨凤云 主编	46元
教育心理学概论	连榕 罗丽芳 主编	42元
课程与教学论	李允 主编	42元
教师专业发展导论	于胜刚 主编	42元
学校教育概论	李清雁 主编	42元
现代教育评价教程（第二版）	吴钢 主编	45元
教师礼仪实务	刘宵 主编	36元
家庭教育新论	闫旭蕾 杨萍 主编	39元
中学班级管理	张宝书 主编	39元

21世纪教师教育系列教材·初等教育系列

书名	作者	价格
小学教育学	田友谊 主编	39元
小学教育学基础	张永明 曾碧 主编	42元
小学班级管理	张永明 宋彩琴 主编	39元
初等教育课程与教学论	罗祖兵 主编	39元
小学教育研究方法	王红艳 主编	39元

教师资格认定及师范类毕业生上岗考试辅导教材

书名	作者	价格
教育学	佘文森 王晞 主编	26元
教育心理学概论	连榕 罗丽芳 主编	42元

21世纪教师教育系列教材·学科教育心理学系列

书名	作者	价格
语文教育心理学	董蓓菲 编著	
生物教育心理学	胡继飞 编著	45元

21世纪教师教育系列教材·学科教学论系列

书名	作者	价格
新理念化学教学论（第二版）	王后雄 主编	45元
新理念科学教学论（第二版）	崔鸿 张海珠 主编	36元
新理念生物教学论（第二版）	崔鸿 郑晓慧 主编	45元
新理念地理教学论（第二版）	李家清 主编	45元
新理念历史教学论（第二版）	杜芳 主编	33元
新理念思想政治（品德）教学论（第二版）	胡田庚 主编	36元
新理念信息技术教学论（第二版）	吴军其 主编	32元
新理念数学教学论	冯虹 主编	36元

21世纪教师教育系列教材·语文课程与教学论系列

书名	作者	价格
语文文本解读实用教程	荣维东 主编	49元
语文课程教师专业技能训练	张学凯 刘丽丽 主编	
语文课程与教学发展简史	武玉鹏 王从华 黄修志 主编	

21世纪教师教育系列教材·学科教学技能训练系列

书名	作者	价格
新理念生物教学技能训练（第二版）	崔鸿	33元
新理念思想政治（品德）教学技能训练（第二版）	胡田庚 赵海山	29元
新理念地理教学技能训练	李家清	32元
新理念化学教学技能训练（第二版）	王后雄	36元
新理念数学教学技能训练	王光明	36元

王后雄教师教育系列教材

书名	作者	价格
教育考试的理论与方法	王后雄 主编	35元
化学教育测量与评价	王后雄 主编	45元
中学化学实验教学研究	王后雄 主编	32元
新理念化学教学诊断学	王后雄 主编	48元

西方心理学名著译丛

书名	作者	价格
拓扑心理学原理	[德] 库尔德·勒温	32元
系统心理学：绪论	[美] 爱德华·铁钦纳	30元
社会心理学导论	[美] 威廉·麦独孤	36元
思维与语言	[俄] 列夫·维果茨基	30元
人类的学习	[美] 爱德华·桑代克	30元
基础与应用心理学	[德] 雨果·闵斯特伯格	36元

记忆	[德] 赫尔曼·艾宾浩斯 著 32元
儿童的人格形成及其培养	[奥地利] 阿德勒 著 35元
幼儿的感觉与意志	[德] 威廉·蒲莱尔 著 45元
实验心理学（上下册）	[美] 伍德沃斯 施洛斯贝格 著 150元
格式塔心理学原理	[美] 库尔特·考夫卡 75元
动物和人的目的性行为	[美] 爱德华·托尔曼 44元
西方心理学史大纲	唐 钺 42元

心理学视野中的文学丛书

| 围城内外——西方经典爱情小说的进化心理学透视 | 熊哲宏 32元 |
| 我爱故我在——西方文学大师的爱情与爱情心理学 | 熊哲宏 32元 |

21世纪教学活动设计案例精选丛书（禹明 主编）

初中语文教学活动设计案例精选	23元
初中数学教学活动设计案例精选	30元
初中科学教学活动设计案例精选	27元
初中历史与社会教学活动设计案例精选	30元
初中英语教学活动设计案例精选	26元
初中思想品德教学活动设计案例精选	20元
中小学音乐教学活动设计案例精选	27元
中小学体育（体育与健康）教学活动设计案例精选	25元
中小学美术教学活动设计案例精选	34元
中小学综合实践活动教学活动设计案例精选	27元
小学语文教学活动设计案例精选	29元
小学数学教学活动设计案例精选	33元
小学科学教学活动设计案例精选	32元
小学英语教学活动设计案例精选	25元
小学品德与生活（社会）教学活动设计案例精选	24元
幼儿教育教学活动设计案例精选	39元

全国高校网络与新媒体专业规划教材

文化产业概论	尹章池 38元
网络文化教程	李文明 39元
网络与新媒体评论	杨 娟 38元
数字媒体概论	尹章池 39元
网络新媒体实务	张合斌 39元

网页设计与制作	惠悲荷 39元
突发新闻教程	李 军 45元
视听新媒体节目制作	周建青 45元
视听评论	何志武 32元
出镜记者案例分析	刘 静 邓秀军 39元
视听新媒体导论	郭小平 39元

全国高校广播电视专业规划教材

电视节目策划教程	项仲平 著 36元
电视导播教程	程 晋 编著 39元
电视文艺创作教程	王建辉 编著 39元
广播剧创作教程	王国臣 编著 36元

21世纪教育技术学精品教材（张景中 主编）

教育技术学导论（第二版）	李 芒 金 林 编著 33元
远程教育原理与技术	王继新 张 屹 编著 41元
教学系统设计理论与实践	杨九民 梁林梅 编著 29元
信息技术教学论	雷体南 叶良明 主编 29元
网络教育资源设计与开发	刘清堂 主编 30元
学与教的理论与方式	刘雍潜 32元
信息技术与课程整合（第二版）	赵呈领 杨 琳 刘清堂 39元
教育技术研究方法	张屹 黄磊 38元
教育技术项目实践	潘克明 32元

21世纪信息传播实验系列教材（徐福荫 黄慕雄 主编）

多媒体软件设计与开发	32元
电视照明·电视音乐音响	26元
播音与主持艺术（第二版）	38元
广告策划与创意	26元
摄影基础（第二版）	32元

21世纪教师教育系列教材·专业养成系列（赵国栋主编）

微课与慕课设计初级教程	40元
微课与慕课设计高级教程	48元
微课、翻转课堂和慕课设计实操教程	150元
网络调查研究方法概论（第二版）	49元